Ilse Somavilla (Hrsg.)

Begegnungen mit Wittgenstein

Ilse Somavilla (Hrsg.)

Begegnungen mit Wittgenstein – Ludwig Hänsels Tagebücher 1918/1919 und 1921/1922

HAYMONverlag

Gedruckt mit freundlicher Unterstützung durch die Kulturabteilung des Landes Tirol und das Bundesministerium für Wissenschaft und Forschung in Wien.

Auflage:

4	3	2	1
2015	2014	2013	2012

© 2012
HAYMONverlag
Innsbruck-Wien
www.haymonverlag.at

ISBN 978-3-85218-602-3

Layout und Buchgestaltung:
Roland Kubanda/Haymon Verlag, nach Entwürfen von Karin Berner
Umschlaggestaltung:
hœretzeder grafische gestaltung, Scheffau/Tirol
Umschlagfotos:
vorne: Ludwig Hänsel (um 1915), Ludwig Wittgenstein (um 1920)
hinten: aus Ludwig Hänsels Tagebüchern

Gedruckt auf umweltfreundlichem, chlor- und säurefrei gebleichtem Papier.

Inhalt

Vorwort 7

TAGEBÜCHER

Heft 1: Tagebuch vom 5.12.1918–21.1.1919 13
Heft 2: Tagebuch vom 22.1.1919–2.7.1919 37
Heft 3: Tagebuch vom 11.7.1919–18.8.1919 63
Heft 4: Tagebuch vom 19.9.1921–10.3.1922 81

KOMMENTAR

Heft 1 113
Heft 2 133
Heft 3 156
Heft 4 166

„Traurig wie die Töne seiner Klarinette ..." 191
Ilse Somavilla

Literaturverzeichnis 208
Editorische Notiz 210
Dank 212
Bildnachweis 213
Namenregister 214

Vorwort

Ludwig Hänsel zählte zu den wenigen Freunden Wittgensteins, denen dieser bis zu seinem Tode verbunden blieb. Die beiden lernten einander im Februar 1919 während der Zeit der gemeinsamen Kriegsgefangenschaft bei Monte Cassino kennen und die nun vorliegenden Tagebücher Hänsels berichten darüber: über die erste Begegnung, die miteinander geführten Gespräche über philosophische, literarische und religiöse Themen, die teils gemeinsamen Ansichten, oft aber auch heftigen Kontroversen. Aus diesen, von Hänsel schriftlich festgehaltenen Diskussionen sind Wittgensteins Einschätzung von Werken Augustinus', Tolstois, Dostojewskis und anderer zu erfahren, verbunden mit seiner Auffassung von Philosophie, Ethik und Religion. Es war Hänsel, der Wittgenstein in manche Werke der Weltliteratur einführte, die dieser damals noch nicht gelesen hatte und über die er in der Folge mit Hänsel diskutierte. So wird auch bestätigt, dass Wittgenstein sich mit Kants *Kritik der reinen Vernunft* – aller Wahrscheinlichkeit nach auf Anregung von Hänsel – auseinandergesetzt hat. Wittgenstein wiederum machte Hänsel mit seinen Gedanken der *Logisch-Philosophischen Abhandlung* vertraut, von der er das zu der Zeit noch nicht publizierte Manuskript mit sich führte, an dem er während des Ersten Weltkriegs gearbeitet hatte.

Wittgenstein befand sich damals vor einer entscheidenden Wende in seinem Leben – einer Wende, die zu einem Umdenken und Neubeginn führen sollte, dies nicht nur in persönlicher, sondern auch in philosophischer Hinsicht. Wie vielen bekannt, führte diese Periode der „Veränderung" zu seinem Entschluss, anstelle einer Laufbahn innerhalb der akademischen Philosophie ein einfaches, arbeitsames Leben zu führen. Bei seinen Überlegungen, ob er ins Kloster gehen oder als Volksschullehrer arbeiten sollte, nahm Hänsel regen Anteil und berichtet in seinen Tagebüchern darüber.

Als Wittgenstein sich zum Beruf eines Volksschullehrers auf dem Lande entschloss und nach der Rückkehr nach Wien dort die Lehrerbildungsanstalt besuchte, fand die Freundschaft mit dem ebenfalls in Wien lebenden Hänsel eine Fortsetzung. Die beiden besuchten einander regelmäßig, auch als Wittgenstein nach der abgeschlossenen Ausbildung zum Lehrer für mehrere Jahre in kleinen Dörfern in Niederösterreich südlich von Wien unterrichtete. Zeitweise wohnte Wittgenstein sogar bei der Familie Hänsel in der Kriehubergasse. Darüber schreibt Hänsel im vierten, sich von 1921 bis 1922 erstreckenden Tagebuch.

Aufgrund seines hohen geistigen Wissens und seiner außerordentlichen Belesenheit vermitteln Hänsels Tagebücher interessante Einblicke in umfassende Gebiete der Kultur: Er diskutiert Werke von Dichtern und Philosophen, die in Zusammenhang mit Wittgenstein bisher noch nie erwähnt worden sind. Dazu kommen noch die aus der Wittgenstein-Forschung bereits bekannten und zum Teil oben erwähnten Persönlichkeiten wie Augustinus, Kant, Schopenhauer, Tolstoi, Dostojewski, Weininger, Frege, Russell u.a.

Darüber hinaus sind Hänsels Aufzeichnungen als Zeitzeugnis der sozialen, kulturellen und politischen Lage Österreichs während und nach dem Ersten Weltkrieg von historischer Bedeutung.

Von den bisher vorhandenen Berichten von Zeitzeugen, auf die in der Wittgenstein-Rezeption zunehmend als wichtige Quellen zum Verständnis des Zusammenhangs zwischen Leben und Werk des Philosophen zurückgegriffen wird, sind die Erinnerungen von Paul Engelmann[1] und Maurice O'Connor Drury[2], sowie weitere kürzere Berichte von Freunden und Bekannten Wittgensteins zu nennen. Aus der für Wittgenstein bedeutsamen Zeitspanne nach dem Ersten Weltkrieg – während der Gefangenschaft bei Monte Cassino – sind als Quellen bisher jedoch nur einzelne Briefe Wittgensteins an Paul Engelmann und an Ludwig von Ficker bekannt sowie ein Aufsatz von Franz Parak, der lediglich 13 Seiten umfasst. Hänsels Tagebücher schließen daher eine für die Wittgenstein-Forschung wichtige Lücke. Dies gilt auch für philosophische Probleme, über Logik und Mathematik in Zusammenhang mit dem Manuskript der *Logisch-Philosophischen Abhandlung*, sowie für ethische und religiöse Fragen. Darin liegt auch die überragende Bedeutung gegenüber dem 1994 erschienenen Briefwechsel zwischen Hänsel und Wittgenstein, in dem philosophische Aspekte oft nur angedeutet, aber nicht näher diskutiert werden. Allerdings zeigen die Briefe bereits, wie wichtig Hänsels Freundschaft für Wittgenstein war, und enthüllen den hohen ethischen Anspruch des Philosophen, der ja im Hinblick auf seine Philosophie entscheidend ist.

Wie aus den nun vorliegenden Tagebüchern hervorgeht, waren es philosophische und persönliche, vor allem ethische und religiöse Probleme, die Hänsel und Wittgenstein miteinander besprachen. Dabei handelte es sich um Fragen, mit denen sich Wittgenstein während der Kriegsjahre bei der Abfassung der *Logisch-philosophischen Abhandlung* bzw. des *Tractatus* auseinandersetzte, sowie um solche, die später in seinem *Vortrag über Ethik* und in seinen Gesprächen mit dem *Wiener Kreis* erörtert wurden. Dass es dabei zu Meinungsverschiedenheiten kam, die bis zu Streitigkeiten führten, ist bei Wittgenstein kein Einzelfall, sondern aus mehreren Berichten über seine kollegialen oder freundschaftlichen Kontakte bekannt. Hänsels detaillierte Aufzeichnungen geben jedoch auch Prozesse der gegenseitigen Annäherung – das Überdenken der eigenen Ansichten und die Bereitschaft zu deren Änderung – wieder.

Die Konfrontation dieser zwei verschiedenen Geister, die sich u.a. in der gänzlich unterschiedlichen Lebensweise und Lebensaufgabe, insbesondere auch in Wittgensteins Hang zur Mystik und zum tolstojanischen Christentum gegenüber Hänsels Katholizismus zeigt, macht das Spannende in dieser Freundschaft aus. Wittgenstein, so Peter Dal-Bianco, hätte seinen Großvater angeregt, seine festen Überzeugungen als strenggläubiger Katholik neu zu überlegen und wie Hänsel

---

1 *Wittgenstein-Engelmann. Briefe, Begegnungen, Erinnerungen.* Hg. von Ilse Somavilla unter Mitarbeit von Brian McGuinness. Innsbruck: Haymon, 2006.

2 „Some Notes on Conversations with Wittgenstein". In: *Ludwig Wittgenstein. Personal Recollections.* Ed. by Rush Rhees. Totowa, NJ: Rowman & Littlefield, 1981.

selbst schreibt, habe er durch Wittgenstein an Klarheit gewonnen und eine Hebung des Gesichtspunktes erfahren. Ebenso aber scheint er seinem Freund in wesentlichen Dingen Impulse gegeben zu haben, sowie in schwierigen Lebenssituationen und Entscheidungen als verständnisvoller Berater zur Seite gestanden zu sein.

* * * * *

Ludwig Hänsel: Geb. 8.12.1886, Hallein (Salzburg); gest. 8.9.1959, Wien. Nach der Matura am Gymnasium in Salzburg studierte er in Graz Germanistik, Romanistik und Philosophie und besuchte auch Vorlesungen über Geschichte, Kunstgeschichte und Indogermanistik. 1910 schloss er sein Studium als Dr. phil. ab und leistete anschließend seinen Militärdienst als Einjährig Freiwilliger in Bozen und in Trient. Ende 1910 legte er die Lehramtsprüfungen aus Deutsch und Französisch ab und begann ab Herbst 1911 als Supplement an verschiedenen Wiener Gymnasien. 1913 wurde er zum wirklichen Lehrer an der Staats-Realschule Wien X ernannt. 1913 heiratete er Anna Sandner. 1914–1918 leistete er seinen Kriegsdienst. Vom 18. Nov. 1918 bis zum 20. Aug. 1920 war er in Kriegsgefangenschaft im Lager Cassino.

Von 1920 bis 1929 wirkte er als Professor an der Realschule Wien X, von 1929–1936 als provisorischer Direktor am Privat Mädchen-Realgymnasium des Schulvereins für Beamtentöchter, Wien VIII, von 1936–1938 als Direktor an der Bundeserziehungsanstalt für Mädchen, Wien III.

Vom 14.3.1938 bis 10.9.1939 wurde Hänsel aus politischen Gründen beurlaubt, dann als Oberstudiendirektor in Verwendung eines Studienrates am Realgymnasium für Jungen, Wien XVII, wieder eingestellt. 1941–1945 wurde er als Oberleutnant, Hauptmann und Major d.R. bei der Luftwaffe in Wiener Neustadt und Wien eingesetzt, ab Herbst 1944 bei einer Fallschirmdivision in Italien, wo er 1945 in amerikanische Kriegsgefangenschaft geriet. Ab Herbst 1946 bis Ende 1951 war er wieder als Direktor an der Realschule in Wien X tätig. 1950 wurde ihm der Titel Hofrat verliehen. Nach seiner Pensionierung Ende 1951 übernahm er einen Lehrauftrag an der Universität Wien mit dem Titel *Besondere Unterrichtslehre, Philosophie.*

Ludwig Hänsel war Mitglied von zahlreichen Organisationen und Vereinen, u. a. der Wiener Katholischen Akademie, der Wiener Philosophischen Gesellschaft, des Pädagogischen Rats der Mittelschullehrer Österreichs, des Österr. Neuphilologen-Verbands, der Vereinigung christlicher Mittelschullehrer; er war Vizepräsident der Österr. UNESCO-Kommission, Leiter des Österreichischen Komitees für Geschichtsunterricht und des Österreichischen Komitees für Philosophie und Geistesgeschichte, längere Zeit Obmann des Wiener-Goethevereins, Vorstandsmitglied der Goethegesellschaft in Weimar und Vorsitzender der Ferdinand-Ebner-Gesellschaft.

Seit 1920 hielt Hänsel zahlreiche Vorträge in Wien, Innsbruck, Salzburg (Salzburger Hochschulwochen), Linz, Gmunden, Mödling, Baden, Bruck a.d. Mur, Graz, Klagenfurt. 1952 nahm er in Paris an der Generalversammlung der UNESCO und am Pädagogischen Kongress *Erziehung und seelische Gesundheit* teil, 1955 in Venedig am Kongress *Erziehung zur internationalen Gesinnung* (Sens international), veranstaltet vom Bureau international catholique de l'Enfance, 1956 in Paris an der UNESCO-Expertentagung *Asiatische Kulturen in den westlichen Schulen.*

Gemeinsam mit Michael Pfliegler gab Hänsel Schriften von Ferdinand Ebner heraus und schrieb mehrere Bücher (u.a. *Begegnungen und Auseinandersetzungen mit Denkern und Dichtern der Neuzeit*, 1957) sowie an die 200 Artikel und Rezensionen.

* * * * *

Nach seinem Kriegsdienst als Fähnrich, Leutnant und Oberleutnant in Russisch Polen, Galizien und Italien während des Ersten Weltkriegs, kam Ludwig Hänsel in der Nacht auf den 18. Nov. 1918 in das Gefangenenlager bei Cassino: „ausgeladen aus den Viehwägen, Marsch gesetzt, bei strömendem Regen in den freien Massenbaracken des großen Lagers untergebracht. Auf guten Feldbetten, zwei reine Leintücher, zwei Decken" (vgl. Ludwig Hänsel: „Gefangenenlager bei Cassino", in: *Der Plenny* 10, Folge 5/6, Mai/Juni 1933, S. 52–54).

Im Lager befanden sich laut Hänsels Bericht 1700 Offiziere, anfangs auch noch einige höhere Stabsoffiziere. Am 20. August 1919 begann die Abfahrt nach Hause; am 26. August 1919 war die Ankunft in Wien.

Ludwig Wittgenstein: Geb. 26.4.1889, Wien; gest. 29.4.1951, Cambridge. Jüngstes der acht Kinder von Karl und Leopoldine Wittgenstein geb. Kallmus. Nach anfänglichem Privatunterricht zu Hause in der Alleegasse besuchte Ludwig von 1903 bis 1906 die k.u.k. Staatsoberrealschule in Linz. Anschließend studierte er an der Technischen Hochschule Berlin-Charlottenburg und im Frühjahr 1908 am College of Technology in Manchester, England. Es kam zu Drachenflugexperimenten und Freundschaft mit William Eccles. Ab 1908/1909 Research Student im Laboratorium der ingenieurwissenschaftlichen Abteilung. 1911 Reise nach Jena zu Frege, im Herbst Gasthörer in Cambridge, wo es am 18.10. zu einem ersten Treffen mit Bertrand Russell kam. Ab 1912 wohnte Wittgenstein als „Undergraduate" im Trinity College in Cambridge, schloss Freundschaft mit George Edward Moore, später mit John Maynard Keynes und William Ernest Johnson. Freundschaft mit David Pinsent, gemeinsame Reise nach Island. Im Herbst 1913 wiederum gemeinsame Reise nach Norwegen, kurz danach brach Wittgenstein allein zu einem längeren Aufenthalt nach Norwegen auf, wo er – bis auf kurze Unterbrechungen zu Weihnachten nach Wien – fast ein Jahr lang blieb. Er verfasste dort seine Aufzeichnungen über Logik, wovon er G.E. Moore (der ihn im Frühjahr 1914 besuchte) diktierte. Im Juli war Wittgenstein wieder in Wien und meldete sich bei Kriegsausbruch als Freiwilliger, da er infolge eines Leistenbruchs vom Militärdienst freigestellt worden wäre. Am 7.8. Assentierung in Wien, am 9.8. in Krakau, Dienst auf dem Wachschiff „Goplana" auf der Weichsel. Gegen Ende des Jahres 1914 zum Militärbeamten ohne Sterne befördert, am 5.5.16 zu den Aufklärern, am 1.6. zum Vormeister befördert. Vom 24.6. bis 6.7. Teilnahme an der Schlacht bei Kolomea in der Bukowina. Danach in den Karpathen auf Rückzug, 3 Tage Bahnfahrt in neue Stellung. Ende August nach Wien, Treffen mit Loos. Am 1.9.1916 Beförderung zum Korporal, nach 1.9. an der Artillerie-Offiziersschule in Olmütz. Freundschaft mit Paul Engelmann. Am 6.10. Silberne Tapferkeitsmedaille 2. Klasse (Kriegsakt), am 19.10. Bronzene Tapferkeitsmedaille (Kriegsakt). Am 1.12. zum Fähnrich i.d. Reserve ernannt. Am 19.1.1917 zurück zum Regiment. Im Juli 1917 bei Gefechten bei Bania-Rosulna, Starunia, Kolomea, Kniaze; im August bei Hlinitza, Czernowitz. Am 25.8. Silberne Tapferkeitsmedaille 1. Klasse (Kriegsakt). Der Rang „Fähnrich i.d. Reserve" wird auf 1.10.1917 datiert. Am 1.2.1918 zum Leutnant i.d. Reserve ernannt (zugeteilt dem Feldartillerieregiment Nr. 105, dem früheren Feldhaubitzregiment Nr. 5). Im Februar 1918 in einem Fliegerkurs, bei der Fliegerkompagnie Nr. 30. Vom 10.3. bis 10.5. Stellungskrieg an der Südfront bei Asiago, Gebirgsartillerieregiment Nr. 11. Im Mai in Trient, danach bei der Juni-Schlacht bei Asiago. Im Sommer Urlaub in Österreich, wo er im Hause seines Onkels Paul Wittgenstein in Hallein die „Logisch-Philosophische Abhandlung" zu Ende schreibt. Anfang Oktober wieder im Feld. Am 22.9. erhält er die Militärverdienstmedaille am Band mit Schwertern. Seine philosophische Arbeit wird vom Verlag Jahoda abgelehnt. Am 3.11.1918 Gefangennahme bei Trient (Stationen: Verona, Como, Bellagio). Im Jänner 1919 kommt Wittgenstein in das Gefangenenlager Cassino.

HEFT 1

Tagebuch vom 5.12.1918–21.1.1919

Und zum Beginn des neuen Heftes:

„Wer nicht von dreitausend Jahren
Sich weiß Rechenschaft zu geben,
Bleib' im Dunkeln unerfahren,
Mag' von Tag zu Tage leben."

Goethe WÖD.

Tagebuch 5.12.18–21.1.19

<u>5.12.18.</u> Monte Cassino. Eile am Morgen, um Brot, Schinken und Feigen. Langes Warten am Tor. Aufruf. Ich melde für Oblt. Pezak, der mir die Gelegenheit abgetreten. Morgenduft. Die Augen durstig überall. Halb 9^h etwa weg. Die Kakteen und die Steinhütten, die sich von den Steinmauern der Berge der Wege, nicht unterscheiden. Durch Cassino. Kleine Gäßchen, Schmutz, Neugierde, lachende Weiber. Braune (südliche) Bäuerinnen. An der Schule vorbei. Der stolze Jubel der Buben über uns (in Doppelreihen). Ein paar Lyzeistinnen ziehen die Augen auf sich. Die Weiber dick und klein. Schön die Kinder und viele alte Weiber schön unter den Runzeln. Den Berg hinauf. Am ospedale civico vorbei (klein, vereinsamt) Hinten schaut eine gelassene Nonne heraus, eine neugierige halb hinter dem Pfosten. Aufwärts auf der steileren, alten Straße, steinig. Mit dem Feldkuraten zumeist. Mit Feigen den Magen voll. Kant im Kopf und die Augen voll Freude. Ölbäume und Eichen (mit kleineren Blättern weiter oben) 2 Stunden Weg. Vor dem Kloster der schmutzige lachende Bruder bei den schwarzgrauen Schweinen. (Sein Typus aus Salzburg vertraut). Freundlich von den Herren gegrüßt, an ihnen vorbei in den 3teiligen Hof. Bewunderung der Arkaden, deren Durchblicke Architekturphantasien der Renaissance Malerei in Erinnerung bringen. Freiluftarchitektur. Die breite Treppe führt zu einem neuen, abgeschlossenen, kleineren Hof mit gleichzeitig naturalistischen und pathetischen Kolossalstatuen der Klosterförderer. Von der prunkvollen Kirche mit der Goldbemalung der Gewölberippen und Bogenornamente mit der kostbaren Marmorbuntheit der Wände, den vielen in ihrer gleichmäßigen Verzükkung nüchternen Altarbilder voll schwarzer Mönchskutten, auch der Marmoraltar, die prunkvollen Grabmäler, die bunten Gewölbefresken, konnte wenig zusagen. Schreiend, zerreißend. Umso tiefer ergriffen in der Krypta von den wundervoll stillen lilientragenden Engeln hinabbegleitet. Der Altar mit den kostbaren, aber ernsten Gestalten Benedikts und seiner Zwillingsschwester. Die strenge Geste mit der die Hand auf der Regula ruht. Der geheimnisvoll fest und gerade ausschauende Blick. Schauern erregend. Derselbe Blick in Scholastikas reinem Frauengesicht. Die Feinheit, Sicherheit, Einfachheit der Freskenerzählung. Viel Wort, viele Sprüche. Alles erfüllt vom selben Gedanken, alles den Geist auf dieselbe Gesinnung zusammenziehend. Während die Kirche oben den Geist auseinander zog. Intensität gegen Extensität. Tiefe gegen Mannigfaltigkeit. Mystische Versenkung in Gott unten, oben Gottesdienst mit allen Mitteln des Weltprunkes. Oben hinter dem Altar die kunstvoll und mit unermüdlicher Abwechslung geschnitzten Chorstühle, die bei allem inneren Leben im Ganzen einen geschlossenen gleichförmigen Charakter haben (die vielen Variationen der liegenden oder tragenden Putten an den Seitenlehnen) Während ich dann in der Pforte, Bilder und Bücher aussuche, versäume ich das Refektorium, komme auch zur (deutschen) Führung in der Bibliothek zu spät, im Turme hinten an. Die vielen Beuronerfresken in den einzelnen Räumen neben und übereinander ergreifen nicht alle gleicherweise. Für zu große Flächen Gefahr der Leere. Auch für zu große Gegenstände. Ähnlich wie bei Thoma. Auch die Gefahr, daß die Farben zu blaß bleiben, die Anordnung zu schematisch wird. Am besten wirken die kleineren Bilderzyklen (Bau des Klosters gegen die teuflischen Widerstände) Nazarenererinnerungen. Doch überall zu schnell vorbei. Weiter Ausblick von der Terrasse über den Arkaden. Bewirtung mit Wein und Brot. Geht ohne Sturm. Wie die ganze Besichtigung mit ruhigem Anstand. Namen ver-

größern die Zusammenhänge, entheben aus der Einsamkeit. Monte Cairo heißt der Berg, der vom Lager aus die Sonnenröte zuerst aufnimmt. Fluß Liris schlängelt sich weithin durchs Tal. Neue Bergformen. Straßenrichtungen (Neapel, Rom) Um 2ʰ Aufbruch. Die ländliche Tarantella der bunten Weiber neben ihrer Holzarbeit. Tanzleidenschaft und Sicherheit gerade der Alten. Eine schenkt schließlich Sirva-Bäumchen mit den roten eßbaren Beeren. Wieder durch die Gässchen Cassinos und die lebhafte, schmutzige, primitive Gesellschaft (die Schusterwerkstätte in der Wandnische) sind neugierig, kaum schadenfroh. Ein Weib, da wir die steile, steinige Gasse mit unseren Nagelschuhen, fallbereit herabstolpern, ruft uns zu: zu Weihnachten seid Ihr zu Hause. – Zur Logik zu spät, da wir vor dem Lager neuge-kommener Russen wegen umkehren müssen (die 8 Pinien vor den duftigen Bergen der Ferne) und in weitem Bogen zum anderen Eingang wandern müssen. Begeister-tes Erzählen daheim. Viel Geld ist aufgegangen.

6.12. Stürmische Versammlung der Bibliotheksmitglieder (Die abgehenden alten Prigi wollen möglichst viele Bücher mitnehmen) Meine Streit- und Redelust trägt ihr gutes Teil zur Erhitzung bei. Vertagung mit großem Endlärm (weil auf meiner Seite ein Nicht-Mitglied gestimmt hatte) – Darob die Logikstunde versäumt. – Die Nikolo Unterhaltung im düsteren Menagesaal höre ich mir kurze Zeit an. Übervoll. Begeisterung bei jedem Walzerklang trotz der Schwäche des Orchesters. Lieder-tafelquartette. Eintönig. Rauch. – Sternennacht. Gedanken an daheim. Arme N.

7.12. Nebel. Wieder am Bekenntnis weiter. Logik zum erstenmale in der Bar. 24 (neben der Kantine. Violinspiel) Abends mit halbem Einklang in Kulpe-Messer gegen Kants Apriorität. Über die Wand herüber die schnarrenden Spitzen gegen meine „logischen“ Versuche, die Bibliothek groß zu erhalten.

8.12. Sonntag. Überzogen. Nach der griech. Messe (Verbeugungen zur Erde, mehr Läuten) der Logikstunde wegen nur halbe kathol. Messe. Johannesevang. durch-tränkt von den immer wiederkehrenden Sätzen des Eingangsthemas: Licht der Welt, Verhältnis zum Vater, im Eigentum nicht erkannt, Umwandlung der Gläu-bigen durch die Taufe im Geiste, den Trank des Lebens, die Speise des Leibes, das Gericht der Ungläubigen. Hineinkommen, symphonisch allmählich eintretend immer deutlicher werdend, Andeutungen des Schlusses: von dem Tempelvergleich über die Nikodemusrede von der Erhöhung am Kreuze und die Andeutungen von dem Verlassen für eine kleine Weile (wiederholt!) zur Parabel vom guten Hirten und den letzten Reden. Überall auf und absteigend die Antithese von Zeichen und Geist, Gesetz und Gnade, Sabbath und Sendung. Bedenken: Wer nur das Ev. Johan-nis lesen würde, müßte Jesus für einen Galiläer halten: Ne[mo] propheta Und bes.: „Bist Du auch ein Galiläer? Forsche und siehe aus Gal. steht kein Prophet auf“ (7.52) Und bes. 7.42: „Spricht nicht die Schrift, von dem Samen Davids u. aus dem Flecken Bethlehem, da David war, sollte Christus kommen?“ Fast als ob Joh. auch gegen diesen Buchstabenglauben die Wirklichkeit des Geistes setzen wollte. Die Kindheitsberichte des Matthäus würden dann zu späteren Ergänzungen um die Sendung des Galiläers mit der Prophezeiung von Bethlehem in Einklang zu brin-gen. – Die Geschichte vom 12 jährigen Knaben hat an sich Ähnlichkeit mit den

Legenden des Thomas-Evangeliums. (Das verletzende Auftreten gegen die Eltern, die Weisheit des Kindes) – Doch bin ich nicht kompetent. Was weiß ich außer einigen Schlagworten vom Stand der Quellenkritik? – Das andere Bedenken: Die immer wiederholte Betonung der Sendung, des Auftrages vom Vater, des Abhängigkeits verhältnisses von ihm. Keine Gleichsetzung. – Logikstunde im Saal CD an der Tafel, wenig selbständig die Sphärendarstellung der Begriffe, abgelenkt auch durch die Vorbesprechung, die die alten Herren zur Fortsetzung der Bibliotheksabstimmungen hielten. Aber nachm. die Bibl. Vollversammlung verlief gedämpft und versöhnlich. – Der ganze Sonntag ohne Ruhe und Erhebung.

<u>9.12.</u> Täglich früh mit Jungwirth ein Kapitel aus der Regula S. Benedicti. Nachm. Logikstunde: Ergänzung des Laokoonproblems durch die Begrifflichkeit der Sprache. Vorm. beim Lit. Vortrag Jungwirths. Anschaulich und bestimmt im Urteil. Gute Wiederholung für mich. Abends mit Lt. Krammelhofer über Begriff und Sprache unter den Sternen auf und ab.

<u>10.12.</u> Auf einen Skandal wegen der Brot und Feigenausgabe (ich war schon Sonntag weg) haben die bisher. Funktionäre abgedankt. Neuwahl während der Essenszeiten. Nachm. Tischältestenversammlung zur Übergabe. Wünsche und Anträge des Dr Steif werden zu Protokoll genommen. Änderungen (ungünstige im ital. Zuschub) werden mitgeteilt. Der alte Präses (Obst) geht ohne Klang aus der Vers. Abends bis 1/2 12^h im Bibl. Lokal Auswahl der 135 Bücher, die den nach Vietri sul mare abgehenden Offizieren und den abgehenden Stabsoffz. mitzugeben beschlossen worden war. Erst bei voller Kommission. Das unsachliche wichtige Gerede Dr Steifs. Schließlich mit dem ruhigen Dr Eisenstein […] allein die Belletristik (die anderen mußten um 9^h in ihre Bar. zurückkehren)

<u>11.12.</u> Vorm. ohne etwas zu fördern. Bibliotheksgeschäftchen. Sicherung und Sichtung der Bücher. Baden. Jungw. wird ins wieder offene Nachbarlager zum Vortrag hinüber gezogen. Nach dem Essen Schlaf. Feigen überviel (von Pollaks gestriger Zuwendung – unehrlich viel) von meiner letzten Lire. Versuche um Vorschuß waren erfolglos. In der Logik von den „letzten" Gegenständen. Unsicherheit der Eigenschaft gegenüber. – Nachts geht der Transport weg.

<u>12.12.</u> Vorm. Umzug in das Lärm Zimmer 13. Langes Zuwarten. Achtgeben, daß keines der Möbelstücke wegkomme. Betteleien beim überlaufenen Adjutanten (Dr Lauterbach, lang, jung: rötl. Vollbart, freundlich). […] Nachm. in der Logik grober Überblick über den Wandel der Vorherrschaft unter den Kategorien, aber mit Freude an der Zusammenfassung.

<u>13.12.</u> Der einleitende Kant-Vortrag von Dr Steif. Seine Unklarheit über die Grundtermini: apriori und analytisch. – Geld- und Feigennot, über die mir in den vergangenen Tagen Pollak gegen meine letzten Centesimi hinübergeholfen hat. Abends Beginn der Kant-Notizen. Vormittag Abschluß der Kant-Erinnerungen im Bekenntnis. Schöne Tage. Täglich ein Abschnitt aus der Regula mit Jungwirth. Das harte Latein, der ernste gerade Sinn.

14.12. Nach dem Essen, nach Jungwirths Vorlesung (Einleitung zu der Luther Auswahl-Göschen) in der Sonne. Stichworte für die morgige erste Kantstunde. Die Erweiterung der Relationsgruppen gegen Höfler wieder zurückgezogen. Stotternde Logikstunde, der wieder einmal Hptm. Dr Weyer, vom anderen Lager zuhört. – Leichtes Kopfweh. Unlust. Zersplitterung.

15.12. Sonntag. Schöner, warmer, bewegter, erregter, lustvoller Tag. Trotz der Vorbereitung für Kant, die ich zuerst umständlicher im Sinne hatte. vorm. frei.

Evangelium Johannis während der Messe. Der Donnerschlag am Palmsonntag (wie nie gelesen) Ebenso die Griechen: Den Versuch der 2 Apostel, auf sie Jesus aufmerksam zu machen, überhört er (wie sonst auch im Joh. Ev. bei Nikodemus und im Abendmahlsgespräch) reagiert er gar nicht oder ganz von anderer Seite her (am Frager vorbeiredend) – Sapphische Strophen an den Monte Cairo in der warmen Nachmittagssonne, zw. den Baracken, wohin die Stühle (die wir jetzt besitzen) zu tragen, wir den Alten einsichtsvoll nachmachen. Die erste Kantstunde mit der abweisenden und bekennenden persönlichen Einleitung (Von Jungw. als „stilistisches Meisterstück" meiner „Härte" gelobt) – schon aber finde ich, daß mich jeder Zulauf, den ich abgewiesen hatte, freut und ich brauche Nachdenken, um die Ehrlichkeit meines Ernstes zu retten. Großes Schweigen, große Aufmerksamkeit. Selber stark mitlebend – schwitzend. [...] – Lange ohne Schlaf. Nachwirken der Erregung. Ich hätte also ganz gut bei dem Hptm. Angermüller Nachtwache halten können (Lungen- und Rippenfellentzündung im Abflauen) – er wollte mich schonen und hat den jüngeren Oblt. Patzl genommen.

16.12. Sonne heute wie jeden Tag. Gelungene Logikstunde (Beginn der Kausalrelation). Nach dem Essen bei Hptm. Angermüller. Er ist mir gegenüber etwas befangen, war er doch einmal ein „Kleiner" im Salzburger Gymn. unter mir „Größerem" trotz seiner Länge – wenn er davon weiß – Ich lese ihm aus den Eskimoschilderungen von Amundsen vor – die Reiseschilderer können wohl der humoristischen Betonung ihrer Leibesbedürfnisse bes. in schwieriger Lage nicht entbehren. Und würde es mir besser gehen, wenn ich unser Kochen in Capella beschriebe? Und sahen wir es anders, als wir daran waren? Die komische Auffassung ist die Entschuldigung für die Wichtigkeit des Hungerstillens. – Als Prokop (der kleine, immer lachende liebe Oblt, das übermütige Kind) kommt, kocht er mir mit des Hptmanns kunstreichem Kessel und reichlichem Vorrat einen starken Schwarzen und dazu esse ich Marmelade – ohne übrigens allzu hungrig zu sein. Der Feigenzubuße habe ich trotz des Geldmangels noch keinen Tag entbehrt. Irgendwoher kam Jungwirth und damit ich doch wieder zu Geld. (Papiergelder für seine Vorträge und Venetianische Noten, die mein Gewissen ein bißchen kitzeln) – Abends trotz des übervollen Magens in den Notizen zu Kants zweiter Vorrede weiter. Mondnächte

17.12. Wegen der angesagten aber ausgebliebenen Inspizierung (durch einen ital. General) muß alles, auch die Langschläfer, früh aus den Baracken. Vorm. und nachm. in der Phphiegschichte von Messer über Descartes, Locke und Berkeley. (zur Orientierung über die primär. Qualitäten) bis ich von dem vielen knapp gefaßten Gedankengewirre Kopfweh hatte. Nach dem pompösen Sokrates Vortrag des Dr Steif eine mißglückte Logikstunde über die Relationen und die Kausalität (gehemmt durch das Aufhorchen des gemütlichen Mathematikers Oblt. Perner nebenan) – Abends vor seinen Leuten (Einundzwanzigern hauptsächlich Lt. Krammelhofer über das Deutsche Recht (german. Zeit). – Wolkiger Tag.

18.12. Kurze Gewitter mit Donner. Und wieder Sonne. – Geld, aber nur Vorschuß, der auf Dienergeld und Schulden an Jungwirth aufgeht. Vorkäufe für Weihnachten. Biskuit, das ich nun aber wirklich nicht vor dem hl. Abend vernaschen will (wenigstens die noch ganzen Stücke nicht). – Geärgert darüber, daß meiner Einladung zu Locke nicht alle Kant-Teilnehmer gefolgt sind. Mißtrauen gegen Dr Steif. Wie sollte er aber freundlich gegen mich gesinnt sein, der ihn verspottet und (um seines unbegriffenen Anhanges willen doch) beneidet? (also haßt?) Die Locke-Vorlesung hat mich dann aber selbst nicht befriedigt. (Wie rasch beansprucht man, wenn man einmal Anteil gefunden hat, selbst für das noch Anteil, das man kurz vorher selbstverständlich als interesselos angesehen hat Logik u.s.w.)

19.12. Nebelreißen. Schmutz, Nässe. Auch Jungwirth hat es zum erstenmal zuwege gebracht, nicht „in die Logik" zu kommen. Verletzt mich, trotz der Einsicht, daß er seine Zeit für die Vorbereitung seiner (guten) Literaturvorträge braucht, zumal er sie zweimal (für beide Lager) – wenigstens in der letzten Zeit – hielt.

20.12. In den schlaflosen Morgenstunden (endlich einmal wieder) Nachwirkungen der Logikstunde über die Kausalität und die Inkommensurabilität der Wirklichkeit (Anlaß gestern die Mathematikstunde: von den irrationalen Zahlen verbunden mit dem Logikgegenstand: kontinuierl. u. diskontin. Reihen. Auf dem Regen, der in der Nacht stoß- und sturmweise auf das klingende Ziegeldach trommelte und die Föhnluft des Morgens, die den Nebel zeitweilig über die beschneite Cairospitze hob, folgt ein sonniger Mittag. Friedlicher Streit mit Jungw. über die Auffassung des Schäferwesens im Don Quixote. – Gegen Abend wieder wolkig düster. Des Generals wegen entfallen (zu meiner Freude) die Vorträge. Die Bettensorten müssen schon wieder besonders gerichtet werden. Aber die Gagerückstände von Capella stehen in Aussicht. Daraufhin die Feigen sofort aufgegessen. (Daudet, L'immortel)

21.12. Kalt. Der Mte Cairo wieder und tiefer herab beschneit. Wieder (schon am Morgen) Inspizierungsbereitschaft. Nachm. ein ital. Oberst, der nach eigenen Dekken fragt, die wir verläugnen. Zählung der Offz. vor der Bar. Die Logikstunde entfällt. Viel Zeit für Daudet. L'Immortel. Enttäuschung. Zu beißende Satire, grobe Technik, nicht allzufeine Psychologie. Mein Geschmack ist augenscheinlich empfindlicher geworden, seit 1913 – Sappho – in der mich zwar der Mangel an Aufbau bes. Abschluß der Handlung, sonst aber nichts deutlich befremdet hatte. Unter anderem liegen Maupassant, Bel Ami und die Madame Bovary dazwischen, auch A. France – alle feinfühliger. Das alte Requisit des buckligen und sinnlichen Fälschers. G. Freytag in der Handschrift (ohne Sinnlichkeit, bürgerlicher) Der Zwerg in Notre Dame. Und neu: Wolffson im Tunnel Kellermanns. – Jungwirths unterhaltsame und bezeichnende Geschichten von seinen Präzeptorstunden bei der Baronin Skribensky. Nur bezeichnend, daß er die gewünschte Rolle des Alleswissers zu spielen verstand, die ein älterer Herr mit seinem „Das weiß ich nicht" immer unterbrechen hatte müssen.

22.12. Sonntag ohne Messe. Der Rücken der Kapelle scheint nicht geöffnet worden zu sein. Überdies sehr beschäftigt. Auszahlung des Gagerestes. Einkäufe für den Hl. Abend. Überreichlich. Bewegung im Lager, die wie feierliche Festesspannung sich ansieht. – L'Immortel. Pessimismus und Satire der Pariser Gesellschaft in der Zeit nach 1870 in Frankreich. Maupassant u. Flaubert. Zola aber auch noch Balzac (Empire) 2 Nachm. Kant: durch die zahlreiche Zuhörerschaft versöhnt; (Empfindlichkeit der letzten Tage). In der Interpretation das Gefühl, nicht so über dies Problem hinausgekommen zu sein, wie ich seit den Notizen aus den Montecassinotagen (4 kleine Zettel) geglaubt hatte, steigert sich nachher, da ich im Zimmer Krammelhofer daraus vorlese.

23.12. Angst um die Decken, die von dem Maresciallo bedroht werden. Nachm. muß in der Baracke verwartet werden. Üble Gerüchte von den Baracken, wo er bereits gewütet hat. (Die gestern abgegangenen Polen hatten bei der Revision, wie man sagt, weit mehr Decken gehabt, als sie dem Oberst gegenüber angegeben hatten.) Lt. Eyer nimmt eine von mir in seine visitierte Bar hinüber. Er selbst hat seine verloren. Haßt wehrlos. Die öffentlichen Siegerreden, Wilson als civis pomanns, in der Académie in der Sorbonne bekommen vom Immortel her ihre Färbung. Trotzdem eine ästhet. Freude an der feierlichen Rede des längst geistig Erledigten, an der Idealisierung der Phrase. Schon damals bei der feierlichen Übergabe der Flotte. Sie denken und reden, hassen und prahlen nicht anders als die alten Wikinger oder Griechen. – Weihnachtskarten und Telegramm an N. –

24.12. Weihnachten. Vormittag in die Bar. gesperrt. Die Visitierung des Maresciallo ist aber unerwartet gelinde und rasch, wir hätten nichts verstecken brauchen. Weihnachtsaufregung überall. Die Capella-Gage gibt Geld zu reichlichem Einkaufen. Unsere beiden Weihnachtskisten auf der Kommode. L'immortel zu Ende. Da unser Plan mit Krammelhofer, eines der Singspiele Goethes zu lesen, an den Geschäften Jungwirths zu schanden wird. Mit stiller Freude und feiner Wehmut nachm. auf der Matratze unter dem Weihnachtsbild. Kommunion am Neujahrstag mit dem Kuraten vereinbart. – Ohne Feige und Leckerei den ganzen Tag. Auch die Küche hält das Fastengebot. Am Abend aber gibt es neben dem Weihnachtsteller „Paradegrenadiermarsch" (mit mehr Fleischstücken als gewöhnlich). Im Warten darauf (wie sonst an den Weihnachtsabenden gibt es Wartezeit) 1. Akt von Claudine von Villa-Bella von Jungwirth vorgelesen, aber von dem jüd. industriellen Kleeblatt unserer Bude nicht goutiert. Nachher mit Jungw. in der Nacht auf und abgehend von kathol. u. protest. Gottesdienst. Verteidigung von Opfer und Beichte. Er ist von übertrieb. Kinderreligiosität zur Ablösung von der Beichte und zur Freude am prot. Lied gekommen. – Das reichl. Abendessen, der ungewohnte (mühsam erraffte Wein) die rasch und gemischt verschlungenen Eßbarkeiten hätten mich bald überwältigt (Ärger über die Maßlosigkeit) Allmählich erholt – Kakao im alten Zimmer 16. Sardinen angeboten von Gersthofer, dem warmen Freundchen des Paul von Boschan (Gummi Industrieller, kurzsichtig, naiv-gescheit) Diesem gegenüber trotz des Friedenstages das glatt herausgerutschte Spottwort: Gescheite Fragen einer Lyzealschülerin. Unermüdlicher Gesang (Lt Patzl) nebenan. Gebrülle überall. Allmählich Beruhigung. Jungwirth gegenüber unter der Lampe. Lukas- und Johannes Evangelium und Psalmen. Die beiden andern schlafen bereits. Gegen 12^h ins Bett.

25.12. Christtag Später auf. Messe vor dem Gitter. Feldmesse auf dem Platz und Chorgesang verboten. Leckereien überviel vor- und nachmittag. Mit Jungw. Sardinen zum Frühschoppen. – Nachmittagsschlaf. Von Boschan aufgeweckt, der sich die ital. Zeitung von mir übersetzen lassen will, was ich mit viel freundlichem Spott besorge. Verse, die ich nachts fertig bringe auf den Monte Cairo (Karst). Nach dem Kunstschmus des Dr Steif. Trödlerwissen, Preise, Kaufkniffe, Verteidigung der Sammlermoral. Über die Nazerener Unpassendes, zum Ärger Jungwirths, dadurch hat die Abneigung Berechtigung zur Entrüstung bekommen. Ich bin schon fast zum gehässigen Gegner meines „Kollegen" geworden. L'immortel. Paul Astier, der die Liebe zu seinen Streberzwecken benutzt: vergröberter Typus des franz. Liebeshelden Julian Sorel (in Rouge et Noir. Disciple, Bel Ami noch bevor [sie] struggle for life genannt werden. Auch das Paar Frauen steht (von weitem) in Parallele mit dem Frauenpaar bei Stendhal (naiv und überlegen) Die Herkunft der Motive und der Komposition augenscheinlich Nebensache. Offenes Geständnis: „Matrone von Ephesus" mit vollständigem Auskosten der alten Komik auf den Père Lachaise. Woher die neu geweckte Liebe der alternden Amouröse Maria Antonia (der Duchesse) gerade als sie sich dafür rächen will, daß ihr die Matrone von Ephesus ihren Prinzen weggeschnappt? – Merkwürdig konservative Ausfälle des Satirikers. Im gewöhnlichen Sinn: alte, biedere Bauernsitte – Gläubigkeit. Astier-Re'hu, der genarrte Gelehrte (mit seiner gefälschten Autographensammlung) bei aller Lächerlichkeit in ergreifendes Schicksal gestellt, und durch die naive Rechtlichkeit bei aller Akademie-streberei die Umgebung überragend. Der Landedelmann (de Freydet) verfällt dem Strebern nach dem grünen Frack. Védrine der geniale Bildhauer und gemütsheitere Familienvater zieht von allem Ehrgeiz frei als Causeur durch die Gesellschafts- Stadt- und Landbilder. – Paris die vielgeschilderte, in allen Winkeln und Schattierungen literarisierte Stadt. –

26.12. Feiertag, Faul- und Freßtag fortgesetzt. Mit übermütiger Betonung dem Staunen des naiven Boschan gegenüber. Regen vor- und nachm. Verse auf den Monte Cairo unnachgibig neben allem anderen zu Ende geführt. Kastanienbraten am Abend unter Blitz, Donner und Regen mit den drei geselligen (anspruchslosen) Juden: der eine, Dr Klöß seit einigen Tagen krank, in der Nacht fiebernd.

27.12. Beginn besseren Wetters. Kopfweh wohl von der Überanstrengung des Magens. Wird tagsüber gut. Arbeitstag der alten Art. Nachm. Locke. Abends Dr Steif über Miniaturen und Moral des Kunsthandels. Dazu auch den naiv-klugen Boschan gelockt. Mit ihm zu dritt nachher über das Trödelgewäsch von der Heiligkeit der Kunst und der Sch-schönheit der Kaiserin Elisabeth.

28.12. Monte Cairo am Morgen wieder sichtbar mit schneeiger Spitze. Blau, Sonne und wechselnde Wolken am Tag. Vorm. wieder zum Bekenntnis zurückgefunden und im Bekenntnis zum Bekenntnis, mich daraus verloren zu haben. Knittelverse auf Krammelhofers poetische Angriffe gegen die Philistrosität unserer Poeterei. – Nachm. Hume über die Kausalvorstellungen, seinem Positivismus nicht gewachsen. Rainer Maria Rilke aufgeschlagen: Die Aufzeichnungen des Malte Laurids Brigge. Vermutlich Autobiographisches wenigstens der Gefühlsentwicklung. Aber auch der Lebensumstände (literar. Richtung: Kunstschriftsteller, Drama (?) und Verse). Die Komposition der Gefühlseindrücke, Impressionismus als Verselbständigung des Details. Bündel von abgelösten, verschwimmenden Vorstellungen und futurist. Rekomposition (der Major bei der [GeisterErscheinung] mit dem traumhaft verwunderten Auge eines Kindes gesehen (das Schloß des Großvaters). Lebensekel des 28 jährigen in unoriginaler Satire darunter. Banal, wo Gedankliches formuliert wird. Auch dort gegen die festen Begriffe wie in der Anschauung gegen das Körperliche, das die Eigenschaften zu herrisch beisammenhält und die Aufmerksamkeit zu sehr auf seine unanschauliche Wirklichkeit hin zwingt von den Eigenschaften der Vorstellung ablenkend. Vorliebe daher für die Mondnacht, die alles in die Ferne rückt – wie auf Seide gemalt. Daher Fähigkeit und Liebe Gebärden der Details überraschend zu fassen und zu vergleichen (über die Assoziationsbrücke von Eindrucksgefühlen gleicher Art – statt Anschauungen gleicher Art) – Erinnerungen an Hofmannstals schwerere Draperien. Julfest. im […] Hptm. Dr Weyer […] mit Lt Klaars Freude am geselligen Fest.

29.12. Sonntag. Dichter Frühnebel. Reiner Nachm. Wieder in der Nachm. Sonne. Vorbereitung für die gelungene Kantstunde (Die analyt. u. synthet. Urteile auch in der Form getrennt: Attributive u. Relative Urteile). Weniger Zuhörer, ohne sichtbare Gekränktheit als willkommene Verengerung begrüßt. Malte Laurids Brigge: Der Niedergang des feinfühligen Aristokratendekadenten in die Ausgestoßenen von Paris. Gesteigert durch das Voraussehende Grauen und Vorfühlen. Ekelpoesie: Eiter und Schleim (Verhaeren – Ovid – Grünewald) Huysmans Baudelaire Muster für Dekomposition: Erinnerung an das Schloß des Großvaters: zerstückelte Räume und Gänge – unverbunden, Turmzimmer – Balkone „Es ist als wäre das Bild dieses Hauses aus unendlicher Höhe in mich hineingestürzt und auf meinem Grunde zerschlagen" (32) Loslösung der Eindrücke von den Dingen. Positivismus der poet. Anschauung – Entsubstanzialisierung der Wirklichkeit – Gefühls- Empfindungsbündel – während doch eigentlich die Tätigkeit der Anschauung und Erkenntnis nach Kant in der Komposition und Substanzialisierung besteht und nach Fiedler (gestern im Süd-Deutschen Monatsheft gelesen) die poetische und künstlerische Tätigkeit die Komposition, Gestaltung Verwirklichg des Empfindungsmateriales in Sprache, Farbe oder Raum bedeutet.

Beispiel der Rekomposition S 51. Der Major bei der geisterhaften Erscheinung Christinens im Schloß: „... Dann auf einmal war dieses Gesicht fort, und sein grauer Kopf lag auf dem Tische und seine Arme lagen wie in Stücken darüber und darunter und irgendwo kam eine welke, fleckige Hand hervor und bebte" (Schiele – Kokoschka)

Bekenntnis „Die Zeit der anderen Auslegg wird anbrechen, und <u>es wird kein</u> <u>Wort auf dem anderen bleiben, und jeder Sinn wird wie Wolken sich auflösen und</u> <u>wie Wasser niedergehen.</u> Bei aller Furcht bin ich schließlich doch wie einer, der vor etwas Großem steht, und ich erinnere mich, daß es früher oft ähnlich in mir war, eh' ich zu schreiben begann. Aber diesmal werde ich geschrieben werden. <u>Ich</u> <u>bin der Eindruck, der sich verwandeln wird</u> …" Zwei Zitate: [66f] Mécontent de tous et mécontent de moi … Seigneur mon Dieu, accordez-moi la grâce de produire quelques beaux vers … und darauf eine Verworfenheitsklage (Jeremias ?)

– Kunstabend des Dr Steif. Gegenvortrag des Krammelhofer über Keramik mit schmeichelnd-eifersüchtigen „Ergänzungen" des Trödlers. Freude an des Prinzen Hohenlohe unbeirrter Verachtung – Warum gehässig, statt fernzubleiben? Weil ich […] das Feld nicht räumen will. (Ohne ihn aus dem Feld räumen zu können)

<u>30.12. Rich. Dehmel, Blinde Liebe.</u> Ein Lesetag neben der üblichen Beschäftigg Das lüsterne Märchen von der zu Unsichtbarkeit verzauberten Prinzessin des ehetreuen Landesvaters, die erst mit dirnenhafter Hingabe (an den ihretwegen zum Tode verurteilten Leutnant) Sichtbarkeit, Vergebung und den geliebten Mann bekommt. Manche anmutige Stelle, mancher poetisch feine Klang. Aber auch manches Seelische übersprungen. Rührend Unschuldiges selbst noch in der lüsternen Schlußwendung. Aber auch versöhnlich Philiströses im Ganzen, der geneigten Leserin zuliebe (das bleibt, wenn es auch selbst wieder ironisiert wird) – Nichts gefunden, was mir Verknüpfung mit dem bisher bekannten Dehmel erlaubt hätte.

<u>O.J. Bierbaum, Die Haare der hl. Fringilla.</u> Kurze Novellen, meist gut exponiert aber plump gelöst. „Der Mohr" in der tschech. Prov. Stadt wird mir vertieft durch meine Kraus-Erinnerung. Der Liebesleidenschaft der Russin, ihrem Verlangen nach freier Liebe („Sinaide oder die freie Liebe in Zürich") gibt die Schlußpointe – Einführung Frank Wedekinds – psycholog. und aktuelles Interesse.

„Aschermittwoch" und „Nach dem Balle" sind lustige und melancholische Katerstimmungen (eines Dandys Ankleideszene und eines Kunstliebhabers Gespräch mit den sprechenden Schmuckstücken seines Studierzimmers vor dem Ausziehen). Liebe und Schönheit.

<u>R.M. Rilke. Brigge.</u> Der langausgedehnten Salpétrière-Szene („und es fiel mir ein, daß dies also der Platz sei, der für mich bestimmt gewesen war" 86 – die vielen Elendsbilder vorher hatte er immer als Vordeutungen der eigen. Zukunft genommen – bescheiden und nur für den Leser im Tod von Venedig) Die Krankheit erinnert ihn an die Angstzustände der Kindheit (88, 92) Wieder eine Pariser Straßenszene, der Bewegungsnarr, der sich solange bezwingt 93–103 – Rührung vor der Genovefa des Puvis de Chav. Ergriffen von Baudelaire. [89] Fieberklagen, Grauen des Unwirklichen, Muttersehnsucht – Beethovens Taubheit (hymnisch) – Straßenbild (die stumm den Spatzen Futter hinhalten) – Ibsen im unverhohlenen Nietzscheton. Pathethik gegen den Ruhm als Anfang: „Und Deine Worte führen sie mit sich in den Käfigen ihres Dunkels. und zeigen sie auf den Plätzen und reizen sie ein wenig von ihrer Sicherheit aus. Alle Deine schrecklichen Raubtiere."
– <u>Ibsens</u> Drang „aufzuzeigen" Die winzigen seelischen „Übergänge" ins Theatralische vergrößert, versichtbart, bis die mit Greifbarem überladene Bühne um des

Unfaßlichen willen „überschüttet" wurde. „Da konntest du nicht mehr. Die Beiden [Hände], die [du] zusammengebogen hattest, schnellten auseinander."

121. – Muttererinnerungen. Wieder Gespenster sehen: Ingeborg (vom Hund gewittert) kommt tot den Frauen zum Tee im Garten entgegen), die griffelsuchende Hand auf dem Teppich – Fieberkrankheit – Verhältnis zu Mama er am liebsten als Sophie (verstorbene Schwester) verkleidet – Die Fieberwelt und die unbegreifliche Verständlichkeit der Welt wie sie die anderen nahmen „Wenn ich das jetzt überdenke, kann ich mich wundern, daß ich aus der Welt dieser Fieber doch immer wieder ganz zurückkam und mich hineinfand in das überaus gemeinsame Leben, wo jeder im Gefühl unterstützt sein wollte, bei Bekannten zu sein, und wo man sich so vorsichtig im Verständlichen vertrug. Da wurde etwas erwartet, und es kam oder es kam nicht, ein 3. war ausgeschlossen. Da gab es Dinge, die traurig waren, ein für allemal, es gab angenehme Dinge und eine ganze Menge nebensächlicher. Wurde aber einem Freude bereitet, so war es eine Freude, und er hatte sich danach zu benehmen …"

Das Maskierungsabenteuer, das mit einer Ohnmacht endet – Der Prediger Jespersen, höfliche Religiosität des Vaters (erinnert an den Vater der Frau Marie Grubbe – der Familienname wird neben der mütterlichen Brahe-Linie genannt, auch Holck: erinnert an die militär. Traditionen Rilkes) – Wieder zurück auf Urnekloster. Nächtliche Suche nach dem Bilde Christianes (der Wandelnden) Zusammentreffen mit Erik (erinnert an den kleinen Franz des Hanno Buddenbroock – Im allgemeinen Erinnerungen auch an Hermann Bang. Hoffnungslose Geschlechter) „Freundschaft" mit Erik. – Die harte Großmutter väterlicherseits. – Liebe zu Abelone (einer Freundin Mamans). Die Phantasie der sechs Teppiche – der Damen à la Licorne „solch ein leises Leben langsamer, nie ganz aufgeklärter Gebärden".

Die Komposition auch der Jugenderinnerungen, die zusammen zufassen, zu beherrschen, Malte zu schwach ist, die sich erst im Leser allmählich rekomponieren sollen.

31.12. Silvester, als Feiertag betrachtet. Kein Vortrag (von Jungwirth und mir).
Rilke, Malte L. Brigge. „Zweites Bändchen".

Das Unglück der entflohenen Mädchen, die ihr Leben nicht mehr mit der Familie teilen konnten. Das rührende freiwillige Gegenstück seiner eigenen gezwungenen Entwurzelung (später das Symbol des Büchsendeckels, der nicht mehr zur Büchse gehören will). Mädchen: „Sie haben schon angefangen sich um zu sehen, zu suchen; sie, deren Stärke immer darin bestanden hat, gefunden zu werden" (S. 5) „… weil sie müde sind. Sie haben Jahrhunderte lang die ganze Liebe geleistet, sie haben immer den vollen Dialog gespielt, beide Teile" (Erinnerungen an N. Wehmut, Reue, Sehnsucht, Glück). – Maltes und Mamas Spiel mit den Spitzen: Die Liebe, das stumme Opfer: „Die sind gewiß in den Himmel gekommen, die das gemacht haben" … „In den Himmel? Ich glaube, die sind ganz und gar da drin. Wenn man das so sieht: das kann gut eine ewige Seligkeit sein. Man weiß ja so wenig darüber". (Die Liebeskraft hier und die Kraft zur Lust bei Kraus und beides im Weibe!)

Die Schlittenfahrt zu den Schwestern Schuhlins. Mamans und Maltes Glauben an das „Haus", das sie auf der Fahrt sahen. Der Schrecken vor Brandgeruch (Erinnerungen an Selma Lagerlöf. Schlitten, Gesellschaft. Woher ist die feine, zerbrechliche, kindlich weise Maman mir so bekannt? Wenn N. von der Tante erzählt? Aus einem Buch?) – Die Geburtstage: Gejerstam, Leonore Griebel eine Klage über das Feingefühl, das nötig ist um die andern ihre Plumpheiten nicht spüren zu lassen. Unbegrenztes Mit-leid hier wie den Pariseropfern gegenüber. Abelone als Sekretärin des Großvaters, der noch „erzählen" konnte. Die Unerreichbarkeit des Zieles: „Und werden sie es überhaupt <u>sehen</u>, was ich da sage?" – Wie vorhin von den Frauen. Erzählen, beschreiben ist nur Annähern und Aussparen. Das Individuelle ist unfaßbar. Und nur das Individuelle ist das, worauf es ankommt, alles Allgemeine ist unwirklich. Die Verzweiflung des Individualismus. – Der Tod des Vaters in der Stadt, der Herzstich. „Nein, nein, vorstellen kann man sich nichts auf der Welt, nicht das Geringste. Es ist alles aus so viel einzigen Einzelheiten zusammengesetzt, die sich nicht absehen lassen. Im Einbilden geht man über sie weg und merkt nicht, daß sie fehlen, schnell wie man ist. Die Wirklichkeiten aber sind langsam und unbeschreiblich ausführlich" [187] (Wie Malte in vielen Dingen. Nähe des Naturalismus. Huysmans – seelischer Naturalismus. Barrès: Déracinés und ähnliche Gedanken stellen Problemverwandtschaften her – preziöse Gefühlszergliederung, Zartgefühl für Hunde und Hilflose – aber Rilke weniger programmatisch, hilfloser, individueller) – Die Todesfurcht des Vaters (die Abschrift vom Tode Christians 4. in seiner Brieftasche) – Eigene Todesfurcht – der Tod Felix Arvers, der der Nonne noch das Wort „Korridor" richtig stellt: „Er war ein Dichter und haßte das Ungefähre; oder vielleicht war es ihm nur um die Wahrheit zu tun; oder es störte ihn, als letzten Eindruck mitzunehmen, daß die Welt so nachlässig weiterginge: Das wird nicht mehr zu entscheiden sein. Nur soll man nicht glauben, daß es Pedanterie war, sonst träfe derselbe Vorwurf den heiligen Jean de Dieu, der in seinem Sterben aufsprang und gerade noch zurechtkam, im Garten den eben Erhängten abzuschneiden, von dem auf wunderbare Art Kunde in die verschlossene Spannung seiner Agonie gedrungen war. Auch ihm war es nur um die Wahrheit zu tun." –

Die Nachbarn. Mitleid und Hineindenken nehmen von ihm Besitz. Der russ. Beamte, der die Sekunden seiner Lebenszeit sammeln möchte und nicht mehr ausgeht, weil er die Zeit, weil er schließlich die Erde sich bewegen fühlt (Strindberg) als Heilmittel gegen die Bewegung dient ihm der gleichmäßige Rhythmus hergeleierter Gedichte. (Eine lange Geschichte). Der Nachbar mit dem rollenden Blechdeckel. Phantasierendes Mitgefühl. Traumsicherheit, daß das stille Kommen der Mutter den Nachbar befreit – Der Büchsendeckel, der nicht auf der Büchse bleiben will als Symbol, als Folge der Entwurzelung der Menschen, die „höchst ungern und schlecht auf ihren Beschäftigungen sitzen" [215] (76), von denen die Dinge die Zerstreutheit und das Abwechslungsbedürfnis lernen (die „ungefähre Unzucht der Zerstreuung") [217] Halb Andersen, halb Vischer, Tücke des Objekts.

Der Heilige, gegen den sich die Dinge verbinden, unterliegt, sobald der „hinsieht". Wie der Heilige, so jeder „Einsame". Malte, der Einsame von Kind auf. Gefährlichster Feind: der Ruhm. – Aus dem grünen Buch [219]: Nachleben und Durchleben gelesener Geschichten. Beide gehen am Ruhm zugrunde. Tod des falschen Zaren, das Auffinden der Leiche Karls des Kühnen. „Nie ein richtiger Leser", d.h. immer zu viel, zu tief erlebt, nicht wie der Durchschnittsleser darüber hinwegzulesen vermocht. Nie kam die Überlegenheit, der Leichtsinn der Erwach-

senen. „In demselben Maße aber, als ich ihre Wirklichkeit begriff, gingen mir auch
für die unendliche Realität meines Kindseins die Augen auf. Ich wußte, daß es
nicht aufhören würde, so wenig wie das andere erst begann. Ich sagte mir, daß es
natürlich jedem freistand, Abschnitte zu machen, aber sie waren erfunden. Und
es erwies sich, daß ich zu ungeschickt war, mir welche auszudenken. Sooft ich
es versuchte, gab mir das Leben zu verstehen, daß es nichts von ihnen wußte.
Bestand ich aber darauf, daß meine Kindheit vorüber sei, so war in demselben
Augenblick auch alles Kommende fort, und mir blieb nur genau so viel, wie ein
Bleisoldat unter sich hat, um stehen zu können." [234f] (Entwurzelter der Heimat,
der Familie, des Standes, der Kindheit. Kind geblieben. „Kind" d.h. interesseloses,
offenes, tiefer erlebendes, allem hingegebenes, leidendes und mitleidendes, das
Grauen des Lebens erschauendes Wesen). Die kurze Lesewut und die Versöhnung
mit Abelone beim Abstreifen der Johannisbeeren. (Jakobsen?) Sie will von dem
<u>Briefwechsel Bettinas</u> die Antworten Goethes nicht hören. Bettinas Liebe als ele-
mentare Macht, an der Goethe „die Grenze seiner Größe" fand. „Alle haben diese
Antworten gelesen und glauben ihnen, weil der Dichter ihnen deutlicher ist als die
Natur. Aber vielleicht wird es sich einmal zeigen, daß hier die Grenze seiner Größe
war. Diese Liebende ward ihm auferlegt, und er hat sie nicht bestanden … demüti-
gen hätte er sich müssen vor ihr in seinem ganzen Staat und schreiben, was sie dik-
tiert, mit beiden Händen, wie Johannes auf Patmos, kniend." (109f.) [241] (Rilkes
Ehrfurcht vor der Liebe. Seine Übersetzungen: Portugiesische Briefe, Sonette
Brownings – Meinerseits Erinnerung an das Buch Suleika: die Betonung des
<u>Greisenglückes</u>. Mehr ein Glück, daß es diese Liebe gab, als Glück in dieser Liebe.
Eitelkeit) „Immer übertrifft die Liebende den Geliebten, weil das Leben größer ist
als das Schicksal [„das Schicksal liebt es, Muster und Figuren zu erfinden. Seine
Schwierigkeit beruht im Komplizierten. Das Leben selbst aber ist schwer aus Ein-
fachheit"]. „Ihre Hingabe will unermeßlich sein: dies ist ihr Glück. Das namenlose
Leid ihrer Liebe aber ist immer dieses gewesen: daß von ihr verlangt wird, diese
Hingabe zu beschränken" (111.) [242] Wiederkehr des Themas der Frauenliebe
(positivere Formulierung: – sie bestreitet von Natur aus beide Teile des Dialoges
– wieder ist die Portugiesin erwähnt) – Der Zeitungsverkäufer, der mit dem neuen
Hut ihm plötzlich Gottesgewißheit gibt [246] (Nicht rein verstanden; Erinnerung
an Barrès stärker) – das Gefühl den Ausgeschlossenen gegenüber wandelt sich in
Zugehörigkeitsgefühl – nicht mehr das Grauen vor der sicheren Annäherung, sondern Abbitte wegen des noch vorhandenen Abstandes: „Sie liebhaben", [249] die
armseligen Prostituierten. Jesus taucht auf, er nur „ertrüge sie, der noch das Auf-
erstehen in allen Gliedern hat; aber ihm liegt nichts an ihnen [!] Nur die Liebenden
verführen ihn, nicht die, die warten mit einem kleinen Talent zur Geliebten wie mit
einer kalten Lampe." (Von Gott früher einmal frivole Worte. Von der Frivolität
der Mystik im „Mönchischen Leben".) Hier <u>Gott</u> als das Kostbare aus sich selbst,
aufgespart und vor Beschäftigung nicht mehr erkannt.

Der Sylvesterabend nicht so schön, wie unvermutet der Weihnachtsabend
geworden war. Weil er zu vorbereitet war, kam es nicht nach Wunsch. Ich wollte
eine Repetition der Stimmung. Vorlesen der Ode alla vergine. Und es kam nicht
so. Die „Repliken" wurden ins Versheft eingetragen. Die Hexameter von den San-
dalen mit ihrer Selbstanklage nicht befriedigend, bleiben in der Zwiefalt stecken.

<u>1. Jänner 1919.</u> Feiertag, Frühschoppen, Eintragen der Verse. Karten nach Hause. Im Brigge von der Hingabe der Frauen. Gedanken wieder an N. Bis 12^h wach am Tagebuch.

<u>2. Jänner.</u> Verspätet auf. Sonne. Brigge zu Ende. In der Logikstunde von der Teleologie und dem Absoluten. <u>Malte Laurids Brigge.</u> Ehrfurcht vor den Ausgestoßenen. „Vielleicht meinst Du mein Gott, daß ich alles lassen soll und sie lieben" (119 [249] von der Jesus Stelle) Das Beispiel des „Äußersten" in königlicher Erscheinung König Karl VI von Frankreich in seinem Aussatz und seiner Hingabe und Gerührtheit von den Dingen. Die Grauenhaftigkeit der Zeit und des Blutes. Morde und Mysterium. Das einsame Kartenspiel, er selbst wie ein Kartenkönig in der Hand Gottes. Die Mysterienspiele. „Denn dieses Jahrhundert hatte in der Tat Himmel und Hölle irdisch gemacht: es lebte aus den Kräften beider, um sich zu überstehen" (132) [258] – Gegenstück zeitl. verbunden Papst Johann[es] 22. in Avignon. Furcht vor Mord. Aberglaube – Angelus. Die häretische Predigt des Papstes. Widerruf. – Drittes Bild der zu rein in die Seligkeit hinübergesprungene Sohn des Grafen von Ligny. – Begreifen der Zeit aus einem Kindererleben, der unheimlich große Mann mit dem feindl. Gesicht und der erhobenen Faust „Damals erlebte ich, was ich jetzt begreife: jene schwere, massive, verzweifelte Zeit" (139 [264] „Wer konnte stark sein und sich des Mordes enthalten?" (141) [265] „Alle versuchten das Teil und das Gegenteil, alle hoben sich auf, Handlung war keine" (143) [267] (Vom größten Gegensatz her – die Gleichheit mit der Gegenwart. Verbindung: die Ausgestoßenen) Des Königs Rührung bei den Passionsspielen. „Außen ist vieles anders geworden. Ich weiß nicht wie. Aber innen und vor Dir, mein Gott, innen vor Dir, Zuschauer: sind wir nicht ohne Handlung?" (145) [269] – Das antike Theater zu Orange. Absage an das moderne, dem die geschlossene gleichbleibende Szene fehlt (also für das Relieftheater) „Was soll ich vor einer Szene, in der diese Wand (die Ikonwand der russischen Kirchen) abgetragen wurde, weil man nicht mehr die Kraft hat, durch ihre Härte die Handlung durchzupressen, die gasförmige, die in vollen schweren Öltropfen austritt" (147f.) [270f.] – Die Duse (?) paradox ausgelegt als die Tragische, die sich hinter ihren Gestalten verbergen will. – [Also <u>vorher</u> das Ehedrama Ibsen, Mysterien, antikes Theater-Duse]

„Laßt uns doch aufrichtig sein, wir haben kein Theater, sowenig wir einen Gott <u>haben</u> (!): Dazu gehört <u>Gemeinsamkeit</u>" 148. [271] Vgl. von den entlaufenen Mädchen: „Der Weg ist irgendwie enger geworden: Familien können nicht mehr zu Gott" (3) – So zurück zu den Frauen und der Liebe. Wieder aufgenommen: Lieben und Geliebtwerden. Wird zum Hauptgedanken, in der Parabel vom verlorenen Sohn (André Gide) zum Selbstideal. Halb Wunsch und halb Erinnerung, halb Bekenntnis und halb Entschluß. „Schlecht leben die Geliebten und in Gefahr. Ach daß sie sich überstünden und Liebende würden. Um die Liebenden ist lauter Sicherheit" (151. [273] Nietzsche-Ton) „Sie klagen um einen: aber ... es ist die Klage um einen Ewigen. Sie stürzen sich dem Verlorenen nach, aber schon mit den ersten Schritten überholen sie ihn, und vor ihnen ist nur noch Gott" (151f.) Aufzählung der Liebenden. – Unbegreiflichkeit „daß wir das übersehen: das Jahr und die Liebe". [276] (Lyrische Weltanschauung) 2 Beispiele von Liebenden. – Höchstes Beispiel Sappho, geträumt von einem „älteren Mann" und Umdeutung der lesbischen Liebe in Sehnsucht. „wenn sie den zeitlichen Zweck des Geschlechtes durchbrach mit seiner unendlichen Absicht." (161) [281] – Erinnerung an Abelone in Venedig (Ausfall gegen das Stadtbild der Touristen), als in der Gesellschaft das Mädchen von der ungesagten Liebe sang – Wieder: bewahre die Sehnsucht vor der Erfüllung, das Lieben vor dem Geliebtwerden! – Die Liebenden und Gott als das letzte, das einzige, weil unendliche, unerreichbare Ziel. Christus als Gefahr „diese Erleichterung Gottes" (Mechthild, Theresa von Avila, Rosa von Lima) „Ach der für die Schwachen ein Helfer war, ist diesen Starken ein Unrecht; wo sie schon nichts mehr erwarteten, als den unendlichen Weg, da tritt sie noch einmal im spannenden Vorhimmel ein Gestalteter an und verwöhnt sie mit Unterkunft und verwirrt sie mit Mannheit." (172) [289] Abelones zögernde Haltung. – Die Geschichte des Verlorenen Sohnes als die Flucht vor dem Geliebtwerden daheim und in der Welt, um sein Lieben rein geben zu können. Wandlung zur endlosen Gottesliebe, zur „harten Arbeit, sich ihm zu nähern" um wenigstens zu erreichen sa patience de supporter une âme. [298]

Vorsatz auch seine Kindheit nachzuholen. Hofft Strafe. Findet zum größten Schreck wieder Liebe, Verzeihung. Aber ist beruhigt, als er sich nicht verstanden fühlt. Die Gebärde, mit der er die Liebe abwehren wollte, wurde für Reue genommen. Die Liebe galt nicht ihm. „Was wußten sie, wer er war. Er war jetzt furchtbar schwer zu lieben, und er fühlte, daß nur Einer dazu imstande sei. Der aber wollte noch nicht." [Gott] [300] Malte, der am Mangel der Liebe litt in Paris, wie er am Mißverständnis daheim gelitten hatte, macht sichs zum Ideal nicht geliebt zu werden, unverstanden zu sein, verlorener Sohn zu sein (obwohl er am innigsten mit der Heimat verwachsen ist, am meisten unter der Uniformität des Stadtlebens leidet, am meisten die Aussätzigen fürchtet, am meisten von Maman und Abelone träumt) Freilich lag auch diese Gefühlsrichtung vorbereitet, der Abscheu vor den Geburtstagen – den unverständigen Liebesüberhäufungen. Und das unbegrenzte (weibliche) Bedürfnis zu lieben – alle Leidenden, sich einzufühlen in jeden Aussatz. – Gespenster – Angst und Furchtzustände, Abscheu vor den Ausgeschlossenen überwunden durch die Bereitwilligkeit der Liebe. Adelung des Aussatzes durch das Mittelalter und durch die Liebe. Durch den König Karl und durch den verlorenen Sohn. Die Frauen als Führerinnen.

3.1. Wieder im 1. Band des <u>Brigge</u> geblättert. Der vom 2. her Sinn bekommt. Die „Veränderung", die mystische Wandlung vorbereitet. Die Pariser Eindrücke Elendseindrücke. Das, was die anderen nicht sehen. Das Bewußtsein, es zu sehen, gibt ihm den Beruf zu den Aufzeichnungen „Dieses Nichts fängt an zu denken". Die sieben Möglichkeiten „daß man noch nichts Wirkliches und Wichtiges gesehen, erkannt und gesagt hat" … „daß die ganze Weltgeschichte mißverstanden worden ist … weil man immer von ihren Massen gesprochen hat … statt von dem Einen zu sagen, um den sie herumstanden, weil er fremd war und starb" (Die Einsamen: Genoveva, Beethoven, Ibsen und die Einsamen des Mittelalters im 2. Band wie die Einsamen von Paris im 1. Bd.) … „daß alle diese Menschen eine Vergangenheit, die nie gewesen ist, ganz genau kennen" … „daß man von den Mädchen nichts weiß, die doch leben" (Anfang des 2. Bdes) „daß man «die Frauen» sagt, «die Kinder», «die Knaben» und nicht ahnt (bei aller Bildung nicht ahnt) daß Menschen doch längst keine Mehrzahl mehr haben, sondern nur unzählige Einzahlen" ... „daß es Leute gibt, welche Gott sagen und meinen, es wäre etwas Gemeinsames."

So muß dieser „junge belanglose Ausländer Brigge [28 Jahre] ... sich hinsetzen und schreiben" müssen. – Gleich zu Beginn. Gefühl der inneren Wandlung. Gefühl, daß er allen Bekannten fremd werden muß (S. 4. [9] Er lernt sehen [Was er dann vom verlor. Sohn berichtet und von den Heiligen Liebenden] Erster Höhe- Tiefenpunkt. Gefühl der Verworfenheit mit dem französ. und dem bibl. Zitat. – Die Verwandlung hat sich vollzogen (nach den Straßenerlebnissen) Genovefa schaut über Paris. Den Versuchungen dieser Stadt erlegen, d.i. Veränderung, „wenn nicht in meinem Charakter, so doch in meiner Weltanschauung, jedenfalls in meinem Leben" „Veränderte Welt", „Alles zu neu" Baudelaire Une Charogne: [89f] „Es war seine Aufgabe, in diesem Schrecklichen, scheinbar nur Widerwärtigen Pariser [Elend] das Seiende zu sehen, das unter allem Seienden gilt. Auswahl und Ablehnung gibt es nicht. Hältst Du es für einen Zufall, daß Flaubert seinen Saint-Julienl'Hospitalier geschrieben hat? Es kommt mir vor, als wäre das das Entscheidende: ob einer es über sich bringt, sich zu dem Aussätzigen zu legen und ihn zu erwärmen mit der Herzwärme der Liebesnächte, das kann nicht anders als gut ausgehen."

Der 2. Bd. bringt Verwandte Saint Juliens. (Das Mittelalter Flauberts-Huysmans und Claudels – die französ. Färbung Rilkes)

Und paradox verbunden mit dieser Aussätzigenliebe der Einsamkeitsstolz: „Mein Gott wenn etwas davon sich teilen ließ. Aber wäre es dann, wäre es dann? Nein es ist nur um den Preis des Alleinseins"

Der Liebende ist der Einsame. Die Scheu des Geliebtwerdens = Scheu der Gemeinsamkeit. Gott das Kostbare des Einsamen.

(II 30)

Das Programm der 7 Möglichkeiten klingt etwas hohl, die Geste erscheint als zu groß trotz der Tiefe des mystischen Liebesgedankens, mit dem sie sich schließlich erfüllt. Dieser Gedanke selbst hat in seiner Zugespitztheit weiteste Wirklichkeitsferne. Die Liebe nur im Gegensatz zum Geliebtwerden gesehen. Die Parabel vom verlorenen Sohn, der entlaufenen Tochter, die ist die Parabel vom verzärtelten Kind. Der höchste Egoismus der Liebe, die als Hingebung sich auflösen müßte, aber durch die Flucht vor dem Geliebtwerden, durch die Einsamkeit sich erhält, da die Liebe doch Zweisamkeit sein sollte. Eliminieren der Liebe (der Relation) aus der Relativität. – Damit ist diejenige Form der Liebe gefunden, die vereinbar ist mit der mimosenhaften Scheu vor der Berühr'g, vor der Gemeinsamkeit, die ihn beherrscht, diejenige Form gefunden, in der Malte das „Entscheidende" möglich wäre, „sich zu den Aussätzigen zu legen". Die Vereinigung extremsten Individualismuses mit entschlossenster Hingabe. – Die Mutter allein hatte zuweilen dazwischen gestanden, dort wo jetzt dies Ideal der Ungeliebtheit steht; zwischen dem Aussatz, dem Grauen der Wirklichkeit und der Einsamkeit: „Du aber kommst und hältst das Ungeheure hinter Dir und bist ganz vor ihm; nicht wie ein Vorhang, den es da oder da aufschlagen kann. Nein, als hättest Du es überholt auf den Ruf hin, der Dich bedurfte" (I 110) [93] Vorausnahme der Kindheitserinner'g (I 141) Maman vom Ball zur Beruhigung heimgeholt. Und wieder aufgenommen II 73 Beruhigung des Nachbarn mit dem Büchsendeckel „Lieber Gott, dachte ich mir, seine Mutter ist da – … Nun begriff ich das leise Gehen draußen auf dem Gang … So ein Wesen, vor dem die Türen ganz anders nachgeben als vor uns. Auch diese Mutter: große Liebende.“

––––––––––

Das schwierigste Bild: I 6 [11] Die Frau „sie war ganz in sich hinein gefallen, vornüber in ihre Hände“ – im Nachdenken – „Die Frau erschrak und hob sich aus sich ab, zu schnell, zu heftig, so daß das Gesicht in den zwei Händen blieb. Ich konnte es darin liegen sehen, seine hohle Form. Es kostete mich unbeschreibliche Anstrengung, bei diesen Händen zu bleiben und nicht zu schauen, was sich aus ihnen abgerissen hatte. Mir graute, ein Gesicht von innen zu sehen, aber ich fürchtete mich doch noch viel mehr vor dem bloßen wunden Kopf ohne Gesicht.“ Fortführung ins gezwungen Anschauliche eines abstrakten Gedankens: Von den Gesichtern, die die Menschen tragen, wechseln, austragen, abbrauchen, durchlöchern „und da kommt dann nach und nach die Unterlage heraus, das Nichtgesicht, und sie gehen damit herum“ Beispiel dann diese Frau –

––––––––––

Das Lied in Venedig: II – 69f. [287 f.]
„Du, der ichs nicht sage, daß ich bei Nacht
weinend liege,
deren Wesen mich müde macht
wie eine Wiege,
Du, die mir nicht sagt, wenn sie wacht
meinetwillen:
wie wenn wir diese Pracht
ohne zu stillen
in uns ertrügen?
Sieh Dir die Liebenden an,
wenn erst das Bekennen begann,
wie bald sie lügen.
Du machst mich allein. Dich einzig kann ich vertauschen.
Eine Weile bist Du's, dann wieder ist es das Rauschen,
oder es ist ein Duft ohne Rest.
Ach, in den Armen hab ich sie alle verloren,
Du nur, Du wirst immer wieder geboren:
weil ich niemals Dich anhielt, halt ich Dich fest.“

4.1. Noch einmal Brigge. (Absicht einer engeren Besprechung darüber.) Der Verismus der äußeren Form. Wirkliche Aufzeichnungen – wie sie einem solchen Menschen kamen – in Reihenfolge, Auffassung, Sprache (weil die Person dem Autor nahe steht) und doch überlegtes, langsames Ein- und Vordringen der mystischen

Idee. Scheu vor dem Lehrhaften, begünstigt durch den fragmentarischen Charakter der Aufzeichnungen. Preziöse Scheu vor der Deutlichkeit. –
Knabengeschichten (Strauß – Buddenbr. – Ebner-Eschenb. – David – Hermann Bang – Herm. Hesse – Goethe – Kügelgen) zugleich Dekadenz des Mannes Buddenbrooks – kommt zu Schopenhauer Tod in Venedig – Herm. Bang (Frauen) – Huysmans En rade –)

Unterhaltungsabend der „Gruppe" der Deutschen Österreichs. Hptm. Halms und des einarmigen Hptm. v. Gerber angewachsener politischer Verein. Bewunderung der Ungebeugtheit. Kampfbereitschaft (mit Grauen) fängt wieder an. Der Verzicht auf die Macht schämt sich vor dem Willen zur Macht. Wo ist in der Macht die Grenze von Recht und Raub? Die Politik kennt nur verlogene Grenzüberschreitungen. – Witze, Gesänge – die nicht Deutschen aus dem Saal gewiesen, was bald einen Krawall verursacht hätte. – Neben Prinz Hohenlohe, der von dem Besuch des Bez. Hptm von Cassino erzählt. Sonst wird Dr Steif ausgerichtet. – W. Raabe, Der Weg nach Hause (Der Schwede [am Bodensee])

5.1. Sonntag, regnerisch. Nicht ganz herausgehobene Gedanken in der Kantstunde. Nachher mit Lt. Krammelhofer im leichten Regen zw. den Baracken auf und ab. Nebeneinander von intellektualist. Gleichgültigkeit gegen Gott als „Begriff" und gefühlsmäßigem Anlehnungsbedürfnis in schwächeren Stunden. – Seine Klagen über Unproduktivität – Produktivität und Erotik
Durch seine Worte von Sadismus und durch die Heranrück'g des erot. Kreises überhaupt psychoanalyt. Deutung der Brigge-Mystik Die Perversität der Minnesänger, die Onanie (als Liebe ohne Geliebtwerden) nahegelegt durch die Umdeutung der lesbischen Liebe ins Mystische – als Grundgefühl Maltes?

6.1. Dreikönigstag. Früh der Kostümvortrag des Prinzen Hohenlohe mit den Skizzen, die Jungwirth und ich uns schon gesichert hatten. Nachm. auf dem Bett H. Federer, Sisto e Sesto Vom Papst und seinen Verwandten den Räubern. Von edlen Räuberseelen, die im Gefängnis in sich gehen und von der edlen Papstseele, die ihren Trotz, die harte Gerechtigkeit nach langem Kampf (das Bodenmosaik von Helios Söhnen und der schlaue Advokat mit dem Schleier der heimatlichen Abruzzenmadonna) Ergötzliche Episoden. Etwas saloppe Exposition. Gebeugter Trotz bei Federer Leitmotiv (Pilatus, Patria, Patrizius) hier doppelt abgewandelt: beim alten und jungen Räuber und dann ihnen sich zubiegend beim Bruder Papst. Diesmal auch erfreulicher Ausgang in die Abruzzenidylle fleißig und brav gewordener Räuber. Einige Ortssentimentalität hier bei den Abruzzen. Abends an der Einleitung Kants weiter getüftelt.

7.1. Wieder ein trüber Tag. Jungwirth über die Aufklärungsphphie im Vortrag. Unheimlicher Eindruck des Referates, trotz der Vertrautheit mit den Gedanken. – Logik nicht gelungen. Lt Eyer gesteht nachher die Unverständlichkeit meiner Expektorationen die ganze Zeit her – Mangel an Beispielen. – Abends kleine „Ver-

sammlung der Staatsbeamten" um die „Forderungen" bei der Heimkehr zu besprechen. Hoffnungslos kindliche Vereinsmeierei.

<u>8.–10.1.</u> Bessere Tage mit Sonnenstunden. Wenig Arbeit am Bekenntnis. Einiges
an Kant in den länger ausgedehnten Nachtstunden. Mathematik bei dem alten kleinen Kollegen <u>Töpperwien</u> (mit dem ich den ersten Wienerwaldausflug gemacht
habe). Viel Scherz und Spott mit dem verwöhnten, kindlichen Muttersöhnchen
Boschan, der hinter seinem wohlerzogenen Knabengesicht schon sein Altherren-
gesicht trägt, voll raunzender Sorge um sein Wohlbefinden. Jungwirths ständige
Frage: „Bist Du glücklich, Boschan?" Am <u>10.1.</u> abends trotz der Nachtruhe Tee um
11^h mit Dr Klöß, der zwar sich für die Andersen Märchen begeistert gibt, aber sehr
auf die Brotportionen sieht.

<u>11.1.</u> Nachm. Der „experimental-psychologische" Vortrag Steifs über Psychologie
des Kunstgenusses. Illusionslehre, verwischt, mit rhetorischem Pathos. Nachher
Kritik über ihn und mit ihm. (mit ihm allzu tolerant – man müßte ihm „Charlatan"
auf den Kopf zusagen)

<u>12.1.</u> Nachm nimmt er die Kanterklärung auf. Pathet. Einleitung und konfuses
Gerede. Am Schluß Streit über Körper ohne Schwere. Der Techniker Oblt Bach
(liebenswürdige Natur, freundliche dunkle Augen, 20. Bez.) hineingezogen durch
sein voreiliges astronomisches Beispiel. Kauf des Boccaccio, des Geldes wegen
kurz darauf wieder halb bereut.

<u>13. u. 14.</u> Sonnige Tage. Unbedeutende Logikstunden. <u>Arnold Zweig, Novellen
um Claudia</u> (I. Das Postpaket II Das dreizehnte Blatt III Der Stern IV. Das Album
V Die keusche Nacht VI. Die Passion VII Die Sonatine S. 118: „aber meine
Abneigung gegen all das übertriebene, schamlose und doch unechte Gerede ward
dadurch nicht gemildert": Immerhin wird die Ehe „ernst" genommen. Claudia
Eggeling und Dr Oswald Rohme. Das Zusammenfinden über Gegensätze. Ihre
Unberührtheit von Leben, ihre Distanz von Kampf und Mackel, ihre Abscheu
vor Bekenntnissen der Männer. Sein Bedürfnis, seine Niedrigkeit zu bekennen,
schüchtern wenig bedeutend in I. (Rasches Verständnis von Claudia: Verlobung)
Sein großes Geständnis (Knabensünde in VII) wirft Claudia von ihm weg nach
Kampf aber doch (endgiltige) Versöhnung. Versöhnung Claudias mit der Wirklichkeit. Dazwischen: Die Brautnacht und andere Eheerlebnisse die die jungfräu-
liche Distanz vermindert haben. II und III. Voreheliche Enttäuschungen an Freunden II der Maler, der das letzte Blatt seiner Radierungen um des Publikums willen
verändert: Venus statt Christus – stößt sie durch sein enttäuschendes Bekenntnis
ab III Sie selber erzählt das enttäuschende Erlebnis mit dem Musiker, der sich
nachher getötet – er dachte beim fallenden Stern – mitten in den Bemühungen um
ein sittlich widerstrebendes Mädchen – an den Ruhm statt an die Liebe – angedeutet: daß sie sich selbst darin verschmäht fühlte. IV. Fällt am meisten heraus:
Einsamkeit der Mutter, der die Tochter weggeholt wird. Erinnerungen an Kind
und Jugend durch das Photogr. Album. V. Die Brautnacht. Kluge, zartfühlende
Überrumpelung ihrer Hemmungen und seiner eigenen. VI. Sorge des Mannes

um ihr geistiges Mitleben: sie schläft bei der Matthäus Passion. Seine geweckte Sehnsucht nach Volk, Gemeinsamkeit (durch den ehrfürchtigen Gottesglauben der zuhörenden Bürger ihm nahegebracht). Das Geheimnisvolle, Fremde ihres Körperlebens.

Wechsel des Standpunktes in den Novellen

II. Ich Erlebnis Claudias besonders malerische Breite (Automobilfahrt, Herbstlandschaft, Selbstbeobachtung). III. Ich Erlebnis Oswalds musikalische Schilderungen. IV. Standpunkt der Mutter Die übrigen zw. Osw. und Claudia geteilt. Vielleicht Claudia mehr im Vordergrund Nach I–III wäre als Thema zu vermuten: Claudias Reaktion auf Männerbekenntnisse – Dagegen V–VII Interesse fast stärker für Oswald Mühen um die reine Ehe – die volle Gemeinschaft von Seiten des Mannes. VII. Gleichzeitig Entscheidung für das Thema I–III. […]

15.I. Früh. Die Diener kommen nicht. Plötzlich Deckenvisite durch den deutschsprechenden (ängstlichen) Offizier. Ich verliere meine Decke. Hungriger Vorm. Man darf nicht aus der Bar. bis die Visitation überall durchgeführt ist. Die eigenen Decken werden abgenommen (Befehl dazu mit Drohung war schon früher) auch gekauftes Manteltuch. – Mit dem Regimentsarzt: Einteilung der Irrtümer: Psychologischer Irrtum. Nachm. Wiederbesprechung des Kantstückes, das Steif am Sonntag besprochen. Steif gibt seine weitere Interpretation mit Lob auf mich auf. Ich nehme an. (Triumph.) Abends Jungwirth zuliebe in seinem „exakten" (daß er sich nicht entblödet, das Wort immer wieder einzutrommeln) Vortrag über holl. Porträtisten. Ohne Gewinn. Leere Namen und Phrasen.

16.–17.I. Neue Verpflichtungen. Zersplitterung deutlich fühlbar. Im Windelband, dem ausgeliehenen, seit einigen Tagen über Demokrit und Plato. Vorbereitung zur Zergliederung des Laches in der Logik (Herumlaufen bis der Band gefunden war). Lateinstunde (Vergil) und Griechisch (Neues Testament) und „religiöse Besprechungen" auch noch (mit den Protestanten) ausgemacht. Dabei ist die Kantstunde stecken geblieben, die Kantvorbereitung für Sonntag ausständig und ein Vortrag für Dienstag über Monte Cassino für die Hauptleute ausständig, die Aussicht hinauf haben. Wo bleib ich mit meinen Aufzeichnungen? Die Spaziergänge nach M. Cassino deuten auf ein baldiges Ende der Lagerzeit. Hier oder überhaupt. Karte an N. Erinnerung an den 19. Jänner des Vorjahres. […] Oblt Perner, der kleine, watschelnde Mathematiker mit dem hochroten Sweater, bringt seine ersten Gedichte in unseren Heften. Humor. Die Ballade vom verlorenen u. wiedergefundenen Schwerpunkt (auf den Dr Steif und seine Kantinterpretation – die phys. Möglichkeit eines Körpers ohne Schwere.) unausgeführter Humor. Knapp an der Pointe. Herz. Er muß sehr treuherzig sein. Er ist schüchtern, verheiratet. War in russ. Gefangenschaft. Wurde Mathematiker, da er schon Techniker werden mußte, um der Technik zu entkommen. Beschaulichkeit. – Unsere Vershefte ruhen auch!

18.1. […] – Forderung und rasche Erledigung der wie mir scheint unvermeidlichen Formalität. – Die Einleitung zum Laches in der Logikstunde mit Stimmenwechsel beim Vorlesen. – Abends Vorbesprechung für die religiösen Stunden – mit den Protestanten. Ob ich gut daran tue?

19.1. Sonntag. Kantstunde. Gelungene Architektonik der Raumargumente. Der Farbenreichtum der schönen Tage, der hellen Abende (Berge und Wolken) Mit Jungw. Wein am Abend aber wenig Worte. Er zieht mich in neue Beschäftigung hinein: „Moderne Literatur". Maskenzüge Goethes ohne viel Gewinn. In der Beschreibung von Montecassino.

20.1. Die Hauptleute auf Montecassino. Schöner Tag. Mit dem Simmelschen Essay über die Philosophie in der Sonne auf dem grünen Hügel (frisches Gras). Abends bringt mir Lt Klaar das Telegramm von „Mama".

21.1. Die Wunder des hl. Benedikt in den Dialogen Gregors des Großen. Die Sicherheit des Glaubens über Natur und Möglichkeiten des Wunders, die Einfachheit des Wunderbaren. Die überlegene Belehrung des zweifelnd-fragenden Schülers Petrus. Immerhin erste Zweifel der Vernunft. Das Italienisch der Fioretti – aber härter, lapidarer (Übersetz'g aus dem Latein von einem modernen Florentiner Mönch) Vorbereitung für den 2. Gang aufs Kloster. – Kant-Stunde ohne Aufregung. Die Kulpeschen Raumargumente (finden, wie ich spüre, Anklang. Natürlich.)

HEFT 2
Tagebuch vom 22.1.1919–2.7.1919

Tagebuch
22.1.–2. Juli 19

<u>22.1.</u> In den Dialogen des Gregorius die letzten Wunder. Die Liebeskraft seiner Schwester Scholastica, die, um ihn die ganze Nacht (das eine Mal im Jahre) um sich zu haben zu erbaulichem Gespräch, vom Himmel den Wolkenbruch erbat. Qual era il suo desiderio? Stare più a lungo con lui. Vedi carità. Ma dio è carità, dungque fu giusto che quella ne potesse di più, che più ne ebba (So vermochte die Schwester mehr als der Bruder, der um der Klosterregel willen vor Nacht zu Hause sein wollte) – Logikstunde: Definition der Tapferkeit führt zu neuen Fassungen nachher (mit Oblt Perner, der Tolstojs Novelle darüber übersetzt hat).

<u>23.–25.1.</u> Vorbereitung auf den Rilke-Abend, an dem ich (nach dem Tagebuch) über Brigge referiere. Zu wenig und zu dicht erkläre. Dr Schwarz darauf die psychoanal. Diagnose. – Mittelalter wird ebenso nervös und blutig gemacht von Flaubert u.s.w. wie gleichzeitig die Antike von Nietzsche, Hoffmannsthal –

24.1. Paket von Salzburg. Zwieback und Geselchtes. Freude und Verteilung. Die Blätter der Salzburger Chronik werden verlesen. Wolken u. Regen Früh Logik: Tapferkeit als Selbstbehauptung.

<u>26.1.</u> Sonntag. Regnerisch. Messe hinter der geschlossenen Wand. 3 Vertretersitzungen für Oblt Sucher, der in seiner Besoffenheit ein ganzes Zimmer angerempelt hat. Kantstunde Kulpe ruhig weiter. Gerüchte baldiger Abfahrt von allen Seiten. Abgabe des Lagergeldes. Angebliche Äußerungen des Obersten. Nach Neapel? Oder Nach Hause?
[…]

<u>29.1.</u> Vergeblicher Versuch mit den Synthet. Urteilen a priori zu einem glatten Ende zu kommen. Aufgeschoben für spätere Möglichkeiten. Die Laches Lektüre macht mir weniger Freude als ich erwartet. Furcht langweilig zu sein. Seit dem Montag im Barackeneck, weil der CD Saal früher geräumt werden muß für die Menagevorbereitungen. Die Gerüchte über die Abreise verfielfältigen sich. Hpt. Angermüller, der lange, geht morgen als lungenkrank nach Calce. zum Austausch. Abends das „Heimat"sonett nicht ganz aus dem Herzen (von mir vorgeschlagener Sonettenwettstreit). Wilde, The happy prince (Die Schwalbe richtet die Wohltaten der Statue aus) There is no mistery so great as misery. (Rilke) – Vormittags mit Krammelhofer Literarisches und Persönliches. Auch über Jungwirths Auftreten in St. Pölten.

<u>30. u. 31.1.</u> Zwei hungrige Tage. Heute abends allerdings durch den gepumpten Wein und den doppelten Heringschmaus (beim Abendessen und nachher von Boschan) in gefühlterer Stimmung. Vor allem in freudiger Stimmung. Karten u. Brief von daheim. u. von Seuffert. Der Aufsatz Lyr. Ep. Dram. ist endlich angenommen. Gestern nachm. in der Sonne über Plato in der Phphiegeschichte Windelbands. Dann über die Karten erfreut herzklopfend den Platz unten wie närrisch auf und ab. Heute abends mit Krammelhofer über unsere Sonette und über ihr Entstehen. Vorm. wieder einmal in der AB Messe am Bekenntnis. […] Nach dem lauteren Herings- und Weinteil des Abends zurückgefunden zur Stille. Wilde, The

Nightingale and the rose. Die Rose opfert ihr Blut singend am Rosendorn um eine Rose erblühen zu machen für den Studenten, der sie ahnungslos pflückt, aber trotz ihrer von der Professorstochter um eines Reichen willen verschmäht wird. Er wirft die Rose auf die Straße und wendet sich von der unvernünftigen Liebe zur praktischeren Metaphysik.

1. Februar. Die eng mit Mitteilungen vollgedrängte Karte nach Hause (Noch ein Brief von N. war dazu gekommen). Vorm. vom Kuraten 10 Lire ausgeborgt. Ich konnte also doch die Gage nicht erwarten. Wein und Fraß – Jubel auch heute abend. 2. Februar. Die Wolken heben sich, gegen Abend rein-stille Wolkenbläue. Schnee am Morgen noch auf den niederen Hügeln. Der Cairo tief herab weiß. Gute Kantstunde (Analyse der „transzendentalen Erörter'g" vom Raume). Abends will Oblt Ott, der unbedingt Dichter, wenigstens Redakteur werden möchte (schles. Lehrer) noch einmal nähere Urteile über seine matte „Tragödie: Frühling". „Bürger"thema in blassestem Provinz Liberalismus. Versoff. Genie zwischen zwei Frauen. Sagt ein paar fließende Gedichte her. Auch bürgerliche Jünglingssentimentalität. Staakmann. Hadina hat die Religiosität voraus. Allgemein Erwartung baldiger Heimkehr. – Jungw. hat ostentativ meine Kantstunde versäumt. Vielleicht geärgert durch meine Unerbittlichkeiten gegen manche seiner Übertreibungen und durch seinen Ausschluß aus unserem Versebetrieb, bis er sein Sonett mit beigetragen hätte. Kleine Gespanntheit, seit Krammelh. meine eingeschlafene Kritik durch seine Äußerungen („Hochstapler") wieder aufgeweckt.

6. Feber. Regentage. Franzöß. Brief von Fritz. Gestern übermütiger Abend im Zimmer nach dem Konzert. Ostentative Nachtruhestörung mit Gästen und Weinen des Oblt Klöß auf (moral.) Kosten Boschans. Schluß mit piano-Liedern. „Am Brunnen vor dem Tore" und „Steh ich in finstrer Mitternacht". […]. – Heute abends um einen 5. Zimmergenossen vermehrt. Krankentransport. – Die Vorlesung der Kapitel des Augustinus über die Zeit hat unerwartetes Interesse gefunden. Der Oblt mit dem melierten Haar [Gerebeny – Gernot] holt mich abends noch zu sich um über die Zeit zu reflektieren. – Am Dienstag abends in der religiösen Besprechung rege an der Debatte über Jesu Verhältnis zum Staat beteiligt. Ironie des Zinsgroschens. Gleichgiltigkeit gegen den Staat. Unterordnung selbstverständlich, denn jede Auflehnung wäre Eigennutz und widerspäche der „Armut" und „Sanftmut". Neuerdings Bewußtsein des Konfliktes zwischen nationalem Ehrstreben und relig. necessarium.

7.2. Regen nach einem schönen Vormittag. Durch einen Appell abgekürzte Logikstunde.

8.2. Montecassino. Bar. 15 und 12 (Junges Volk) Sehr viele. Windig und kalt. Abends fiel gar dünner Schnee. Großer Unterschied in den Stimmungen vor 2 Monaten und jetzt. Die Ergriffenheit von damals ist ausgeblieben. Die Krypta ist nicht mehr so scharf von der Oberkirche geschieden: Materialprunk wird auch unten als Charakteristikum deutlich. Und überdies: das Götzendienerische der großen, unheimlich lebendigen oder unheimlich goldenen Statuen des Maurus- und

Benediktus-Altars. Dr Jockel, der rothaarige jüd. und für modern. Lit. interessierte Oberarzt, meinte gar, es sei Gott-Vater mit Maria und der Taube (eine andere Trinität neben der Feuerbachschen). Es scheint, daß die Frömmigkeit der Beuroner von der Schlichtheit und Leidenschaftslosigkeit ihrer Anfänge, ihrer Fresken (am anziehendsten die Freskenzyklen), also ihre Epik sich weiterentwickelt hätte in die Symbolik, Allegorik, Mystik, Leidenschaft, Inbrunst ihrer Mosaiks und ihrer Skulptur, ihrer kostbaren Materialien. Das wäre Nazarenertum Byzantinismus? Aber ägyptische Richtung lag von anfang an in P. Lenz. –

Doch auch ich habe mich seit damals geändert. Leichtsinniger. Übermütiger. Und dann: war es das zweite mal. Entrüstung riefen bei dem überhaupt widerstrebenden Jungw. die Schulräume hervor, zu denen Sucher uns führte. Eng, die schmalen Bänke steil übereinander. Das Katheter fast in einer Mauernische. Unhygienisch sagt er. Asketisch, altertümlich, wie ein Bild aus dem Leben Benedikts, fand ich. – Auf dem Rückweg, Lärm in der Stadt. Die Offiziere stürmen die Brotläden. Die Stadt entrüstet sich, lacht, höhnt, schreit.

9.2. Sonntag. […] Sehr kalter blauer Sonnentag. Der Boden taut kaum nachm. auf. Alles friert. Die Kälte scheint hier erst jetzt zu beginnen. Und Appell scheint jetzt tägl. Brauch zu werden. Angeblich weil der Major, der jetzige Lagerk[omman]dant in Deutschland deren 3 oder gar 5 täglich hatte. Früh morgens gegen den Prinzen Hohenlohe hatte ich die Krypta gegen den Vorwurf Kitsch zu verteidigen (der Materialkostbarkeiten wegen). Ich betonte die Wirkung der Gestalten (Benedikts u.d. Schwester) auch wenn man vom Material nichts wisse, ja gerade dann; diese Wirkung liege also in der reinen Kunstform und Ausdruckskraft. (Die Kostbarkeit des Materials ist auch etwas Gottesdienstliches und der heidnische Gleichbrauch nicht ein Zeichen für ihre Verwerflichkeit oder Verächtlichkeit. Überall eben, wo Gott durch Sinnendinge zu ehren ist, kommt man auf dieselben Wege, die naturgemäß im Heidentum am meisten ausgebildet waren (auch dort verschieden je nach Heiterkeit oder Inbrunst der religiösen Gesinnung).

Den Materialprunk oben und den in der Krypta brachte ich in den alten Gegensatz. Zerstreuende (wie Sonnen- und Tageslicht zerstreuende) Pracht oben, konzentrierender Prunk unten. Hatte aber Jungw. gegenüber zugegeben daß das Mannigfaltige der Mosaike, Reliefs und Sprüche zerstreuend wirke und hier das mittelalterl. primitive Füllen des Leeren mit Bedeutungsvollem gegenüber der klassischen Flächenkunst gesehen. Diese Mannigfaltigkeit kann aber doch mit der konzentrierenden Gesamtwirk'g gleichzeitig bestehen. Das Vielerlei sagt überall dasselbe, drängt überall dieselbe Stimmung (Benedictus-Pax) in anderen oder gleichen Worten und Formen auf, begegnet unermüdlich dem Auge, wohin es auch gleitet. – Die Kant-Stunde (ich werde von Ecke zu Ecke damit getrieben) reizlos in den vielverflochtenen Satzgefügen der „Erläuterungen" zur Zeitlehre. Abends gekränkt durch die Abweisung meiner Bitte an die Zimmer-Genossen, mir das Zimmer f.d. Logik und Kantstunden zu überlassen. Jungw. hatte die schon zustimmenden Kameraden durch seine Einwände bedenklich gemacht, worauf ich sofort verzichtete. Innerlich aber vom Groll nicht loskam. Abgelenkt durch Wildes Märchen The Devoted Friend. Der Gärtner Hans, der dem reichen Müller aus naiv dummer Hingegebenheit Gefallen um Gefallen erweist, bis zu seinem Tod nur um sein ergebener Freund heißen zu dürfen und den der Müller mit der überlegenen Moral der Besitzenden aussaugt, in dem er ihm ständig die Freundschaftspflicht vor Augen hält. Satirische Wirkung durch die unbefangene Übertragung der großen Gesellschaftsverhältnisse auf kleine Zustände. Der Müller trägt die Lebensanschauung des reichen Lords vor.

<u>10.2.</u> Interessante Weiterentwicklung meines Ressentiments gegen Jungw. Gehässigkeit und böse Wünsche wd. seiner Vorlesung. Beruhigung, nachdem ich ihm (trotz des Vorsatzes mich zu halten) einige kleine Fehler der Vorlesung vorgerückt hatte (Bedürfnis, ihm meine Überlegenheit zu beweisen, wenigstens neben ihm zu gelten, dem ich die vielen Zuhörer neide. Ganz beruhigt durch die Lösung meiner Hörsaalfrage (Ich ziehe in die Infermeria, die Medikamentenstunde wird verlegt). Auch der Zuhörerkreis in der Logik stellte mich zufrieden. Nur meine Unklarheiten im Vortrag über die apodikt. Urteile dämpften mich wieder. Daß ich nachher im Streit um die Lavoirs dem Jungw. seine Schlauheit im Aneignen des Besten vorrückte, dauerte mich gleich darauf. Vielleicht war es auch noch eine Auswirkung der vormittägigen Gehässigkeit. Dieser Kleinlichkeit sich bewußt sein und nicht davon loskommen!

<u>11.–13.2.</u> Von Tag zu Tag weniger kalt. Mittagssonne. Sorgen um das Lokal für meine Vorlesungen. Die Stunde 4–5 geht noch auf die ambul. Behandl'g auf. Gestern noch dazu Appell. Schließlich festgesetzt auf 10–11. vm. in der Infermeria. Die Tafel ist schon oben. Der heutige Tag ist besetzt von einer neuen Bekanntschaft. Lt. Witgenstein, nervös, aufgeregt, von seinen Ideen eingenommen, 6 Jahre Cambridge, Mathem. u. Phphie. Russell. Algebra der Logik. Geht mich nach der pathetischen Klopstock-Vorlesung Jungwirths, da ich gerade mit der „Notwendigkeit" innerlich und mit dem „Satz vom Grunde" beschäftigt an dem Gralpfeiler bei der Kapelle in der Vorm. Sonne lehne, an und bekennt bald, daß er mit meiner Logik und mit Höfler und Meinong nicht einverstanden ist. Langer Disput, in dem er mich nicht überzeugen kann, daß die Existenzbehauptung von einem einfachen Ding keinen Sinn habe. Nachm. erwarte ich ihn neben Krammelhöfer auf dem Sessel in der Sonne (beim Maschinhäuschen). Und in der CD Messe setzt er mir die Algebra der Urteile, ihre Umwandl'g u.s.w. auseinander, ergebe mich auch in Widerstrebendes, finde aber nun, daß mein Widerstand, den ich für Mangel an Denkgeläufigkeit gehalten hatte, doch recht hat. Oblt Ott zahlt mir brav 2 L zurück, so daß ich noch Feigen kaufen kann. In der weiteren Unterhaltung zeigt er sehr überlegene Ansichten über Häckel wie über den persönl. Gott. Die anthropomorphist. Kausalauffassung Schells, die in der letzten Zeit durch Hume und das Buddhismus Buch der Davids, das ich für die relig. Besprechungen durcharbeite, gelitten haben, haben also neue Angriffe zu gewärtigen.

<u>14.–17.2.</u> Lt Witgenstein fährt fort, mir die Fregesche Begriffsschrift in der neuen Gestalt vorzuführen. Ich habe Mühe, den Zeichen zu folgen. Mein erster Widerstand gegen die „Oder"-Auffassung war begründet. Ich faßte es rein disjunktiv. Er ist superlativisch, edel, begeistert (Tolstoj's Volkserzählungen, Prosa Kellers oder der Grimm-Märchen. Das Evangelium ist sakrosankt, nicht berührbar, über allem

Gerede – gegen unsere Übersetzungsversuche am Galaterbrief.) Er ist sehr nervös, stößt die Luft durch die Nase. Blaue Augen. Furchige (alte?) Züge. Bewegliches, sehr aufrichtiges Mienenspiel. Edle Kindlichkeit.

Das Barackenleben – die täglichen Saufereien und Gesänge während der „Barackenruhe" haben ihren Höhepunkt gestern erreicht. Vor 3 Tagen hatte ich 6 Herren, den immer übermütigen (lieben) Pro-Rog, und Genossen aus dem Zimmer gewiesen, als sie uns mit ihrem Rausche aus der Messe überfielen. Der Ärger des Nüchternen und Neid bes. gegen Jungwirths tägliche Feste hatten die übliche Gutmütigkeit überwunden. Gestern (Gagetag. Regen) trieb ich den Lärm selber auf die Spitze. Großer Übermut in unserem Zimmer, nachdem das Saufen in der CD Messe begonnen hatte. Die „Funktionäre" der CD Messe brachten eine Korbflasche Wein. Ryvaner (!) Jungwirth trieb von Lied zu Lied, ich tanzte mit der Flasche, führte mit ihr den lärmenden Zug ins Zimmer 14, das gute Miene machte, paradoxelte alkoholisch über Logik und Wein mit dem Oblt Vich. Sie hatten alle ihre Freude an meiner Trunkenheit. Und mir tat es wohl, ihnen zu zeigen, daß ich, der „Philister", das auch könnte, freute mich des Ausfalls und der Lächerlichkeit meiner Inkonsequenz. Bedürfnis, die vom früheren Hinaus-Schmiß Gekränkten, durch dieses Selbstopfer zu versöhnen, tat auch mit.

Die alkoholische Gemeinsamkeit näherte mich auch Jungw. wieder. – Heute mit Aufwand der Denkkraft, die mir noch zur Verfügung stand, ein leidlicher Logikvortrag. – Abends der 21 er Abend. Wenig Wein – für mich genug. Wilde Singfröhlichkeit. Ruhiger Abend. Nachwirkung der Drohungen des Bar. Kdanten, Oblt Klöß, der habsüchtige, aufgeregte, kreischende (schlecht Hörende) […], unser Zimmerk[omman]dant, wälzt die Drohungen auf uns ab. […]

18.–21.2. Telegramm, 2 Briefe von N. Wittgensteins Positivismus, gegen den ich mich schon gewehrt, als es gegen die Existenzialsätze ging, fällt in seiner Schwere auf meinen Absolutismus. Daß man nicht wieder sagen könne, was Struktur der Sprache, des Denkens sei. Der Kausalsatz als der Aberglaube. Das Schweigen vor dem „Mystischen". – Meine Entschlossenheit zum Paradoxen (er sagt mir, daß Kierkegaard Ähnliches gesagt), zum Widerspruch der causa sui, ist aber so ein Reden, ein Weiterdenken ins Absurde hinein – und mit dem Bewußtsein, daß die Vernunft nicht mitkann. Soll ich also schweigen? Das heißt Loslösung von der Kirche. An ihrer Grenze steh ich schon mit der Schellschen Häresie. Aber ich komme von dem intellektuellen Gottsuchen, von der Metaphysik nicht los. Schleiermacher – Gefühl ist alles – genügt nicht. – Wittgensteins interessantes Buch, dessen Manuskript er mir gezeigt hat: Logisch-philosophische Abhandlung (wie er sagt: „Logische Erledigung der Phphie") In lauter kurzen Sätzen verteilt unter 7 Hauptsätze, in genauer Numerierung. Vermutlich nach dem Muster Spinozas. – In der Kantstunde am 20. beschämende aber bezeichnende Unsicherheit über die Begreiflichkeit der geometrischen Apriorität. Die Stunde zudem gestört durch den absichtlichen Lärm der Barackenbewohner. Die heutige Logikstunde abgebrochen durch Appell. Keine Lust mehr auch dazu. Wittgenstein drängt sich in die gewohnte Sicherheit auch hier ein. – Regen. Gestern Konzert der Ukrainer, traurige Lieder. Brief an N. Die Ärzte und Tierärzte gehen heim.

<u>22.2.</u> Trostlosigkeit des Geistes. Große Gerüchte vom Abschub aller. – Erschrocken über einen Brief aus der Nachbarschaft N.s, in dem ich eine Anzeige fürchtete, der sich aber nur nach einem Mann erkundigte.

<u>23.–26.2.</u> Unlust zur alten Beschäftigung. Herumgelesen. „Zerstreuung" gesucht. Denkmüde. Und doch allmählich fester gegen Wittgensteins „Schweigen". Die Kausalität, die er als Aberglauben bezeichnet, ist schon die leere Formel, die Hume und Mill übriggelassen haben und die auch Kant und Schopenh. nur in der „Gesetzmäßigkeit" noch gelten ließen. – Seine merkwürdig sichere Evangeliengläubigkeit steht in direktem Gegensatz zu seinem Relativismus. Gespräche vom Buch weg auf seine Zukunft. Mit dem einen Buch hält er sein Denken für abgeschlossen – wäre es auch – und will „anständiger Mensch" werden. Unentschiedenheit der Berufswahl, weil kein Berufszwang. Er ist reich, will sein Vermögen seinen Verwandten überlassen, die er wieder nicht ohne Luxus wissen möchte, das stände ihnen gut, das sei ihre Sphäre –

Er war ein Jahr zur Ausarbeitung seiner Gedanken einsam auf einem norwegischen Dorf. – Oft drehen sich die Gespräche um die Bekannten. Naiv bohrender Sucher in den Gedanken der anderen. Strenger Richter ihrer Anständigkeit. Er verleitet mich, ihm zu Gefallen, zu unehrlichen Überheblichkeiten. Zu Urteilen, wo Bekenntnisse am Platze wären. Wir sind zu viel die Pharisäer im Tempel. –

<u>Georges Rodenbach, Berufung</u> Roman in alten Blättern des Morgen. Familiäres Problem. Die Witwe will ihren schönen zarten Sohn für sich behalten. Fördert seine Frömmigkeit, die aber treibt ihn ins Kloster. Nur ein Probejahr hält sie ihn noch zurück. Er bleibt auch dem Mädchen gegenüber fest, das ihm als Braut zugeschoben wird, verfällt aber der Verführung des sinnenfrohen Zimmermädchens, löst sich zwar in Gewissenskampf und Beichte wieder von ihr, bleibt auch im Hause, das er sich des Klosters nicht mehr für würdig hält, ist aber für seine Lebenszeit unglücklich im einsamen stillen Leben in Brügge und die Mutter neben ihm beklagt ihren Sieg und bereut ihren Kampf mit Gott und dem Sohn. Katholische, naive Klostergesinnung neben Ehrfurcht vor den Sinnesgewalten. Neigung zu symbolischen Übergängen in den Bildern von einem Gebiet auf das andere. Die Stille und Melancholie der toten Stadt. Zarte Bilder. Das Mädchen in der Balltoilette (ganz in Weiß) Stille Hafenbilder wie Radierungen. Weihrauchstimmungen. Aber unter diesem Geklingel zarter Silberglocken das Philisterium des Franzosen, der französischen Madame, von Liebe und Ehe und Priestertum. –

<u>27.2.–2.3.</u> Die Untätigkeit wird ständig. Fast verzweifeltes Lesen. Handel-Mazetti. Meinrad Helmpergers Denkwürdiges Jahr. Steht den späteren Ko[n]fessionsromanen näher als es mich die Besprechungen hatten glauben lassen. Nur noch nicht so konzentriert. Der schöne edle Ketzer, hier noch dazu Atheist, die hochnotpeinliche Untersuchung mit Tortur, weiter getrieben als später je: Die Naivität der Menschenauffassung und der Religionsgegensätze hier vielleicht noch stärker als später oder im 18. Jh. auffallender als in der Reform. Zeit. Stärker auch die Sorglosigkeit um die Wahrscheinlichkeit. Und dabei doch eine erstaunliche Menschlichkeit – wenn ichs nur ausdrücken könnte! – die die Unehrlichkeiten um der Religion wil-

len, deutlich sieht und zeigt, dabei aber doch den Eiferern (auf der kathol. Seite) Sympathie bewahrt, Menschlichkeit auch in der Motivierung der Bekehrung des Knaben Edwin Mac Endoll, durch die Liebe des einfältigen P. Meinrad, der glaubwürdigsten Figur des Romans, durch den Zauber der Muttergottesverehrung, durch das Bedürfnis nach dem Heiland im wirklichen Sakrament, wie ihn der kindliche P. Meinrad den gläubigen Kindern darstellt. – Großer Sauflärm rundherum und „Vorkampf gegen die Präpotenz der aktiven Offiziere" im Zimmer. Eingeleitet durch den bärtigen alten Herrn Mathem. Professor Oblt Ender (Tiroler) – Ich kann nicht mehr. Prokop ist nun auch gekommen besoffen. Setzt sich (zum Scherz) auf den Boden. – Vor 2 Tagen war ich im Panama-Zimmer (Nummer 6) Und mußte auf 2 Prisen Schnupftabak erbrechen und darauf (nüchtern) ihre Zoten anhören. Jungw. und der besoffene Reichsdeutsche Theologe (Hoffmann) hatten mich geholt. – Heute Sonntag ohne Messe. Die Kuraten sind ja fort. Nach dem Essen über der Psychologie Höflers zerfahren mit Lt Wittgenstein. Über dem Wahrnehmungsgegenstand. Er war verzagt, daß ich seine „logische Landschaft" nicht ebenso erfaßte wie er, daß ich zurückblieb, an der Oberfläche gedanklich schwätze, daß ich: nicht klar denken könne. Was mich ergriff. Schweigend auf den Stühlen nebeneinander in der Sonne. Daneben das zweite (ruhigere) Fußballmatch zwischen Deutschen und Ungarn. Dann ging ich und fiel dem biederen Freund „echter" Philosophie, dem reichsdeutschen Ingenieur Beneschek, in die Arme, der mich über das Drama des Oblt Ott gehässig ausfratschelte. Bei der Musikbaracke fanden wir uns wieder, Wittgenstein und ich, und redeten uns zur Erträglichkeit zusammen. Und nach dem Essen wartete ich wieder auf ihn. Er ist mir Bedürfnis, so wenig ich gerade bei ihm Anerkennung finden kann. – Nachm. war mir sehr trüb zu Mute über der Unfähigkeit, klar zu denken. Schließlich glaubte ich doch nicht daran und doch wieder an das Selbst.

3.–5.3. Jungw. ist es rasch gelungen, den Lt Wittgenstein komisch zu nehmen, während ich seine geistige Überlegenheit verehre, seiner Selbstsicherheit nur leise mißtraue. Und dem, der ihn ablehnt, scheint er – vielleicht täuscht mich die Eifersucht – mehr Achtung entgegenzubringen. Gespräche zu dritt auf unseren Betten. Scherz und Ernst. Ich nur als Zuhörer und Vermittler. Vorgestern über den Wert des Lebens, das bis jetzt vertan zu haben, Jungw. beklagte; W. setzt seinen Wert in die glücklichen – die guten, „anständigen" Augenblicke, die Goldkörner im Mist. – Vorgestern abends in der werdenden Sternennacht über Platen, dem Erotik (die reine Liebe, der Enthusiasmus) fehle und der seine (invertierte) Sinnlichkeit unterdrücke (Goethe „Es fehlt ihm die Liebe"); von da über den von W. sicher erhaltenen Gegensatz der beiden Liebesarten zu Weininger, dessen „Gedächtnis" (als Wesen des Genies) er rein moralisch i[m] „Gewissen" sehen will. (Worin er recht hatte 5. Juli) Gestern nachm. lange Tischvertreterversammlung über die Statuten des Schiedsgerichtes. Opposition der und gegen die Juden. Dr Korkus Jude, der nicht Zionist sein will, macht eine Reihe spöttischer Einwürfe. Dr Steif bemüht sich immer wieder ums Wort („Rechtswohltat" „ipso jure") – Lt Weiß tritt mit pathetischer Energie für die Minderheit, (die Zionisten) ein. Eine übereilte Abstimmung wird mit demselben Ergebnis wiederholt (gegen die Parität der Schiedsrichter bei „nationalen Fällen". Und heute nachm. blieb man wieder dabei, wie ich höre, worauf die „Minderheiten" das Schiedsgericht überhaupt nicht anerkannten. Damit ist es vorläufig gefallen, da es keine Majorität mehr für sich hat. – Obwohl ich weiß, daß es den Juden um die Macht und nicht um das Recht zu tun war, ich hätte doch das Recht ihnen gönnen können. – Heute nachm. Spaziergang der Baracke nach Sant' Elia an den nördl. Rand des Bergkessels. Dahinter oben auf dem kahlen Kegel die Kirche Santa Catharina. Veilchen am Wegrand und Immergrün. Dies alte enge Nest mit den frdl. Bewohnern, kleinen Weibchen, manchen schönen darunter. Verfallene Häuser. Die Kirche vor dem Ortseingang in der deutlichen Basilikagliederung auf dem grünen Hügel. Verfallene Barockfassade vorne wie angeklebt. Niedriger viereckiger Turm neben der runden Apsis. In der Kaffeestube bei dem schwarzen, vollen, äugelnden Weibchen, das des Bewundertseins froh war. Brotkäufe. Auf dem Heimweg raufen sich die Buben mitlaufend immer wieder um die hingeworfenen Soldi. Aschermittwoch – ohne, wie ich es vorhatte, zu fasten.

Turgenjeff, Frühlingswogen. Dimitri Sanin, verliebt sich, durch seine Großmut ihr nahe gebracht, in Gemma, ein ital. Mädchen in Frankfurt und wird ihr untreu, verführt durch eine Russin in Wiesbaden. Und wird im Alter wieder zu ihr getrieben, die unterdessen glücklich in Amerika zu Mann und Kindern gekommen ist. Humor und Sentimentalität. Feinheit und Kühle der Weiberpsychologie. Nicht bloß bei der Russin, sondern auch bei der edlen Gemma. Satire gegen die Deutschen. Der Kommis, an dem Äußeres und Inneres von prima Qualität ist, Herr Kluber, Gemmas Bräutigam, der dann kneift, als Offiziere sie beleidigen, auffällig ähnlich dem jetzigen Deutschentypus (obwohl die Erzählung 1840 spielt) Die italienische Weiblichkeit und Männlichkeit (der alte Schauspieler und Schokoladenkocher Pantaleone als Sekundant) wird mit Lustigkeit ertragen. Viel Literaturerinnerungen und Anspielungen. – Der edle, großmütige, schwache, weiche Russe als Typus.

6.–9.3. Verlesen, verplaudert mit Wittgenstein. Am 6. kleines Fest mit Jungw. für Wittgenst. veranstaltet (Anstoß: Für 2 Tage sollte der Wein ausbleiben im Lager, angeblich weil 2 Offiziere den Posten als Leintuchgespenster geschreckt hatten) Doch spielte sich das „Fest" wieder zwischen den zweien ab. W. bemühte sich den Abend durch, die Kindertat Jungw. zu verstehen (daß er einem Buben seine Schuhe schenkte). Er konnte sie mit dem gegenw. Bilde von ihm nicht vereinen und fand sich schließlich darein, nicht nach der Vereinbarkeit zu fragen sondern sie ihm zu wünschen. Ich saß dabei, half manchmal erklärend nach und ärgerte mich über die Selbstgefälligkeit J.s, der jede Gelegenheit hätte benützen sollen um abzulenken, aber das Gegenteil tat. Ich glaube ihm die Kindertat – wünschte aber gleichzeitig, W. würden auch über die „Hochstapelei" (wie Krammelhofer sagt) die Augen aufgehen. Schwere Geschichte! Man sollte auch das nicht wünschen. – Beethovens Briefe angefangen. Goethe „Ungebändigte Persönlichkeit". Leicht erzürnt. Groß in der Versöhnung. Groß in der Bewunderung und in der Selbstgewißheit. Vorher in der früheren Woche allmählich Stelzhammer D'Ahnl. Lang schon gewünscht. Unerwartete Auffassung: Nicht ins Hebbelisch-Tragische (wie Meister Anton) oder ins Schönherrisch-Pathetische (wie in der Erde) gegen die Ahnl, sondern für sie. Ihr wird moralisch recht gegeben, wie sie episch im Rechte bleibt. Dadurch wird der Konflikt zur Episode (zu ihrer Verherrlichung Exemplifizierung) zu ihrer bezeichnendsten Tat. Das Liebesverhältnis unterliegt ihren Vernunftbeschlüssen.

„Gesunde" Bauerngesinnung: die Liebe kommt mit der Ehe (erleichtert durch den Prachtkerl, den die Ahnl der Raosidl ausgesucht hat). Einige Dunkelheiten in Vor- und Zwischengeschichte, die zu raten geben. Prächtige, heim stolze Schilderungen, ehrliche, bodenständige Vergleiche. Heitere Typen: der Prokrada, der Nazl. Zumeist gute Hexameter. Umso besser, je mehr man vom Tonfall des Dialektes weiß. Kindheitserinnerungen. An die Mutter vor allem. Auch bei den anderen Gedichten des Franzl, der sich mit dem blühenden Kerschbam vergleicht. –

Das <u>Schuldbuch von Schönherr</u>, das ich an einem Abend durchflogen, hat mich kalt gelassen. Also Schönherr verfängt mich nicht mehr. Wiederholt die bissige Ironie auf die öffentliche Gesundheitsfürsorge, die dort einsetzt, wo die öffentliche Rechtspflege das Verderben verursacht hat – bei dem zum Tode Verurteilten, der eine Gräte schluckt, bei der Frau, die sich mit ihren Kindern vom Fenster gestürzt hat. Zweimal auch die böse Pflegemutter, die „Engelmacherin" einmal mit regelrechtem Erfolg durch Mohnwasserl (Einleitung der Schwerfuhrwerker und das Fabriksmädchen – Motiv wieder aufgenommen in dem Bild von dem Ehegatten, die sich nur auf dem Wege von und zur Arbeit treffen). Das andere Mal ist die böse Ziehmutter fast für ein rührendes <u>Märchen</u> zum Ausgangspunkt geworden. Die Charaktere, Ereignisse, Symbole sind so vereinfacht, die Sprache so kindlich gemacht, daß die Armeleutgeschichte (Schneiderlein, Liebe der bösen Mutter zum Kleinsten, Wunsch des Mädchens, die Mutter lieben zu können, Karussellfahrt) zum Märchen erhoben erscheint. –

Ich fange an, Wittgensteins „Logisch-Philosophische Abhandlung" durchzunehmen. Was soll daraus werden? Schon versuche ich in Gedanken, mich in's „Schweigen" zu finden. Heute bin ich fast den ganzen Nachm. bei ihm gesteckt. Augustins Bekenntnisse las ich ihm nicht zur Zufriedenheit vor. Doch kam er davon auf den „Idealismus" und den Unterschied des metaphys. vom psycholog. Ich.

<u>10.–16.3.</u> Erst schöne Tage. Sonnenbäder hinter der Baracke im Abortwinkel. Und nach zwei Regentagen (mit zerrissenen Sohlen) wieder schöner Sonntag. Verkehr mit Wittgenstein dauert fort. Ich lese seine Arbeit langsam. Mechanismus des Denkens, dem ich doch schon so überlegen war (solange ich ihn als unbewußte Selbstverständlichkeit der Rationalisten ansah) – während er mir jetzt als bewußtes Programm auf dem Nacken liegt. – Vormittags lesen wir uns abwechselnd Augustin vor, die Bekenntnisse. Er bewundert die Großartigkeit seiner Gedanken, ohne von seinen Gründen irgendwie sich stören zu lassen.

<u>Thomas Mann, Fiorenza</u> hat mich enttäuscht. Bei kunstvollem Aufbau und behaglicher Ausmalung, geschickter Steigerung und gedämpfter Mäßigung: eine Erniedrigung Savonarolas eine Entlarvung des asketischen Eiferers als rachgierigen Machtstrebers. Der Kampf um Fiorenza, die schöne Geliebte, Lorenzo Magnificos, um Florenz, am Sterbebette des Medizeers, der sich durch Schönheit gewinnen wollte, gegen Savonarola, der offen und begeistert zugibt, sie durch den Ekel an der Lust gewinnen zu wollen. Eine der beliebten Zusammenkünfte großer Männer (Walther u. Franziskus bei Ginzkey) und überhaupt: K.F. Meyer und Gobineau. Aber unter diesen. Diese glaubten an Savonarola. – Die Novellen von <u>Adolf Pichler</u>, <u>Letzte Alpenrosen</u>, halfen über die nächsten Abende hinweg. (Gestern der Unger-

Abend, der mit der Rideamus-Vorlesung des Hptm. K[l]oß begonnen und mit Lärm und Geraufe, mit der Intervention des Majors Mauritz in Unterhosen und des ital. U. Off. – un po di silenzio – geendet hatte – die Unger sind „rechte Philister" wie Jungw. sagt.)

Die erste Novelle Pichlers Der Galgenpater auch die beste. Gut durchgearbeitet. Die lockere Darstellungsart durch Episoden, die sich zu beiden Seiten um die Lebensgeschichte ordnen, sehr geeignet. Ernste Auffassung. Pichler steht dem Verurteilen mit dem Galgenpater ganz anders gegenüber als Schönherr, der ihn zu komischer Karikatur ausnutzt. Die folgende Novelle Aus der Pertisau trägt die journalistische Plauderform zu auffällig (ist zeitlich früher) aber auch sehr anmutend zusammengestückelt. Alle gehen um das eheliche Verhältnis, leiten Glück und Verhängnis vom Sich Kriegen oder Nicht-Kriegen („Versäumt") ab. Begeisterung für Land und Leute. Landschaftsschilderungen mit Namennennung (nur für Kenner) Die Freude am kraftstrotzenden Mann: „Der Riesensohn" (Homerisch durchsetzt.) Freundliche Zusammenstellung der Novellen: 3 traurige – (Versäumt – Die Braut von Korinth) dann drei glückliche. Zwei kürzere in der Mitte. „Galgenpater" und „Einsiedler" als Umrahmung beide auch historisch (besonders die letzte Novelle von 1809). „Liberal" aber liberal. In „Versäumt": Versuch: Die „Frivolität" des Geschlechtslebens und das Erwachen daraus festzustellen, aber im zu kleinen Rahmen erstickt, nicht dargestellt, nur gesagt am Schlusse. Manches gerade Wort gegen Österreich. Tüchtig wenn auch nicht von der Überlegenheit Kellers (der mir durch die Begeisterung Wittgensteins wieder näher gerückt ist)

17.3.–24.3. Tag für Tag verschlendert, verplaudert, verlesen. (Saar, Eschenbach, Kürnberger, Busch „Eduards Traum", Treuer Diener s. Herrn.) Kaum weiß ich noch was und wovon. Ganz und gar mit Wittgenstein.

Augustin am Vormittag. In der AB Messe am Abend mit Drobil, dem schweigsamen Bildhauer, und einem anderen, stillen, jungen großen Lt Dör[f]ler. Wittg. reißt das Gespräch immer an sich und vergißt die Gesellschaft über der Sache. Der Streit mit Jungwirth, der aus ihren vergebl. Übersetzgsversuchen entstanden ist, ist noch einmal durchgesprochen worden, nach der „Konzert-Jause" am vergangenen Freitag. Jungw. warf ihm Lieblosigkeit, er ihm weibliches Ausweichen vor. Ich werfe ihm (immer sicherer) „Mechanismus" und er mir Unklarheit vor. Freude an ihm und seinem Verkehr wechselt mit Zweifel und Selbstvorwürfen, Absichten, den Verkehr abzubrechen als „über meine Verhältnisse" (Seine Sicherheit im Urteil über Menschen und Bücher). Vorgestern hat er mir mit „Bitterkeit"sgefühlen aus der „Idylle am Bodensee" vorgelesen, mit dem Gefühl, was ihm bis zur Aufregung gefiel, schlage bei mir nicht ein. Was mich gekränkt hat, obwohl ich seinem Gefühl grundsätzlich recht gebe (ich bin Dickhäuter seiner angeborenen Feinfühligkeit gegenüber). – Auch ein Einundzwanziger-Abend war wieder. So vergehen die Fasttage! – Heute das Osterkistel von N. Große Freude. Mit der Abendgesellschaft gleich nachm. in der halbleeren AB Messe gefeiert, beim Kaffee und der Schokolade von der „Konzert-Jause", die heute in der CD war. Und nachher Gartenarbeit, für die Wittgenst. sich mit seinem ganzen Feuer begeistert. Ich setze bis ins Dunkel fort in lustiger Gesellschaft der scherzenden Vierer-Hauptleute.

25.–30.3. Gartenarbeit bes. Abends. Dann Wein in der Gesellschaft der Fünfe. Tagtäglich. Die Gespräche mit W. dauern weiter. Auch mein Schwanken. Das viele Umherschlendern (die Ziellosigkeit) nimmt mir das frühere freudige Bewußtsein. Die innere Unordnung führte auch gestern zu meinem fatalen Endpunkt. Das Schwanken des Denkens läßt mich das Aufgeben der Kirchlichkeit schon ins Auge fassen. Aber ich komme nicht los. Der äußeren Verbindungen wegen und auch innerlich nicht: ich glaube eben auch in den Momenten des Zweifels innerlich doch noch zu stark an die Wahrheit der kirchl. Lehre. Vorsatz: Früh aufzustehen, das Manuskript von W. zu Ende zu lesen und dann an dem Bekenntnis weiter zu schreiben (so schwer mir das fällt – ohne die fröhliche Zuversicht und Gehobenheit der ersten Gefangenenzeit). Von Wittgenstein: Er erzählt gern von seiner Familie: feinsinniges reiches liebevolles Leben. Seine Begriffsuntersuchung (über die Grenzen des Denkens, den sinnvollen Satz) kündigen sich an in dem leidenschaftlichen Spiel seiner Kinderzeit: „Abstraktes Erraten" (von ausgemachten Wörtern). – Er ist nicht davon abzubringen: Lehrer zu werden. Der einzige Beruf, dem, wie er meint, sein Allgemeinwissen genügt (niedere Basis, wenn auch hohe Spitzen daraus hervorragen) und in dem er menschlich mit der Mitwelt in Verbindung kommt. Sein Denken liegt abgeschlossen im Manuskript. Die Frage ist gelöst: Philosophie ist Schweigen, der Rest ist Handeln, heißt: ein anständiger Mensch werden. Verhältnis zu Gott und zu den Evangelien bestärkt durch Tolstois gott-lose Religiosität. Jesus ist Gott, weil er der Mensch ist, in dem nichts ethisch Mangelhaftes ist, weil er gut ist ohne Überwindung. Daß Gott noch etwas anderes bedeute, nämlich Schöpfer, Herr des Seins, und daß die Engel trotz ihrer unbeirrten eth. Reinheit nicht Gott sind, will er nicht gelten lassen. Und daß es dann mehrere Götter gäbe, davon entledigt er sich mit dem Hinweis, daß es denkbar sei, daß Gott zugleich oder nacheinander in mehreren Menschen (wie in Jesus) sein könne (ich muß ihm recht geben mit dem Hinweis auf die Wandlung). Er denkt an Mystik und an Schopenhauers Individuation des Willens. Mir aber taucht bei dem Gespräch (gestern bei Augustin) die fatale Frage auf: ob denn nicht auch zwei (oder mehrere) causae sui denkbar wären. Ihre Zahl, ihre Beziehung zu einander würden dann aber wieder einen Grund haben müssen, kausale Einigkeit verlangen. (Trinität?) –

Wittgenstein hat gründlich sich angeeignet, was er mit Gefallen gelesen. Weiß viel auswendig und Selbstgefundenes. Sicheres Erkennen des Besten, entschiedene Abwehr alles Halben und Falschen. (Mörike gegen Stelzhammer)

Selbstherrlichkeit. Bestimmt die Gesellschaft, die er sich zusammenstellt, nach seinem Sinn, die Gespräche nach seinem Interesse. Energisch auch in der Ablehnung der Menschen. Scharfe Kritik der geistigen Anmaßung leerer Gebildetheit (Jerusalem, Lt Steiner mit der kurzen Pfeife im blöde beruhigten Gesicht, der da Logik studiert, fließend geschwätzig alles beredet, als praktisch philosophierender Philister; Augustin für einen „In seinem Kreise" anerkennenswerten Denker erklärt) Mißtrauen (fast Verfolgungswahn) gegen hinterhältige Menschen (Oblt Ender, der standesbewußte Mathematikprofessor, Tiroler mit mächtigem Rundschädel und gepflegtem Bart (auch mein Bart wächst) Schachspieler, der seine Vorteile nicht verraten will) Rasches, instinktives Urteil. In allem.

31.3.–13.4. Keine Lust zum Tagebuch. Ohne Ziel von Tag zu Tag. Mehrere Ereignisse:
1.) Iterum. 2.) Verzagtheit der Kantstunde behoben durch die verstandenen Erklärungen der letzten Stunde (Gegenstand als Regel der Begriffssynthese.) 3.) Der Krach der AB Messe. OBlt Donners Versammlungen gegen die alten Funktionäre. Statutenversammlungen. Meine zwei abgelehnten Anträge (Honorierung der Funktionäre und Sitzordnung nach Nationen – darüber Aufregung des überlegenen Dr Korkus). Mangel an Schlagfertigkeit und an Debattierlust. 4.) Im Mannschaftslager große Sterblichkeit. Neben der allgem. Unterstützung (Hptm. Winter), die hauptsächl. von den Juden ausgenützt werden soll, die Aktion des Hptm. Dr Weyr zu gunsten der Deutschen. Wittgenstein will als Pfleger hinüber, wird aber abgestoßen durch die Nebenabsicht (die ich ihm verraten), die Mannschaft für den Fall einer Revolution zu organisieren.
5.) Wittgensteins Kloster- und Beichtgedanken. Klagt sich schwer an. Seine Brüder haben sich selbst getötet. Ich habe mich für die Beichte in Cassino unterschrieben 6.) Palmsonntag. Freude auf die neue Ordnung. Die Absicht, morgen mit dem „Bekenntnis" wieder anzufangen (Freie Kar- und Osterwoche – ohne Vorträge. Jungwirths Ankündigung des Osterurlaubs am Vorlesungsbrett mit der Zeichnung des Oblt Leitner) die Absicht wird vereitelt durch den Entschluß Drobils und Wittgensteins, mit dem Porträt anzufangen, das jener von diesem mir machen soll.
7.) Korrekturbögen von Lyr. Ep. Dram. Wittgensteins Teilnahme, Kritik und Korrektur. Vom Verlag 6 Hefte der Rundschau, die Wittgenstein kalt lassen. Ich aber verliere mich in alter Weise daran. Und gefalle mir als Besitzer dieser Seltenheit (Hefte vom Oktober bis März).
8.) Mörike. Die Geschichte von der schönen Lau hat mir Wittgenstein vorgelesen. Mozart heute. Gedichte dann und wann. Mit Freude an Feinheit und Schalkheit und lächelnder Wehmut. Gelegenheitsgedichte: Aufgreifen merkwürdiger (kleiner) Erlebnisse. Idyllisch. Die Mozart Novelle wie das Orangenbäumchen mit den 9 Früchten: ein dünnes Bäumchen voll duftender Anekdoten von dem Einzigen. Corneille: Le Menteur, das Lustspiel und Nicomède, das heroische Schauspiel admiration. Hof. das Wichtigste: die unerschütterte Haltung und Schlagfertigkeit hindert nicht an unwahren Motivierungen eigener Handlungen, um den Hofton zu wahren. Tragische politesse. Und dann doch Wortgefechte, die hinter den Alexandrinern die kräftigen Schlager von Bubenraufereien hören lassen. Unterschied von heute. Leidenschaft, Hinterlist, Gift wird beim Gegner für natürlich genommen. Ist nicht ein Gegenstand des Staunens bei sich selbst (über ungeahnte Verbrechen der eigenen Seele) oder bei andern, über welchem Staunen, das ganze Stück stehen bliebe (moderne Situation: Grauen, daß das sein kann, damals: selbstverständliche Hinnahme. Die Frau kann weiterleben, wird schließlich in Gnaden aufgenommen. – 9.) Arbeit (zeitweilig) am Laokoon.
10.) Viel mit Wittg. vor der Tür der Geiger in der 19. Bar. Mozartproben. Doch lange kann ich nicht mit. Beim „Lustigen Liederabend" gefielen ihm nur die kom. Vorträge des Oblt Leitner (Rosegger, Regenschirm und Kolumbus, Gereimte Schnurren von Pflanzl) Der letzte 21 er Abend erstieg wüste Höhen. Volkshymne als Deutschl. Deutschl. über alles ging mir nicht ein. Seither 15 tägiger Weinentzug. Lichte Mondnächte.

<u>14.4.–22.4.</u> Karwoche ohne Wein (wegen besoffener Ausschreitungen eingestellt). Vorsatz nur spärlich erfüllt. Trotz der „Ferien" wenig freie Zeit. Viel mit Wittgenstein: Augustin, die Vulgata, Dostojewski Memoiren aus einem Totenhaus, daraus er abends uns selbst zwei Kapitel vorliest (Theatervorstellung und die Tiere des Ostroys). Veranlaßt dadurch der Streit über die „Idylle" und eingreifende Umänderungen in den Korrekturbögen des Aufsatzes, den das Kommando als unbestellbar zurückweist (corrispondenza prohibita in Germania). Besonders viel Zeit nahmen die Sitzungen für Drobil weg, der ihn mit dem Ausdruck des gefundenen Gedankens zeichnen will. Ich lese ihm vor, bis es endlich zu einer Diskussion kommt. Drobil ist nicht zufrieden mit seinem Werk. Heute hat er mich zu zeichnen begonnen. Seit gestern dient Tristram Shandy als Lektüre. – Schlechtes Wetter. Heute wieder tief herab Schnee. – Die Kabarett-Aufführung mit ihren Schweinereien und Erbärmlichkeiten, Würdelosigkeit vor den ital. Offizieren (das Singspiel „auf nach Wien") – ihren Damenrollen – löst scharfen Streit zwischen Wittg. und uns (Jungw. u. mir) aus. Seine Sympathie für die Juden, seine Überzeugung von der hoffnungslosen Dekadenz der Deutschen. Meine Überzeugung von der Hilflosigkeit der nachahmungsbedürftigen Natur der Deutschen, die ganz dem imponierenden jüdischen Muster verfallen sind. (Seit der Romantik, seit der Befreiung aus dem Ghetto, seit Lessing) – Heute ist mir deutlich geworden, daß seine Art zu denken und zu empfinden mit Weininger in einer Linie stehe. Ob nicht Weininger und Kraus auch Mischungen aus arischem und jüdischem Blut sind? – Weder Sonntag noch Montag Messe. Die Juden feierten ihr Passa mit Wein. Die Protestanten hatten zweimal Gottesdienst. Zur Beichte kamen zwei Gruppen von je 60 nach Cassino hinauf. Viele Schwindler. Auch Prokop. Ich hatte mir mit Mühe einen Platz unter dem nächsten Trupp gesichert (Lt Litschauer trat ihn mir ab) aber er ging nicht ab.

Es ist über uns wegen der Flecktypus-Verdachtfälle unter der Mannschaft die Sperre verhängt. Der Verkehr mit dem Mannschaftslager und die Pflege der dortigen Kranken ist eingestellt (ihre Sterblichkeit ist übertrieben, sagt Hptm. Winter) Wittgensteins Wut auf den immer lächelnden Hptm. Dr Weyr, der vor seiner Impulsivität zurückschreckt.

<u>23.4.–4.5.</u> Die Mannschaft mußte (an einem Regentag) aus der Baracke auf die Wiese unter Zelte gehn. Die hölzernen, verwanzten Bettgestelle stehen im Freien in langer Reihe entlang des Grabens. – Viele Versammlungen Salubritäts-, Mannschaftshilfsfond (Lt Lauterbach, der Chemiker; Hptm. Winter, [...] in geheimer Konkurrenz mit Dr Weyr. Schließlich behält er doch die Oberleitung). Desinfektionsmittel. – Weinverbot bis vorgestern. Anlaß zu philiströs erregten Beratungen gegen die Ausschreitungen der Besoffenen. – Der 1. Mai ruhig. Nur übermütige Latrinen, ermuntert durch die Stahlhelme der Wache und ihre Zelte außerhalb am Berghang. (Der Kontumaz wegen) Briefe von N. vom Oster- und Palmsonntag. – Wittgenstein liest abends Raskolnikow vor. Lt Barak dabei. Der sanfte Dichter der Liebeserinnerungen, der W. begeistert zu umschwärmen begonnen; Vorgestern nachts war ich bei ihm bis gegen 12^h nachts. Im Gespräch über Barak, wie er sich schonend seiner kernlosen Hingebung erwehren könne (ich habe Barak tagsdarauf zugeredet) und im Gespräch über meine Enttäuschungen m. Jungw. Darauf

beklemmter Schlaf: Halb Freude halb Scham des Ausrichtens. Kierkegaard, <u>Die Krankheit zum Tode.</u> Finde die Auffassung des Selbst wieder, die ich mir zusammengestellt. Und freue mich darüber. Dann aber abgekühlt durch die spitzfindige Dialektik (Hegel?) Aber erschreckt durch die Ahnung der Abgründe aller dieser abgeleiteten Arten der Verzweiflung. Und durch die Strenge der Folge: Was ist alle Unmittelbarkeit? Alle Harmlosigkeit? Alle heiteren Augenblicke? Von einer anderen (nervös überspannten) Seite die alte überhörte Frage: Quid hoc ad aeternum? In welcher „Verzweiflung" stecke ich? Der Borniertheit? Der Schwäche? Des Bewußtseins der Schwäche?

Gestern Abend Auseinandersetzung mit Wittgenst., der mir mein unbegreiflich gemütliches Verhältnis zum Buch (Freude an theoret. Gemeinsamkeiten) vorwirft. Er hat keine Brücke zwischen der Welt des Verstandes und der Welt Gottes. Nur hineinstürzen könnte er sich, wie wenn man ihn aufforderte, sich ins Wasser zu stürzen. „Wenn das das Gute ist, dann nehmt mich hin. Nur nicht denken!" – Freude an der Novelle <u>Don Correa</u> von G. Keller, die wir auch aus der ungar. Bibl. geholt haben. Der durchlöcherte Mantel, der Stallmeister. Die „leidende Menschheit" im Gesichte Zambos. – Seit einigen Tagen besuche ich mit Jungw. den neuen Hebräisch-Kurs und Repetitionsstunden dazu. [...] – Mit Wittgenst. auch Benedikts Regula. – Durch Zufall Wildenbruch, Kaiser Heinrich und sein Geschlecht. Vorspiel und zwei Dramen. Raub des Knaben. Heinrich als Volkskaiser und im Kampf mit seinem Sohn. Rührend und pathetisch. Schlagworte von einiger Wucht. Bemühen: Heinrich <u>und</u> Gregor groß zu sehen. Königswesen. Volkskaiser. Heldisches Heidentum gegen die Kreuzfahrer). Historisch-objektive Schlagworte vermischen sich mit politisch-tendenziösen. – Breit angelegte Szenen (Walter Scott?) Theatralik. Einige gute Ideen. (Das Ständespiel) Pomp, Zeremonie, große Worte. – Aber unpoetisch durch und durch. Ohne menschliche Durchlebtheit. Abstrakte Konstruktionen. Nichts Geschautes, nichts Notwendiges, nur Gewolltes, viel Willkürliches (Praxedis, ihre Wandlungen bringt sie selber kaum ins Reine. Die plötzliche Reue Heinrichs des Sohnes, der sich vorher als Intriganten à la Zawisch (ohne besonderen Anlaß) hatte sehen lassen. Ottokars Glück u. Ende auch sonst zu spüren. Daß Gregor nicht wie Rudolf überdramatisch (als Deus ex mach.) Heinr. gegenübersteht, sondern als zweiter Held, würde das <u>Drama</u> heben. Dann müßte es aber auch mit ihrem Schicksal sich erfüllen, nicht um der Geschichte willen ins zweite Stück hinüberfinden (blaß gegen das erste) Prosa. Trotz der gewichtigen Worte leer. – Vorige Woche die 3 Laokoon-Vorträge in den Stunden Jungwirths. Eitelkeit. Aufregung. Befriedigung (besonders durch Wittgensteins Anerkennung)

<u>5.5.–11.5.</u> Die Raskolnikow-Abende mit Lt. Barak. (bis zur Szene in der Raskoln. der Sonja die Auferstehung des Lazarus vorliest) Nachher kommt Jungw. nicht mehr am Abend zu uns in die Messe. Was betuschelt wird. – Wittgenstein hat die Gelegenheit ausgeschlagen, sich für den Rücktransport auf Krankheit untersuchen zu lassen. (Um sich der „allgemeinen Not" nicht [durch dieses „Panama"] zu entziehen). Maler-Ausstellungen. Manchmal in den Gesprächen durch Selbstgefälligkeit (seine und meine) abgestoßen. – Die schweren deutschen Friedensbedingungen. Und doch: keine Revanche! Tragen, Ertragen, nicht neuen Mord – bloß um der Macht, oder um der Ehre willen. Wollen „nichtswürdig" sein. –

Ergriffen von Raskolnikow. Der Unerbittlichkeit und Größe, der Liebe und Güte. Zeitweise Arbeit an der Hamburg. Dramaturgie ohne noch zu wissen, wozu. Im alten Beobachtungsgeleise. Hie und da Gedanken an die Fortführung des Bekenntnisses.

12.5.–19.5. Weininger, Geschlecht u. Charakter. Nach einigen Kapiteln kann Wittgenstein nicht mehr mit. Sein Zweifel geht um die Freiheit, um die ethische Selbständigkeit, wie die meinen, nur ohne die Brücke des Paradoxons der Selbstursächlichkeit. (Meine gedankliche Synthese ist für ihn „unklar", „unsinnig") Welt und Geist sind ihm vollständig getrennt. Wie er Kierkegaard gegenüber das Gefühl hatte: Nur nicht denken. Wenn das so sein muß – hineinwerfen – so bringt ihn Weiningers Physiologie von der Seite des Determinismus her ins Schwanken, in die Angst: er sei vielleicht gar kein moralisches Wesen, sondern amoralisch. – Er erkennt sehr wohl, daß Weininger nicht deterministisch dachte, aber damit im Widerspruch mit sich selbst trat. Charakter und Freiheit! (Gespräch am Sonntag nachm. auf der einsamen oberen Straße – Unten Athletikwettspiele.)

– Umso willkommener ist ihm Tolstojs Evangelium. Seine erste ergriffene Vorlesung daraus (vor einiger Zeit) endete mit meiner Ablehnung. Mir sind die Härten, die Unvereinbarkeiten der Evangelisten wertvoller, ehrwürdiger, als die Häresie des Denkers. Und ich bleibe dabei nach den ersten 4 Kapiteln: Willkürliche Auslassungen, Hinzufügungen, Deutungen, Umstellungen – um alles unter die einheitliche Idee zu bringen: Erkenntnis des Lebens an Gottes Statt (!) Unversöhnlicher Gegensatz von Natur und Geist. Auch in Gott. Gott wird nicht als Schöpfer der äußeren Welt anerkannt. Dualismus. Die äußere Welt hat mit dem Geist nichts zu schaffen. So auch vollständige Trennung des jüdischen Gottes vom „Vater" des Lebens. Ausschaltung aller Wunder und Zeichen. Vgl. Jesu Antwort an die Boten des Johannes: Im Evangelium Hinweis auf die Wunder an Lahmen und Blinden und Toten und schließlich als zweites auf die Predigt an die Armen – bei Tolstoj wird das umgedeutet in die „Erneuerung der Menschen durch den Geist" (3. Kap. Matth. XI.5)

Aber viel tief Erfaßtes, merkwürdig Einleuchtendes, Erhellendes. Edler Tolstoj. Auch die Versuchung in der Wüste ist eine großartige Umdeutung. (Aber ich glaube den Evangelien.) Hier übrigens Spur des Romanhaften, das er an Renan verurteilt: „Jesus war der Sohn eines unbekannten Vaters. Da er seinen Vater nicht kannte, nannte er in seiner Kindheit Gott seinen Vater … Johannes predigte … Jesus, da er die Predigt gehört, entfernte sich von den Menschen in die Wüste …" (Erinnert entfernt an Immanuel Quint) Und wenn ich nicht an die Gottheit Jesu glaubte – die Evangelien blieben das Ursprünglichere, Reichere, wenn auch weniger Verständliche. – Wittgenstein hat unerschütterlichen Glauben an die Genauigkeit der Tolstoj'schen Textarbeit – glaubt lieber an uns unbekannte Varianten als an Eigenmächtigkeiten. – Aber: Eindringlicher als bisher vor dem „Quietismus" der Bergpredigt. –

Am Sonntag: Baracken – Weißung. Die Malausstellungen folgen einander. Die Gespräche mit dem spielerischen Futuristen, der gar nichts Exzentrisches an sich hat (Schmidt. Leichter Winkel in der Haltung, links geneigte Schulter. Große rote Unterlippe. Zurückhaltend, respektvoll. War anfangs in den Logikstunden. (Die Logikstunden seit Ostern abgebrochen) – Drobil vollendet das 2. Bild von Wittgenstein. W. wird ungeduldig seiner „Verbesserungen" wegen, mit denen er das ursprünglich Gute verpfusche. – Eine Ohrfeigenaffäre bei einem Fußballspiel ist schiedsgerichtlich durch Ungarn und Deutsche sehr anständig ausgetragen worden. – Mehr Briefe von daheim.

20.5. <u>Tolstojs</u> Umdeutungen der Wunder von der Brotvermehrung („andere folgten dem Beispiel" des Mitteilens) der Heilung am Teich von Bethseda, des Sturmes auf dem Meere. Die Umdeutung der Klage Jesu, daß er nicht habe, wohin er sein Haupt legen könnte, in den Stolz auf die Heimatlosigkeit des Gotterfüllten. Vor allem die Umdeutung des „harten Wortes" von der Hingabe seines Leibes zur Speise. (als der Hingabe seines fleischlichen Lebens i[m] Dienste des Geistes) – Auch die Umdeutung des Verhaltens gegen den Reichen, der zwar die Gebote halten aber seinen Reichtum nicht lassen will (bei Marcus 10,21 „liebte" ihn Jesus – bei Tolstojs erkennt Jesus an seinen Kleidern, daß er auch die Gebote nicht halte – <u>weil</u> schon diese ihn zu Armut führen müßten –) nichts von Unterscheidung zwischen Gebot und Rat.

Betonung der Armut gegen alle Unmöglichkeit der Lebensfristung: Marc. 10.26 Die Frage der Jünger: „Wer kann denn selig werden" läßt sich wirklich mit Tolstoj auffassen als Einwand: „Aber auch sein Leben kann man danach nicht bewahren." Immerhin aber ist Frage und Antwort beim Evangelisten höher: Es handelt sich um die menschliche Schwäche, die natürlich am Besitze hängt – wie die selig werden könne: nicht aus sich sondern nur durch Gott. Während es sich bei Tolstojs darum handelt, wie die Heiligkeit sich mit dem Erdenleben vereinigen lasse: „Gott aber bewahrt das Leben der Menschen auch ohne Eigentum." Hier wird die Möglichkeit der Heiligkeit, dort die Möglichkeit des Erdenlebens nicht problematisch empfunden. –

Wittg. hängt an Tolstoj, weil dieser ihm das Evangelium (während des Krieges) wieder nahegebracht hat. Begreiflich, daß Tolstoj für viele Heutige Wichtiges, Wesentliches der Lehre Jesu retten und bewahren kann. – Die Tiefe und der Ernst, mit denen W. an seine Bekehrung denkt, mit denen er unter dem Aufschub leidet. Viele Anspielungen auf Schreckliches, das er erst gestehen müsse. Scham vor ihm und seinem Ernst. Wie hoch steht er über meiner Unempfindlichkeit und Alltäglichkeit. –

21.5.–31.5. <u>Tolstoj:</u> Zu Joh. VIII 12 „Beweise für die Wahrheit meiner Lehre kann es nicht geben, sowenig, wie es eine Erleuchtung des Lichtes geben kann. Meine Lehre ist wahrhaftes Licht, bei dem die Menschen sehen, was gut ist und was schlecht. Darum ist meine Lehre nicht zu beweisen, sondern beweist alles Übrige." –

Schön die Deutung der Parabel Marc. 12,1ff von den Knechten des Weinberges und dem Sohn des Herrn. – Doch meide ich, wenn es geht, die Lektüre Tolstojs mit Wittgenstein. Zwei Gespräche mit ihm erschüttern meine metaphys. Naivität neuerdings. Der Gedanke vom „logischen Raum", in dem auch alle Gegenstände der Metaphysik liegen müssen, trotz ihrer Paradoxie (durch die sie halb drinnen, halb draußen sind), bringt auch diesen Gegenständen gegenüber die Verwunderung neuerdings auf, die allen Dingen im irdischen Raum gegenüber staunt: <u>daß</u> sie sind. So auch kann man wieder staunen: <u>daß</u> die causa sui sei und das „Mystische" läge wieder darüber, so sehr man es begrifflich in die causa sui hereingezogen zu haben

meint. – In einem zweiten Gespräch über die Wunder waren wir soweit einig, daß
alles Geschehen und Bestehen Wunder sei und die Kausalität nichts erkläre, daß
also ein „Wunder", so wie es sich in eine höhere Regelmäßigkeit fügte, andererseits
wie alles Wunder sei. – Aber bei meiner Verteidigung des Überzeugungswertes der
„Wunder" warf er mir (mit Recht) absichtliche Unklarheit vor. Einigung schließlich
auch hier. Beweiskraft hat kein Wunder. Aber aufmerksam machen, einen Anstoß
geben kann es. – „Satanismus"-Abend von einem jüd. Oberleutnant veranstaltet.
Flüchtige Einleitung mit ganz niedriger Auffassung. W. verließ gleich den Saal.
Ich folgte nach der Chamisso-Ballade vom Verdugo, die ich (fast körperlich) nicht
aushielt, obwohl Paulmann schlecht vorlas. Jungwirth-Abend „Heitere Akademie".
Andersen-Märchen (von Paulmann übertreibend vorgelesen) und Gebirgs-Humo-
resken von Paulmann und Oblt Leitner. Oblt Jungwirths beklatschte Rede (weißer
Halskragen und Mohnblumen, hübsche, „entzückende" Erscheinung). Große Kon-
tumaz-Geschichten. Neuerdings Reinigung, weil Verlauste gefunden wurden. (Ich
selbst habe vor kurzem eine Laus gefunden). Rücksichtslose Behandlung durch den
Sergente. Zwickel in die Haare, um zum Scheren zu zwingen.

– Weininger (neben Kulpes, Einleitung i. die Philosophie, die sehr philiströs ist,
sein muß). Wenn auch das reine W amoralisch wäre: Jede Mischung hätte von M
und damit Geist, damit ein Ich. auch geistig nach Weininger, nicht bloß physiologisch. Das Ich hat man oder nicht und somit auch die ethische Verantwortung. So
hat auch jede Frau (als Mischung) Bewußtsein (Urteil), Verantwortung, Ich – ist
also moralisch, allenfalls antimoralisch, schlecht. Nimmt man eine Wahl a priori
an, wonach jeder sich zum Genie oder Philister oder Verbrecher von vorneherein
entschlossen hätte (Pico de Mirandola – oder zur Göttlichkeit), so hat auch die Frau
sich zu ihrer Henidenform entschlossen. Ich nehme lieber an, Gott habe verschiedene Klarheit gegeben und fordere verschiedene Gewissenhaftigkeit. –

22.6. Sonntag. Kommunion zwischen Drahtverhau und Kapellengitter in der heißen Vormittagssonne. Dahinter die Offiziere, der Gesangsverein mit der Deutschen
Messe. Bitte um Glauben. Gebet für Wittgenstein. [Wenn er] die Dogmen annehmen
könnte, das wäre mir (glaube ich) Sicherheit. Beichte gestern nachm. italienisch im
Ordinationszimmer der Infermeria. Am Donnerstag, dem Fronleichnamstag, hatte
ich den Cappellano, (klein, immerhin ernst) darum angegangen, der uns seit einiger-
zeit zugewiesen scheint. Die Kontumaz dauert noch immer an, vorläufig bis Ende
Juli. Immer wieder taucht ein neuer Fall auf, trotz der ewigen Reinigungen. – Die
Nachmittage in der Sonne mit Hebräisch und der Philosophie von Kulpe. Dazwischen Douche. Heiße Zeit, Bis 48° vielleicht mehr. Abends Griechisch oder Ovid
(hat er mit mir angefangen) mit Wittgenstein, der ungemein ehrgeizig und ungeduldig ist. Einmal leichter Streit des Hexameterlesens wegen, das ihm nicht schnell
genug von statten ging. Er ist überdies krank: Hämorrhoiden, einen ständigen Nes-
selausschlag, ein Abszeß im Schlund – will aber nicht zum Arzt. – Mit ihm zeitweilig bei den Mozartquartetten der 23. Baracke. Oblt Zwack, der Buddhistisches im
Christentum vermutet, Fhr Zeilinger, jung, runder, schwarzer Kopf, Tiroler, freundliche Beweglichkeit, spielt das Cello) – Von den Abenden in der Messe hat sich
Barack (jetzt Oblt) losgesagt, weil Wittgenstein mit seinem (zerfließendem) Wesen
nicht zufrieden sei. Trotz der Auseinandersetzg hält er den Einzelverkehr mit ihm

aufrecht – seine neue Novelle verbessert er nicht zu Wittgensteins Zufriedenheit. Zu dritt mit Drobil bin ich selten mit meinen wider Ansichten willkommen. Seit gestern schwärmt er für die Augen einer Ordonanz, die ungewöhnliche Menschlichkeit, Flamme, verrieten. Er ist durchaus lyrisch, liebt Rausch und Ekstase. „Gut" ist ihm eigentlich: der „Glücks"zustand. 3 Gruppen der ethischen Ziele: 1.) Ein zu erwerbendes Gut (konsekutiver Wert) irdischer oder jenseitiger Besitz 2.) Ein unmittelbar gegebenes Gut. Befriedigung des Triebes oder Ekstase (und das will W., auch die Musik ist ihm Rauschmittel, Versunkenheit, Zauber und sein Gutsein ist ihm Musik)

Die 3. Gruppe verzichtet auf die Ziele als Güter des Besitzes oder des Zustandes, will Ordnung, Gesetz: Philister oder Kant. Ihr parallel eine 4. Gruppe will Vollkommenheit (Würde oder Heiligkeit) Motiv (Stolz)

Am Mittwoch, 18.6. die Korrekturbögen neuerlich dem Kdo zur Absendung vorgelegt. Sie scheinen weitergegangen zu sein. Frdl. Brief vom Verlag. – Gestern 3 ¼ früh aufgewacht aus einem Traum: Ich kam wie auf Ferien heim. Eltern trostlos wegen pekuniärer Verluste: Vater. Ich glaube die Sache retten zu können, gehe (in Hallein) die Kirchengasse hinauf und werde von einer kleinen Dame in Schwarz auf das großartige Geschäft des Optiker Lohr gewiesen (ist nicht dort, weiter unten der Seifensieder dieses Namens) der Optiker alter kleiner Herr von schlauer Freundlichkeit schüchtert mich durch sein Lächeln ein, ich verlange stotternd eine Brille für Vater, war aber des Geldes wegen gekommen. Dann liege ich wieder im Bett daheim und spüre plötzlich einen leichten aber sehr wirklichen Schlag auf die Seite und ein wehmütiges Leb-wohl von Mutter, die ungesehen verschwindet, da ich aufwache. Der Schlag (oder waren es zwei) kam mir so außerhalb des Traumes vor, daß ich mich vergewisserte, ob nicht von oben etwas herabgefallen wäre. Und gleich kam ich auf den Gedanken: Mutter könne eben gestorben sein und von mir Abschied genommen haben. Tränen. Lange schlaflos. Blaue Nacht. Nachtigall. Das Laternenlicht auf den Blättern des Baumes. Mit dem Tageslicht Spatzengeschwätze. – An der Hamburg. Dram. arbeite ich nun zumeist morgens, wenn ich mich zum Aufstehen überwinde. Doch bis jetzt kein Leitgedanke. – […] Vor einigen Tagen sind 5 Aristokraten, darunter Hohenlohe und Attems außer Lager im Zelt umgebracht worden, um nach 21 Tagen Kontumaz der Heimfahrt sicher zu sein. –

1. Juli 19. Weininger, Über die letzten Dinge. Wittgenstein liest über Peer Gynt zum Teil abends vor. Günstige Beurteilung Ibsens um des ethisch philosophisch so gut deutbaren Peer Gynt. Fast hätte ich mich (wie ich bin!) wieder von Strindberg zu Ibsen bekehren lassen. Aber auch die verschweigende Charakteristik der späteren Dramen läßt nicht verkennen: Ibsens Glaube an die Moralität des intellektuellen Weibes; Seine Richtung, gerade an ihm die Läuterung darzustellen und durch es den Mann empor zu ziehen, das ewig Männliche im Weibe zu gestalten. – Der Versuch, Schiller gegen ihn zu verteidigen, für den ich auch gegen Wittgenstein (und Drobils Haß) eintrete, führt zu großen Zugeständnissen trotz der Erkenntnis, daß auch in Weininger viel Schillerisches Pathos (in anderer Sphäre) steckt und daß seine Begeisterung für Richard Wagner auch einem Schillerischen gilt. (Auch die für Ibsen) Hauptunterschied: Schillers Aufklärungsoptimismus, Schillers erotischer Glaube an die Moral in der Naivität des Weibes (nicht so ohne weiteres: Briefe: Liebe als Illusion. Bewußte Illusion? Gewollte Täuschung der idealbedürftigen

Menge?) – Gespräche mit Wittgenstein in der letzten Zeit viel über die Kausalität; mein aristotel. Kraftbegriff gegen seinen Ordnungsbegriff. Er erklärt meine Annahme von Vermögen für überflüssig: Annahme einer ganzen unsichtbaren Welt hinter der sichtbaren, bloß um diese zu ordnen. Und mir genügt sein positivistischer Punktualismus nicht. Alle diese Gespräche gehen von der Kantstunde aus. Die Schopenhaursche Kritik der Kantschen Erfahrungstheorie durch die Kausalität, die ich heute vorgelesen und mit eigenen Einwürfen zu stark und zu verworren gespickt hatte, hat neuerdings Anlaß gegeben. W. ärgerte sich über meine Zwischenbemerkungen. Ihre Richtigkeit hielt ich aber aufrecht. Seit einigen Tagen werden seine Klostergedanken wieder lebendig mit meinen Bedenken wegen seiner Glaubensform. Er müßte ein Kloster finden, in dem man ihn als Laienbruder in seinem Schweigen beließe, ohne zu fordern und ohne zu fragen. Er seinerseits müßte entschlossen bleiben, allem Theologischen um ihn herum auszuweichen und still zu halten. Aber er könnte die Sakramente nicht empfangen. Er meint doch, denn jeder meine anderes unter den Glaubensbegriffen und auch er verbinde eine (vielleicht tiefere) Bedeutung damit. Orthodoxie, zu der ich mich bekannte, sei unfromm, lästerlich. Systematisierung begeisterter Einfälle, Buchstabenglaube (ohne daß er dieses Wort brauchte, die Gedanken und Gefühle kommen aus ihm neu heraus, sind nicht angenommen und nachgesagt). Berufung auf die gedankliche Freiheit Augustins. Ich bin recht stumm gewesen. Neige ich doch selbst dazu, den Wert der Dogmendiffizilität gering zu schätzen. (Lessings stillwirkender Einfluß.) Immerhin blieb ich beim Bekenntnis: Die katholische Kirche hat die Offenbarung rein bewahrt. Ich glaube ihre Lehre auch, wo ich sie nicht verstehe, weil ich (was <u>ihm</u> fehlt) an ihre Sendung und ihre Gnade (ihre „Unfehlbarkeit") glaube. Aber auch dabei gingen mir Gedanken von der Materialisierung der Lehre, von dem weltlich-heidnischen Charakter der Hierarchie (Comte-Maurras) durch den Kopf. An die Kirche zu glauben, ist eben so schwer, wie an den freien Willen zu glauben. –

Weininger: „Es ist unethisch, dasselbe zweimal zu sagen": Die rückläufige Bewegung (Kreis, Walzer) ist die unethische Bewegung κατ' ἐξοχήν. Die ethischen Wertungen von Episch u. Idyllisch hätten noch <u>schärfer</u> ausgeprägt werden müssen.

Das Zuhören bei den Quartetten in Bar 23 (Oblt Zwack) machte mein Ohr doch etwas gelehrig. Freude am ersten Satz des 18. Quart. von Mozart. Wittgensteins begeisterte Teilnahme. – Am Sonntag macht er sich im Gespräch mit mir (die gewöhnliche Situation er wird ungeduldig, wenn ich nicht bald das erlösende Stichwort finde) klar, warum er Bekanntschaften, die er nur aus äußerlichen Gründen (der Livius-Übersetzer und Oblt Richter, der gute Pfeifer und heitere Karikaturist) begonnen hat, am liebsten abbrechen möchte. (Ergebnis: Furcht, sie könnten, da auch Männerbeziehungen Tendenz zu Steigerung haben, über die Schwelle der gegenseitigen Gleichgültigkeit hinausgehen. Äußerst empfindliches Distanzgefühl.) Weininger Verurteilung aller Grenzüberschreitungen zwischen den Personen, Verurteilung der Ehe, die durch den Ring (rückläufige Bewegung) zwei freie Wesen in gegenseitige Knechtschaft und Verschmelzung zwingt. Die Ehe eine Mesalliance (Kraus) auch in diesem Sinne. […] (Das sinnliche Gegenstück zur Sentimentalität: Gefühl um […]. Dem Triebe zu folgen mit dem ethischen Willen zu den Konsequenzen, ist auch Erfüllung einer Gottesidee. Gott will auch die neuen Menschen und ihre Arbeit an der Lebensaufgabe. Geradeso wie Entsagung einer Gottesidee dient. Der Entsagende steht höher – weil er sich als Mittel des Naturlebens ausgeschaltet hat, weil er sich von der Natur befreit hat, Gott reiner dienen mag. Wieder vor dem Wort des Paulus: dem „als ob". Es ist die Freiheitsformel für alle: Ist der Trost für die Weltgebundenen (in Ehe und Amt) aber auch für die Weltentsager (denn auch sie sind in der leiblichen Bedürftigkeit geblieben und müssen sich retten mit dem Vorsatz: Alles Leibliche <u>als ob</u> es nicht wäre.) Nicht wirkliche Freiheit, nur Abstraktion im Willen. –

Bei Weininger hängt die Verurteilung der Ehe mit der Verurteilung des Seins zusammen, das er als Verschuldung vor der Geburt ansieht, als Entscheidung für das Nichts (die Materie). Gott steht ihm fast im nämlichen Verhältnis zur Welt. Nur sagt er da lieber, die Welt sei Gott der Spiegel, sich seines Gegensatzes zu ihr bewußt zu werden –

– Abends hat sich das Gespräch mit Wittgenstein über Kloster und Glaube fortgesetzt und es ist zu schmerzlichen Gegensätzen gekommen, an deren Ausbruch ich mit dem Vorwurf des Gedankenstolzes schuld war. Seitdem ist die Gereiztheit nicht mehr verschwunden, obwohl er gleich mein Wort im schärfsten Ton zurückwies, bis er mir (was er schon lange angedeutet hatte) nun hemmungslos sagte, daß ihm mein Wesen kalt und unfromm erscheine. Er hat wohl recht. Darum wurde ich traurig. Und begann zu schweigen. Und mühte mich, meine Ressentimentgedanken zu unterdrücken. Sie gingen auch auf Weiningers Kurzschlüsse (oder war das schon früher?). – Es ist sehr kläglich, wie empfindlich und vergeltungssüchtig Gespräche über Frömmigkeit enden können. – Und wir sind uns doch so nahe von links und rechts. (Fast wie eine $\sqrt{2}$ ist zwischen unseren Klassen von rationes, fiel mir aus dem Russell ein, dessen Einführg in die Mathem. Phphie mir W. allein zu lesen überläßt, den Anfang las er mir vor, er ärgerte sich aber zu viel über seines Freundes Unbelehrbarkeit – er hat Wittgensteins Funde nicht aufgenommen, hätte auch sonst die Grundsteine ausgraben müssen) –

Ich neige, so sehr ich mich wehre, immer mehr der Anschauung zu, daß die Glaubenssätze nicht das Wesentliche am Christentum sind und zweifle oft auch an ihrer Übermenschlichkeit (Zeitgebundenheit) und er verlangt und strebt in der Richtung nach einer Konsolidierung seines Glaubens (so wenig er es wahr haben will). Augustin kommt ihm, scheint es, allmählich auch mit seinen Gedanken nahe (Trinität) nicht bloß mit der ethischen Leidenschaft.

---

2. <u>Juli</u> Mit der gestrigen Unterredung bin ich für ihn im Wesentlichen erledigt. Dummheit (Unklarheit), Unfähigkeit reinen Denkens und Erfassens warf er mir seit dem Sonntag, an dem wir uns über der Psychologie des Höfler zerstritten, wiederholt vor. Nun ist auch der Vorwurf der Unfrömmigkeit (direkt und persönlich) dazu gekommen (allgemein klang er schon oft durch). Was bleibt? Meine „Güte", die seinen ersten übertreibenden Enthusiasmus erregte, ist ihm schon längst zweifelhaft, der steht meine Spottsucht und Ironie entgegen (die er, seit an dem alkoholischen Abend ein Oblt mich Mephisto genannt hatte, immer wieder konstatiert und tadelte) und dann hat er wohl ihre Enge an sich schon erkannt. Worauf er mich

festlegt, ist zur Zeit: „gebildet". Vielleicht hat er recht. Doch mag ich ihm gelten, was er mag, ich muß auf meinem Wege bleiben. Und ist nicht auch meine Begeisterung für ihn von Bedenken durchlöchert? Seine Kurzschlüsse, seine Verbohrtheit. Beim Übersetzen seine Unfähigkeit, auf das Werden des ganzen Sinnes zu warten. Seine Unruhe, die täglich neue Menschen verschlingt und ausspeit. Er braucht viel Nahrung. Seine Treulosigkeit: Aber in einem anderen Sinn bewundere ich alles das wieder als Unbestechlichkeit, Strengste Unduldsamkeit gegen das Mittelmäßige, Lagernde, Modernde, als feinstes (ethisches) Distanzgefühl gegen alle Verschmelzung, gegen alles unreinliche Verschmieren. Zumal alles das so unmittelbar, unreflektiert, so leidenschaftlich in ihm lebt. Die naiv-impulsive „Sentimentalität". Masochismus im Sinne Weiningers. Trübend wirkt, daß ich seine Abstraktheit, seinen Punktualismus (dem ein ganz unartikulierter Mystizismus gegenüber steht), seinem Judentum zuschreiben möchte (dadurch mich fälschlich vor ihrer Verführung sichernd. Aber – habe ich gestern gegen die verschwommene Deutschseligkeit Jungwirths in Gedanken erwidert: Ist es auch jüdisch, was Weininger treibt: wenn es wahr ist, <u>werde</u> ich eben „Jude".) – Sein Gesicht, das so lebendige, dessen Schmalheit von vorne, wenn er lächelt, schön, edel fein wirkt (ich habe an die Sarah-Bernhard gedacht, weiß aber nicht, wie sie drein sieht) – sieht oft so leer und zerfahren verstört (böse?) aus, daß ich, von seinen schaudernden Andeutungen seiner amoralischen Vergangenheit veranlaßt, oft an Verbrecherzüge dachte (Wuchs der Haare in die niedrige Stirn, der spitzwinklige steile Scheitel)

HEFT 3

Tagebuch vom 11.7.1919–18.8.1919

Tagebuch
Juli–August 1919

11. Juli. Der Streit mit W. fast zur innerlichen Trennung geführt. In den ersten Tagen war er kaum imstande, mich anzuschauen; zuckte zusammen, wenn er mir die Hand geben sollte; mied mich. Da ich ihn zur Aussprache drängte, am 2. Tage abends leugnete er zwar die Befangenheit, stellte aber fest, daß ihn Gedanken beschäftigten, die er nicht mir und überhaupt niemand mitteilen könne und da er fühle, daß er mit mir nichts zu sprechen habe, vermeide er Zusammenkünfte. Ich stellte die (bereits bescheidene) Frage, ob er glaube, an meinem Verkehr nichts zu finden, da ich dann mit ihm brechen müßte. Das gab er nun doch nicht zu. So würde (halbe Geschichte) der Bruch vermieden und es wird geantwortet, ob sich vielleicht doch wieder Interessengemeinschaft d. h. Bedürfnis seinerseits sich gerade mir anzuvertrauen einstelle. Wir treffen uns jeden Abend mit Drobil. Es haben auch schon gemeinsame Gespräche sich angesponnen, sogar (mit Zurückhaltung beiderseits) über Spekulation und Frömmigkeit. (Vielleicht versuchten sich die beiden so: Frömmigkeit ist nicht abhängig von den letzten Enden dogmatischer Naturerscheinungen, also nicht von strenger Orthodoxie. Sie ist andererseits nicht unabhängig von den Anfängen gedanklicher Bestimmungen, weil Sinngabe an das Wertvolle nicht ohne ein Wissen vom Wert möglich ist. Die Spekulation hat sich positiv durch das (auch fromme) Bedürfnis der tieferen Erkenntnis des Wertes entwickelt, die Orthodoxie aber vor allem negativ zur Abwehr spekulativer Verirrungen. Es steckt der Trubel hinter der Entstehung der Dogmen – und er mag auch seine Freude an ihrem Bestande haben, die Dogmen sind aber darum nicht selbst des Trubels, sondern des Menschen, sind notwendig für ihn, sobald Gedankliches in Frage kommt, problematisch wird, und vor allem wenn Streit darüber verwirrend wirkt. Es ist menschliche Not, die sich dieses Knochengerüst baut und es immer mehr verzwickt, so daß es dem Einzelnen (Frommen) immer größere Mühe macht, sich hineinzufinden. Es ist sicher unfromm, auf dieses Gerüst das Hauptgewicht zu legen in der Zustimmung wie in der Abweisung. Es ist fromm, sich nicht darum zu kümmern, d.h. es nicht zu brauchen. Fromm ist der Glaube, der die Dogmen impliziert ohne sie explizieren zu müssen, der nicht von der Liebe abkommt, der nicht abstrakt wird. Wären nur Fromme gewesen, so wäre keine Orthodoxie. Denn Rechthaberei (Eitelkeit) steckt in der Rechtgläubigkeit. – Und darum auch „Eitelkeit" in ihren Sätzen, in ihren Versuchen, das Unbestimmbare in Begriffe zu drängen. Sind diese Begriffe auch für menschliches Denken die zulässigsten, daß sie das Unfaßliche zu fassen versuchen, macht sie dem Frommen schon verdächtig. – Die Kirche und ihre Dogmen sind notwendig für die Schwäche der Menschen und darum ein Ärgernis für die Frommen (die weniger Schwachen) aber auch eine Probe für sie.) Ich habe ihm aber nichts davon entwickelt, ob ich gleich einiges im Kopf trug (während wir mit großen Sprechpausen im Mondschein um den Fußballplatz gingen) – Meine Situation zu ihm ist um weniges besser als die mancher flüchtigen Bekanntschaft, die er wegwirft, sobald er nichts mehr daran findet. Dadurch mein stiller Vorwurf gegen ihn genährt: Treulosigkeit, Konsequenzlosigkeit, Augenblicks-, Stimmungsmensch, lyrisch. Akausal. Unersättlich. Aber immer wieder steht dagegen: Er ist eben mit nichts zufrieden zu stellen, was kleiner als Gott wäre (er ist kein Philister). Das meine ich auch zu sein. Dazu kommt aber bei ihm noch der kindliche Glaube, im Neuen doch endlich das Wunder zu finden: Überschätzung bei der ersten Bekanntschaft, Übereifer bei den ersten Versuchen. (Wie er mich für „gut"

gehalten hat, wie er Griechisch und Ovid aufgegriffen und fallen lassen) ----- Trotz allem: Wie viel danke ich ihm! An Klarheit, an Hebung des Gesichtspunktes. Kierkegaard, L'Erotico nella musica schlechte italien. Übersetzung, schlampig auf den Markt geworfen. Aus Entweder-Oder darum vielleicht die ethisch indifferente Begeisterung für den Don Juan Mozarts, als dem klassischen Musikwerk, in dem der adäquate Stoff – sinnlich-erotische Genialität, das adäquate Medium: die Musik (die dämonische Kunst, der Ausdruck der sinnlich-erotischen Gefühlswelt) gefunden habe. Die Bestimmung des klass. Kunstwerkes aus dem (seltenen) Zusammentreffen von Stoff-Form (und Künstler): nicht Homer allein und nicht der troj. Krieg allein bedingen die Klassizität der Ilias und Odyssee, sondern daß beide zusammengefunden haben. – Unendlicher Enthusiasmus für Mozart. Betonter Laienenthusiasmus. Sicherheit in den Konstruktionen. Hegel. Der ist wohl auch schuld an der Auffassung der Klassizität. Erinnert an die Auffassg von der Möglichkeit Tragödie bei Hebbel. Aber voll kräftiger Gedankenlebendigkeit und überraschender Feinheit der Analyse: über Oper und Drama exemplifiziert an der Bühnensituation bei Elvirens erster Arie. –

Die Kontumaz noch immer nicht aufgehoben. Der letzte Reinigungsturnus der Baracken besonders genau. Petroleum auf die Matratzen, Decken und Leintücher zur Desinfektion. Jetzt Pause (vielleicht Schluß) Einige wenige Protegierte und Rumänen in die Zelte hinaus zur Abfahrt. – In den letzten Tagen Erwartung von Aufständen, Latrinen von Befreiungsversuchen von seiten der Zivilbevölkerung. Oft Lärm, Schreien hörbar. Die Preisregulierung im Lande, hat unsere Verproviantierung stark verringert. Fast kein Buffet mehr. Aber nachm. Kaffee. Behagen daran. Täglich Dusche. Fast täglich Russells, Introduction to mathem. Philosophy; komme langsam mit. Schade, daß ich nicht Wittgensteins Manuskript nachträglich lesen kann, vieles würde mir darin jetzt erst bedeutend. Merkwürdiger Materialismus der Zahlentheorie: die möglichkeit unendlicher Zahlen abhängig von der Wirklichkeit unendlich vieler Individuen. Geht hervor aus seiner (Freges) Auffassung der Zahl als Klasse aller „ähnlichen" Klassen.

25. Juli. Die pessimistische Stimmung der Latrinen hat in allgemein angenommene Hoffnungsfreudigkeit umgeschlagen, da 500 deutsche Klinkler abgehen und der General (der Kaiserjäger) mit 5 Offizieren. In 2 Wochen soll Cassino geräumt sein? Ich gefalle mir darin, am späteren Termin festzuhalten, glaube jedenfalls an keine Heimkehr vor der Ratifizierung. – Die Quarantäne ist zwar endlich (am 19.) aufgehoben worden, die Barackenreinigungen dauern aber fort. Werden ja auch Läuse noch immer an Offizieren gefunden. (Als die Reinigungen begannen, vor einigen Monaten, war ich übrigens selber nicht ganz reinen Gewissens) – Das Aufnehmen von neuen Büchern setzt sich fort. Nur schwache Gedanken an die Fortsetzung der Bekenntnisse, die jetzt einen ganz anderen Ton annehmen mußten. Mit Wittgenstein auf derselben Stufe. Hie und da ein Anzeichen von Herzlichkeit und Vertrauen. Gewöhnlich aber Oppositionsstimung gegen meine Meinungen, erfreute Zuflucht zur „natürlichen Einsicht" Drobils (der aber – der gute Alte – seinem Verehrten sehr zu Gefallen denkt, – wie ich auch, halb von ihm hingerissen, halb um seiner Zustimmung willen). Ich stehe dann allein, ertrage es aber, oft mit dem Gedanken, daß das, was ich vorbrachte, wenn auch zuerst bekämpft, schließlich doch durchdränge und

leichter durchdränge ohne meine Nachhilfe, Ironie. – gestern Gespräch über Ironie. – Er trägt sich mit zwei Plänen. Ehrliche Selbstbiographie: da sucht er nach einer möglichst sachlichen Form, um jede Sentimentalität zu vermeiden. Gliederung in Perioden, die fest zu formulieren wären. Systematik der moralischen Analyse; dann aber wird ihm (damit vereinbar) der entschiedene ethische Standpunkt wichtig, der als Maßstab hinter dem Berichteten nicht verdunkelt werden dürfe. – Mit der Biographie trägt er sich schon lange. Hat aber unüberwindliche Scheu vor dem Bekenntnis seiner verabscheuten amoralischen Zeit. Und andererseits Bedenken wegen des Sinnes der sittlichen Berechtgg solcher Bekenntnisse. Augustin ja, nicht aber Rousseaus Eitelkeit. – Zweiter Plan: Sinn des Idealismus und des Realismus aus der Verwechslung des metaphysischen und des empir. Ichs. Durch die Kant-stunden dazu angeregt. Die Grundidee: Was man <u>sagen</u> könne und was man nicht sagen könne (wie in seiner „log.-phil. Abhandlung") – Seine Unbeirrbarkeit im Glauben an den freien Willen (auch etwas, was man nicht <u>sagen</u> kann was er aber doch „sagt", wobei er etwas <u>meint</u>.) – Über <u>Russells</u> Angriffe auf alte Schlußlehre von ihm belehrt. Teilweise waren meine Bedenken gegen Russell berechtigt. Im Wesentlichen aber mußte ich mich ergeben. Die Engländer haben es scharf auf die Aristotelische Logik seit Locke (gegen den Syllogismus). Auch die Verkünder des Induktionsschlusses sind Engländer: Bacon, Mill. <u>Russell</u> verteidigt gegen Mein-ongs „Außersein": „a robust sense of reality" auch in der Logik und löst sich gleich-zeitig durch die Funktionstheorie von den realistischen Schlacken der Syllogistik.

Hereingeschneit kamen: <u>Gobineau</u> Von der Renaissance der Abschnitt „<u>Savona-rola</u>". Interessiert durch die Novelle des <u>Wilhelm Fischer Der Mediceer</u>, die stoffli-chen Vergleich mit der <u>Fiorenza</u> von <u>Thomas Mann</u> nahelegte. Bei Fischer unklar, kompromißlich verbogen, was bei Mann zu scharf zugespitzter Antithese wird. Lucrezia war wie Fiorenza sowohl an Lorenzo wie an Savonarola (durch Jugend-begegnis) gebunden. Konflikt aber nur scheinbar. Keine Entscheidung zwischen den beiden sondern Vermittlung aus Treue zum einen (Geliebte) und aus religiöser Ehrfurcht vor dem andern (fromm). Sucht den Heiligen für den reuigen Sterbenden zu gewinnen (ruhig im Widerspruch ihres frommen Maitressentums). Savonarola, nicht zum Gegensatz Lorenzos (Machtgier mit religiösen Mitteln) herabgedrückt, sondern über ihm als Heiliger anerkannt. – Hat Mann die Situation aus Fischer übernommen oder gemeinsame Quelle? Bei Gobineau wird er dann weder als gewissenloser Machtgieriger noch als Heiliger hingestellt. Sondern: als Verirrter, dem selbst vor den Folgen seines ehrlich gemeinten Eiferns graut und der mit stol-zer Gottergebenheit stirbt. Gemeinheit und Verrat bei seinem Anfang nicht bei ihm. – Fischers Stil und Darstellungen gesucht würdevoll: renaissance „farbensatt" aber oft sehr glatt. Doch Schönes wie das Märchen vom Elysium: vom Land, dem unser Luftraum das Meer ist, an dessen Grund wir sehnsüchtig nach oben träumen.

* * * * *

Multatuli, G. Douwes Dekker heißt er, Max Havelaar, durch den Multatuliartigen Moralisten Perner, den guten, watschligen Oberleutnant mit den banalen aber ernst gemeinten poetischen Meinungen. Biederkeit. Verachtung der Gemeinheit, der Kriecherei und Streberei insbesondere. (als wichtiger Betrachtungs- und Gesinnungsgegenstand.) Ideale Eigenschaften: Uneigennutziges Eintreten für eine rechte Sache, besonders für Ausgebeutete. Unbedachte Freigebigkeit. Unbeirrbar. Vertrauungsseligkeit, Glaube, daß das Recht selbstverständlich anerkannt werden müsse. Größte Rücksicht und Nachsicht auch gegen schwächliche Gutgesinnte. Sorglosigkeit um äußere Formen. Festes Auftreten nach oben. Sichere, unproblematische Liebe zu Weib und Kind. (Hie und da Erinnerungen an „Auch Einer") Humoristisches Durcheinander der Darstellung. Die kräftige Karikatur: des wohlgesinnten holländischen Makler Droogstoppe, durch dessen widerwillige Vermittlung das Manuskript des verarmten Kolonialbeamten, als dessen Geschichte Dekker seine eigene erzählt, ausgearbeitet wird. Breites Ausmalen (mit aller Sentimentalität) der Ausbeutung der japanischen Bevölkerung durch die holländ. Beamten und die heimischen, von Holland gestützten, Residenten. Um dann das Ergebnis, das Mißlingen der Anzeige knapp festzustellen. – Ebenso in der einen (sentimentalen Liebes-)Episode vom Sadjew(?), dem javanischen Bauernjungen, der in der Fremde im Dienste Geld erwirbt und nach 3 Jahren am bestimmten Tag, unter dem bestimmten Baum, das Mädchen seines Heimatdorfes erwartet, mit dem er sich versprochen. (Es mußte aber unterdessen, da seine Familie ebenfalls des Letzten von den Regierenden beraubt war, mit dem Vater zu den Aufständischen übergehen. Der Junge wandert nach, findet sie erschlagen und geht selbst in den Tod) –. Breite Moralität. Naive Entdeckungen alter Gemeinplätze (zu hart?) Jedenfalls wenig beim Leser vorausgesetzt. Problemlosigkeit im Grunde. Alles gelöst. Es könnte alles gut werden, wenn das und das geändert würde. Nur am guten Willen fehlts. Klage über Unverstand und Verbohrtheit. –

26.7. Es ist Nantschis Namenstag. Sie wird sich kränken, weil meine Glückwünsche zu spät kommen. […] Sie ist der große Rückhalt, den ich, nach höherem (einsamen) Ethos strebend, oft mißachte und der meinem wirklichen, menschlichen Wesen doch Stütze, Zuflucht, Ausgleich ist. –

Pascal, Les Provinciales. Neben dem Studium Russells einhergehend schon seit langem Brief für Brief. Vergleich mit Lessing wenig ergiebig. Fehlt Lessings Unaufhaltsamkeit und die Weite der Frage. Lessings Rettungen der Tendenz nach verwandt, aber zu sehr Parteipolitik ohne daß die Prinzipien problematisch würden. Lessing antiorthodox, Pascal will orthodox bleiben. Auch die Form: fingierte Gespräche mit den Bekämpften, in denen man diese einem scheinbar Uneingeweihten gegenüber sich selbst verraten läßt (in den ersten Briefen) von Lessing nicht verwendet. Der Übergang von Ironie zu Pathos und zu überlegener Mäßigung voller, abgemessener, abgestufter als Lessings kräftigere und kürzere Züge. Im einzelnen aber zu wenig aufmerksam. Immerhin Gemeinsamkeiten in der Kunst des Zitierens, Lessing nutzt aber seine Zitate vielseitiger und ergiebiger aus, Pascal ist umständlicher, erdrückt durch die Fülle. Doch auch zu anderem Zwecke. Die gemeinsame Richtung einer Fülle von Werken aufzuzeigen und die besonders belastenden Stellen zu einem Gesamtbild zu vereinen.

Besonders kunstreich geformt die ersten Briefe (Besuche des Verfassers bei den Gegnern selbst, um ihre Widersprüche sie selbst bekennen zu lassen, Dominikaner gegen Jesuiten zu stellen. Am wechselvollsten der 2. Brief. Dann bleibt eine Reihe von Briefen Pascal[s] bei der (zu sehr ausgenutzten) Fiktion, sich von einem einfältigen Jesuitenpater ganz ausführlich über Probabilismus und nachsichtige Casuistik unterrichten zu lassen (5.–10.) Dann werden die Briefe an den Landgeistlichen fortgesetzt durch Briefe an die Réverands Peres jésuites selber als Zurückweisung ihrer Verteidigungs- und Verläumdungsversuche. Die letzten beiden (17.u.18.) sind dann nur an einen, als ihren Vertreter, an den Père Annat, die inhaltlich auch wieder auf die Ausgangsfragen: Verurteilung des Arnauld und Jansenius wird ausgelegt als heimlicher Kunstgriff gegen die von der Kirche nicht aufgegebene Lehre von der „wirksamen Gnade", die sie durch Molinas hinreichende Gnade ersetzen wollen. Gedankengang 1.) Verteidigung Arnaulds (und nur andeutungsweise auch des Jansenius) direkt, durch Aufdeckung der Sinnlosigkeit der Angriffe (Widerstreit unter den Gegner[n]) 2.) Angriff auf die Jesuiten a) Probabilismus und b) mit dessen Hilfe Verweltlichung der christlichen Grundsätze: Casuistik der Lüge, des Mordes, des Betruges, der Verleumdung c) Verdächtig'g der Jesuiten selbst als Verleumder durch Theorie und einzelne Fälle 3.) Damit Entkräftung ihrer Angriffe auch gegen Jansenius, für dessen Orthodoxie nun entschiedener eingetreten wird und offenes Eintreten für die „wirksame Gnade" als alte gute Kirchenlehre und schließlich Verdächtigung der Jesuiten, es mit der ganzen haltlosen Polemik gegen Port Royal es nur auf diese abgesehen zu haben.

Während des Lesens aber bald selbst vom Ernst der Fragen gepackt, sowohl von der schweren Gnadenfrage (Willensfreiheit, Leibnizens Theodizee). Die spitzfindige distinctio, durch die sich die augustinische Lehre von der wirksamen Gnade fern hält von der kalvinischen Entscheidung für die Prädestination: durch die Gnade sei dem Menschen zwar nicht die Freiheit des anders Handelns genommen, sein Wille aber sei auf das Gute durch den besonders gefühlten Wert des Guten hingerichtet. Der Regressus in inf. in dem man immer wieder ein Wählendes, hinter die Wahl ein Bestimmendes, hinter das Bestimmte stellt, ein Ich hinter das Ich. Zuerst Freiheit zu handeln, dann Freiheit zu wollen, dann Freiheit zu wählen. Schells Regreß. Nietzsches Selbst. – Eigentlich ziehe ich die hinreichende Gnade Molinas vor – aber auch von der Problematik mancher Fälle. Aber im ganzen Schauder vor der Verweltlichung, Entchristlichung der Ethik. Höchster Wert nicht mehr Innerlichkeit sondern Besitz und Ehre. Unerhörte Angleichung der Religion an die Menschlichkeit. Das letzte Stadium vor dem Durchbruch des Unglaubens, der damit auch die Waffe der Lächerlichmachung in die Hand bekam. Eine ganz andere Verweltlichung als die des mittelalterlichen Staats- Ritter- und Bürgerchristentum[s]. Dort Naiv[i]tät. Hier Berechnung. Vielleicht die schärfste Schrift, die zur Aufhebung des Ordens führte. Wunsch nach objektiver Darstellung der Verhältnisse. Denn sicher übertreibt Pascal. Aber gewiß nicht im Prinzipiellen nur im Ton und in Einzelheiten.

Interessant Pascals Rechtfertigung seines scharfen und spöttischen Tones im 11. Brief. Versuch ihn mit christlicher Liebe zu vereinbaren mit Zitaten aus Kirchenvätern, die in ähnlicher Verlegenheit zwischen Milde und „heiligem Zorn" waren. Es mag dem Asketen wirklich schwer gewesen sein (moralisch) aber leicht war es seinem Temperament, denn er übt mit sichtlicher Freude seine Kunst des Bloßstellens, Entwaffnens, Auf-den-Kopf-Stellens. –

Eine Stelle wird darin erwähnt von Chrysostomus und einigen Nachfolgern, die Gottes Worte über das sündige Menschenpaar als die erste Ironie der Welt auslegt: Ecce Adam „quasi ex nobis": une ironie sanglante et sensible, dont Dieu le piquait vivement So wie dem Babelturm gegenüber die Besorgnis Gottes vor dem geeinten Menschengeschlecht zum Zorn gegen ihren Übermut umgedeutet wird. – Die Natürlichkeit der alten hebräischen Mythen, ihre ganze primitive Erdhaftigkeit wird (oft erschreckend) fühlbar bei den hebräischen Abendstunden. Der untersetzte Fhr Gläser mit dem großen schwarzen Kopf und den verbissenen harten Zügen benützt jede Gelegenheit zu dummen Spott auf die biblische Darstell'g und auf die Orthodoxie der Rabbiner und der eigenen galizischen Kindergläubigkeit (Regenbogen nach dem Gewitter: Noah) Genuß der Geistesfreiheit. Ehrfurchtslosigkeit. Aber doch nationale Bewußtheit (verfolgtes Volk) – Schließlich: Wird schon Angleichung Gottes an Auffassungs- und Willensfähigkeit der Menschen (Anthropomorphismus von Gott aus) zugegeben, so kann man auch so weit gehen. Was ist für ein wesentlicher Unterschied zwischen dem induravit cor eins gegen den Pharao und der Furcht Gottes vor den Menschen im Paradiese (daß sie auch vom Baum des Lebens essen könnten) oder seiner Furcht vor dem Babelgeschlecht. Und schließlich könnte auch der Götterpluralismus (dessen Spuren kaum zu erkennen sind) als anfängliche Duldung Gottes angesehen werden. Die Lehre von der Uroffenbarung allerdings verträgt sich in der bisherigen Form schlecht mit dem Polytheismus. Was bleibt Auszeichnendes übrig zu gunsten der Inspiration, wenn sich der Mythus ganz in die menschlichen Formen fügt?

27.7. Der „Domani" ist wieder eingezogen und hat seine Kantine aufgetan. – Sonntag: bei der Messe mit dem angstvollen Bewußtsein, zum Unglauben bereit zu sein. Ganz anders als von 1915–17. Der metaphysische Glaube, wenn auch geschwächt durch Wittgensteins „Nicht sagen können", Gottes-Bewußtsein, Jenseitsverbindung leidet jetzt weniger als der Glaube an die historischen Formen, an Dogma und Kirche. Verstehen jedenfalls kann ich die historische Entwicklung nicht als Gottes besondere Institution, nur glauben müßte ich es (wie die Auserwählung Israels). Wie nahe hat mich Wittgenstein zu sich gezogen (in dem er anrührte, was am äußersten Rande hing). Gott gib mir den Glauben! Den rechten Glauben! (Sage ich schon!) –

Trauer der Glaubensarmut, den Tag über, bis (wie gewöhnlich) neue Lektüre ablenkt (Nietzsches Antrittsrede über die homerische Frage. Klare und kunstvolle Anlage. Überraschende, geistreiche Wendung. Aber Undeutlichkeiten in einzelnen Ausdrücken und Satzformen. Fehlte noch die Bewußtheit aller Sinnesmöglichkeiten einer Redewend'g, und daß der gemeinte Sinn nicht gerade der dem Leser sich zunächst bietende sein könnte. Kraus.) – Abends das Gottfried-Keller Blatt der Züricher Zeitung bringt den Gegensatz zum Bewußtsein zwischen seiner (idyllischen) Freude am Dasein, am Augenblick, am Gebilde (am Knaben, am Weibe, am Mann) und meiner Unzufriedenheit mit allem Gegenwärtigen, der alles Mißratenheit oder Aufgabe ist, für die das Seiende nicht Selbstzweck, Vollendetheit ist, sondern Durchgangspunkt. Wittgensteins reine Freude an Arvids naiver Knabenhaftigkeit. Ich würde diese stören mit Zielsetzungen mit Darüberhinausweisungen. Diesseits und Jenseits. Humor und Sentimentalität sind die beiden (schwachen) Antworten darauf. Es gibt auch noch Pessimismus und Optimismus. Auch Trotz und Hoffnung. Heroismus in beidem. Ergebung in beidem. Ruhe scheint es auch in beidem. Mir scheint sie nur im Jenseits. –

Aber der erste Gedanke: Mit Keller bekomme ich gleich einen andern Blick auf das Liebliche im Wesen meiner Frau. Eben seine Freude am Zierlich-Natürlichen, am Herzlich-Einfältigen, seine Liebe zum schönen Wirklichen ist es, die ich mir nicht leisten mag: Das gerührte Beschauen des wunderlichen Erdengebildes (des wunderlichen „Gotteswerkes" ginge ja auch). Daß alles gut sei, wie es sei, der Gedanke wird überwettert vom Gedanken des Eiferers, daß nichts mit ihrer Gefühlsweichheit, mit ihren kleinen Eitelkeiten, mit ihren bescheidenen Freuden, mit der Liebe ihrer Augen und ihrem Kettchen am Hals […] – die christliche Liebe ist zu schwer für mich. Ich brings nur bis zur „christlichen" Kritik; christlich sein, wenn ichs könnte, könnte ichs nur allein. Zu zweit, das wäre das doppelte Wunder. Herr sieh auf uns arme Menschlein. (Ich bin so ein unverbesserlicher Gernegroß und darüber hinaus!)

28.7. Zu Pascal nachzutragen:
Wirk'g auf mein Gewissen. Seine größere Strenge anerkannt. Überrascht über die eigene Laxheit. Vieles von Pascal Bekämpfte doch in die Beichtstuhlpraxis durchgedrungen. Im Wesen ist aber schon die Rücksicht auf Scham und Stand (bei Vertuschungen vor der Öffentlichkeit) eine Abwend'g von der Gottergebenheit, ein Kompromiß. Schwierigkeit, wo die Unterscheidung in der Wahl zwischen der „Gerechtigkeit", „Berechtigung" (die an sich nicht bestritten werden kann) und der Gesinnung zu entscheiden hat: Ob man den Lohn, den man für eine schlechte Tat (Prostitution, Mord, Zauberei) behalten dürfe? Vom Billigkeitsstandpunkt haben Jesuiten Recht, daß sie das dann gerade bejahen, wenn die schlechte Tat wirklich durchgeführt worden ist (nicht eine betrügerische Scheinzauberei Sterndeut'g z.B.) –
Gerade durch Pascal gemahnt an die Gleichförmigkeit der Glaubensprinzipien durch die Jahrhunderte hindurch und auch der Glaubensfragen. Der Gnadenstreit zw. Dominikanern und Jesuiten (Thomisten u. Molinisten) noch jetzt (die Erzählungen des Prager Jesuiten auf dem Abendspaziergang in Reana – der kleine, mausäugige Feldkurat). Und heute noch das Bibelprinzip. Unterscheidung – der questions de droit und de fait. Die Unfehlbarkeit der Kirche bezieht sich nur auf die ersteren (Glaubensinhalt) ebenso der Bibel (17. u. 18. Brief) Zitiert Thomas: „Il faut, d't Saint Thomas 1re p.q.68.a.1, observer deux choses selon Saint Augustin: l'une, que l'Ecriture a toujours un sens véritable; l'autre, que, comme elle peut recevoir plusieurs sens quand on en trouve un que la raison convainc certainement de fausseté, il ne faut pas s'obstiner à dire que c'en soit le sens naturel, mais en chercher un autre qui s'y accorde". Die Aufgabe: Gegebene Daten in ein System bringen, wie die der Astronomie. Immer durchführbar. Mit mehr oder weniger Kompliziertheit (Wittgenstein). Daher auch relativ wertlos, weil vielfältig lösbar. – Alle kirchlichen Entscheidungen u. Tatsachenfragen sind daher nicht verbindlich (ein entgegenkommendes Beispiel: Leichnam des Saint Denis und peinliches Beispiel: Galilée – dessen Verurteil'g damals noch kirchlich feststand.)

29.7. In der Nacht: Zurück zu dem alten Gedanken als Trost: das Göttliche im Menschen, in der Bibel wie in der Kirche ist zu glauben, nicht zu erkennen (wie auch kein Wunder vollkommne Beweiskraft hat). Es ist ebenso schwer an Offenbarung und Kirche zu glauben, wie an Gott, Vorsehung, Willensfreiheit. – Zur Gläubigkeit zurückgelenkt gerade durch Angriffe Wittgensteins gegen die kathol. Bibelübersetzung, die er bei einem Zimmerkameraden (einen naiv gläubigen angehenden Theologen) gefunden hat. Sein Mißtrauen gegen mich, kam scharf zum Durchbruch, als ich Frömmigkeit [des] Übersetzers (auch wenn er schlecht übersetzt) für möglich halten wollte. Sein Mißtrauen spüre ich bei jeder Gelegenheit, fast bei jedem Blick. In der Nacht kam mir vor, ich müßte brechen mit ihm (In der Nacht sieht man unabhängiger). Zweifelte aber doch, ob es recht (fromm) sei, wobei mich die Scheu vor den Äußerlichkeiten des Bruches stark unterstützte Jungwirth über solche […], Drobil [über solche] Kantstunde, Verbindung daheim; ich möchte ihn bei mir einführen, vielleicht hätte er an den Kindern Freude). Viel verletzte Eitelkeit ist schon auch dabei. Auch das Bewußtsein, ihm mit dem Bruch zu imponieren. – Und da ich ihn traf und er mit dem lieben Blick seiner Erziehung mir für die Erinner'g dankte (daß Kantstunde sei) und alles Gestrige vergessen zu haben schien – war mir wieder leicht. […] es ist wohl das Bedürfnis, geachtet zu bleiben von dem, dessen Achtung zu behalten so schwer ist; bei dem unbestechlichen, Feinfühligen. Dasselbe Leid wie Theodor gegenüber. –

30.7. „Als ich am Sonntag nachmittags durch wogende Ährenfelder und Buschholz zum Dorf Glattfelden hinunterstieg …" Die Thränen wollten mir aufsteigen, als ich es las (in einem Feuilleton über eine G. Keller Feier) Heimweh nach unserem Sommer. – Sonst aber Freude an dem weiten edlen Kreis der stillen, kahlen Berge im Mittagsblau und in der Abendreinheit. Mit Russell und zuletzt mit dem ersten Nietzscheband manchmal am Rand des Fußballplatzes unter den Ulmen- und Weinlaubschatten mit aufatmendem Blick über die weiße Lagermauer weg auf die hohen mannigfältigen dunklen Baumgruppen und auf die Berge dahinter im großen blauen Kranz. –

1. August. Auf Monte-Cassino mit den beiden Sängerchören, dem deutschen u. dem urkrainischen. Durch den frommen Wauputitz eingeladen, dem kleinen festen Fhr mit dem roten Bart und dem frdl. Lächeln, der aber bei der schwierigen Abzähl'g beim Abmarsch allzu kindischen Kommandoton annahm. Messe mit 3 Chören, auch die Mönche kamen mit ihrem melancholischen Choral dazu. Die „Deutsche Messe" wurde gesangsvereinsmäßig, bes. dem Oblt Jungwirth nicht zu Gefallen gesungen. Die Ukrainer betonten ihre Kunst. Im Refektorium einfache Bewirtung mittags, unter den fürsorglichen Blicken eines älteren Paters. Nachher produzierten sich die Gesangsvereine und das Streichquartett (Tod und das Mädchen) vor den Patres in einer rumpelkammerartigen Bildergalerie. Die Patres klatschen pflichtgemäß. Der Abbas bricht rechtzeitig auf. Abmarsch überraschend: Latrine einer telegraph. Einberufung. Brombeeren auf dem Abstieg: fanno male, verbietet der capitano, dem telephoniert worden war, daß er Urlaub bekommen.

4. August. Offiziell verlautbart: Die Züge für die Deutsch-Österr. und f.d. Tschechoslovaken sind im Anrollen (Witz: man hört sie „rollen") Alle Bücher an die Bibliothek zurückgegeben. Auch Nietzsche, dessen Aufsatz über die Zukunft unserer Bildungsanstalten (weitschweifiger Erlebnisrahmen. Rheinfahrt und Abhorchen des sehr unlebendigen Gesprächs zw. Jüngling und Philosoph) ich gerne zu Ende

gelesen hätte. Besonders wegen der Beziehung zu der Debatte am 2. August (Samstag) nachm: Dr Verosta, der nervös aufgeregte, aber kräftig witzige, oppositionell philiströse engere Fachgenosse vom 3. Bezirk, wiederholte und verteidigte seinen Vortrag für das Hochschulstudium der Lehrer. Obwohl ich durch Lt Handl zur Teilnahme gedrängt, mir die Einwände dagegen zurechtgelegt hatte, ließ ich mich fast umstimmen; erst allmählich kam mir (nach einigem unklaren Hin- und Herreden mit Schachtelsätzen) Sicherheit und Pathos wieder. Auch Wittgenstein nahm (merkwürdiger Weise) an Versammlung und Debatte teil und geriet in nachwirkende Erregung, besonders da er von dem ungeduldig sich verteidigenden Verosta unterbrochen wurde und dann der Zeit wegen nicht mehr fortsetzen konnte. –

Nietzsche, Geburt der Tragödie. interessierte mich zunächst um der Beziehungen zu Lessing willen, dessen Auffassung und Einordnung daraus höheren Sinn und weitere Bedeutung gewinnt. Überhaupt Gefallen an dieser Art weitblickender Zusammenfassung, deren historische Vergewaltigungen um der großen Antithesen und der einfachen Entwicklungslinien gern hingenommen werden. Und gleich ein Versuch derart (wobei ich mir des großen Abstandes an Tiefe und Einsicht bewußt bin: besonders wenn ich auf die Äußerlichkeiten der Begriffsauffass'gen Lyr. Ep. Dram. schaue): Der „Dionysische Unhold". Zarathustra steht auch in tragischem Zwiespalt, ist unbewußt: apollinische Selbsttäuschung des von der Trostlosigkeit der ewigen Wiederkehr zerrissen[en] Nietzsche, der mit diesem Heldenbild das grauenhafte Lachen des gefangenen, zum Sprechen gezwungenen Silen übertäubt. – Der in der „Selbstkritik" betonte Widerspruch in der Auffassung der Tragödie steckt in dem Glauben an den „metaphysischen Trost", der der Weisheit des Silens nach ausgeschlossen ist, auf den hin aber die ganze „Artistenmetaphysik" gerichtet ist: Bejahung, „Rechtfertigung" des Lebens im apollinischen Schein oder in der dionysischen schmerzvollen Lust, in „Traum" und „Rausch". –

Die Auffassung des Euripides (brachte den „Zuschauer auf die Bühne") u. der neueren attischen Komödie (Verflechtung im philiströs-Bürgerlichen) bestätigt durch die Lektüre des Trinummus von Plautus mit Oblt Weisgram, dem behaglichen „Voda", die wir eilig betrieben, über manches schwierige Wort hinweg, um „vor der Abfahrt fertig zu werden":

12. August. Vor der Abfahrt bin ich jetzt noch (in den Französisch-Stunden mit Oblt Klaar) fertig geworden mit Tolstoj, La Lumière luit dans les Ténèbres, das gerade recht kam, meinen Kirchenglauben noch mehr zu erschüttern. Unfertiges nachgelassenes Drama. Er setzt sich selbst (mit Unbarmherzigkeit) in Szene. Der alte Familienvater, der plötzlich sein „Christentum": Verzicht auf jeden Besitz, den er der Arbeit anderer verdankt, gefunden hat und in den Versuchen, es durchzuführen und seine gute Frau, Mutter von 10 Kindern zum Verzicht, d.h. für sie zum Verzicht auf die standesgemäße Erziehung und Versorgung der zum Teil schon erwachsenen Kinder zu bewegen, scheitert u. schließlich verzweifelnd an seiner Kraft, nach einem Fluchtversuch (mit einem Vagabunden) sich ins Bleiben ergibt und in den Verdacht: zwar Armut zu lehren, sich aber den Reichtum der Familie gefallen zu lassen. Dieser Verdacht wird ihm grausam ins Gesicht geschleudert von einer Prinzessin, deren Sohn er durch seine Grundsätze dazu gebracht hat, den Eid zu verweigern, weil er im Evangelium verboten ist und den Militärdienst (als

Knechtung und Mord) wofür er im Narrenhaus systematisch wirklich zum Narren gemacht wird. – Dialog und Handlung nicht sehr lebendig; mehr papierener Entwurf, aber das Wesentliche fixiert, das Ideelle wiederholt gegen verschiedene Einwürfe (Personen) verteidigt. Schwache Steigerung vom 1. zum 2. Akt: vom unsicheren Popen zum verhärteten Pater Gerasimus. Mit Renan (den Tolstoi in der Einleit'g zu den Ev. als romanhaft frivol verworfen hat) ist der Pope mürbe gemacht worden. Und mürbe macht mich der Satz, der schon von Wittgenstein her auf mich eindrang (und im Nathan in seiner anderen zu positiven Fassung wirkungslos geblieben war), daß an den Evangelien nur wahr und wertvoll sei, was jedem einleuchten müsse, die sittliche Forderung, daß aber alles Historische, Wunderbare, Apokalyptische, mit den jüdischen Messiasideen wie mit der christlichen Erlösungslehre Verbundene, daß alles Dogmatische wertlos, zu verwerfen sei – weil es die Menschen nicht vereine, sondern trenne. Und mit diesem letzteren Grund: Soll die Kirche die wahre und die für den göttlichen Plan so wichtige sein, die nur einem so kleinen Teil der Menschen offen steht, Lessings erschreckender Gedanke (sagt er einmal ungefähr), wie Kirchenausbreitung und Gerechtigkeit Gottes vereinbar seien (Alte Fragen), mit dieser habe ich mich nun herumzubeißen. –

Abfahrtsnervosität. Verzagtheit, weil die großen Ankündigungen (vom anrollenden Zug) sich nicht erfüllen. Alles ist voll Reisevorräten und voll Ärger. Latrinengier und -enttäuschung. Gestern Versammlung mit Verostas kräftig-witziger Rede gegen die „offiziellen" Latrineure. Wittgensteins Erregung, weil die Versamml'g nicht das „Einzig Vernünftige" getan, d.h. dem Mjr Mussib, dem schwächlichen Lagerältesten den Auftrag gegeben hat, noch einmal das ital. Kommando anzugehen, wieviel von ihrer alarmierenden Aussage damals (der anrollenden Züge) wahr sei. – Überdies Ordonnanzennot. Offiziere bedienen sich nun auch bei Tisch und schälen Kartoffel. Wäsche, Zimmerreinigung schon längst. Nur Abortordonnanz wird gesichert.

16. August. Morgen 1/2 10^h gestellt zum Abmarsch. Nach aufgeregten Latrinentagen und Qua[rant]äneängsten. Die Komödie mit dem französ. Schreiben an die span. Botschaft, das sich Mussib vor mir machen ließ und das geschwätzige Verhalten bei seiner Geheimtuerei. – Abgabe der Möbel nachm. ohne Anstand. – Im geleerten Zimmer. – Die letzte Nacht von 9 Monaten Gefangenschaft im Lager: von der Glaubenssicherheit und Ergriffenheit der ersten Monate über Geschäftigkeit und Lehreitelkeit zu der Erschütterung durch Wittgenstein. Erschlaffung, Versandung, Vielerlei: Unsicheres Widerstreben. Die gerade Linie ist verloren. Aber auch Wertvolles. Im Abstand zu W. Erkenntnis der Philistrosität, Befreiung von Befangenheiten, von Halb-Autoritäten. (Gestern das Gespräch mit Ender, der sich beklagt, daß W ihn abgewiesen, wie ein hysterisches Mädchen. – W. scheint ihm gegenüber das Bedürfnis gehabt zu haben, zu renommieren (Mathematik-Doktor) und das mag ihn noch mehr von dem ausforschenden, herumschleichenden, sich einbohrenden, alles wohl geordnet mit sich herumtragenden Mathematikprofessor, dem unerbittlichen, cholerischen Philister – abgestoßen haben, der ihm dann „unheimlich" schien, vor dessen Überlegenheit er sich fürchtete.) – Aber auch ich bin ihm ein Philister (wenn auch in annehmbaren Grenzen, d.h. mit ernsterem Grunde (vor einigen Tagen das

Gespräch über seine kindischen Fluchtabsichten aus dem „Zerstreuungslager", das uns in Österreich erwartet: Gradatim: Unklar, Unfromm, Unfrei. – Vorgestern das Gespräch aber, das sich an meinen aufrichtigen Bericht von Tolstojs „Licht i.d. Finsternis" anknüpfte, wieder erfreut und bestärkt in der Tendenz zur realistischen Christus- und Kirchengläubigkeit, die wieder (unklar) sich in mir zu verteidigen anfängt): Sein schon einmal mir gegenüber geäußerter Gedanke vom Wunderglauben: Daran zu glauben, sei durch den Verstand in keiner Weise berechtigt, aber vielleicht sei der bessere Mensch, der doch daran glaube – wie bei der Beurteilung der Menschen der Glaube an das Gute in ihnen, den Guten wesentlich ist – Noch mehr: daß meine Frau kein Automat sei, sondern dass [sie] einen wachen Verstand [hat] nicht überwach. Unglaube als Charaktermangel. – (Im Stillen blieb fast triumphierend die Sicherheit, daß auch der Verstand – gegen sich selbst – den Wundern des Selbst zustimmen müsse) – Aber gestern wieder Gegensatz über den Unterschied des Organischen vom Anorganischen (Ausgang von Père Serge, der Mönchsgeschichte Tolstojs, die ich erzählte, und an die sich Vergleiche zw. Tolstoj und Dostojewski in ihrem Verhalten zum „Mystischen" knüpften und Tolstoj von mir den Franzosen, Rousseau, nahegestellt wurde. Davon fand W. den Weg zu seinem beliebten Spott auf Favres Bewunderung des Insekten-Instinktes: Schlupfwespe) Meine herkömmliche Verteidigung des Lebens: Direktion mechan. und chemischer Gesetze in der Tendenz: Erhaltung und Entwicklung einer Form bei ständigem Materialwechsel (bestärkt durch die biolog. Briefe Uexkülls und seine „Einpass'gs"-lehre nur zu wenig geläufig darin). Schließl. mit Recht zugespitzt: Entweder „Mechanismus" oder <u>andere</u> Gesetze. Die Atome, die zweifellos in der Zelle ihre Wege gehen „gehorchen entweder komplizierten (noch nicht erkannten) mechanischen Gesetzen, auch in Ernährung, Wachstum, Heilung, Fortpflanzung, oder sie gehorchen ihnen nicht. Der schwache Punkt der Auskunft: „Richtunggebend" bei Leibnitz oder Mühlenwasserregulierung bei Hartmann. Der Eingriff müsse wieder eine mechanische Kraft sein. –

<u>Andere Gesetze:</u> Selbst, <u>Kraft.</u> – Allein noch auf. Die andern sind von der weinlosen Abschiedsfeier (Musik und Reden) auf die leeren Matratzen gesunken. Das schon erloschene Licht ist wieder aufgeglommen. Die Lampe hängt zwecklos zum Boden herab. Der Tisch ist ihr unten weggezogen.

<u>17. August.</u> Noch einige Minuten saß ich so auf der Matratze (gegen 12^h), da kommt der Aufschub auf den 21. Lt Diedek (den Namen habe ich mißtrauisch-gefaßt abverlangt) bat mich, vom Fenster aus, es der Baracke bekannt zu geben. Bewegung überall. Aber ohne überstarke Aufregung. Sie hatten keinen Wein getrunken. Jungw. gibt mir mit gut geschertem Jammer die Milchkonserve zurück, die er durch die Abfahrtswette schon gewonnen glaubte. – 1/2 7^h die Messe.

<u>18. August.</u> Ruhig weiter. Rasch eingerichtet, umgeschaltet. Mit Klaar, der krank von der Enttäuschung zu sein behauptet (vielleicht Entspannung nach dem langen unerbittlichen Büffeln) vorm. einen neuen Roman französ. begonnen. So lerne ich auch den Ohnet kennen („Pour tuer Napoléon") Äußerliche Aufregungen, Skandalromantik, verwilderter und verflachter Walter Scott (ohne dessen Gesinnungsernst).

Gestern die <u>Fackel vom April</u> hat meinen Widerstand <u>gegen Kraus</u> verstärkt.

Seine Grenzen deutlich gemacht. Die schäbige Ballade vom Papagei, wenn sie auch zu ihrer Entstehungszeit wirklichen Zorn zu ihrer Rechtfertig'g hatte, hatte auch nach der Vertreibung der Dynastie nicht mehr veröffentlichen dürfen. Auch die Komposition kündet er noch an! Aber auch sonst Abrechnung mit den gestürzten Größen; Haß über den Sieg hinaus. Sein Wort: man müsse ja das Unrecht, das einem die Feinde angetan, vergessen, aber keines, das man den Feinden zugefügt hat: betätigt er selber nicht. Dann: Verbrüderung mit einer politischen Partei, den Sozialdemokraten (Juden) die ihn durch ihr Lob verpflichtet wie durch ihre antimilitaristische Haltung im Krieg mit unermüdlicher Berufung auf ihn gewonnen haben, so weit, daß er einen Wahlaufruf für sie gegen die Christlich-Sozial[en] verfaßt. Damit: tätig im Dienst einer politischen Partei, gegen die Beteuerungen der früheren Zeiten, (die erste, noch negative Wendung 1915 gegen die Deutschen) gegen die Überlegenheit der gleichmäßigen Verachtung [die] er allen zugeworfen hatte u. trotz der Verwahrung Aufruf. – Im alten Sinne […] Verherrlichen des gestorbenen P. Altenberg der [un]beirrten Natürlichkeit. […] Treue im […] [Ehe]stand, […] Selbstbewahr'g […] im […] Wegwurf, […] Unverkäuf[liche] […] Prosti[tution]. Im alten, schon zu oft erneuerten Sinn, der verifizierte Rückblick auf seine 20 Jahre „Fackel". Wiederkäuen des Selbstbewußtseins. Und der Artistenethik von den Qualen des Kommas. Das schöne Wort von der Lyrik, dem Bunde von „Ding und Klang": Lyrik im Grunde sein ganzes Schrifttum: Die Verbindung von Wort und Wesen die einzige, die er anstrebte. – Wittgenstein sagt von ihm, er, der früher Dinge geschrieben habe, die ihn W., hingerissen und „beunruhigt" hätten (in Norwegen), schreibe nichts mehr, was ihn ergreifen könne, und formuliert: Vielleicht sei er auf dem Wege gewesen ein anständiger Mensch zu werden, sei aber dann abgebogen. Seine persönliche Begegnung mit ihm im Kaffeehaus in Gesellschaft des Loos, auch einer „Leiche" („Leichengeruch" strömen sie aus, wagt er stockend auszusprechen). Im Kaffeehaus wußte Kraus nur gehässig gegen einen Nachbar zu tuscheln, dessen Aufmerksamkeit er vermutete. – Durch die Angriffe der Fackel meine gefühlsmäßige (und konservative und politisch pessimistische) Anhänglichkeit an die Habsburger aufgeweckt. Antirevolutionäre Stimmung unterhalten durch die Darstellung der französ. Revolution in der weitschweifigen Biographie der Stael. Vorliebe für das Historisch-Gewordene gegen das Spekulativ-Improvisierte verstärkt, durch die unverantwortliche Oberflächlichkeit der Schlagworttheorien. Grundsatz: Alles Politische von vornherein unzulänglich, von Natur aus „Sünde". Also: entweder vollständige Teilnahmslosigkeit mit der Bereitwilligkeit, alles zu geben (weiter als Tolstoj, der das Recht auf den selbstbearbeiteten Boden wahrt) und dem Verzicht auf jeden Besitz oder aus prinzipieller Gleichgültigkeit für „Recht" und „Verteilung", Hinnahme des Gewordenen, des Historischen, und dort, wo die Konsolidierung zur Verkalkung, der Leib zum Skelett, der Bau zum Gerüst verknöchert ist, wo die „Wohltat" zur „Plage" geworden ist, Umänderung, Anpass'g eventuell Reformation (Rückgriff auf gesündere Vergangenheiten) – aber nicht Konstruktion, wo nur Wachstum oder Regeneration (auch Operation) Sinn hat. –

Die Vertreibung der Dynastie mag übrigens eine reife Frucht gewesen sein, mein Patriotismus in Friedenszeiten wußte mit der Dynastie nie was anzufangen. Und im kleinen Deutsch-Österreich hat die große Vergangenheit der Habsburger keinen Platz mehr. – Auch die allmähliche Sozialisierung der Sozialdemokraten geht schließlich zulässige Wege. Ist also gleichgiltig. Wird auch zu einer erträglichen Situation führen und auch wieder zu Unerträglichkeiten, wie Feudalismus und Kapitalismus Pflicht des Einzelnen, die Möglichkeiten des Ganzen auszugleichen. Politische Indifferenz. Persönliche Gewissenhaftigkeit! Unum est necessarium.

HEFT 4

Tagebuch vom 19.9.1921–10.3.1922

Tagebuch
1921/22

Nach 2 Jahren Unterbrechung wieder Tagebuch. Nach 2 Jahren Familienleben in der Enge mit den drei Kindern. Nach 2 Jahren Friedensleben in der Schule, mit den Privatstunden und Vorträgen. Nach 2 Jahren rastloser Geschäftigkeit ums Brot und ums Geld. Hamstern, Wohltaten, Anna in Luxemburg. Alles in Eile. Nichts fertig. Alles für den Augenblick, aus Not, für Gewinn. Nur das Nötigste für die Schule, schon das eben Zureichende für die Vorträge. Keine ganze Arbeit. Die literarische Eitelkeit zehrt am Vergangenen. Lächelnd oft Klage um die schöne Kriegszeit mit ihrem freien Leben und ihrer freien Zeit; ihrer Weite, ihre Abwechslung, ihrer Gefahr, gegen die Enge, Gleichförmigkeit Unentrinnbarkeit des jetzigen Daseins. Wittgenstein, im ersten Jahr auf der Lehrerbildungsanstalt, im 2. Jahr in Trattenbach, jedes Monat von mir besucht, ist Erholung, Ahnung frischer Luft, unbeirrbarer Geistigkeit, aber schon eingegliedert, schon Gewohnheit, stimulans, das nicht mehr aus dem Geleise bringt. Trostlos – wie nur je! – bei aller Tagesenergie im Kleinen (bei allem Kommandieren im Haushalt, der nun ohne Magd ist, und bei den Kindern) Unverbesserlich im Eigensinn, im Zorn, in der Unduldsamkeit, Unbesonnenheit den Kindern gegenüber und der Frau gegenüber. Unverbesserlich trotz der vielen einsichtigen Selbstermahnungen zur Ergebenheit und Selbstbescheidung. Immer wieder derselbe ärgerliche und geärgerte Mensch. Auch der Frau gegenüber. [...]

Entschluß: Öftere Beichte: Täglich abends „moralisches Tagebuch" (Fürstin Gallitzin). Wachsamkeit gegen: Eitelkeit, Eigensinn! Gebet am Abend!

Abends.

Vorm. die alten Notizzettel eingeordnet. Mit dem Gefühl, sie nicht zu brauchen. Nachm. (zu lange) bei P. Alfred dem Anspruchslosen in Dornbach. Übermut der Kinder, Strenge gegen Mareile. Die ältere Klosterfrau im Kindergarten. Krankes Gesicht, Anflug von wienerischer Bissigkeit und doch Gutmütigkeit. Erklärt selbst, daß sie die Kinder gern hat, obwohl sie sonst ironisch spricht. P. Adalbert am Schluß noch besucht, klagt gleich ausführlich über seine Mißhandlung durch den Prälaten, der seine feinere Natur nicht versteht. Ich gebe ihm zu unbedingt recht. – Idiot vorgelesen. Der Fürst Mischkin liebt die Kinder wie Aljoscha: Man muß den Kindern alles sagen, sie sind verständiger als die Erwachsenen. „Ihrer ist das Himmelreich" – ich kann es nicht verstehen. Die Kinder sind so gehässig wie nur immer rivalisierende Erwachsene. Haben dieselbe Schadenfreude und bei aller Augenblicklichkeit dieselbe Konsequenz in der Grundrichtung, Sie sind das reinere, nicht von Konvention übertünchte, aber ebenso „natürliche", ebenso „schlaue" Menschenwesen, die naiven Egoisten. Was Treuherzigkeit, Gutgläubigkeit, Anhänglichkeit, Willigkeit, Begeisterungsfähigkeit nicht ausschließt.

20.9.21 Vormittag mit Koll. Wirth, der mir sympathisch ist (ehrlich und ohne Hintergedanken, nur beim Prüfen tut er zu gekränkt und gequält und hoffnungslos). Alle durchgelassen. Unsystematisches Prüfen. Man stellt fest, daß sie nichts Festes können und läßt sie doch weiter schwimmen. – Nachmittag, während die Frau Kotisch Fenster putzt, und die Kinder immer nach Neuem gierig hinter mir spielen (auch Einkaufen mit gut wiedergegebenen Klagen über die teure Zeit) Ordnen der Briefe seit der letzten Militärzeit Erinnerungen an Nantschis Not im Jahre 18, an Seuffert, die rücksichtsvollen Briefe von Fräulein Wittgenstein, die ich morgen besuchen soll. Welchen „Rat" ich ihr wohl werde geben müssen? Sie weiß sich sicher selber Rat. Vermutlich ist das wieder ein höfliches Wort das eine Güte verbergen soll. – Mit den Kindern ein paarmal aufgebraust. Trost der Eitelkeit in den Briefen aus der literar. Zeit, wie man das Jahr 18 nennen könnte, wo ich meinte, nun ginge es dahin, Aufsatz nach Aufsatz.

<u>21.9.</u> Nachsichtige Nachtragsprüfungen. Unüberlegte Stadtfahrt nach der Erkundigung beim Invalidenamt. Statt des langweiligen Wyplel: Brenner. Introitus zum Joh. Evang. Wenn ich nur wüßte, was er unter dem „Wort", auch wenn er es „wörtlich" nimmt, versteht. Sobald er auf Kraus zu sprechen kommt, wird sein sonst harter Satz flüssig. Immerhin: es ist von der Selbsterkenntnis in Sünde und Gnade die Rede. Nur mit einer mir unfaßlichen Sicherheit. – Abends bei Frl. Wittg. Sie hat sich mich anders vorgestellt und will einen, der ihr in Mathem. u. Physik f. Bürgerschulen nachhilft. Ich hätte gern. Aber brachte es trotz ihres (vielleicht) einladenden Blickes (eindringlich und dann herzlich zwinkernd wie der Wittgensteins) nicht zuwege, mich anzutragen. Hätte ich gesagt: Versuchen Sie es mit mir, ich will mich vorbereiten. So habe ich Hein empfohlen. […].

<u>22.9.</u> Aufgeregt von 4^h an ohne Schlaf. Häckers Aufsatz: „Revolution" im Bett. Hat <u>er</u> den Beruf des entrüsteten Tadlers, des christlichen Satirikers? Der gläubige Karl Kraus. – Gedrückter Regenvormittag. Statt des Hl. Geist-Amtes mußte ich Brunner prüfen. Die 16 Wochenstunden sind mir sicher. Auch ärgerlich, obwohl es anständig wäre, das ruhig hinzunehmen. Und vor allem: Hein hat angenommen. Und ich glaube noch immer, Frl. Wittgenst. hätte mich gewollt. […] – Im Nachmittag bei den Kindern (ich bin wieder aufgebraust) ist mir leichter geworden und bei dem rührend simplen, manchmal ganz treffsicheren oft aber auch ganz naiv irre redenden Wyplel. („Wirklichkeit und Sprache") Zum Nachdenken über die Relationsklassifizierung angeregt.

23.9. Die ersten Schulstunden in der 1. Klasse, die einmal zurechtgelegte Anrede angebracht. Anständigkeit des Studierenden. Sehr entgegenkommend bei Frau Birger: 150 K Stundengeld.
Nachm. erst Beichtabsicht, dann auf morgen verschoben. Ambrosius' einfache, ergriffene Gläubigkeit ohne Wirkung Essers Polemik gegen die modernen Christusforscher, obwohl im Grunde richtig, im Ton unpassend. Überlegenheit dessen, der, im Besitz der Wahrheit, den Irrenden aber geistig Überlegenen abkanzelt. Salbung und Derbheit. Und es <u>ist</u> nicht so leicht, die Menschheit des zürnenden, leidenden, verzweifelnden Heilands mit seiner Gottheit zu vereinbaren. Im Sinnlich-Wahrnehmbaren, im Natürlichen kann nur Natürliches sich ausdrücken. Das Übernatürliche ist zu <u>glauben:</u> seinem <u>Worte</u> und (als einem Winke) auch seinen Wundern. Gott als Mensch, aber auch schon der freie Wille im Menschen sind Widersprüche, wie Gott und Welt, Geist und Natur.

<u>24.9.</u> Samstag. Anfänge mit Phonetik. Nachm. in dem Lit. Echo. Nachholen entgangener Neuigkeiten ohne Wert. Ungeheuerliche Ekstase auch in den Rezensionen. Sehr viel „Steilheit" der getürmten Phrase. Von Dehmel ein enthusiastischer Bergbrief an seine Frau „Isi". (im Stil der „Romanzen"); er hat geweint im Napoleonstuhl. – Holztragen – ein bißchen aus Pönitenz. Bei Koch eilig-freundliche Begrüßung. Ich schaue ihm nicht ins Auge, d.h. ich habe keine Beziehung zu ihm – und wünschte doch seine Anhänglichkeit. – Und nachher Beichte in der Schottenkirche bei einem jungen Herrn mit latein. Zitaten. caro pugnat contra spiritum. Zur caro gehört aber auch der menschliche Spiritus, die ganze anima humana. – Ernst – aber ohne direktes Gefühl der Entlastung, des Gnadenstandes. Die stillen und besänftigenden Worte des Thomas a Kempis sind mir vertraut und wahr wie gute Tropfen ins Herz gesunken. Gott möge in mir wirken! Daß ich ihn nur nicht ganz unwürdig aufnehme. Herr, ich glaube an all diese materiale Magie der Menschwerdung und Brotwerdung. An die Kraft des Geistes in der Materie. Und an die Kraft dieser Gottes-Materie in meinem Leib auf meine Seele. Ich glaube an das Wunder und an den Sinn des Wunders. An den <u>Zusammenhang</u> von Leib und Seele. Wie ich in der Körperwelt meine sittliche Pflicht erfüllen muß. –

<u>25.9.</u> Sonntag. Kommunion in der Matzleinsdorferkirche. Das abstoßende laute Gebet die ganze Messen durch mit dem „Heilig, heilig", das bei den Frauen, ruhig und gesetzt, still eindringlich oder auch bloß sittsam, jedenfalls erträglicher klang als von den paar krähenden Männerstimmen. Vormittag in dem Brevier aus Italien orientiert. Hymnen des Ambrosius. Und nachm. Liter. Echo mit stupider Unermüdlichkeit, ohne Anregung. […]. Nicht predigen, sondern Beispiel geben!

26.9. Ein fast voller Tag. Ich war viel mißvergnügter in den ersten Tagen, da ich noch nichts zu tun, nur die ganze Plage zu erwarten hatte. – Die Psalmen 50–70, denen Dauthendey seine Gotteserkenntnis verdankt, sind fast alle Klage- oder Preislieder des verfolgten oder siegreichen Königs – Kampflyrik der Hilflosigkeit, des Hasses und Triumpfes zum Hort der gerechten Sache. So wie Dauth. Deutschland und vor allem seine eigene Sache, hilflose Verbannung, aufgefaßt haben mag. Immerhin ist der Psalm: „Der Tor spricht … es ist kein Gott" dabei. Die Psalmen sind aber sehr ungermanisch, kein „Hilf Dir selbst" sondern „nur Gott kann Dir helfen". Gottergebenheit und Gottenthusiasmus des irdischgesinnten, leidenschaftlichen und <u>leidenden</u> (!) Menschen. Was Ebner sagt, daß wir nur vom Geiste aus, vom moralischen Erlebnis der Sünde und Gnade zum „Wort" und zu Gott kommen – galt nicht für das alte Testament, da ist es überall die Natur, und das Natürliche – Irdische im Menschen, die Rechtfertigung des Gerechten auf der Welt, sichtbar, nach außen, die Gottes Beweis und Ruhm ist. Und der Zweifel setzt dort ein, wo Verdienst und Weltglück in Widerspruch stehen: Hiob – das ganze Buch ist eine sich windende Qual der Theodizee, die – nur durch die Einkleidung als himmlische Prüfung, aus dem schweren Ernst heraus gehoben und von vornherein gesichert wird. Jesus im Johannesevangelium hat das Miß-Verhältnis von Schuld und Elend viel rascher und entschiedener entkräftet. – Beim Heimgehn immer wieder die Erwartung eines großes Glückes – auch ein großes Universalerbe ist mir nicht zu dumm. Nur heraus aus der Fron. Frei sein – aber „frei wozu"? Ich möchte von den

Privatstunden loskommen und die Wittgenstein sucht sich Bürgerschüler zusammen, um eine Lebensaufgabe zu haben.

<u>27.9.</u> „Hiob mußte erst unter die Erfahrung sich beugen, daß Gott der allmächtige Herr ist, der will, wie er will, aus dessen Händen keine Flucht möglich ist, ehe er aus einer traditionellen ungesicherten Frömmigkeit zur wahren Gotteserkenntnis kam und zum Glauben, daß Gott gut und gnädig ist" (Häcker, Nachwort) Diese harte (für den Verstand, nicht nur für den leidenden Leib harte) Erfahrung von der Unverantwortlichkeit des Herrn, macht <u>Hiob</u> (auf der unteren Tribüne), nicht aber in derselben Härte der Leser, der auch die obere Tribüne überschaut, und des Herren Wette kennt. Daß der Herr so prüfen darf, wie kein Mensch, kein Gatte einer Griseldis, diese Unverantwortlichkeit des Herrn begreift der Verstand: der Geprüfte ist mit allem Leiden Leibes und der Seele der Beschenkte, denn der Herr gibt ihm die Gewißheit des Glaubens „die wahre Gotteserkenntnis." Gegen den Schluß aber mag dem Leser bange werden, nicht nur um Hiobs Glauben, der hartnäckig nur an seine Unschuld denkt (die seine Verwandten lieber bezweifeln als Gottes Gerechtigkeit, während Hiob im Bewußtsein der Unschuld eher am anderen Teil des Widerspruches zweifeln möchte, wenn er könnte), also ohne Ausweg in die Unvereinbarkeit starrt, daran ist an Gott irre zu werden – sondern dem Leser mag damit auch bange werden um Gottes Wette – fast hat sie der Teufel gewonnen, schon kann er voreilig dem starrenden Hiob zurufen „Verloren"; Gott selbst muß sich einsetzen und Hiob seine Unverantwortlichkeit vor Augen halten, um dem Teufel „gerettet" zuzurufen. – Die Eitelkeit am Morgen und am Abend. Morgens, weil der Direktor Bedenken über meine Maturathemen hatte (In Deutsch erlaube sich jeder dreinzureden, könne auch jeder dreinreden, könne aber daher niemand einem andern dreinreden, auch im Thema sei Gesinnung und Geschmack unverleugbar, so revoltierte ich in mir gegen seine bedenklichen Falten und gegen seinen Baumbachgeschmack. Und abends war ich gekränkt darüber, daß der Herr Knie-Birger mir Aufsetzen und Reinschreiben eines Gesuches ans Mietamt zugemutet und es mir dann auch mit einigen 100 K zahlen hatte wollen. Da hatte ich wenigstens die Genugtuung, das Geld nicht genommen zu haben, vormittag aber kaute ich ohne Überlegenheit an meinem Ärger herum – ich Narr.

<u>29.9.</u> Kleine Geldsorgen, kleine Eitelkeitssorgen und Befriedigungen (heute in den Ausschuß des Prof. Kollegiums gewählt – so wenig ich es achte, so wenig ich leisten werde, Befriedigung). Größere Sorge: Wittgenstein hat wegen Arvid Sjögren meinen Besuch auf eine Woche hinausgeschoben. Die Eifersucht von Cassino lebt wieder auf – es ist wohl Eifersucht: ich weiß, daß ich ihm nichts eigentlich sein kann, und möchte doch seine Vorliebe nicht verlieren; daß er eine solche für mich hat, begreife ich nicht, ich bin an Geist, Empfindung und Gesinnung tief unter ihm (er sagt, das liegt in meiner moralischen Gesinnung, daß Gut und Böse für mich die höchste Entscheidung sei: würde er vor unseren Augen in die Hölle verdammt werden, so würde seine Schwester einen Skandal schlagen, ich aber würde sagen, das sei recht – sagte er voriges Jahr einmal;) seine Vorliebe hat aber für mich großen Wert, sie <u>gibt</u> mir Wert, rechtfertigt mein Wesen und (soweit <u>er</u> es tut) meine Gesinnung. Ich bin, seit ich ihn gefunden habe, nicht mehr allein – und kann mich „selig

vor der Welt verschließen", früher tat ich es freudelos. Ist dieses Freundschaftsglück weiblich? Es steckt sicher viel Eitelkeit darin – Sei's drum. ‖ Vor Gott – ich weiß es – bin ich noch immer und für immer allein. Die Freundschaft ist vor Gott eine Schwäche (Hl. Theresa bei Huysmans) ein irdisches Gut. Darum habe ich sie bereitzuhalten. Wie es Gott will: ich verdiene W.s. Freundschaft überhaupt nicht. (Vielleicht aber hat der Aufschub nur äußere Gründe.)

<u>30.9.</u> Vor Geldgeschäften kommt man in der 1. Klasse nicht zum Unterricht. – Bei Drobil. Er war froh, etwas Verständnis und Teilnahme zu finden. Er läßt sich trotz der Verlockung nicht für rasche Kitscharbeit (für Kino-Papiermaché) gewinnen – bleibt bei seiner so oft umgearbeiteten Gruppe (Mutter und Kind). <u>Kann</u> nicht anders als gewissenhaft arbeiten. Ich <u>kann</u> auch keine leichten und effektvollen Arbeiten und Vorträge machen. Abends Konferenz in der Hotelschule. Verbeugungen vor dem neuen Herrn Hofrat (dem alten Fuchs, hätte ich früher gesagt) und bedrückendes Gefühl der eigenen erbärmlichen Lage beim Bericht über die raschen Verdienste der Kellner in der Schweiz und in Amerika. Auf dem Heimweg die beliebten Träume vom Ende der Not diesmal als Versetzung nach Amerika oder Schweden mit allen nötigen Begünstigungen und Sicherstellungen. – Und

<u>1.10.</u> die (seufzende!) Beruhigung: das wäre doch wieder nur Weltgut, „Behagen" und „Sorge", Reichtum, der Sühne verlangte – es ist richtiger, ich darbe und sorge wie bisher, lasse mir aber die „Sorge" den Kopf nicht benehmen. Ich bin wahrscheinlich – wie ich bin – Gott in der Not immer noch näher als im Glück. Die Sorglosigkeit des Lebens würde nur meine Eitelkeit mit neuen Sorgen füllen. – […] Die 10 Kondensmilchdosen von Frl. Wittg. haben mich wieder bedrückt. Es ist nicht leicht, sich beschenken zu lassen. Die <u>diebische</u> Freude ist bald da, war auch anfangs der so sehr vermißten Milch wegen nicht gering, aber die <u>herzliche</u> Freude? In das Beschenktwerden sich ergeben und glücklich darin sein, ist natürlich noch viel mehr, als sich in die Not ergeben. Dies ist Einwärtswendung, Selbstbeharrung, wenn auch Selbstbeschränkung, Stolz des Verzichtes – jenes ist Auswärtswendung, Selbsthingabe, Verzicht auf den Stolz. Franziskus. – So lasse ich mich von der Not quälen und dann von der Hilfe in der Not. Der Herrgott weiß wirklich nicht, wie ers mir recht machen könnte. So, wie ich bin, ist mir nicht zu helfen. Moralischer Raunzer! –

<u>2.10.</u> <u>Sonntag.</u> Ab 10^h vorm. mit der Familie in der Herbstsonne auf dem abgeholzten und ausgedorrten Satzberg. Ich muß mit den Kindern geduldiger werden. Lust zu tadeln, aufzubrausen, zu strafen.

<u>5.10.</u> Das literarische Elend im lit. Echo. – […] Abends der N. vorgelesen, des „Idioten" Antwort an die revolutionären Erbschaftsschleicher. Das wäre es: diese Besonnenheit, Bestimmtheit des moralischen Urteils bei aller Güte und noch überdies die Selbstvorwürfe. Er hielt sich für den moralisch Tiefststehenden! Dostojewskis wunderbare Kraft, den <u>guten</u> Menschen in idealer Erfüllung und doch in der menschlichen Not des Leibes und der Seele darzustellen. Der gute Mensch ist auch der Wissende, der klar Sehende, weil er keine Vorurteile (der Leidenschaft oder der

Konvention) hat, der auch in allen Augen und Seelen zu lesen, in den anderen zu leben weiß. Aljoscha – der Idiot. –

<u>11. Okt.</u> Eine Idee im „Idioten": Die Verlorenheit des guten Menschen in der Welt der Leidenschaften, in der Natur. Er wird hineingerissen, leidet unter dem Gedanken, nicht helfen zu können, sondern noch mehr zu verwirren und selber der Leidenschaft zu verfallen (die „doppelten Gedanken" im Gespräch mit Keller nach dessen „berechneter" „Lebensbeichte" – der russische Mensch: edel und haltlos). Und doch wäre das Unheil über die Gesellschaft ohne ihn auch irgendwie gekommen, jedenfalls über Nastaßja –
– Am Sonntag bei Wittgenstein. Die Sorge, überflüssig geworden zu sein, verschwand – kein Gefühl einer Änderung in seinem Vertrauen. Samstag bis 1^h beisammen, er hatte viel von Norwegen zu erzählen. In seinem Zimmer mit geteilten Matratzen geschlafen (beim „Kaufmann" oben im 2. Stock.) Reinlicher als voriges Jahr im Schulgebäude, wo jetzt der sehr schnell dörflich-würdevoll gewordene Schulleiter haust. Bei Schratt, dem alten Bauernpaar oben in einem Seitental, wie voriges Jahr: Mittag. Von der Wiener Teuerung die gebührenden Gespräche. Schöner Herbst, farbige Bäume. „Lächerlich schön", wenn sie rot vor dem blauen Himmel stehn (Wittgenst.) Vorm. Klarinette und Dostojewski: Geburt des Smerdjákoff. Bewundert die Erzählungskunst: Lebendigkeit und Einfachheit ohne Spur von gewollter Kunst. Spannung, Unheimlichkeit mit den einfachsten Mitteln (wie im Märchen). Nachm. beim Pfarrer, der uns aufgeregt freundlich bewirtet, von der Bildung der Lehrer. Der Pfarrer, Tiroler, schwarzer Eiferertypus, schon weiß, bessere Physiognomie, enttäuscht von den Leuten, zeigt Seminaranschauung und persönliche Gereiztheit. Wittgenst. sucht einen bes. Grund. Schwierigkeit in der Lehrerbildung: Abbrechen in der Mitte. Schließlich: sie haben Bildung in der Form der populären Wissenschaft. Auf dem Weg, den er bis Ottertal mit mir geht noch weiter darüber: Einigung auf den Mangel an Selbstbescheidung. Aneignung fremder Urteile, ohne sie erlebt zu haben, ohne aber auch der Distanz bewußt zu werden, zwischen Gelesenem und Erkanntem. Zweite Schwierigkeit in der sozialen Lage: jung, ohne Benehmen als Respektsperson im Dorfe – ohne rechten Verkehr, ohne Vorbild und Antrieb. – Mein Aufenthalt bei W. trotz aller Anregung traurig wie die Töne seiner Klarinette. Bewußtsein der verschwiegenen Distanzen – und daß ich ihm nichts sein kann – ihn nicht dorthin führen kann, wohin ich selbst nur mit Unsicherheit schaue. Und: ich bedaure seine Unkirchlichkeit und Dogmenlosigkeit als Stolz und Verirrung, aber mit dem Bewußtsein, daß seine Gründe klarer und reiner sind als die meinen. Ihm gegenüber werde ich mir meiner Verschwommenheit überhaupt sehr bewußt. Wenn ich zitiere, erinnere – alles nur von ungefähr.

<u>13. Okt.</u> Wittgenstein sagte: Dostojewski habe viel von den Alten, er sei antik (das von dem Gegensatz zwischen Antike u. Christentum sei überhaupt Geschwätz) – antik wie Plato allenfalls, meinte ich – sonst könnte ich ihn mir nicht denken. Dionysisch, nicht apollinisch. Nicht antik wie Goethe sich die Antike dachte – nicht konfliktlos, rein lebend, wie Goethe antik sein wollte und war, aber das, sagte er, war nur die primitive Antike, nur ein Ausgangspunkt [eine nie wirkliche Idylle, ein Ideal] und das reine Genügen an der Vitalität war das worüber die Antike selbst,

Plato [als Zerstörer der Antike], hinausstrebte. Das ist allgemeine Erscheinung sagt er. Der bedeutende Mensch, hat das, was ihm das Leben und die Zeit bieten, um es zu verzehren, um davon zu leben, um dadurch frei zu werden für sein eigenes Ziel. – Dost. habe einen ganz unmodernen Blick, wie ein Tier. Die Augen sind zum Schauen da, sind Organe. [...]

Gestern und heute sehr angestrengt. Gestern Mittag im Universitätsbüffet, um von der Hotelschule rechtzeitig zu Koch und von da zur Matura zu kommen, die wider Erwarten ohne mündliche Prüfung abgetan wurde. Und ich wartete mit einiger Spannung u. mit Gegensatzgefühlen auf Sokolls, des kleinen L.S.I. Verhalten bei meiner Art zu prüfen. (Er hat mich durch die Abweisung von Maturathemen im Februar gereizt.) Heute Holz von der Lieferantin Wittgensteins [...] Und abends Uraniakurs trotz der Absage vormittags. Erst verletzter Stolz. Selbstvorwurf: ich hätte doch nicht so Unpopuläres ankündigen sollen, eher Schopenhauer. Dann dreingefunden, den beschämenden Absage-Gang zum Koll. Wichtl gemacht, der gratis hätte mittun wollen, und die freigewordene Zeit war schon willkommen für eigene Arbeit – ich bin nicht so weit wie Wittg. nicht schreiben zu wollen. Eitelkeit in der verächtlichen Masse auch mitzutun – und schließlich, da ich absagen wollte, der alte Regierungsrat Ginzel ist nicht informiert, scheint die Zahl doch zu reichen, die Teilnehmer wollen, wie mir ein Slave sagte, das Fehlende draufzahlen. Und nach einem erfolglosen Gang zur Uraniaverwaltung fange ich an und rede von dem ungefähr Zurechtgelegten und längst Geläufigen meine 1 1/2 Stunden, mit der alten Freude. Ob ich aber in Kontakt bin? Die Gesichter waren nicht darnach, vielleicht wie gewöh[n]lich zu wenig verständlich, zu wenig voraussetzungslos. Ich bin eigentlich gar nicht zum populären Vortrag geeignet, sondern nur zu beziehungsreichen überlegten Sätzen, aber leider, die Mühe alle Anspielungen zu verstehen, lohnt sich nicht, weil die Sätze im Ganzen doch zu unbedeutend sind. Also auch in einer gewissen Weise Viel Lärm um nichts. Nur daß auf diese Art von Lärm wenige hereinfallen. –

15. Oktober. Die tief schmerzliche Ironie im „Idioten": der Gute als der Lächerliche, der Wissende als der Ahnungslose, der Feinfühlige als der Ungeschickte. Lisaweta Prokowjewna und noch schneidender Aglaja leiden unter dieser Ironie zwischen der Bewunderung des edelsten und weisesten Menschen und der Verachtung des Narren. Und Dostojewskis eigene Ironie dazu; daß das Paradies nicht so einfach auf der Erde zu etablieren sei (II 527f Lis. Prokow. 530 Fürst Schtsch. „das Paradies kann auf Erden nicht so leicht erkauft werden; Sie rechnen aber doch ein wenig darauf; das Paradies ist etwas, das viel schwerer zu erringen ist, als Ihr edles Herz es sich vorstellt.." Und doch gut und gütig bleiben!! – 533 Aglajas Ausbruch.) [...] Und Willmann über Kant, mit dem ich in der Verurteilung Kants sachlich (ohne Zustimmung zu seinem Ideenrealismus) aber nicht im Tone mitgehe. So leicht über ihn hinweg kommt man doch nicht. Immerhin hat sich meine Stellung zu ihm, seit meiner Einleitung zu den Uraniavorlesungen von 1919 stark verschoben. Größere Klarheit in den Grundlagen. Mit Meinongs, Höflers und Russells Hilfe: Ablehnung der Möglichkeit synthet. Sätze a priori. Übrigens schon in den Cassino Notizen. Jetzt durch die Hume-Übungen bestärkt. Mit Nelsons Hilfe: präzisere Ablehnung

der Erklärung synthet. Sätze a priori (falls es welche gäbe) aus dem formalen Idealismus. Insbesondere: Zu <u>wissen</u>, daß wir vom Ding an sich nichts wissen, ist ein introjizierter Widerspruch (Bauch sagt vom umgekehrten Standpunkt: der „Begriff vom Ding" an sich sei ein „Psychologismus" In der „Ästhetik" hielten noch immer die Kulpe-Argumente stand. –)

– Bei Willmann überrascht, aber angezogen durch den Zusammenhang Rousseaus mit Goethe und seinem Faust (dem seiner Leidenschaft Hingegebenen) und seinem Naturalismus und durch den Zusammenhang Kants mit Rousseaus Ethik und Soziologie. Autonomie, unhistor. Rationalismus, wenn auch hier sentiment und dort Selbstgesetzgebung. – Aber wie werde ich mit den Antinomien fertig? Nelson erkennt sie an. Und ich bin doch (sicher mit unbewußten oder halb bewußten Kanterinnerungen) über Schells sicheren Paradoxismus zum bewußten Bejahen des <u>Widerspruchs</u> gekommen – und bin dann durch Wittgensteins stark zum Zweifel am Rechte aller metaphysischer Behauptung gebracht worden – weil alle Sprache und alles Denken <u>in</u> der Welt bleiben müsse, relativ sei. (Welcher Widerspruch denn vorzuziehen sei, der naturalistische oder der theistische? Die letzte Stütze Gottes ist tatsächlich nur die Analogie mit dem menschlichen (an sich wieder gar nicht klar analysierten) Wollen und Wirken. Wittgenstein wundert sich, daß ich diese rationalen Stützen (für das, was er mystisch nennt) so sehr brauche. Woher hat er seine religiöse Gewißheit? Woher haben sie die Brennerleute? Der Ebner und der religiöse Philister Dallago? Häcker scheint sich auf die [von] Husserl und Bergson zu verlassen, die als Ergebnis ihrer Systeme Gott wieder zulassen. Oder beruft er sich nur darauf, für die andern. Welche Gewißheit hatte Kierkegaard? – Aber auch ich habe keine rationale Gewißheit und glaube doch. Und wenn ich frage: ist das Selbstbetrug (Gewohnheit, Bedürfnis, Umgebung [Wittg.]) oder Gnade – so brauche ich (doch wieder rational!) mir nur die Welt naturalistisch, sinnlos sich abwickelnd zu denken, um Gottes als des Sinngebers, Zielgebers, Schöpfers gewiß zu sein. Schells Prinzip; der erkenntnistheoret. Optimismus: Alles muß einen Sinn haben.

<u>18. Oktober.</u> Gestern die Begegnung mit Susanka – dem zierlich-schmiegsamen bildungsbeflissenen Leutnant aus Cassino, der sich an den Knabenhelden Jungwirth angehängt hatte. Er stellte sich als Lektor des Amalthea-Verlages vor und fragt, ob ich Druckfähiges für seinen Verlag hätte. Neben seiner Eitelkeit doch wohl nur eine gefällige Verlegenheitsfloskel. Aber ich bin, wenn auch mit Reserve darauf eingegangen und schicke ihm (schamlos) den alten Aufsatz Lyr. Ep. Dram. Habe ihm noch gestern abends einen überlegen-ergebenen Brief geschrieben und die Arbeit wieder durchgelesen und habe bis 1^h nicht einschlafen können. […] Herders Metakritik hat mich eingeschläfert. Sie wird verschwommen, sobald er aufhört, Kant zu zitieren. – Und heute habe ich durch meine spöttische Grausamkeit den Raab (VII b „Pülcherklasse") zu Frechheit gereizt, die mich wieder in Zorn brachten und ihm Karzer eintrugen. Ich wollte ihm und der Klasse zeigen, daß das Großtun mit Gewohnheiten (Rauchen, das er, wie er dem Prof. Zirnig angegeben hatte, nicht entbehren könne), daß der Kult der eigenen Gewohnheiten charakteristisch für den Philister sei – daß aber bei ihnen, den jungen Leuten, noch der Stolz, erwachsen zu tun, hinzukäme, die Eitelkeit auf Bedürfnisse, über die sie noch staunen. Dazu hatte mir Nantschi den Vergleich mit dem Backfisch gegeben, der „unbedingt" Eiskaffee

haben müsse. Und Raab fand diesen Vergleich und die ganze Geschichte lächerlich, man möge ihnen die paar Zigaretten lassen und sich nicht aufregen. Diese Umdrehung des Verhältnisses (er habe die schäbige Zigarette zu lassen) und das Wort lächerlich brachten meinen offiziellen Menschen in Wut. Zu dem 3. Mal wiederholten Schimpfwort „unverschämter Lausbub" und zum (lächerlich) erregten Bericht an den Lehrkörper. – Der Unterlegene bin also ich. Und Schuld habe ich auch: ich hätte nicht frozzeln sollen. Doppelter Gebrauch der Macht: Hohn und Strafe. Nur: der Hohn war nicht nur Grausamkeit, ich habe es schon auch ernst und gut gemeint mit der Kritik der „Gewohnheit". Ich will morgen vor der Klasse Wäsche waschen 1) Er hat seine Strafe verdient. 2.) Aber ich habe „den Armen schuldig werden lassen" Grausamkeit. 3.) Meine gute Grundmeinung, Sorge und Aussichtslosigkeit. Ihre Preisgegebenheit an Kitsch und Kino (der gute Junge, der Putz, liest die „Flamme" von Müller), an die Verlogenheit der Zeit, an die sentimentale Schweinerei ihrer erotischen Ideale.

20. Okt. Zur Erkärung Raab gegenüber bin ich noch immer nicht gekommen. Er ist jetzt nicht in der Schule. Von der „Flamme", die auch in anderen Stunden aufgetaucht ist, habe ich den Schülern heute früh gesprochen und meine Unfähigkeit, ihnen in ihrer Verlorenheit helfen zu können, beklagt. War es zu meiner Zeit besser? War nicht auch bei uns der Durchschnitt „verloren". Und was habe ich voraus? Kaum das Bewußtsein der Verlorenheit, den Drang, daß ich anders sein müßte. – Morgens zu früh aufgewacht (trotz der Müdigkeit und des Kopfwehs der letzten Tage). Und da ist mir erst die Begegnung mit Tryzubski (gestern in der Elektrischen) aufs Herz gefallen. Er hat vor dem Krieg maturiert, war interessiert und wahrscheinlich zu früh fertig mit den großen Fragen. Ich habe ihn dann bei Hudilog nach der 8. Isonzoschlacht als Maschinisten wieder getroffen. Und jetzt ist er Bankbeamter, groß, breit, elegant, mit dem blasierten, leeren Gesicht dieser Leute (versiert, kulant) und fast überlegen gönnerhaft gegen mich. Leistet sich Sport und daneben Philosophie. Schopenhauer und Spengler (in einem Atem – vielleicht mit Recht). Hat ein Verhältnis mit einer Künstlerin, mit der er Goethe verehrt. Renommiert sicher. Genießt und leistet sich ein bißchen Pessimismus als interessante Schminke. Vor allem aber sitzt er „an der Quelle", wie er selbst sagt; verdient an der Bank gut und leicht. – Verloren? – Abends umständlich die Voraussetzungen für Kant in dem Uraniakurs. Der Slave will bei mir Privatstunde nehmen, sich „bilden". Er habe „sich dem Kapitalismus ergeben, um Brot zu verdienen", aber sich zu bilden, sei ihm doch das Wichtigere. Vielleicht ist er Kommunist? – „Idiot". Die Erschütterung Ippolits vor Holbeins totem Christus. Christus ganz als Menschen zu sehen, mit allem Grauen des Gequälten und Gestorbenen und doch an seine Göttlichkeit glauben – wie die Apostel! Das ist Dostojewskis naturalistische Art, die Welt zu zeigen und doch Gott dahinter zu glauben (glauben zu wollen!)

22. Okt. Morgens. Samstag. Ich habe die paar Kisten ins Unterdach geschafft, die im Vorzimmer zu viel waren. Hermann zeichnet auf der Tafel einen Berg und eine Hütte und darüber ein Häuschen, wo der liebe Gott ist – eine Kapelle habe ich gedeutet, vielleicht aber hat er den Himmel gemeint. – […] Ich muß mich neu zusammen-nehmen. […] Und das Vaterunser auf den Knieen darf nicht leere

Gewohnheit werden! Fast wird es zu einer Ruhepause, in der die Gedanken nach ihren Eitelkeiten schweifen.

26. Okt. Nachtrag: Sonntag 23. Okt. Die Matutin des Breviers noch im Bett. Jubelndes Preislied auf Gott, das einen aus dem Schlaf und der Gebundenheit hinauf reißt in die Engelschöre. – Vorm. bei Stifters Narrenburg (Feuilleton der Reichspost). Der altmodisch-sentimentale Liebeston im Gespräch der Verliebten. Naturversüßlichung (Wie die Gesichter der Waldmüller-Kinder) neben den reinen, kühlen, lebendigen Tönen der Naturschilderung, Nacht und Landschaft. Echte Vergleiche, gemilderter Jean Paul. – Stifter lebte „wie in einer seiner Novellen" (und hat dann der Poetisierung mit dem Rasiermesser ein Ende gemacht). Daran denke ich oft. – Der Stil des Nachsommers ist gelassener, objektiver, ohne Seufzer, aber auch philiströser. Der Nachsommer ist tief philiströs. – Nachmittag 118 Wagen, Autostaub im Prater. Grau aber stiller hoher Herbstwald trotzdem; auf der Heimfahrt beim Südbahnhof Sturm und Guß. N. u. ich verloren hintereinander die Hüte. Ich habe mich dann beim Nachlaufen hinter der Elektrischen überanstrengt und der N. mit dem Husten Angst gemacht.

Montag: Untersuchung im Garnisonsspital; Alte Hofräte. Wollten mir Bäder in Gastein verschreiben, ich wehrte mich dagegen und bereue es jetzt. – Vorm. Aussprache mit Raab aber so, daß ich mir wenig „vergab".

Dienstag: Mit einiger Spannung erwartet: Der Russe. Er ist für die Kommunisten begeistert, rühmt ihren Idealismus und ihre Bildungserfolge. Er will sich Wissen erwerben, aber der Sache auf den Grund kommen. Soviel ich ihn verstanden habe, verlangt er nach einer Weltanschauung, die dem Aufgeklärten und Skeptiker das ersetzt, was Gott für die Menge sei, die man mit dem Trost auf das Jenseits betrüge, während die Tröster selbst sich nicht an die gepredigten Ideale der Weltentsagung hielten. Der Materialismus andererseits genügt ihm nicht. Und Idealisten, als erkenntnistheoretische Idealisten, gebe es wenig, die wie Schopenh. auch moral. Idealisten seien. Es war nicht viel Klares herauszulesen, aber eine tiefe Unzufriedenheit. Das Gespräch, das ich zuerst unbeholfen gegen die synth. Urteile a priori richtete (er will vor allem Kant kennen lernen), kam unwillkürlich auf Gott. Er meint darüber hinaus zu sein. Ist aber ganz von der Frage voll. Und ich bekannte ihm meine Lage. Das Geld, das er für die Stunde zahlte, und das ich abzulehnen nicht geistesgegenwärtig genug war, habe ich bei der Augustinus-Übersetzung von Hefele ausgegeben, die ich ihm, falls er wiederkommen will, empfehlen werde. Er ist kindlich zutraulich, offen, weich: russisch. War glücklich zu hören, daß ich die Russen für gute Menschen halte (Wittgenstein). Und hörte auch mit Geduld und Zugeständnissen meine Einwendungen gegen den Kommunismus an, die ich ihm (wenn er wiederkommt – was ich ihm ausdrücklich frei gestellt habe) noch einmal zusammengestellt vorlegen werde.

Mittwoch: Mit Komplimenten, die immerhin echten Untergrund hatte[n], dem Hofrat Heß gekündigt; die Kellnerschule strengt mich zuviel an. – In Spengler, Untergang des Abendlandes hineingeschaut: Die Angst vor dem Irrationalen hat den Menschen den Begriff, als Ordnungs- und Zwangsmittel aufgedrängt. Der Idealist habe scheue Ehrfurcht vor dem Unbekannten, der Realist Abscheu, weshalb er es unterjocht.

Unklarheiten in der Polemik gegen den Zeitbegriff. Er begeht einen ähnlichen Fehler, wie er ihn an Kants Gleichsetzung von Zahl und Zeit rügt (das Zählen sei etwas Zeitliches, damit aber noch nicht die Zahl, die etwas Gewordenes sei) Spengler setzt dafür Zeit und Schicksal gleich, also einen Inhalt mit der Form, als ob er Raum und Körper gleichsetzen wollte wie Descartes.

2. November Allerseelen. Gestern am Tage Aller-Heiligen nach den Brevierpsalmen u. Lektionen von der triumphierenden Kirche und von der Aufgabe der kämpfenden Menschen, nach dem Evangelium von den acht Seligkeiten (von der Entsagung), nach dem kurzen Besuch Wittgensteins, der nach „wirklichen Menschen" sucht und sie nicht findet. […]
Donnerstag 27. Okt. Urania-Vorlesung. Hat mich befriedigt. (Obwohl die Erkenntnisse, die ich begeistert vermittle, nur übernommene sind. Ich bin nur Vermittler, (Mittelschullehrer). Der Russe war anfangs nicht da, was mir als Zeichen, daß er mich nicht brauchen könne, ganz richtig vorkam. Dann aber kam er doch und erklärte auch, die Stunden nehmen zu wollen. Am Samstag früh war die erste Stunde. Sie verging aber mit der 1. Seite der Vorrede von Kant. Es muß von vorne angefangen werden. Wir nehmen die Logik durch.
Sonntag bei Bruno in Ober Piesting mit Anna. Ich habe mich in seinem Stil diesmal viel weniger unbehaglich gefühlt. Konzession und Angewöhnung: (Fast) Philister unter Philistern (Bruno), (Fast) Mensch unter Menschen (Wittgenst.). Sowohl als auch. Zwifalt. Ich errege zu wenig Ärgernis. „Konziliante Natur". (Nicht ganz und gar, aber doch zu viel!) Aber es ist auch Wittgensteins Anstößigkeit nicht das Rechte. Und auch des „Idioten" zarte, schonende Rücksicht (aus Mitleid nicht aus Feigheit oder Faulheit, Scheu vor den Schwierigkeiten der Dissonanzen), auch das Mitleid, mit dem er sich des Lügengenerals Ivolgin Napoleongeschichte gefallen läßt – ist nicht das Rechte. Wahrhaftig und gütig zugleich! So wahr, daß man nicht bloß bei den andern sondern auch bei sich selbst weder verhüllend noch prostituierend lügt, so gütig, daß man ohne Lust am Enthüllen und Tadeln, ohne jede Schadenfreude, ohne jedes Überlegenheitsbedürfnis wäre (ohne Eitelkeit) und ohne Wanken im Glauben an die Möglichkeit des Guten. Scientia inflat, caritas vero aedificat. Das Wort eines Apostels, das ich gestern in Augustins Predigt über die erste „Seligkeit" gefunden, gilt auch hier. Auch das Wissen ums Rechte, um das Sollen, bläht auf, macht selbstgerecht, und nur die Liebe, die Güte baut mit gutem, echtem Gestein. Beten! Zu uns komme Dein Reich! Das wahrhaftig „nicht von dieser Welt ist."

6. Nov. Sonntag. In der ganzen Allerheiligen Oktav wird das Evangelium von den 8 Seligkeiten und Homilien darüber bes. von Augustinus im Brevier gelesen. Neben Bedas ruhig-würdigem, homerisch-objektiven Bild von der Glorie des Himmels nehmen sich die Kapitel Augustins spitzfindig aus. Er zerlegt jedes Wort, zersprengt den Text mit Unterlegungen, bringt in die Reihenfolge der 8 Seligkeiten gewaltsam einen Kompositionsplan. Durch die Wiederholung der Aussicht auf den Besitz des „Erdreichs" in der 8. Folge nach der 1. Seligkeit gewinnt er die wirkungsvolle Deutung Rückkehr zum Ausgang (ewiger Kreis) und überdies kann er nun die 8. außerachtlassen, um die ersten 7 mit den Gaben des hl. Geistes bei Is. in

Parallele zu bringen. Die Deutung hätte er aber ebensogut auch bei anderer Paarung zuwege gebracht: Wittgensteins Bemerkung über die Willkürlichkeiten seiner Deutung der Genesis und Hefeles Einleitung zu den Bekenntnissen.

Hefele. redet mit einer für einen Katholiken ungewohnten Überlegenheit, literarischen Objektivität (zu stark feuilletonistisch in Antithesen wütend) von der unruhigen Seele des Heiligen, der mit solcher Leidenschaft die Idee der Ordnung in der kathol. Kirche verteidigt habe. Diese neue Note, Modernmachung der Kirche durch das Pathos der „Ordnung" (im Diederichs-Verlag mit seinem „Seelen"pathos), so richtig der Hinweis darauf ist, so wohl er tut, ist aber doch nur „Romantik" (Pannwitz-Schlegel), Sehnsucht nach dem Entschwundenen, nach der überlebten Kultur, Bewußtwerden der zerstörten, unwiderbringlichen Werte.

Kierkegaard in der Kritik der Gegenwart sieht auch alle Kultur, alle Leidenschaft der natürlichen Gegensätze in der modernen Zivilisation, der Nivellierung, der Reflexion (statt der Tat), des verantwortunglosen Publikums [der „öffentlichen Meinung"] unwiderbringlich verloren; der moderne Mensch ist verdammt zugrunde zu gehen oder sich persönlich – ohne Autorität in eigener Reflexion – religiös zu retten und so wesentlich zu werden. Religiöser Individualismus. Das Christentum der Isolierten. Wittgenstein: „Nur das Christentum ist immer modern" (Alle Kultur hat ihre beschränkte Zeit). Ich gehöre aber noch zu den nicht völlig Entwurzelten, ich brauche noch die Kulturform der Kirche. Und: ich glaube (glaube! will, muß glauben) auch an ihre außerzeitliche überkulturelle Seite, Sendung, wie ich an die Geschichtlichkeit der bestimmten Heilstatsachen glaube und nicht nur an meine persönliche religio. Es ist vieles Kirchliche starr, überlebt, aber die Kirche (vielleicht in ganz anderer Form) muß und wird weiterleben – im Wesentlichen als Vermittlerin von Lehre und Gnade und als Gemeinsamkeit der Willigen wird sie bleiben und ihre Organisation und Festigkeit (bei allem Anschein von hoffnungsloser Torheit für die einen – die anderen, [wie] Dostojewski sehen darin die antichristl. Weltlichkeit der Kirche) hat immer wieder auch den Ungläubigen imponiert, den fränzösischen Positivisten vor allem, die sie nur freilich rein weltlich ansahen (in Ironie u. neuer Achtung), und jetzt im Chaos, das die letzten schwachen Autoritäten verschlingt, gefällt sich der protestantische Verlag in einem Waschzettel voll Auftrumpfens des kathol. Augustinus gegen protestant. Verwässerung. –

Kaiser Karl: Er mußte wohl. Die alte Dynastie konnte sich nicht in der Schweiz zu Tode füttern lassen. Kläglich, wenn er auch mit dem kleinen Ungarn zufrieden gewesen wäre, nachdem er das alte Reich verloren. Vielleicht hoffte er allmählich wieder alles zurückzubekommen. Aber die Zeit der Könige und Kaiser ist vorbei. Wir sind nicht mehr fähig dazu, Untertanen zu sein. Sie sind seit der Revolution allmählich eingegangen, vom Volke allmählich, schmerzlos, abgetrennt worden; und weil sie im Staate nicht mehr wesentlich, kein Bedürfnis waren, nicht mehr verwachsen waren, war die Loslösung so unblutig. Jede Restauration hätte nur geringe Dauer und keinen Wert. Wir sind nicht zu retten, nicht zurückzuschrauben. Wir sind dem Demos verfallen. Und sie haben auch nicht Ungebrochenheit, Kraft, Rücksichtslosigkeit genug mehr, um sich wieder durchzusetzen, die alten Herren. Karl hat sich in Ungarn huldigen lassen und Kränze bringen, hat aber auf seinem Zug nach Budapest jedes Blutvergießen verboten und hat sich vertrauensselig umzingeln lassen. Vielleicht haben ihn die heimlichen Mächte (Freimaurer?)

absichtlich irre geführt, zum endgültigen Wagnis verlockt, damit sie ihn – der doch eine ständige Gefahr in der Schweiz war, und als Symbol noch immer zu viel Sympathie hatte, – endgültig beseitigen konnten. –

Mittwoch, Allerseelen, abends Raimundtheater, Georg Kaiser, David und Goliath. Der David ist ein dänischer Sparkassenbeamter, der den Geldphilister seiner Stadt – ziemlich zufällig und weil er gar so dumm und gutmütig ist – nicht zu Falle bringt, nur empfindlich blamiert; aber nicht einmal so mutig wie der Hirtenjunge sondern durch die kluge Ausnutzung eines alten Betruges. Er hat seine Verwandten um ihre Beiträge für ein Los seit 10 Jahren betrogen (damit die musikal. Ausbildung seiner Tochter bestritten – sentimentale Rechtfertigung, denn einen höheren Maßstab kennt man nicht) und nun da das Los den Haupttreffer zieht, läßt er die überglückliche Bande dumm-gutmütiger Philister (alle sind sie dumm-gutmütig wie im ältesten Lustspiel) bei ihrer Freude und ihren Spekulationen, warnt sie bloß davor, schon jetzt von ihrem Geld zu reden – der „Bierbrauer des König" tut das übrige: er will den ganzen Haupttreffer einfangen, indem er alle Gewinner in sein Netz lockt – mit einem Heiratsantrag an die typische alte Jungfer macht er den Anfang. Und schließlich bringt es der händereibende Sparkassenbeamte, der sich zum Direktor der Brauerei (auch sehr leicht) aufzureden wußte, bei der unvermeidlichen Enthüllung so weit, daß ihm seine Verwandten, den Betrug nicht nur verzeihen sondern diesen, da das Klavierspiel der Tochter herübertönt, sogar ehrfurchtsvoll für gerechtfertigt halten. Und der Betrüger gesteht gar seiner Tochter schließlich, daß er Gott in sich wirken fühlte, der mit seiner schwachen Kraft, den Geldkoloß traf. Kaiser, vermutlich ein armer Mensch, der – leidenschaftlich und oberflächlich innerlich außer Ordnung gekommen ist, hat hier wie in von „Morgens- bis Mitternachts" seine eigenen Kämpfe um das Recht der Defraudation ausgefochten oder besser zu erledigen versucht. Er hat ja noch aus dem Gefängnis Ähnliches geschrieben. „David und Goliath" ist eine schon nicht mehr ironische (Wildente, Weh dem der lügt) sondern sentimentale Rechtfertigung der Lüge, nicht mehr der Kampf des Mörders um seine Tat (Die „Mitschuldigen" Dehmels, oder sein „Menschenfreund") sondern der banale Triumph seiner Geriebenheit und seines Glückes – von Iphigenie, von Peer Gynt und Raskolnikow nicht mehr zu reden. – Sogar die Leute, die Juden hinter mir auf der Galerie z.B. waren verwirrt – ihre Theatermoral ist noch altmodischer als ihre Geschäftsmoral – aber sie geben dem Gauner wohl alle recht oder vielmehr, sie sehen nicht mehr, wie er nicht recht haben könne. Erfolg und sentimentaler Zweck sind zu alltägliche Rechtfertigungen aller Gemeinheit, als daß man innerlich frei genug wäre, sich dagegen aufzulehnen. –

Donnerstag in der Urania. Zu langer Vortrag des jungen Kantverehrers. Zwei sind eingeschlafen. Hat es einen Sinn, daß ich diese Kantstunden halte und führt es zu etwas Gutem? – Wie werde ich mit dem Russen fertig werden? Ich habe nicht die Gabe, jemanden zu bekehren – weil ich selbst nicht feststehe. – […] – Heute daheim: Vormittag Brev. Nachm. die erfreulichen „Paradoxien des Unendlichen" von Bolzano, Kindergesang, Dominospiel – lustig und wieder unduldsam – abends Vorwürfe gegen Mama (nur halb berechtigte) und dann Hefte. […]

7. Nov. Morgens. […] Moralischer Periodengang!! Das ist Natur! Der Zweifel am freien Willen, hier hat er das gefährlichste Argument. (Aber auch: Der Sünder zwei-

felt lieber gleich an seinem freien Willen, statt seiner Gemeinheit sich bewußt zu werden. Gemeinheit: Laxheit, Verlorenheit in den Tag, ohne Sinn für das Ernste)

13. Nov. [...] – Die Woche über mit Spengler, Untergang des Abendlandes beschäftigt. Die Einleitung im allgemeinen angenommen – nur zu große Prätention. Wo er aber philosophiert, wird er verschwommen und ahnungslos. Unscharf im höchsten Grad bei großer Wucht der Behauptungen. Doch aber voll von dem Relativismus der Geschichte. Die ganze Woche über – er ist ebenso fatal wie der Relativismus der Natur. Es ist das Problem der Kirche: In wie weit ist sie bloß Kultur? Was ist das Absolute daran[?] Am Dienstag (oder Montag) abends war ich nach der Spengler-Lektüre nicht recht fähig, das Vater-unser und noch weniger das Ave-Maria zu beten. Kultur- und Kirchenfragen habe ich auch gestern, Sonntag abends in Salzburg (wohin ich im Schlitten und Mantel gefahren bin) bei P. Bruno u. Gebhart (der sehr herzlich zu mir war) mit großer Teelaune übermütig, keck angepackt und eitel, selbstgefällig geistreichelnd bewitzelt. Ich hätte es verdient, wenn sie mich gründlich auslachten oder bemitleideten. Sie tun es aber wahrscheinlich nicht. P. Bruno ist ernst und in religiöser Ehrfurcht verblieben. – Der Tag in Salzburg war schön. Schnee, gefroren, duftige Schleier am Morgen (Dom: schlechtbesuchter Chor der Domherren) reine Luft nachmittag. „Reiner Himmel in den Zweigen". In Morzg mit Mutter und Johanna, die durch ihre neue Stelle als Kindergärtnerin wieder Freude und Zuversicht gewonnen hat. Die Herfahrt (wie die Hinfahrt in der Nacht) mit dem Intermezzo der übermütigen Gesellschaft, die die Schlafruhe unseres Coupés sehr aufreizend störte. Absperrung. Ärger. Damit Stille gewonnen und neben den verachtenden Nachreden doch Respekt in der Behandlung erreicht. Ich habe dann, vor St. Pölten, den Sitzplan geräumt. Heute nachmittag durch glückl. Zufall Wittgensteins Besuch nicht versäumt. Sein Buch wird gedruckt. Über Spengler. Die „arabische Kultur": Schwierigkeit der Volkseinheit, des Übergangs vom semitisch-hellen. Urchristentum zu den Orientalen. Das Christentum als Religion von Kulturmüden, Bedrückten, Erlösungsbedürftigen (also doch dem Buddhismus ähnlich in diesem Sinn, aber nicht eine stoizistisch-ametaphysische-atheistische Endüberzeugung starker Geister, die sich hoffnungslos und jenseitslos mit dem Diesseits abfinden) kann nicht in gleichem Sinn am Anfang einer Kultur stehen wie die antike oder german. Mythologie. Höchstens wenn ein junges Volk es aufnimmt, das eben alles Fremde sich assimiliert, wie die Germanen. Bedeutend: Das Chistentum ist eine notwendige Befriedigung und Beantwortung all der intensiven religiösen Bemühungen und Fragen um Gott, wie sie das alte Testament enthält. – Donnerstag, Urania. Die Kritik der 2. Vorrede nicht zufriedenstellend für mich selber, es fehlt die entscheidende einheitliche Bilanz. Mit dem Russen am Samstag 2 Stunden, sachlich. Er braucht Klarheit in den elementaren Begriffen.

4. Dezember (Sonntag). [...] Was ist vorgefallen? Fast keine Erinnerung. So lebe ich von einem Tag zum andern. Immer überladen. Immer eilend. Immer etwas zu spät daran, in der Zeit und in den Reaktionen: Epimetheus. Und ohne große Aufgabe; höchstens einige Bücher mir anzueignen [...] (Zu den altbabylonischen nun auch indische Texte u. noch anderes. Liegt alles unbenützt auf dem Kasten. Keine Zeit.) Zwischen das Vorgenommene schiebt sich in größter Breite Zugeflogenes. So

der Spengler, mit dem ich in den freien Abendstunden bis vor 8 Tagen beschäftigt war. Ich bin trotz aller Abwehr seiner logischen Unverbindlichkeiten froh, ihn gelesen zu haben. Ich weiß nicht, wie weit auch in der Geschichte seine Konstruktionen Vergewaltigungen sind, aber der allgemeine Gedanke, die bestimmte Kurve jeder Kultur, die Relativität jeder Kultur muß einverleibt werden. Damit muß ich mich abfinden wie mit Blühers sexualen Feststellungen. Schwerste Aufgabe: die Kirche, soweit sie göttliche Institution ist und über die abendländische Kultur hinaus – für alle Völker gelten soll, von der „arabischen" oder „abendländischen" Kultur loszulösen. Kierkegaards und Ebners dunkle Worte haben da schon den Boden gelockert. Nur haben sie's leichter. Sie meinen das Christentum, das „immer modern" ist, wie Wittg. sagt, und wahrscheinlich ein sehr abstraktes (nicht so sehr in der Strenge der Forderungen aber in der Bedeutung, die sie der geschichtlichen Person Jesu beilegen). Die Wahrheit der kirchlichen Dogmen: Spengler nennt die kathol. Dogmatik ein ebenso exaktes (und dem Journalismus noch nicht verfallenes) System wie die moderne Physik und will sie an einer anderen Stelle ihr sogar inhaltlich in höherem Sinne gleichstellen. Beide wollen und lehren dasselbe. Der Gott der Dogmatik, die Natur der Atheisten, der Raum der Physiker seien Symbole derselben faustischen, nach dem Unendlichen verlangenden Seele. – Und ich will – dieses in sehr weitem Sinne zugestehen: Die Persönlichkeit Gottes ist der Scheidepunkt zwischen Dogmatik und Wissenschaft, wie sich auch letzten Freitag in der philos. Gesellschaft bei der Reaktion auf Bolzanos Gott- und Naturspekulationen gezeigt hat. Einer wollte in Bolzanos Gottesbegriff nur das logische Mittel der Vereinheitlichung finden. O. Neurath, der stiernackige, ließ nicht locker von seiner Lust, es psychologisch mit Bolzanos Gottesidee zu verbinden, daß er gerade die Unendlichkeitsprobleme behandelt hat. Bolzano war übrigens, wie nachher, ein wenig (nicht durchaus) zu Neuraths Beschämung mitgeteilt wurde, ein als „Atheist" pensionierter Theologieprofessor. – Aber (was ich eigentlich wollte) ich will die Parallele zwischen Physik und Dogmatik anders ausnützen. Nicht um mit Spengler bei der Relativität und Symbolik für den Kulturcharakter zu betonen, sondern um beider Wahrheitsgehalt bei aller subjektiven oder kulturellen Färbung in gleicher Weise festzuhalten. Ebenso wie die Physik mit gewissen gegebenen (zum Teil sicher durch den Kulturcharakter gegebenen) Begriffen in einer gewissen, auch „gegebenen" Methode, also in einer „subjektiven" Form, logisch richtige und wahre Ergebnisse liefert (so wie auch unsere Sinneserkenntnis, oder auch unsere Urteile innerhalb ihrer Form ihrer Gesetzmäßigkeit wahr sein können wie die photograph. Platte der Natur gegenüber oder die geographische Karte dem Land gegenüber – ebenso ist die Lehre der Kirche wahr. Und Gottes Gnade kann bei ihr in besonderem Maße gewirkt haben, sodaß sie trotz ihrer Kulturbefangenheit in ihrer Form doch die treueste Hüterin der Heilswahrheit blieb, treuer als innerhalb der gleichen Geisteskultur andere Gestaltungen der Weltanschauung. Überdies hat nach Spengler das Christentum schon zwei Kulturen beherrscht, die arabische und die abendländische und wenn auch die Religiosität der orientalischen Kirchenväter von der der mittelalterlichen Scholastiker abwich, das Evangelium blieb für beide die oberste Lehre und die oberste Forderung und wenn auch jede der beiden Kulturen auf verschiedene Weise daran vorbeigelebt haben – wie jeder Mensch, das Christentum war deshalb doch nicht nur dem Namen nach bei beiden identisch. –

Die auch rasch nebenher übernommene Lektüre von Knut Hamsun, Mysterien hat mich wenig befriedigt. Von seinem zart andeutenden, feinkonturigen Stil hatte ich eine zu duftige Vorstellung vom Pan her. Was aber doch (wenn auch abstoßenden) Eindruck machte, war die Konsequenz des naturalistischen (nicht literarisch[en]) Ekels am Leben, den er seinen Josef Nagel in der norwegischen Provinzstadt bis zum Selbstmord monologisieren läßt. Nagel ist haltlos in seinen Gefühlen, seiner Güte, seinem Mißtrauen, seiner seelischen Neugierde, seinem Geschmack und seiner Liebe obendrein widerstandslos verfallen. Der besondere Reiz liegt vielleicht darin, daß der blasierte, alle durchschauende, von allen angeekelte Monomane so intensiv und doch bewußt der Pfarrerstochter (Dagny Kielland) verfallen ist, die zwar seiner raffinierten Bezauberungs- und Verblüffungskunst (durch verwirrende Erzählungen und schonungslose, oft unwahre, Selbstenthüllung und -Erniedrigung) nicht widerstehen kann, es ihm aber auch nicht verzeiht, daß er sie aus dem Geleise ihrer Konventionen gebracht hat. Unwahr u. sinnlos auch sein Verhältnis zu Martha Gude, die er […] erlösen und dadurch sich erlösen will.

Mysterien heißt der Roman wohl, weil einigen hypnotischen und traumhaft-visionären Erlebnissen (Opium-Vision) gegen die liberal-bornierte Aufklärung des Arztes (Typus Homais von der Madame Bovary) das Wort geredet wird. Viel überwundene politische Satire in Disputen. Ausgesprochener Haß gegen die moralische Lüge. Gegen alle Predigerpose (Hugo, Tolstoj – aber auch Christus) – Auch Minutte, der widerstandslose Gütige, der sich alles gefallen läßt und nie auf einem gemeinen Gedanken ertappen läßt, der Reine [wo ist ein heimlicher Sünder] mag nun gegen Schluß erwähnt werden.

Bei dem Vortrag des Prof. Hahn über Bolzanos Paradoxien des Unendlichen, die ich eben unter der Hand hatte, bin ich in meiner Eitelkeit umgekehrt verletzt worden, weil ich auf meinen Einwand gegen Bolzanos Auflösung der Strecke in Punkte ebensowenig eine Antwort des wählerischen Vortragenden erhielt als eben vorher ein junger Jude, der ahnungslos ein paar aufgeschnappte philos. Redensarten der „modernsten" Philosophen sehr verworren, aber in sehr arrogantem „Ich meine"– Ton zur Diskussion hatte stellen wollen. Ich habe nachher beschlossen, dem Prof. Hahn schriftlich eine Antwort abzuzwingen und mich auf das sachliche Interesse dafür ausgeredet – lasse es aber doch: es ist doch nur Eitelkeit. Ich zweifle eigentlich nicht. (Und: meine Eitelkeit bekäme durch ein neues Schweigen eine noch größere Wunde)

Von der philos. Gesellschaft zu der Altmitgliedersitzung der Akademia. Fremde Leute – außer dem unsympath. Haustein. Der Literat Katann war so freundlich, mit mir anzuknüpfen. In der Versammlung (zu großer Apparat um einen kaum lebenden Studentenverein) wurde viel leeres Stroh gedroschen mit billiger Opposition durch Haustein. Katann will, um endlich die Intelligenz zu gewinnen, neue Organisationen gründen. Das Mittel. Seifert hat mit erfreulich ernster Religiosität und kritischer Offenheit die Parteimaske angegriffen, hinter der doch alle ihre intakte Stellung haben, und rein religiöse Stellungnahme auch in der Politik und auch gegen die durchaus nicht christliche Politik der Christlich-Sozialen verlangt. Ich hätte ihm beinahe zustimmen wollen, ihm aber auch dieses christlich-politische Richteramt ausreden sollen. (Kierkegaard: Individualisierung der Religiosität nach dem Zusammenfall der religiösen Kulturgemeinschaft.) Man – ich kann keinem anderen mehr helfen. Ich kann nicht predigen. Ich hätte nicht den Mut zu den herkömmlichen Worten der Kirche. – Nächsten Sonntag will ich beichten gehn.

7. Dezember Gestern der Nikolo-Abend mit den herkömmlichen Höllenspäßen. Es ist viel gemeine Freude an der Angst der Kinder dabei. Aber auch Freude an der Tradition der eigenen Kindererlebnisse. Und die Kinder selbst haben sicher an dem großen, wenn auch künstlichen (d.h. pädagogischen, erschwindelten) Gegensatz von Furcht und Genuß ein großes Erlebnis. Wieviel sie wohl wirklich von den Unglaublichkeiten glauben? Selbst Mareile, die glaubensselige, die doch das Lügen so selbstverständlich findet? Die Ungereimtheit in dem Bewußtsein, den Krampus reichlich verdient zu haben und der Erwartung auf seine Zuckersachen scheint sie am wenigsten zu stören. Und ich? Ich fange erst an, nach dem Sinn und dem Wert des Brauches zu fragen. Der Kontrast von Schuldbewußtsein und Selbstverständlichkeit der Lebensgüter und -eitelkeiten steckt in uns allen. […] Wie weit bin ich von der „dunklen Kammer", wie weit von dem unnahbaren Gott. Wie tief in der Welt, in der Schwäche und in der Einbildung. – Tagores (Takkur schreibt Natorp) blasses und getragenes mystisches „Drama" „Der König der dunklen Kammer" ist ernst zu nehmen und war wahrscheinlich auch ernst gemeint – nicht journalistisch selbstgefällig. Es klänge dann sicher irgendwo spürbar falsch. Wertvoll: die Zurückhaltung in der Deutung. Die Allegorie bleibt klar genug. Soll sie doch „die Dunkelheit" Gottes bedeuten. Das Reich Gottes in der menschlichen Seele, dessen Gesetz der Irdische nicht fassen kann (Sudarschana, die Braut, die Seele – das Weib als typisches Erdenwesen in der Eitelkeit, Verführbarkeit, Verhärtung und Dienstwilligkeit – daneben aber auch der Mann, König Kantschi, der Ungläubige und Machtwillige, der selbst die Herrschaft über die Seelen (Sudarschana) sich erobern will und im Kampfessturme Gottes Gewalt erfährt. Bürger und Könige als Ahnungslose, Zauderer und Schwätzer, um das Geheimnis des göttlichen Waltens herum. Und zwei unerschütterliche Diener seiner unverständlichen Härte: der Großvater, der die sorglose Lebensfreude des Gottergebenen (die Hilaritas) verkörpert wie Surangama die Ehrfurcht der bedingungslosen Magd. Demut! Demut! Es ist eine tiefe, christliche Predigt, Weisheit und Härte der Heiligen. Paradoxien der Mystik. Daß im Reiche des Königs alle Wege zum Ziele führen, und daß es doch keinem verwehrt ist, zu reden und zu leben wie er will das ist nicht (wie man apologetisch fürchten könnte), im angreifenden Nathan-Sinne gemeint – es ist die wahre Lage der Menschen, der Welt, gegenüber der Vorsehung und der Gnade. Überall kann Gott Dich finden. Alle Lästerungen in Tat und Wort sind Dir möglich. Allen bleibt er verborgen, allem Zweifel ausgesetzt. Das bleibt wahr, trotz der Offenbarung und der Kirche. Denn es bleibt ja wieder jedem frei, der Offenbarung und der Kirche zu glauben.

10.12. Am Donnerstag bei Wittgenstein. Lau-kalte schöne Nachtwanderung hin, Tauwetter und leichter Regen auf dem Rückweg. Die einsame Wanderung läßt mich immer ein bißchen zu mir selbst, zum Ausdenken von ein paar angeschnittenen Gedanken, zu ein paar hilflosen Plänen kommen. Bin ich daheim, ist das alles wieder wie versunken unter der Tagesschicht. Mit Wittgenstein in seinem neuen annehmlicheren Dachstübchen beim „Kaufmann" am Abend fast nur über <u>Schiller:</u> Wie Wagner (Lohengrin I. Akt, das als Situation Spannendste und Ergreifendste, das sich denken läßt) auch bei Schiller (mehr von <u>mir</u> betont) Kunst der Situation. Die Charaktere im Wallenstein, außer diesem selbst, Thekla z.b. sind (meinte ich) nicht Individualitäten und (sagte er) auch nicht Typen, sondern Abstraktionen „im Sinne der Wünschbarkeit" (zitierte ich Nietzsche nach Thomas Mann). Er schaut nicht wie Dostojewski, der sicher im höchsten Grade moralisch interessiert ist, die Wirklichkeit, er hat (wie ich hinzufüge) nicht „ästhetische Ideen" im Sinne Kants, er sagt nicht, wenn auch verallgemeinert, was ist, sondern wie es seinem Wunsche nach sein sollte. Darum bleibt in seiner Dichtung kein Rätsel. Die Rechnung geht glatt auf. (Gerade deswegen aber preisen viele kathol. Literaten den Dichter – weil er über die Problematik der Wirklichkeit hinweghilft). Schiller sucht nach dem alten Wort nur Exempel für seine begrifflichen Ideen. – Am Sonntag zu Mittag, auf dem Heimweg vom Draht-Bauern, auf den beschneiten Feldern (starker Wind) schlage ich vor: Schiller sei zu männlich gewesen, um Natur unbefangen zu sehen (Ric. Huch) und gelten zu lassen. Das sei weibliche Eigenschaft (in der Erziehung), während der Mann nur in seinem Sinne sehen und umformen könne und möge. Er bezweifelt die Auffassung, denn auch zu sehen, sei Mannessache und die Kunst erst recht, gibt aber dann doch die Möglichkeit zu, daß zwar die gestaltende bildende Kraft in jedem Falle männlich sei, aber die aufnehmende, wenn auch nicht begrifflich klare, sondern mehr gefühlsmäßige Erfassung fremder Individualität, das Ahnen der Eigenheiten bei der Frau (trotz der neuen Komplikation durch ihre unmittelbare Parteinahme in Liebe und Haß) unbefangener und reiner sei, als beim Mann mit den Scheuklappen seiner vorgefaßten Ideen. – Am Sonntag vormittag Klärung (nicht ganz und gar) meiner Schwierigkeit vom Bolzano her: die <u>Linie</u> will auch er, wie Bolzano, als <u>Punktreihe</u> definieren mit tatsächlich unendlich vielen Punkten zwischen je zwei Punkten. (Nebenbei sehr einleuchtend: Viele Paradoxien des Unendlichen sind nur Wortmißverständnisse: man kommt auch bei ∞ nicht davon los, sie als reine Anzahl zu nehmen. Nimmt man statt ∞ z.B. die unbestimmte Menge „viele", so ergeben sich ähnlich Paradoxe: „viele" + „viele" ergeben wieder „viele" z.B.) Aber er hat meinem Einwand die Punktreihe selbst bleibe gerade nach der Definition immer diskontinuierlich (denn zwischen je zwei Punkten bleibt immer noch eine Lücke, sage ich – in die aber wieder unendlich viele Punkte fallen, sagt er – und so könnte man in infin. fortfahren – je nachdem man bei den Lücken oder den Punkten stehen bliebe, setze man die Reihe diskont. oder kontinuierlich – meine ich), aber man müsse sich eben tatsächlich die Punktreihe unendlich dicht denken, so komme man der Linie immer näher. Die Linie ist also der „<u>Grenzbegriff</u>" für eine derartige Punktreihe. Sein Wort die Linie sei eine Relation bringt mich aber auf eine mir mehr zusagende Auffassung: die Linie ist die durch die immer mehr sich verdichtende Punktreihe, immer mehr bestimmte „Gestalt" dieser Punktreihe: der Komplex der Relationen in denen diese Punkte stehen, der „geometrische Ort" aller Punkte von einer gewissen Anordnung. Er hilft halb selbst dazu, wehrt sich aber doch dagegen, einen Ort aller „Orte" zuzugeben, denn die Punkte dürften nicht als irgendwie akzidentell mit dem Orte verbundenen Wirklichkeiten aufgefaßt werden, sondern sind die Orte selbst. Bei den Punkten sind die Relationen nicht so ablösbar, wie bei „empirischen Relationen" sondern mit den Punkten selbst gegeben, wie bei den aprior. Rel. (Meinong) oder wie er sagt: intern. Relationen. [Aber da bin ich nicht im Klaren]

– Mit seinem Schützling, dem guten, eingeschüchterten Gruber, hatte er einen entscheidenden Auftritt, wie er erzählte. Der Bub, dessen Eltern mit dem eigenwilligen Entschluß Wittgensteins, ihn zum Studium zu bringen, nicht recht einverstanden sind, hätte beinahe selbst die Sache aufgegeben, in einer mißmutigen Stimmung hatte er es auch zu Hause schon erklärt und konnte, obwohl es ihm selbst dann leid tat, nur schwer von Wittg. – der ihm zwar den Rückweg, wenn er ihn wolle, freistellte, aber doch unerbittlich ihn zur sofortigen Entscheidung drängte, – zum Widerruf bewogen werden. – Wie von Gruber so glaubt er von Arvid, daß er, der selbst nicht zum Guten tauge, sein Retter zum Guten sei. Der „Wertmaßstab" (wie ich sage), der ihn immer wieder gegen seine Umgebung an das Wesentliche mahnt. Wittg. selbst vergleicht (bezeichnender Weise) Arvid mit einem Magneten, das Gute mit einem Stück Holz und sich mit einem Stück Eisen, das hinter dem Holze, dieses, gegen das der Magnet eigentlich indifferent sei, an ihm festhalte. – Arvid hat sich nach der Realschule entschlossen, Handwerker zu werden und ist seit der norweg. Reise, nach der Aussage seiner Mutter äußerst sanft, willig, hilfsbereit geworden. – Vor dem Abmarsch beim Pfarrer. Über Politik sehr oberflächlich die alten Klagen. –

In der Schule, den Kollegen gegenüber komme ich jetzt oft in einen überlegenen, übermütig paradoxalen Ton, in der Politik insbesondere, obwohl nichts leichter ist jetzt als antidemokratisch zu sein und über den „standesbewußten Mittelschullehrer", der in Massenversammlungen getrieben wird, zu spotten. – Gegen Kraus und seine Angriffe auf den „Humor" zugunsten seines „Witzes": Witz, Satire wie Kraus ja meint (denn sonst wäre Witz, als Vermögen, Ungereimtes zu „reimen", ein Bestandteil auch des Humors – es handelt sich aber um die Stellungnahme gegenüber dem Lächerlichen) Witz nimmt sich selbst aus, wenn er Lächerlichkeiten bloßstellt, Humor begreift sich mit ein im Lächerlichen (und gefällt sich wohl auch darin) – das tut Kraus allerdings nie.

11.12. Sonntag. Großes Unbehagen: 1.) Beängstigend umlagert von Büchern, die zu lesen wären und von anderen kleinen Dingen, die zu erledigen wären, ohne die Zeit dazu. – Bei aller Beschäftigung keine Befriedigung – kein eigenes Schaffen mehr, auch nicht im bescheidenen Ausmaß der vergangenen Jahre.

2.) Unbändigkeit der Kinder trotz aller Mahnungen, Drohungen, Strafen. Den ganzen Tag durch gemeinsamen Unfug oder Streit untereinander. […]

3.) Vom Morgen an, besonders beim Brevier (die Weissagungen des Isaias nach Schlögl habe ich nachm. zu lesen angefangen ohne recht zu begreifen oder ergriffen zu werden.) beunruhigt von den Gedanken an das posthume Buch von Cohen: Die Religion der reinen Vernunft aus den Quellen (?) des Judentums, in denen ich gestern in der Buchhandlung geblättert habe. […]

16.12. Samstag. […] Wie wäre in der Ehe völlige Versöhnlichkeit möglich? Ohne Selbstbehauptung, Unerbittlichkeit wäre die Ehe nicht möglich. (Sage ich Ungläubiger, Kleingläubiger) Der Heilige (der Gleichgültige) setzt sich außerhalb der Gesellschaft.

1922

8. Jänner. Sonntag. Beichte und Kommunion. [...] Zu Hause wieder: Hefte und Sentroul, Kant u. Aristotel. Interessant, weil er mit den aristotel. und scholast. Begriffen in die Nähe des Objektivs als Gegenstand der Erkenntnisse kommt, aber – wie mir vorkommt – noch zu verwickelt in die Dinge, zu wenig Klarheit, Abgeklärtheit. (Die Kantstunden, wenig besucht, einmal vor Weihnachten nur 2 Hörer, Bekanntschaft mit dem älteren dünnen Herrn (Kik, Schuster und Erfinder eines fliegenden Schiffes, aber doch selber angeregt, am meisten rede ich für Dümmler, Musiker und Buchhändler, der mit klugen Augen zuhört und Einwände macht, für Kant begeistert ist und sich zu guter Letzt als kathol. Vereinsjüngling entpuppt hat: ich soll einen Vortrag für seinen Studentenbund halten und möchte über die „Stellung der Katholiken in der Gegenwart" reden, in dem Sinne, wie ich mich bei Seuffert (am Stefanitag war ich in Graz) erklärt habe: Nach dem Zusammenbruch: Freiheit des Christen (und Katholiken!) von der Kultur. Abkehr wie in der röm. Kaiserzeit. Während bisher noch immer Teilnahme Pflicht, Aufbau die Hoffnung war. Der mittelalterliche Christ arbeitete mit am christlichen Staate, am Gottesstaate. Traum von der Vereinbarkeit von Kultur und Religion. Nun bewußte Loslösung des Religiösen vom Kulturellen. (Aber soviel hatte ich Seuffert nicht entwickelt, nur mein Befreiungsgefühl, mein Inselbewußtsein betont, während ihm, wie ich nachher merkte, die Tränen in die Augen kamen über den Niedergang seiner Kulturform, des liberalen, humanistischen Gelehrtenideals. Die Bildung ist jetzt kein Ideal mehr, wie noch zur Zeit Kürnbergers (Der Rhapsode). In Graz schöner Morgen auf dem Schloßberg, aber nicht allzu innerlich beteiligt. Die Erinnerungen, es sind nicht immer erfreuliche, und noch weniger bedeutende, ließen mich kalt; kaum dem Sonnenaufgang und noch weniger den Eichhörnchen konnte ich mich hingeben. Herzliche Häuslichkeit bei Thalhammer, aber es bleibt das Innere verschlossen. Familien-, Schul-, Verdienstgemeinschaften, Freude an dem Blick der Frau und an den treuherzigen Buben. – Auch in Piesting waren wir, dem Versprechen getreu. Angeregter Abend – bei durchwegs trivialem Gespräch – zu aller Überraschung bis Mitternacht, weil schließlich doch die Punschbereitung beschlossen wurde. Die Kinder und die Alten in den diversen Betten verstaut. Des kleinen Bruno Widerstand gegen die ungewohnte Bettgemeinschaft mit seinem Papa. Neujahrstag Vormittag mit Bruno in dem Seitental ober Wopfing beim Sanatorium, starker Wind und dann bis zum Gloria in der Kirche in der gedeckten Vorkirche. Mittags den Zug versäumt. Nachm. nach dem üblichen Rollwagerlfahren der Kinder in die Fichtenhöhen rechts vom Tal hinauf. Wind und Sonne. Kalt. Auf dem Rückweg mit Bruno über Einstein (von dem wir beide nicht viel verstehen). Zum 2. mal Kasperl und im überfüllten unbeleuchteten Wagen nach Hause. [...] Und die ganzen Weihnachtsferien sind vergangen, ohne daß ich auch nur einen ganzen Tag mich frei gefühlt hätte – bin auch nicht zu den vorgenommenen Büchern gekommen. Holz- und Kohlenarbeit, Privatstunden, ein paar Einkäufe, ein paarmal in der Bank, die Geschenke aus Schweden und Luxemburg einwechseln. Und Dankschreiben nach allen Seiten. Mit Geschenken überhäuft. Schändliches Schwelgen in Wohltaten – wie ein Bettler von der Kärntnerstraße. „Die ich rief, die Geister, werd ich nun nicht los", sagte trium-

phierend N. als schließlich zu allem noch die große Hirschenkeule kam, an der wir nun fast eine Woche zehrten. Und ich traue mich doch nicht, meinen Wohltätern zu kündigen, trotz der hohen Einnahmen. Die hohen Preise schrecken mich immer wieder. Es ist wohl doch noch immer wahr: Ohne Wohltat käme ich nicht aus. So aber habe ich ungebührlich viel. […]

9. Jänner. Wedan, mein bärtiger Kollege, hat mir wohlwollend gesteckt: in zwei Jahren könnte ich berühmt werden. Da sei große Kantfeier (ich weiß gar nicht, <u>was</u> vor 100 Jahren dann war. Wenn ich mich da rechtzeitig vorbereitete – könnte ich „ein Geschäft machen". Ich lehnte ab, wurde aber doch ein bißchen warm, bei dem Gedanken, was anbringen zu können. Bei Amalthea-Verlag etwa? Dessen Lektor von meinem Manuskript nichts mehr hören läßt. Was könnte ich machen? Ob ich Sprachkraft genug zu einer <u>populären</u> Darstellung seines Systems hätte, oder Klarheit genug, dessen Grundlagen <u>kritisch</u> Schichte für Schichte abzuheben, was ich in den Urania-Stunden versuche (mit Nelsons, Meinongs und vielleicht nun auch Husserls Hilfe – nicht „selbständig"!) oder Festigkeit genug, als <u>Gläubiger</u> zu ihm Stellung zu nehmen. Da müßte ich erst über die Antinomien, die in viel schärferer Form als Widerspruch meiner Metaphysik zugrunde liegen, klarer werden und überhaupt frei genug, dieses Ketzertum zu bekennen – vielmehr überzeugt davon werden, daß es gut sei, es zu bekennen. – Und Zeit müßte ich haben.

16. Jänner. Montag. Ich weiß nicht, warum ich jetzt abends niedergedrückt bin, nach den Spannungen des Tages. Ist es die prahlerische Übertreibung von Strenge und Schärfe gegen die Leute der 7. Klasse, und mein Auftrumpfen im Professorenzimmer?! Ich habe 5 im Abort beim Rauchen erwischt – 5 in einer Zelle – ihre gewohnte Zuflucht und habe dann mit Unerbittlichkeit gegen sie groß getan. Ob es nicht auch da Nachsicht und Menschlichkeit, sondern nur Ordnung und Herrschaft geben könnte. Es ist doch nur um des Ansehens willen, daß wir uns nicht überlisten und auslachen lassen wollen. Machtwillen und Erziehungswillen, Rache und Strafe auseinanderhalten, wer das könnte! – Oder bin ich um Sobotkas willen traurig, den ich mir ein bißchen gewonnen glaubte und der heute sehr rot wurde, auch unter den Ertappten zu sein. Nächsten Montag will ich ihm sagen, daß er ebenso wie ich zwischen der Disziplinarstrafe und der menschlichen Achtung unterscheiden möge. Wenn ich ihm dann zurede, die Strafe, damit auch „entsprechend" im Betragen auf sich zu nehmen, so rate ich ihm was Gutes. Ist es aber so gut von mir ihm das zu raten? Meinerseits wäre es gut, ein wenig vom Draufgängertum abzulassen – ich werde ihm, wenn er sich schwer tut, selbst die Summe für das Schulgeld anbieten. – Oder bin ich mißgestimmt wegen der zu noblen Geldtasche, die ich für N. gekauft habe – und die, wie ich nachträglich sehe, gar nicht geräumig genug für die großen Noten ist? – Gestern Sonntag nachmittag – große Kasperl-Vorstellung mit Familienthee. Zirnig mit Frau und „Greterl", der raunzigen; Frau Hein mit dem in sich gekehrten Buben und der gutmütig lächelnde verlegene Wirth. Vermutlich guter Eindruck. Aber was weiß ich? Höchstens bei den Kindern ist der Erfolg sicher. Wert war das Spiel nichts. – Und die vergangene Woche? Versunken. Die Abende bei Husserl, den ich fleißig in den Höfler übertragen habe. Ich glaube, ihn und Nelson (im Antipsychologismus) mit Meinong (nicht so gut mit Höfler, der auf

halbem Weg stecken bleibt) ganz gut zusammen zu bringen und dazu noch Freges Begriffslehre. – In der Uraniastunde billige Triumphe mit den Unendlichkeitselementen. – Freitag abends (glaube ich) Ärger mit Herrn Birger. Gefühl, bewußt unterzahlt zu werden für die Stunden (trotz der Geschenke) und überdies Ärger über die Unehrlichkeit, daß er des Buben Dummheit und Zurückgebliebenheit nicht einsehen will. –

[…]

6. Februar. 3 Wochen Pause. Die erste Woche Grippe. Die Niedergeschlagenheit war also physiologisch zu erklären: […] mäßiges Fieber. Im Bett: Hefte und Grillparzer-Gedichte: Mißmutiger Zwiespalt zwischen Selbstbewußtsein und Zweifel an sich, zwischen Liberalismus und Abwehr der Revolutionäre, zwischen Reflexion und der Verurteilung alles Reflexiven zu gunsten des „gesund natürlichen Empfindens". Entschiedene Verurteilung der Romantik u. zwar der romant. Theorien und Wertungen (Volkspoesie, Nibelungen) zu gunsten des Klassizismus (Euripides, Homer). – In der zweiten Woche? So schnell vergeß ich das Leben! Niedergang. Aufsätze im neu abonnierten Hochland. – Doch überflüss'g. Den Roman Tagores, Heimat u. Welt (mit Nantschi) zu Ende gelesen. In Tagebuchform – die Aufzeichnungen aber sind nicht naturalistisch gemeint, mehr Erzählung von 3 Standpunken aus. Das Weib (Bimala) zwischen dem Gemahl (Nikhil) und dem Verführer (Sandip-Babu). Bimala wird zuerst durch die Europäischen Sitten ihres Mannes vorbereitet, gerade durch den indischen Nationalismus (die Svadeschi-Bewegung, Bande-Mataram-Hymne) aus der Enge des indischen Hauses herausgelockt, durch Sandip Babu, den suggestiven Führer der Bewegung (der in seinen Briefen in lächerlich aufrichtigem Holoferneston vom Recht der Macht und von der Lust der Verführung bramarbasiert). Er versteht Bimala in nationalen Rausch und damit aber auch in Leidenschaft für sich zu steigern. Nikhil sieht, ein indischer Weiser, duldend und leidend, bewußt auf Zwang verzichtend, zu und gewinnt Bimala doch am Ende zurück. Ein Geldbetrug, den Sandip-Babu von ihr verlangt hatte, hat sie mit seinen Folgen aufgerüttelt und zur Reue und Rückkehr gebracht. Aber eben als der Gemahl sie gewonnen, fällt er durch einen Schuß infolge der Unruhen, die die unverantwortlich aufgepeitschte nationale Bewegung verursacht hatte. Der Besonnene, der persönlich siegt, in der Masse aber untergeht. Gegen den nationalen Machtgedanken. Begreiflich, daß die Engländer solche Dichter fördern, solange sie den Indern predigen. Darum auch ist der Roman in den Kriegsjahren bei Kurt Wolff erschienen. Sandip Babu konnte geradezu als der nietzscheisierende Deutsche erscheinen. Nikhils heroisches Schweigen, seine Entsagung von allem Zwang auch in der Ehe. Bedenkliche, bedenksame Dinge. (Ibsen, „Frau vom Meere"). Wer entsagen will, muß von vornherein entsagen (darf nicht heiraten) oder muß ganz entsagen (muß aus der Ehe gehen – in die Einsamkeit). Wer in der Ehe steht, muß für die Ehe (die Ordnung) sorgen. Nicht mit Zwang aber mit Einfluß. N. hätte sie an ihre Pflichten mahnen sollen? Er hätte sie damit verloren! Gerade die Feinfühligkeit des Schweigens, das stumme Leiden waren widerstandslos genug, um sie nicht fortzustoßen! Aber vielleicht hätte ein rechtes Wort sie früher erlöst. – Früher als sie dazu reif war? Solche Fragen gehen aber nur auf die Klugheit, nicht auf den absoluten Wert. Wie soll man handeln? Ich hätte rechtzeitig (vorzeitig? Je früher desto besser!) dreingegriffen.

Nikhil hatte zu große Achtung vor der Freiheit an sich. Er kannte Sandips Gemeinheit und Bimalas Schwäche. Jemandem mit einem energischen (guten oder scharfen) Wort zu Hilfe kommen gegen die Verführung ist doch mindestens ebenso gut oder schlecht, wie aus Achtung vor der Freiheit des Schwachen (innerlich Unfreien) seinem Fall zuzusehen. Und Nikhil handelt ja schließlich auch so durch seinen Beschluß nach Kalkutta zu reisen. Immerhin die Frage bleibt: Macht und Zwang zu Gunsten des Sittlichen? Ketzerverbrennung? Oder dem Bösen nicht widerstehen? Die Menschen müssen sich wohl mit einem Kompromiß, einer Grenze bescheiden. μεσότης. Ich fange an, mich zur „goldenen Mitte" reuig zurückzufinden.

Am 29. Jänner bei Wittgenstein. Sein Nachterlebnis: das innere Gebot aufzustehen, aufzubleiben (und vermutlich sich zu entscheiden – auch vom Beichtengehen sprach er), dem er aber doch nicht folgte – er legte sich wieder nieder im Bewußtsein der Feigheit. Angstzustände. – Was bin ich gegen ihn? Er kämpft und ich – krieche. Bin ich nicht schon unfähig zu solcher Entscheidung? Wie viel müßte bei mir weg, wenn ich rein werden wollte! Außen und innen weg! – Wittg. geht mit Widerstreben den Weg zur Kirche. Plagt sich mit dem Problem der weltlichen Darstellung des Geistigen, mit der Heuchelei der Gottesdiener und des Gottesdienstes: er könnte wie ein Advokat alle Kultformen, alle Kirchenbräuche verteidigen, alles lasse sich so auslegen, daß es nur gut zu achten sei – und er wisse trotzdem, es sei Schwindel. Früher wäre er gar nicht für die <u>Frage</u> zu haben gewesen. Der Verkehr mit dem Pfarrer bringt ihn auf solche Gedanken. Das ständige Geschwätz der Pfarrersschwester (klösterlich enge Tirolerin) vom „Segen Gottes" bringt uns zur Frage nach dem Sinn des Gebetes um irdisches Gut, des Gebetes überhaupt – bis zur Frage von Prädestination und Präszienz. Die Entscheidung des freien Willen könne niemand, auch Gott nicht vorauswissen. – Und wieder kommen wir auf seine Grundlehre: Wille und äußeres Geschehen sind nach ihm <u>völlig</u> ohne Zusammenhang. Er ist reiner Okkasionalist. Der Wille ist nur das Ja- oder Neinsagende. Alles körperliche, auch alles seelische Geschehen: Gedanken und Wünsche hängen nicht von uns ab. Ich muß noch einmal darauf kommen: das Ja- und Neinsagen hat <u>doch</u> seine Wirkungen im Geist und Leib, es hindert oder es bewirkt Taten. Freilich auch da kann er sagen, die Taten, die daraufhin geschehen, sind wieder Gottes Verfügung. Ich glaube: es sei Gottes Verfügung, daß (in beschränktem Maße und im Rahmen meiner Natur) mein Wille wirksam sei. Die Regelmäßigkeit vieler Leistungen lassen auf ein vermutlich dauerndes Vermögen dazu mit Wahrscheinlichkeit schließen. – In der letzten Woche Hefte Korrekturen. Von Wittgenstein heim mit aller Kraft von Wald und Luft. [...]

<u>9.2.</u> Donnerstag. Bei der letzten Kant-Vorlesung des I. Semesters waren nur 3 Zuhörer, der Schuster-Erfinder, der Russe und Gernot. Betrüblich. Und ich bin auch einigermaßen betropetzt. Aber auch über meine unzureichenden Mühen um und gegen die Antinomien. Ich sollte das Zeugs wohl bleiben lassen. Ich bin kein Philosoph. Auch <u>das</u> nicht. Was denn? Das Minderwertigkeitsgefühl in höchster Blüte.

<u>12.2.</u> <u>Sonntag morgens</u>, ungewaschen; nach der Lektion im Brevier (Hieronymus spricht vom Samenkorn und weitet den Vergleich zur Allegorie aus. Aber er sagt dabei: die Lehre von Christus ist die niedrigste, widersinnigste gegenüber den Vor-

trägen der Philosophen und ist doch die lebendige, gegenüber deren kurzlebigen Wucherungen); aber auch nach neuem Versagen.[…] – Eben habe ich bei der kleinen Anna […] ein Bild von Petrus gesehen, den der Herr aus dem Wasser zieht, auf dem er eine Weile dem Heiland entgegengegangen war. Ein Bild meiner Lage. Auf dem Wasser wandeln, über der Natur – solange ich fest glaube, vermag ich es im Herrn und wenn ich versinke, wieder glauben, wieder beten, dann rettet mich der Heiland!

16.2. Donnerstag. Mitten in den ethischen Büchern, als Vorbereitung für den neuen Uraniakurs: der kategor. Imperativ, für den ich mich bereitstelle, als ob ich noch nie verlassen worden wäre. – Überhaupt von Büchern überflutet. Ich schaue schon nicht mehr heraus. – Meine Sonntagshöhe ist auch schon wieder gesunken. Das Über-dem-Wasser-Wandeln hat mich eher zu übermütig gemacht. […] – Vorgelesen: G. Hauptmanns, „Schluck u. Jau."

Reiz: Vermischung von derbem Realismus und dummem melancholisch-frivolem Ästhetizismus. Der Realismus der Königin-Jan-Szene ist der Idee der Posse (vom geprellten Besoffenen, der als Fürst erwacht) sogar zuwider. Die Posse verlangte auch hier die Täuschung. Daß dem Possenhaften die Spitze abgebrochen ist, ist ein nobler Verzicht zu Gunsten des Realen, aber auch des Melancholischen. Realistisch u. melancholisch ist auch die fragliche Stellg. des Fürsten zu seiner Geliebten Sidselill, auf [fast] einem noch nicht aufgeweckten „Erdengeist". Die Lebenstraum-philosophie die an Hamlet mit Zitaten und auch an Calderon sehr nahe anklingt, bekommt hier die pessimistisch-frivole, aber weiche, Hoffmannsthalische Wendung: Die fürstliche Gesellschaft nicht wenige als Schluck träumten nur, und auch für jene sei Schloß und Prunk und Spiel nur unwesentliches Außenzeug: in dem was sie <u>wirklich</u> sei, sei sie von Schlucks <u>wirklichem</u> Wesen nicht verschieden. Aber die Wahrheit geht unter in der melancholisch-frivolen Hingabe an den Traum u. die bunten Seifenblasen. – Die Roheit des fürstlichen Renaissance Witzes, mit dem Betrunkenen solches Narrenspiel zu treiben, ist gemildert durch den Prolog, der das Ganze nicht als Hauptmanns Spaß, sondern als ein Stück für eine Jagdgesellschaft gibt, und auch dadurch, daß Karl, der Causeur des Stückes, eine Art sorglosen Freund und Schmarotzer den Spaß veranstaltet und für den leichtsinnigen Sinn sorgt. […] – Am Dienstag war Wittgenstein da. Er hat seinen Privatschüler, den Gruber, verloren, und war ganz niedergedrückt.

Viel über sein typisches Mißgeschick, wofür er in sich die Schuld sucht. Sie liegt, wie ich ihm sagte, in seinem Eigensinn, der die Wirklichkeit und die fremde Individualität nicht gelten lassen will. Er ist erstens „kein Psychologe", wie ihm jemand gesagt hatte und hat zweitens keine Geduld, Nachgibigkeit; läßt sich nicht auf halbe Ergebnisse, auf Zuwarten, auf Umwege ein. Was man können müßte wäre: nicht aus Klugheit oder Schwäche, sondern aus Gottergebenheit seine Pläne und Wünsche von sich loszulösen, auf sie zu verzichten immer bereit sein (sie Gott anheimstellen), erstens sich fragen, ob sie auch Gottes Wille sein können und 2. auch dann nach Gottes Wegen die eigene Richtung, das eigene Tempo hintanstellen. Bedenke es bei den Urania-Kursen!!

17.2. Der Uraniakurs ist abgesagt wegen zu geringer Teilnahme. <u>Mein</u> typisches Schicksal: In der Gefangenschaft und nachher. Immer spärlicher werden die, die mir noch zuhören wollen. Das mag zum Teil daher kommen, daß ich nur von mei-nen Problemen rede und von ihren nicht einmal eine Ahnung habe, daß ich das Niveau nicht treffe, und auch daher, daß ich nichts wirklich Wichtiges zu sagen habe. – Mit gekränktem Mut um 10^h zum kunsthistor. Museum. Mit Koch durch die italienische Malerei. Auch da hatte ich wenig zu sagen. –

19.2. Sonntag. […] und während ich (immer tiefer in die Nacht hinein) ein Kapitel nach dem anderen in Hefeles Gesetz der Form durchfuhr, mit Zustimmung zuerst (und einigem Mißtrauen an unklaren, über nicht ergründete Tiefen hinwegsetzen-den Perioden) mit Widerstreben und schließlich mit Absage der schon zu willi-gen Gefolgschaft bei dem Angriff auf das Sittliche, das zwar als individualistische Ethik (Luther-Nietzsche) bekämpft wird, dem aber doch zu gunsten des objektiven, äußerlichen, erzwungenen Gesetzes, zu gunsten der starren, toten Form, alles Recht entzogen wird, obwohl alle Anerkennung des objektiven Gesetzes (wie sie sich gebührt) nur auf innerlicher, persönlicher, autonomer, freier Zustimmung gründen kann – und obwohl alle Form, alles Gesetz um des Menschen willen da ist, obwohl Gott und die Seele, die Individuen das letzte Wichtige sind – in imponierender Entschiedenheit wird dem Individualismus und Naturalismus Form und Geist als formende oder der Form sich willig beugende Kräfte entgegengesetzt, dem Trieb das Gesetz – aber es wird allzu antithetisch einseitig (rhetorisch übertreibend, mit Lust an der Paradoxie, in Bildung, Kunst, Religion Moral, Kirche und dann noch wie die Titel der Totenbriefe (Caesar, Napoleon Dante) anzeigen in Politik, Staat, Kultur die Form als das alleinig Wertvolle, ja die tote, starre unerbittliche Gesetz-mäßigkeit gepriesen, da doch die Form nichts ist ohne Stoff, sowenig wie der Stoff ohne Form. Nietzsches Immoralismus Individualimus und Naturalismus ist ebenso einseitg wie Hefeles immoralistischer Formalismus – während ich so weiterlas in den Briefen an Tote (Goethe, Schiller, Michelangelo, Hugo Wolff, Lor. Valla, Eras-mus v. Rotterdam) […]

10.3. Samstag. Nach dem Faschingssonntag, wo ich mir billige Dankbarkeit holte bei Zirnig und Hein für den Kasperl und die Kinderscherze, die bunten Mützen, Bänderstöcke und Larven. […] – Vergangenen Sonntag bei Wittgenstein: über Sinn und Recht der Exkommunikation. Ich stand unbedingter auf kirchlicher Seite, als ich es sonst bei mir selber tue, wurde mir aber auch der Unsicherheit sehr bewußt. – Ariost, der Nantschi und mich als Abendlektüre anfangs ergötzt hat, ist nach dem 16. Gesang aufgegeben worden. Ich hätte zwar an der Einzelschilderung Gefallen gefunden. Nantschi aber verlor die Spannung und das Interesse für die unendlichen ineinandergeschachtelten Episoden, die bei aller Abwechslung in Ton und Methode einander für unseren Geschmack zu sehr gleichen. – Freude hatte sie an Th. Mann, Herr u. Hund, die melancholische Bürger-Idylle. Ironie der Selbstbeschränkung der Abkehr vom Getriebe (vom „Theatermäßigen") in der Villa am Rande der Groß-stadt, in den verwilderten Flußauen. Ironie aber zugleich Behauptung als Bürger. Nantschi fand in Jugenderinnerungen Gefallen an den treuen, kunstvoll genauen Berichten vom Seelenleben und von allen Äußerungen des Hundes Bauschan – der zutiefst wohl ein Symbol der eigenen gebändigten Natur ist. – In der Beschränkung von Stoff, Milieu, Ausdrücken in der intensiven Durcharbeitung des kleinen Raumes hohe Kunst, große Abgeklärtheit. Erinnerung auch in der Sprache an <u>Stifters</u> <u>Nachsommer</u>, den wir (auch nur kapitelweise mit Pausen) bei aller (edlen) Langeweile mit (stiller) Freude doch immer wieder gerne vornehmen. Aber Stifter ist stiller Schwärmer, warmer, naiver, gläubiger Schilderer eines Ideals „stiller, innerlich reicher Selbstentfaltung" mit unbewußter Philistrosität, seine Abgeklärtheit ist ein natürliches Ziel glücklich veranlagter, im Grunde konfliktloser Menschen, deren Familien- und Naturleben in sturmlosen, widerstandslosen, gehegten und gepflegten Bahnen abläuft, verinnerlichtes Biedermeier in behaglichen Verhältnissen von guter Tradition. Ideal: der allseitig gebildete aber für sich und seinen engen Freundeskreis lebende vornehme Bürger oder Adelige auf dem Lande in einem weise von ihm selbst verwalteten Gutshof, umgeben von Naturköstlichkeiten und Kunstschätzen, ein Sammler und Pfleger mit weisestem Verständnis und treuer Liebe. Ohne Leidenschaft. Stille Entwicklung. Zarte, ruhige Gefühle. Inniges Wohlwollen nach allen Seiten und von allen Seiten. Die <u>Idylle von Thomas Mann</u> ist nicht naiv freudig, sondern ironisch wehmütig. Es ist Pessimismus unter dem „Schlammgrund des Vergessens". Das „Bürgertum", das er hier wie in den „Betrachtungen eines Unpolitischen" gegen die theatralische Phrase der Revolutionäre verteidigt, ist bewußte Beschränkung, ist Verzicht bei aller Verachtung der Nehmer, ist skeptischer Heroismus. Ironische Bindung der unbändigen Natur (der Jagdtrieb Bauschans, das Schußerlebnis mit dem Sonntagsjäger in Manchesterhosen, das Verkümmern in der Klinik). Hinkehr zur Form (wie bei Hefele oder bei Pannwitz) aber ohne Pathos, zur nüchternen Gegenwartsform der Sachlichkeit, zum liberalen (aber phrasenlos gewordenen) tüchtigen Bürgertum, zur Form, die dem literar. Naturalismus, wenn er von Sozialismus und dumpfen Wucherungen der Schilderungswut gereinigt ist: zum klassischen Naturalismus.

Und ich? Formlos obwohl ich Form, strengste Form anerkenne. Haltlos, obwohl ich in der Schule gegen die Haltlosigkeit wettere. Bewußtlos, dem Augenblick preisgegeben, Ordnungslos. Aber meine Ordnung – würde sie nicht ein armseliges Philistertum (wie es übrigens auch meine Unordnung ist). Sie dürfte sich nie verwirklichen – wird es auch nicht. Sie <u>muß</u> unerreichbar sein (sonst verfiele ich, was ich mir aber doch nicht zutraue, der Zufriedenheit). Aber <u>näher</u> kommen sollte ich ihr, der obersten Ordnung.

KOMMENTAR

Gefangenenlager Cassino, Eingangstor

Gefangenenlager Cassino

Abbazia di Montecassino, Teilansicht des Klosters, Blick von der Zufahrtsstraße
(Aufnahme: 1900)

Abbazia di Montecassino, Ansicht von Süden (Aufnahme: 1932)

Abbazia di Montecassino, unterer Klosterhof, nach Nordosten (Aufnahme: 1932)

Abbazia di Montecassino, unterer Klosterhof, nach Südwesten (Aufnahme: 1932)

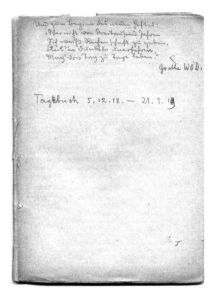

Ludwig Hänsels Tagebücher, 1. Heft

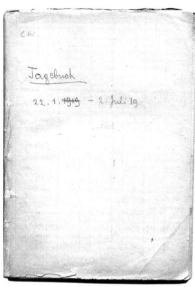

Ludwig Hänsels Tagebücher, 2. Heft

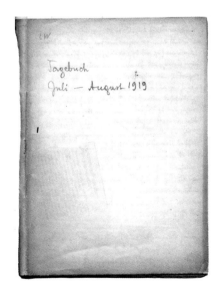

Ludwig Hänsels Tagebücher, 3. Heft

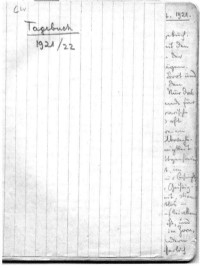

Ludwig Hänsels Tagebücher, 4. Heft

Aus Hänsels Tagebüchern

Aus Hänsels Brief
vom 20.2.1919
an seine Frau Anna

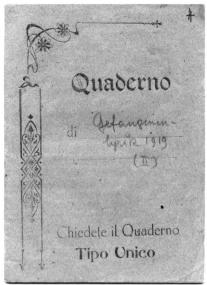

Ludwig Hänsels Gedichthefte

Eingang zum Gefangenen-
lager Cassino, gemalt von
Robert Leitner

Ludwig Wittgenstein
um 1920

Tolstois *Kurze Darlegung des
Evangelium*, Wittgensteins Lektüre
während des Ersten Weltkriegs

Ludwig Hänsel (ca. 1915)   Anna Hänsel (ca. 1915)

Die Hänsel-Kinder Anna, Hermann und Mareile (ca. 1922)

Ludwig Hänsel mit seinen Eltern, der Schwester Johanna und dem Bruder Otto
(ca. 1910)

Die Familie Wittgenstein in Neuwaldegg anlässlich eines Heimaturlaubs im
Ersten Weltkrieg

Trattenbach um 1920:
rechts vorne das Schul-
gebäude, links hinten das
„Schachnerstüberl", wo
Wittgenstein anfangs wohnte

Gruß aus Trattenbach, N.-Ö.

Trattenbach um 1921: links vorne das Schulgebäude

Der Pfarrer Alois Neururer

Gruß aus Trattenbach.

Das „Gasthaus zum Braunen Hirschen" in Trattenbach (ca. 1914)

Wittgenstein mit seinen Schülern in Puchberg

Ein von Wittgenstein ausgestelltes Zeugnis

Heft 1

Tagebuch vom 5.12.1918–21.1.1919

W Ö D : Vgl. Johann Wolfgang von Goethe: „West-östlicher Divan".
Die Zeilen aus dem Wöd hat Hänsel vorne auf den Umschlag des Heftes geschrieben, darunter in lateinischer Schrift „Tagebuch 5.12.18.–21.1.19" notiert.

M o n t e   C a s s i n o : Benediktinerabtei in Latium (Provinz Frosinone, Italien), auf einem 516 m hohen felsigen Hügel westlich der Stadt Cassino zwischen Rom und Neapel. Monte Cassino gilt als eines der bedeutendsten geistlichen Zentren des Mittelalters. 529 von Benedikt von Nursia gegründet, war es das erste Kloster des nach ihm benannten Benediktinerordens, welcher mehr als andere das Christentum in Europa verbreitete. Mehrmals wurde das Kloster zerstört und wieder aufgebaut (577 durch die Langobarden, 883 von muslimischen Truppen, 1349 durch ein Erdbeben). In der Endphase des Zweiten Weltkriegs war Montecassino Zufluchtsort für Zivilpersonen. Nach einem massiven Bombenangriff der Alliierten am 15.2.1944 kamen 250 Mönche und Flüchtlinge ums Leben; das Kloster selbst wurde mit Ausnahme der Krypta bis auf die Grundmauern zerstört. Nach 1945 wurde die Abtei mit Hilfe des italienischen Staates nach den ursprünglichen Bauplänen wieder aufgebaut.

C a s s i n o : Cassino ist aus der volskischen, dann samnitischen Stadt Casinum entstanden, die später römisches Municipium wurde. Nach der Neugründung durch das Kloster Montecassino hieß die Stadt bis 1871 San Germano.

B e n e d i k t : Benedikt von Nursia (ital. San Benedetto di Norcia): Geb. um 480 in Nursia (bei Perugia), dem heutigen Norcia in Umbrien; gest. am 21.3.547 auf dem Monte Cassino bei Cassino. Benedikt gilt als Begründer des christlichen Mönchtums im Westen und wird in der katholischen Kirche als Heiliger verehrt. Er liegt in der Krypta des Klosters Monte Cassino begraben.

Z w i l l i n g s s c h w e s t e r : Scholastika von Nursia: Geb. um 480 in Nursia; gest. um 542 bei Montecassino. Schwester, wahrscheinlich Zwillingsschwester des heiligen Benedikt von Nursia, die wie ihr Bruder als Heilige verehrt wird. Gregor der Große erwähnt sie in der *Vita des hl. Benedikt* im 2. Buch der Dialoge, doch weitere historische Zeugnisse fehlen. Scholastika wird traditionell als erste Benediktinerin betrachtet, doch ob sie tatsächlich in einer klösterlichen Gemeinschaft oder, wie zu jener Zeit üblich, allein als geweihte Jungfrau lebte, geht aus der knappen Information von Gregor nicht hervor. Laut der Vita besuchte sie ihren Bruder jährlich, wobei sie sich im Gutshaus seines Klosters trafen und den Tag miteinander im Gebet oder im geistlichen Gespräch verbrachten. Als Benedikt einmal ihre Bitte, noch über Nacht bei ihr zu bleiben, um das Gespräch fortzusetzen, nicht erfüllen wollte, brach auf ihr Gebet ein heftiges Unwetter aus, so dass er nicht aufbrechen konnte und bleiben musste. Diese Episode kommentierte Gregor mit den Worten: „Jene vermochte mehr, weil sie mehr liebte." Drei Tage später starb Scholastika. Benedikt sah sie in Gestalt einer Taube zum Himmel aufsteigen; er ließ ihren Leichnam in sein Kloster holen und in dem für ihn selbst vorgesehenen Grab beisetzen. Scholastika wird in der Kunst als Benediktinerin dargestellt; ihr Attribut ist die Taube. Die Reliquien der hl. Scholastika befinden sich unter dem Hauptaltar der Basilika von Montecassino.

R e g u l a : Benediktsregel, Benediktinerregel, lat. Regula Benedicti: Eine von Benedikt von Nursia im 6. Jhdt. verfasste Mönchsregel, die seit dem Mittelalter die Grundlage des Benediktinerordens bildet. Ursprünglich war sie wohl nur als Handreichung für die Bewohner von Benedikts eigenem Kloster auf dem Monte Cassino gedacht. Benedikt gründete bei Subiaco für die dort lebenden Eremiten zwölf kleine Klöster und sammelte um 529 zu Monte Cassino (in Kampanien) eine Mönchsgemeinschaft, die mit der von ihm geschaffenen „Regula" zur Keimzelle des Benediktinerordens und des abendländischen Mönchtums wurde. Nach der Zerstörung des Klosters 577 ist die Regula für einige Jahrzehnte nicht mehr nachweisbar, tauchte dann aber in Gallien und am Ende des 7. Jhdts in Britannien auf, von wo sie sich mit der angelsächsischen Mission auf dem europäischen Festland verbreitete.

Vgl. Benedictus de Nursia: *Regula Sancti Patris Benedicti: accedunt quaedam benedictiones et preces/iuxta antiquissimos codices recognita a Edmundo Schmidt.* Ratisbonae: Pustet, 1911.

B e u r o n e r f r e s k e n : Fresken der Beuroner Kunstschule, die 1868 von dem Maler und Bildhauer Pater Lenz in Beuron (Gemeinde und Wallfahrtsort im Kreis Sigmaringen, Baden-Württemberg) 1868 begründet wurde. Zu den Hauptwerken der Beuroner Kunstschule gehören, neben der Ausmalung der Maurus-Kapelle bei Beuron (1868–70), die Mosaiken in der Unterkapelle von Monte Cassino (1900–1913).

T h o m a : Hans Thoma: Geb. 2.10.1839, Bernau im Schwarzwald (Kreis Waldshut); gest. 7.11.1924, Karlsruhe. Deutscher Maler und Graphiker. Thoma malte realistische Porträts seiner Familie, bäuerliche Figurenbilder und stimmungsvolle Landschaften. Seine mythologischen, allegorischen und religiösen Bilder nach dem Vorbild von Böcklin sind wenig überzeugend. Unter den graphischen Arbeiten sind die Lithographien hervorzuheben.

M o n t e   C a i r o : Bergmassiv oberhalb des Tals des Lire.

F l u s s   L i r i s : Name des Oberlaufs des Flusses Garigliano (Mittelitalien), der nahe der Stadt Gaeta ins Tyrrhenische Meer bzw. ins Mittelmeer mündet.

S i r v a   –   B ä u m c h e n : Nicht ermittelt.

N . : Nantschi: Kosename für Ludwig Hänsels Frau Anna geb. Sandner: Geb. 20.7.1887, Dürrnberg bei Hallein; gest. 7.9.1976, Wien. Anna Sandner besuchte in Vöcklabruck als interne Schülerin das Pädagogium, damals bereits eine Schule der Schulschwestern von Hallein. Anschließend war sie als Lehrerin in Wals im Flachgau tätig, bis sie am 6.9.1913 Ludwig Hänsel heiratete. Am 25.11.1918 schrieb Hänsel an seine Frau folgende Zeilen:
Liebe Nantschi! Also bin ich auch gefangen. Am letzten Kriegstage. Endlich kann ich auch schreiben. Ich hätte gegen mein Los wenig einzuwenden, es geht mir verhältnismäßig wirklich gut, wenn nicht die Sorge um Euch wäre. Wie mag es Euch jetzt in Wien gehen? Alle möglichen Befürchtungen – umso mehr je weniger ich Gewisses weiß – wechseln in mir ab. Hie und da kommt auch die Hoffnung, daß Politik, Einquartierung und Diebstahl doch an unserer Insel vorübergehen würden. Viele Ratschläge hätte ich. Du wirst sie selber wissen. Überall und oft nachschauen! Wie stehts mit den Kohlen? – Damit Du doch eine männliche Hilfe hast, bitte ich Prof. Misař, dann und wann nach Dir zu schauen. 15 Zeilen darf ich schreiben. In einer Woche wieder. Verständige, bitte, Mama, Eltern, Thalhammer, Fritz. Ich küsse Euch! Ludwig. 25./11.18.

B e k e n n t n i s : Offenbar schrieb Hänsel an einem „Bekenntnis", worüber jedoch nichts Näheres ermittelt werden konnte.

B a r . : Vermutlich Abkürzung für Baracke.

K u l p e   –   M e s s e r : Vgl.: Oswald Külpe: *Einleitung in die Philosophie.* Hg. von August Messer. 8. verbesserte Auflage. Leipzig: S. Hirzel, 1918.

N i k o d e m u s r e d e : Vermutlich Anspielung auf Joh. 7, 50–53, wo Nikodemus gegenüber den jüdischen Autoritäten für Jesus eintritt. Nikodemus war ein jüdischer Schriftgelehrter und pharisäisches Mitglied des Synedrions; nach Johannes, Kap. 3, wird er als ein „Oberster unter den Juden" bezeichnet, der Jesus in der Nacht besucht. Dieser weist ihn darauf hin, dass der Eintritt in das Reich Gottes eine geistige Wiedergeburt voraussetze. Ein drittes Mal wird Nikodemus in Joh. 19, 39, erwähnt, als er bei der Grablegung Jesu Myrrhe und Aloe zur Salbung des Leichnams bringt.

E v .   J o h a n n i s : Die Verfasserschaft des Johannes-Evangeliums wurde schon früh Johannes dem Evangelisten zugeschrieben (Irenäus von Lyon mit Berufung auf Polykarp von Smyrna (gest. 150), der noch ein Schüler von Johannes gewesen sein soll. Nach den Erkenntnissen der exegetischen Forschung ist dies jedoch umstritten, zumal „Apokalypse" und „Johannes-Evangelium" nicht vom selben Verfasser stammen können.

N e m o   p r o p h e t a : Schwer leserlich. Aus dem Lat.: „Niemand ist ein Prophet". Vgl. „Nemo prophetia home" („Niemand ist Prophet in [seiner] Heimat") – ein Spruch, der auf die Evangelien bzw. die Stellung Jesu in Nazareth zurückgeht. Vgl. Matthäus 13, 57; Markus 6,4; Lukas 4, 24; Johannes 4, 44.

Joh. Ev. 7.52: „Sie antworteten und sprachen zu ihm: Bist du auch ein Galiläer? Forsche und siehe, aus Galiläa steht kein Prophet auf."

7.42: „Spricht nicht die Schrift, von dem Samen Davids und aus dem Flecken Bethlehem, da David war, solle Christus kommen?"

T h o m a s - E v a n g e l i u m : Das koptische Thomas-Evangelium (um 400) ist ein in der ägyptischen Nag-Hammadi-Bibliothek wiederentdecktes apokryphes Evangelium, das gegenüber der ursprünglichen griechischen Vorlage aus Syrien (Mitte 2. Jhdt., vielleicht mit älterem Material; Fragmente in den Oxyrhynchus-Papyri, 653/654) jedoch gnostisch bearbeitet wurde. Es ist eine Sammlung von 114 Logien Jesu, deren Quellen noch umstritten sind. Parallelen zu den Synoptikern sind erkennbar, aber lassen keine direkte Abhängigkeit erkennen; ein großer Teil erweist sich als noch unbekannte Worte Jesu und Agrapha. Das (Kindheits-)Evangelium des Thomas, ebenfalls als Thomas-Evangelium bezeichnet, enthält wohl gegen Ende des 2. Jhdts. ursprünglich griechisch abgefasste wundersame Geschichten über den fünf- bis zwölfjährigen Jesus. Die Erzählungen sind in heidenchristlichen Kreisen entstanden und haben die Volksfrömmigkeit stark beeinflusst.

L a o k o o n p r o b l e m s : Vgl. Gotthold Ephraim Lessings kunstphilosophische Studie *Laokoon: oder Über die Grenzen der Mahlerey und Poesie. Mit beyläufigen Erläuterungen verschiedener Punkte der alten Kunstgeschichte* (erschienen im Jahre 1766). Hänsel verfasste zu Lessings Schrift einen Aufsatz mit dem Titel „Zur Komposition des ‚Laokoon'", der in der *Zeitschrift für Österreichische Gymnasien*, Jg. 66, 1915, H. 6, S. 481–506 und H. 7, S. 577–589 erschienen ist.

P r ä s e s (O b s t): Der Präses (lat., eigentl. „vor etwas sitzend") bezeichnet den Titel einer leitenden (geistlichen) Person. In den Katholischen Laienverbänden bezeichnet der Präses das Amt des geistlichen Begleiters. In der Regel ist der Präses Teil des jeweiligen Verbandsvorstandes.

V e r s . : Versammlung.

V i e t r i s u l m a r e : Stadt und Gemeinde in der Provinz Salerno in der Campagnia im südlichen Italien.

v e r m . : vermutlich.

D r . L a u t e r b a c h : Möglicherweise Alexander Lauterbach, Dr. techn., der am 4. September 1917 am Monte San Gabriele gefangengenommen wurde.

L u t h e r A u s w a h l – G ö s c h e n : Möglicherweise folgendes Buch: Berlit, Georg : *Deutsche Literaturdenkmäler des 16. Jahrhunderts* (1. Band : „Martin Luther und Thomas Murner"). Berlin/Leipzig : Göschen'sche Verlagshandlung, 1913.

G ö s c h e n : Die von Georg Joachim Göschen (1752–1828) im Jahre 1785 gegründete G.J. Göschen'sche Verlagsbuchhandlung in Leipzig, die zu einem der wichtigsten Verlage der deutschen Klassik wurde.

H ö f l e r : Alois Höfler: Geb. 6.4.1853, Kirchdorf an der Krems; gest. 26.2.1922, Wien. Österr. Pädagoge und Philosoph. Promovierte 1886 bei Meinong in Graz und habilitierte sich 1895 für Philosophie und Pädagogik an der philosophischen Fakultät der Universität Wien. 1903–1907 Universitätsprofessor für Pädagogik in Prag, 1907–1922 in Wien (seit 1916 Universitätsprofessor für Pädagogik und Philosophie). Korrespondierendes Mitglied der Akademie der Wissenschaften. Obwohl er wie Ehrenfels nicht eigentlich zur Grazer Schule gehörte, war er Meinong lebenslang philosophisch und freundschaftlich verbunden. Er verfasste gemeinsam mit Meinong ein Lehrbuch der Logik. Zwischen 1883 und 1897 stellte Höfler zwei ähnlich konstruierte Farbsysteme vor. Grundfarben: Rot, Gelb, Blau und Grün. Form: Pyramide. Höflers Körper sollen die Relation zwischen dem Sehen von Farben und ihrer psychologischen Wirkung ausdrücken, und viele Lehrbücher der Psychologie haben seine Pyramiden tatsächlich übernommen, um über die Wahrnehmung von Farben zu informieren. Abgesehen von der philosophischen Psychologie, liegen Höflers bedeutendste Leistungen auf dem Gebiet der Didaktik und Wissenschaftstheorie der Naturwissenschaften. Als Obmann bzw. Ehrenobmann der philosophischen Gesellschaft der Universität Wien beeinflusste er maßgeblich den toleranten Kurs dieses für die Entwicklung der österreichischen Philosophie bedeutsamen Diskussionsforums. Werke u.a.: *Logik*, 1890; 2. stark erweiterte Auflage 1922; *Psychologie*, 1897; 2. überarbeitete Auflage 1930; *Physik mit Zusätzen aus der angewand-*

ten Mathematik, aus der Logik und Psychologie, 1904; *Didaktik des Mathematischen Unterrichts*, 1910; *Didaktik der Himmelskunde und der astronomischen Geographie*, 1913; *Das Ganze der Schulreform in Österreich*; *Stichproben und Ausblicke*, 1918; *4 Studien zum Gestaltungsgesetz. Teile I & II*, 1919/21.

S a p p h i s c h e   S t r o p h e n : Strophen aus drei elfsilbigen Versen. Vermutlich damit Hänsels selbst verfasste Gedichte an den Monte Cairo gemeint.

O b l t . P a t z l : Im selben Regiment wie Angermüller und Parak befand sich ein Josef Patzl; Oblt. Angermüller war einer seiner Vorgesetzten (neben Oblt. Gottfried Koch). 1916 war Josef Patzl Leutnant.

L t . A n g e r m ü l l e r : Vermutlich handelt es sich um Ferdinand Franz Angermüller: Geb. 8.6.1889 in Praumdorf (bei Gmunden) in O.Ö.; gest. 13.7.1976 in Salzburg. Angermüller war im Krieg im selben Regiment wie Franz Parak. Ab 28.1.1918 als vermisst gemeldet, da kriegsgefangen in Italien.

E s k i m o s c h i l d e r u n g e n   b e i   A m u n d s e n : Von 1903 bis 1906 gelang es dem norwegischen Polarforscher Roald Amundsen (1872–1928), die Nordwestpassage vom Atlantik zum Pazifik zu durchfahren. Amundsen erforschte in seinem eineinhalb-jährigen Aufenthalt auf der King-William-Insel die Lebensgewohnheiten und Überlebenstechniken der hier ansässigen Netsilik-Inuit. Vgl.: Roald Amundsen: *Die Jagd nach dem Nordpol*. Travelhistory, SDS Verlag, Hamburg/Norderstedt 2007. Vgl. auch: *Die Eroberung des Südpols 1910–1912*. J.F. Lehmann, München 1912.

K a n t s   z w e i t e r   V o r r e d e : Wahrscheinlich die Vorrede von Immanuel Kant zur *Kritik der praktischen Vernunft* gemeint, die häufig als „zweite Kritik" (nach der *Kritik der reinen Vernunft* und vor der *Kritik der Urteilskraft*) bezeichnet wird. Vgl. *Kant's Werke*. Bd. 5. *Kritik der praktischen Vernunft, Kritik der Urteilskraft*. Berlin, 1908.

P h p h i e g s c h i c h t e   v o n   M e s s e r : Vgl.: August Messer: *Geschichte der Philosophie im Altertum und Mittelalter*. Leipzig: Quelle & Meyer, 1916. Vgl. auch: August Messer: *Geschichte der Philosophie vom Beginn des 19. Jahrhunderts bis zur Gegenwart*. Leipzig: Quelle & Meyer, 1913.

D e s c a r t e s : René Descartes (Renatus Cartesius): Geb. 31.3.1596, La Haye, Touraine; gest. 11.2.1650, Stockholm. Französischer Philosoph, Mathematiker und Naturwissenschaftler. Begründer des modernen Rationalismus.
Werke u.a.: *Musicae compendium*, 1618; *Regulae ad directionem ingenii*, ca. 1628; *Discours de la méthode pour bien conduire sa raison et chercher la vérité dans les sciences*, 1637; *Meditationes de prima philosophia*, 1641; *Principia philosophiae*, 1644; *Inquisitio veritatis per lumen naturale*, ca. 1647; *Les Passions de l'âme*, 1649; *De homine*, posth. 1662.

L o c k e : John Locke: Geb. 29.8.1632, Wrington bei Bristol (Somerset); gest. 28.10.1704, Oates (Essex). Englischer Philosoph, Psychologe und Pädagoge. Hauptvertreter des Empirismus und der Erkenntniskritik der Aufklärung, der mit seinem erkenntnistheoretischen Hauptwerk und seinen politischen Schriften einen weitreichenden Einfluss auf die Philosophie des 17. und 18. Jahrhunderts ausübte. In seinem Hauptwerk *An Essay Concerning Human Understanding* (1690) widerlegt er die von Descartes vertretene These, wonach einige Prinzipien (Ideen) dem Menschen ursprünglich eingeboren seien. Weitere Werke: *Two Treatises on Government*, 1690; *A Letter Concerning Toleration*, 1689; *Some Thoughts Concerning Education*, 1693; *The Reasonableness of Christianity, as Delivered in the Scriptures*, 1695; *Essay on the Law of Nature*, 1663; *Further Considerations Concerning Raising the Value of Money*; *A Treatise on the Contact of Understanding*.

B e r k e l e y : George Berkeley: Geb. 12.3.1685, Dysart Castle in der Grafschaft Kilkenny (Irland); gest. 14.1.1753, Oxford. Irischer Philosoph und Theologe. Seine Lehre bildete sich in kritischer Auseinandersetzung mit Descartes und Locke. Berkeley lehnte den Materialismus, unter dem er die Annahme einer außerhalb des Bewusstseins existierenden Körperwelt verstand, ab. Nicht nur die sekundären Sinnesqualitäten wie Farben, Töne sind für ihn, wie schon für Locke, subjektiv, sondern auch die primären Qualitäten wie Ausdehnung und Bewegung. Sinnliche Gegenstände sind immer als Vorstellungen oder Ideen (ideas) gegeben. Ihr Sein besteht daher in ihrem Wahrgenommenwerden (esse = percipi) oder ihrem Wahrgenommenwerden-Können. Real existiert überhaupt nichts außer der Substanz des Geistes, der Seele und des Ich. Gegen diese irrtümlich als subjektiven Idealismus gedeutete Lehre wandte sich später Kant. Berkeley stellte die Außenwelt aber nicht grundsätzlich in Frage. Neben den Ideen der Einbildungskraft gibt es Ideen, die eine vom Bewusstsein unabhängige, als naturgesetzlich erfahrene Ordnung der Dinge aufweisen. Werke u.a.: *An Essay towards a New Theory of Vision*, 1709; *Treatise Concerning the Principles of Human Knowledge*, 1710; *Three Dialogues between Hylas and Philonous* 1713; *Alciphron: or the Minute Philosopher*, 1732; *Siris*, 1744; *Philosophical Commentaries*, 1707–08; *The Analyst*, 1734; *The Querist*, 1735–37.

P r i m ä r e   Q u a l i t ä t e n : Die Lehre von den primären und sekundären Qualitäten bezeichnet eine Unterscheidung von zwei Arten der Qualitäten: 1. solchen, die den Dingen angehören und damit unabhängig von der Erkenntnisfähigkeit des Menschen existieren (= primäre Qualitäten); 2. solchen, die lediglich Resultat der Tätigkeit der menschlichen Sinnesorgane sind und außerhalb derselben keine Existenz haben sollen (= sekundäre Qualitäten). Der Ursprung dieser Lehre geht auf die antike Atomistik bei Demokrit zurück, dem Epikur und Lukrez folgten. Im 16. und 17. Jhdt. erreichte die Lehre größte Bedeutung im Zusammenhang mit der Entwicklung von Naturwissenschaft und Philosophie, wobei Tommaso Campanella, Galileo Galilei, Thomas Hobbes, René Descartes, Pierre Gassendi, Isaac Newton, Robert Boyle u.a. zu nennen sind. Am ausgeprägtesten wird die Lehre von John Locke vertreten: Nach ihm gäbe es solche Qualitäten, „die vom Körper, in welchem Zustand er auch sein möge, völlig untrennbar sind … Diese nenne ich *ursprüngliche* oder *primäre* Qualitäten der Körper … nämlich Festigkeit, Ausdehnung, Gestalt, Bewegung oder Ruhe und Zahl." Daneben gäbe es „solche Qualitäten, die in Wahrheit in den Objekten selbst sind als die Kräfte, vermittels ihrer Qualitäten … verschiedenartige Sensationen in uns erzeugen, wie zum Beispiel Farben, Töne, Geschmacksarten usw. Diese nenne ich sekundäre Qualitäten." (vgl. John Locke: *Über den menschlichen Verstand*, I, Zweites Buch, VIII, § 9 und 10). Ganz anders kommt es – im Anschluss an Locke – aber im Kampf gegen den Materialismus bei George Berkeley und David Hume zu der Uminterpretation, dass auch die primären Qualitäten keinen objektiven Charakter trügen, sondern ausschließlich als (subjektivistisch idealistisch aufgefasste) Wahrnehmungsinhalte angesehen werden müssten. In diesem Sinne werden dann später in der Immanenzphilosophie alle Qualitäten als Bewusstseinsinhalte aufgefasst.

E i n u n d z w a n z i g e r : Vermutlich Bezeichnung für Angehörige eines Verbandes oder einer (Heeres-)Einheit. (Infanterieregiment 21 oder Feldjägerbataillon 21 o.ä.)

d a s   D e u t s c h e   R e c h t   (g e r m a n .   Z e i t) : Die Geschichte des deutschen Strafrechts beginnt mit der germanischen Zeit, die bis zum Ende des sechsten Jahrhunderts dauerte. Die germanischen Stammesrechte schrieben Bußleistungen oder Zahlungen des Täters an die Opfer der Straftat vor. Öffentliche Bestrafung war allenfalls bei gegen die Gemeinschaft gerichteten Taten wie etwa einem Verrat militärischer Vorhaben denkbar.

D o n   Q u i x o t e : Ältere Schreibweise von „Don Quijote", dem Roman von Miguel de Cervantes Saavedra (1547–1616). Vgl. *El ingenioso hidalgo Don Quixote de la Mancha* (2 Teile, 1605–1615).

D a u d e t : Alphonse Daudet: Geb. 13.5.1840, Nîmes; gest. 16.12.1897, Paris. Französischer Schriftsteller. In seinen vom Naturalismus beeinflussten Romanen über das Schicksal von Menschen aus verschiedenen Gruppen des Bürgertums berührt er häufig das Tragische. In den humorvollen *Lettres de mon moulin* (1866) fängt er die Atmosphäre der Provence ein. In der *Tartarin-Trilogie* wird der Kleinstadtbürger und die Prahlerei des Südfranzosen auf gutmütige Art verspottet. Weitere Werke u.a.: *Les Amoureuses*, 1858; *Adventures prodigieuses de Tartarin de Tarascon*, 1872; *Contes du lundi*; *Fromont jeune et Risler aîné*, 1874; *Jack*, 1876; *Le Nabab*, 1877; *Les Rois en exil*, 1879; *Numa Roumestan*, (1881). *Sappho* (Roman), 1884; *L'Arlésienne* (Drama), 1872; *Souvenirs d'un homme de lettres*, 1888. *Le Petit Chose*, 1868; *La Dolou*, 1887–1895.

L ' i m m o r t e l : Vgl.: Alphonse Daudet: *L'immortel*. Paris: Lemerre, 1890. Der Roman ist eine bittere Attacke auf die *Académie française*, zu der Daudet nie gehörte.

O f f z . : Vermutlich Abkürzung für Offiziere.

S a p p h o : Eigentl. Psappho: Geb. zw. 630 und 612 v. Chr.; gest. um 570 v. Chr. Bedeutendste Lyrikerin der Antike.

M a u p a s s a n t : Guy de Maupassant: Geb. 5.8.1850, Schloß Miromesnil (bei Dieppe, Normandie); gest. 6.7.1893, Passy bei Paris. Französischer Schriftsteller. Gehörte zum Kreis um Flaubert und widmete sich nach dem Erscheinen seiner Novelle *Boule de suif* (1880; dt. *Fettklößchen*) in *Les soirées de Médan*, einem literarischen Forum der Naturalisten um Émile Zola, ganz der Literatur. Werke: Novellen: *La maison Tellier*, 1881; *Mademoiselle Fifi*, 1882; *Clair de lune*, 1883; *Contes de la Bécasse*, 1883; *Miss Harriet*, 1884; *Les Sœurs Rondoli*, 1884; *Yvette*, 1884; *Le Diable*, 1886; *Monsieur Parent*, 1886; *La Petite Roque*, 1886; *Le Horla*, 1887; *Le Vagabond*; *Le Bonheur*; *La Mère Sauvage*; *Deux amis*; *Saint-Antoine*; *Un duel*; *Le père Milon*; *La Peur*. Romane: *Une Vie, 1883*; *Bel-Ami*, 1885; *Mont-Oriol*, 1887; *Pierre et Jean*, 1888; *Fort comme la mort*, 1889; *Notre Cœur*, 1890; *Le Penner Ignor*, 1895.

B e l   A m i : Roman von Guy de Maupassant (1850–1893), erschienen 1885. Vgl. Guy de Maupassant: *Bel-Ami*. Dtv. Der Taschenbuch Verlag, 1885.

M a d a m e   B o v a r y : Roman von Gustave Flaubert (1821–1880), erschienen 1857. 1856 wurde der Roman in *La Revue de Paris*, 1857 schließlich als Buch veröffentlicht. Vgl. Gustave Flaubert: *Madame Bovary. Ein Sittenbild aus der Provinz*. Übers. von Josef Ettlinger. Dresden: Pierson, 1892.

A .   F r a n c e : Anatole France: Eigentl. Jacques Francois Anatole Thibault. Geb. 16.4.1844, Paris; gest. 12.10.1924, Gut La Béchellerie bei Saint-Cyr-sur-Loire. Französischer Schriftsteller. Verkörperte als Erzähler, Essayist und Literaturkritiker den Rationalismus sowie die humanistische und antiklerikale Tradition der Aufklärung. In seinen von Ironie, Skeptizismus und Pessimismus geprägten Werken schildert er Epochen geistigen und kulturellen Umbruchs und Niedergangs. Werke: Romane und Erzählungen: *Le Crime de Sylvestre Bonnard, membre de l'Institut*; 1881; *La Rôtisserie de la reine Pédauque, 1892/93*; *Le lys rouge*, 1894; Tetralogie: *L'histoire contemporaine*; *Sur la pierre blanche*; *L'Île des pingouins*, 1908; *Les dieux ont soif*, 1912; *La révolte des anges*, 1914. Historisches: *Thaïs*, 1889/90; *La Vie de Jeanne d' Arc*, 1908. Aphorismen: *Les opinions de M. Jérôme Coignard*, 1893; *Le jardin d' Épicure*, 1895. Essays: *La vie littéraire*, in: *Le Temps*, Jg. 27–33 (1887–93).

G .   F r e y t a g : Gustav Freytag: Geb. 13.7.1816, Kreuzburg (Oberschlesien); gest. 30.4.1895, Wiesbaden. Kulturhistoriker und Schriftsteller. Leitete in Leipzig gemeinsam mit Julian Schmidt die Zeitschrift *Die Grenzboten*, die er zum einflussreichsten Organ des nationalliberalen deutschen Bürgertums machte. Sein Roman *Soll und Haben* (3 Bde, 1855) stellt den deutschen Kaufmann als Hauptvertreter solider Tüchtigkeit dar; Vorbilder für dieses Werk, das ein Bild der sozialen Schichten der Zeit gibt, waren Charles Dickens und Sir Walter Scott. Dieser Roman wurde nach dem 2. Weltkrieg wegen angeblich antisemitischer Tendenzen heftig kritisiert. Andererseits hat Freytag sich in mehreren Aufsätzen ausdrücklich gegen den Antisemitismus ausgesprochen. Der Romanzyklus *Die Ahnen* (6 Bde, 1872–1880) schildert die Schicksale einer deutschen Familie von der germanischen Vorzeit bis zur Gegenwart. Die *Bilder aus der deutschen Vergangenheit* (4 Bde, 1859–1867) ist sein kulturgeschichtliches Hauptwerk. Weitere Werke: *Die Journalisten* (Lustspiel), 1854; *Die Technik des Dramas*, 1863; *Die verlorene Handschrift* (Roman, 5 Bde), 1864; *Erinnerungen aus meinem Leben*, 1866.

N o t r e   D a m e : Vgl. Victor Hugo: *Notre Dame de Paris*. Paris: Hetzel, 1831.

T u n n e l   K e l l e r m a n n s : Vgl.: Bernhard Kellermann: *Der Tunnel*. S. Fischer Verlag, 1913. Bedeutendstes Werk von Kellermann, das zu einem der erfolgreichsten Bücher der ersten Hälfte des 20. Jhdts. wurde. Kellermann rezipiert darin die technikbegeisterte Einstellung seiner Epoche; daneben antizipiert er gesellschaftliche Ereignisse wie die Weltwirtschaftskrise.
Bernhard Kellermann: Geb. 4.3.1879, Fürth; gest. 17.10.1951, Klein Glienicke (heute zu Potsdam). Schriftsteller. Studium der Malerei und Germanistik in München. Unternahm größere Reisen, u.a. nach Japan und in die USA. 1945 Mitbegründer und Vizepräsident des „Kulturbundes zur demokratischen Erneuerung Deutschlands", 1949 Volkskammer-Abgeordneter in der Deutschen Demo-

kratischen Republik. Kellermann begann mit impressionistischer Prosa. Die größten Erfolge hatte er jedoch mit den Romanen *Der Tunnel* (1913) und *Der 9. November* (1920, Neubearbeitung 1946). Daneben entstanden Dramen, Essays und Reiseberichte. Weitere Werke u.a.: *Yester und Li* (1904); *Ingeborg* (1906); *Das Meer* (1910); *Die Brüder Schellenberg*, 1925; *Die Stadt Anatol*, 1932; *Das Blaue Band*, 1938; *Totentanz*, 1948; *Der Krieg im Westen*, 1915.

F l a u b e r t : Gustave Flaubert: Geb. 12.12.1821, Rouen, Haute-Normandie; gest. 8.5.1880, Canteleu. Französischer Schriftsteller. Literarischer Durchbruch mit dem Roman *Madame Bovary* (1857), wodurch Flaubert zum Überwinder der Romantik und zum Begründer des Realismus in Frankreich wurde. Weitere Werke: *Salammbô*, 1862; *La Femme du Monde*; *La Tentation de Saint-Antoine*, 1874; *L'Éducation sentimentale*, 1869; *La Spirale*; *Bouvard et Pécuchet* (Romanfragment, hg. 1881); *Trois Contes* (mit *Un cœur simple*), 1877; *Mémoires d'un fou*; *Novembre*; *Dictionnaire des idées reçues*.

Z o l a : Émile Zola: Geb. 2.4.1840, Paris; gest. 29.9.1902, Paris. Französischer Schriftsteller und Journalist. Rezipierte früh die Literatur der französischen Romantik, arbeitete ab 1866 als Journalist und freier Schriftsteller und engagierte sich als Kunstkritiker für den Impressionismus in der Malerei. In der Dreyfus-Affäre setzte er sich für den unschuldig verurteilten Alfred Dreyfus ein. Zola gilt als der eigentliche Programmatiker und Hauptvertreter des europäischen Naturalismus. Werke u.a.: *La Débâcle* (Der Zusammenbruch), 1892; *Nana*, 1879/1880; *L'Assommoir* (Der Totschläger), 1877; *Germinal*, 1885; *L'Oeuvre* (Das Werk), 1886; *Thérèse Raquin*, 1867.

B a l z a c : Honoré de Balzac: Geb. 20.5.1799, Tours; gest. 18.8.1850, Paris. Französischer Schriftsteller. Neben Molière und Victor Hugo gilt er als einer der größten französischen Autoren überhaupt und bildet mit dem 17 Jahre älteren Stendhal und dem 22 Jahre jüngeren Flaubert das Dreigestirn der großen französischen Realisten, obwohl er eigentlich zur Generation der Romantiker gehört. Nach der Veröffentlichung einer Reihe von Kolportageromanen unter fremden Namen gelang ihm mit der *Physiologie du marriage* im Jahre 1929 ein Skandalerfolg, und mit *Le dernier Chouan ou la Bretagne en 1800* sein erster literarischer Erfolg. Sein Hauptwerk ist der rund 90 Titel umfassende, aber unvollendete Romanzyklus *La Comédie humaine*, dessen Romane und Erzählungen ein Gesamtbild der Gesellschaft im Frankreich seiner Zeit zu zeichnen versuchen. Balzac gilt als Begründer des „soziologischen Realismus". Zu den bekanntesten Erzählungen und Romanen gehören: *Le Colonel Chabert*, 1832; *El Verdugo*, 1931; *La femme abandonnée*, 1832; *La Femme de trente ans*, 1831–44; *Le contes drolatiques*, 1832–37; *Eugénie Grandet*, 1834; *Le médecin de campagne*, 1833; *Le Père Goriot*, 1835; *Splendeurs et misères des courtisanes*, 1838–4; *La cousine Bette*, 1846; *Le cousin Pons ou le deux musicisiens*, 1847.

M a r e s c i a l l o : Italien.: Feldwebel.

W i l s o n : Thomas Woodrow Wilson (1856–1924), 28. Präsident der USA (von 1913–1921).

P a r a d e g r e n a d i e r m a r s c h : Der Grenadiermarsch ist eine österreichische Speise aus Kartoffeln, Teigwaren, Speck, Wurst etc.

C l a u d i n e v o n V i l l a - B e l l a : Ein Schauspiel mit Gesang von Johann Wolfgang von Goethe (1776), das mehrfach vertont wurde, unter anderem von Johann Friedrich Reichardt (1789), Franz Schubert (1815) und Engelbert Humperdinck (1868–1872; EHWV 5).

V e r s e [. . .] a u f d e n M o n t e C a i r o : Gedichte Hänsels, die er in der Gefangenschaft verfasste. Vgl. „Sapphsche Strophen auf den Monte Cairo."

R o u g e e t N o i r : Vgl. Stendhal: *Le Rouge et le Noir* (2 Bände, 1830, datiert 1831).

D i s c i p l e : Vgl. Paul Bourget: *Le Disciple*. Paris 1888.

S t e n d h a l : Eigentl. Marie-Henri Beyle: Geb. 23.1.1783, Grenoble; gest. 23.3.1842, Paris. Französischer Schriftsteller. Werke u.a.: *Histoire de la Peinture en Italie*, 1817; *De l'Amour*, 1822; *Racine et Shakespeare*, 1823; *Vie de Rossini*, 1823; *Racine et Shakespeare II*, 1825; *Promenades dans Rome*, 1829; *Le Rouge et le Noir*, 1830; *Mémoires d'un touriste*, 1838; *La Chartreuse de Parme* (Die Kartause von Parma), 1839; *Chroniques Italiennes. L'Abbesse de Castro* (plus Vittoria Accoramboni et Les Cenci), 1839. Postum erschienene Werke u.a.: *Correspondance*, 1855; *Journal*, 1801–1823; *Filosofia nova*; *Théâtre*; *Ècoles italiennes de peinture*; *Mélanges de politique et d'histoire*; *Mélanges d árt*, 1867; *Romans et nouvelles*; *Souvenirs d'égotisme*, 1892; *Lucien Leuwen*, 1894; *Vie de Henri Brulard*, 1890 (Autobiographie); *Voyage dans le Midi de la France*; *Lamiel* (unvollendeter Roman); *Mélanges intimes et Marginalia*; *Le Rose et le Vert*, 1937. Fragmente: *Vie de Napoléon*, 1875; *Chroniques italiennes*, 1855; *Lettres intimes*, 1892; *Souvenirs d'égotisme*, 1892.

K a i s e r i n   E l i s a b e t h : Elisabeth Eugenie Amalie, Kaiserin von Österreich und Königin von Ungarn. Geb. 24.12.1837, München; gest. 10.9.1898, Genf. Die zweite Tochter von Herzog Maximilian Joseph in Bayern heiratete am 24.4.1854 Kaiser Franz Joseph I. von Österreich. Sie galt als exzentrisch und zur Schwermut neigend. In Genf wurde sie im Alter von 61 Jahren von einem italienischen Anarchisten erstochen.

R a i n e r   M a r i a   R i l k e : Rainer Maria Rilke: Geb. 4.12.1875, Prag; gest. 29.12.1926, Val-Mont bei Montreux. Werke u.a.: *Das Stunden-Buch*; *Das Buch der Bilder*; *Die Weise von Liebe und Tod des Cornets Christoph Rilke*, *Die Aufzeichnungen des Malte Laurids Brigge*, die *Duineser Elegien*.
Rilke war einer der Künstler, die durch Wittgensteins Spende an Ludwig von Ficker für „österreichische unbemittelte Künstler" mit einer Summe Geldes bedacht wurden. Als Dank an den „unbekannten Freund" schickte Rilke ihm eine Abschrift aus den *Duineser Elegien*, deren Veröffentlichung er damals aufgrund der allgemeinen „Verstummung" im Ersten Weltkrieg noch hinausschieben wollte. In einem Schreiben vom 13.2.1915 an Ficker bedankte sich Wittgenstein für das „herrliche Geschenk", das er während seines Kriegsdienstes auf dem Weichsel-Schiff Goplana als „Zeichen und Andenken dieser Zuneigung am Herzen" trug. (Vgl. Anton Unterkircher und Walter Methlagl: „Rainer Maria Rilke und Ludwig Wittgenstein: Abschrift ‚Aus den Elegieen' war das ‚herrliche Geschenk' an den ‚unbekannten Freund'." In: *Mitteilungen aus dem Brenner-Archiv*, Nr. 14, 1995). Hänsels Interpretation von Rilke entspricht der damaligen Zeit. Diese hat sich seither grundlegend geändert.

D i e   A u f z e i c h n u n g e n   d e s   M a l t e   L a u r i d s   B r i g g e : Vgl. Rainer Maria Rilke: *Die Aufzeichnungen des Malte Laurids Brigge*. Leipzig: Insel-Verlag, 1919.
Das Werk blieb Rilkes einziger Roman und spiegelt die eigene Existenzproblematik, Kierkegaardsche Angst und Verzweiflung wider.

D e r   M a j o r   b e i   d e r   G e i s t e r   E r s c h e i n u n g : Unklar leserlich.

H o f m a n n s t a l : Richtig: Hofmannsthal. Hugo von Hofmannsthal: Geb. 1.2.1874, Wien; gest. 15.7.1929, Rodaun bei Wien. Österreichischer Schriftsteller, Dramatiker, Lyriker, Librettist sowie Mitbegründer der Salzburger Festspiele. Einer der wichtigsten Repräsentanten des deutschsprachigen Fin de Siècle und der Wiener Moderne, des österreichischen Impressionismus und Symbolismus. Um Lyrismus und Ästhetizismus zu überwinden, wandte sich Hofmannsthal der antiken und christl. abendländischen Tradition, dem griechischen Drama (*Elektra*, 1901–1903), dem religiösen Mysterienspiel (*Jedermann*, 1903–1911), dem Altwiener Lustspiel (*Der Schwierige*, 1919) und dem österreichischen Barocktheater zu. Mit literarisch eigenständigen, von Richard Strauss vertonten Opernlibretti, schuf Hofmannsthal auch eine neue Form des Musiktheaters (*Der Rosenkavalier*, 1911); *Elektra* (Oper), 1908; *Ariadne auf Naxos*, 1911–1913; *Die Frau ohne Schatten* (Oper in 3 Akten), 1919. Weitere Werke u.a.: *Der Tor und der Tod*, 1893; *Das Bergwerk zu Falun*, 1899; Alkestis, 1893/94; *Der Tod des Tizian*, 1892/1901; *Der Unbestechliche*, 1922.

J u l f e s t : Das Julfest ist ein nordeuropäisches Fest der Wintersonnenwende. In den skandinavischen Ländern heißt Weihnachten heute „Jul", im Englischen besteht der Begriff „Yule" und im Nordfriesischen „Jül".

V e r h a e r e n : Émile Verhaeren: Geb. 21.5.1855, Sint-Amands (Prov. Antwerpen); gest. 27.11.1916, Rouen. Schriftsteller und Kunstkritiker; der als bedeutendster belgischer Dichter der Moderne gilt. Mitbegründer der literarischen Bewegung um die Zeitschrift *La Jeune Belgique*. Werke u.a.: *Les Aubes* (Drama) 1898; *Les heures claires*, 1896; *Les heures d'après-midi*, 1905; *Les heures du soir*, 1911; *Toute la Flandre*, 1904–1911 (ein flämisches Fresko, das ihn zum Nationaldichter der Flamen machte). Weitere Werke u.a.: *Les Flamandes*, 1884; *Les moines*, 1886; *Les soirs*, 1887; *Les débâcles*, 1888; *Les flambeaux noirs*, 1891; *Les campagnes hallucinées*, 1893; *Les villes tentaculaires*, 1895; *Les villages illusoires*, 1895; *Les visages de la vie*, 1899; *Réponse à une enquête*, 1905; *La multiple splendeur*, 1906; *Les rythmes souverains*, 1910; *Les ailes rouges de la guerre*, 1916.

O v i d : Ovid: Eigentl. Publius Ovidius Naso: Geb. 20.3.43 v. Chr., Sulmo (heute Sulmona); gest. etwa 17 n. Chr., Tomis (heute Constanta). Römischer Dichter. Nach Horaz' Tod der am meisten gefeierte Dichter Roms. Werke u.a.: *Amores* (Liebesgedichte); *Epistulae*; *Heroides; Medea; Ars amatoria*; Remedia amoris; Halieutica; *Phaenomena*; *Metamorphosen*; *Fasti*; *Tristia*; *Epistulae ex Ponto*.

G r ü n e w a l d : Matthias Grünewald (eigentlich Mathis Gothart-Nithart): Geb. um 1475/1480, Würzburg; gest. 31.8.1528, Halle an der Saale. Maler und Grafiker, der neben Albrecht Dürer und Bernhard Strigel als der bedeutendste deutsche Vertreter der Renaissance gilt. Grünewalds Werk ist dem Umfang nach gering, doch gehört es zu den bedeutendsten Äußerungen der deutschen Kunst. Heute sind von fünf Altären 21 Einzelbilder und fünf Andachtsbilder erhalten, außerdem noch 35 Zeichnungen und Studien. Grünewalds erste Werke waren der sog. *Lindenhardter Altar* (1503) und *Die Verspottung Christi* (1504).
Weitere Werke u.a.: *Heller-Altar*, Außenseite, 1511; *Isenheimer Altar*, 1513; *Die Beweinung Christi* (in der Stiftskirche Aschaffenburg); *Trias Romana*; *Maria-Schnee-Altar* (*Stuppacher Madonna, Schneewunder*); *Klein-Kruzifix*; *Flügelaltar* in der alten Wehrkirche in Lindenhardt; *Tauberbischofsheimer Altar* (*Kreuzigung, Kreuztragung*); *Die Beweinung Christi* (heute in der Aschaffenburger Basilika St. Peter und Alexander).

H u y s m a n s : Joris-Karl Huysmans (eigentlich Georges Marie Charles Huysmans): Geb. 5.2.1848, Paris; gest. 12.5.1907, Paris. Französischer Schriftsteller. 1876 Bekanntschaft mit Émile Zola und der um diesen versammelten Gruppe der Naturalisten. Die erzählenden Werke Huysmans' sind vorwiegend im Milieu der Pariser Unterschicht angesiedelt und von einem drastischen Realismus bestimmt. Dazu gehören der Roman *Les soeurs Vatard* (1879), die Erzählung *Sac au dos* (1880), der Roman *En ménage* (1881), der Roman *La Retraite de M. Bougran* (1881) und *À vau-l'eau* (1882). 1883 publizierte er unter dem Titel *L'Art moderne* einen Sammelband mit Kunstkritiken aus den Jahren 1879–1882. Mit dem 1884 erschienen Roman *À rebours* (*Gegen den Strich*) sicherte er sich seinen Platz in der Literaturgeschichte. Während der Erfolg dieses Romans sich eher auf ein intellektuelles Publikum beschränkte, wurde *Là-bas* (1890) ein Bestseller und *La Cathédrale* (1898) sein größter Verkaufserfolg. Ab 1892 mehrere Klosteraufenthalte, Einkleidung als Laienbruder in Ligugé bei Poitiers, schließlich Rückzug in ein Pariser Benediktiner-Kloster, wo er einem Krebsleiden erlag.
Weitere Werke u.a.: *Marthe. Histoire d'une fille; Le Drageoir à épices*, 1874; En rade, 1887; *En route*, 1895; *L'Oblat*, 1903; *Les foules de Lourdes*, 1906.

n a c h F i e d l e r : Konrad Fiedler: Geb. 23.9.1841, Oederan; gest. 3.6.1895, München. Kunsttheoretiker. Im Kreis der deutsch-römischen Künstler Anselm Feuerbach, Adolf von Hildebrand und Hans von Marées entwickelte er ein auf der Philosophie Kants und auch auf Schopenhauer fußendes kunstphilosophisches Konzept des autonomen Kunstwerks. In den Werken von Hildebrand und Marées sah er die Möglichkeit einer neuen Kunstsprache, die einzig den Gesetzen der Kunst und nicht, wie in der damaligen Historienmalerei üblich, der außerkünstlerischen Realität verpflichtet war. Die in seinen Schriften – wie z. B. *Über die Beurteilung von Werken der bildenden Kunst* (1876) und *Über den Ursprung der künstlerischen Tätigkeit* (1887) – entwickelte Kunsttheorie, die den autonomen Charakter des Kunstwerks betont, wurde zur Grundlage für die objektive (formale) Kunstbetrachtung des späten 19. Jhdts.

i m S ü d - D e u t s c h e n M o n a t s h e f t : Die Süddeutschen Monatshefte waren eine von 1904 bis 1936 in München erscheinende Kulturzeitschrift, deren Ziel es war, die geistig-kulturelle Bedeutung Süddeutschlands im Kaiserreich bzw. in der Weimarer Republik hervorzuheben. In der Anfangsphase war die Zeitschrift liberal, nach dem Ersten Weltkrieg wurde sie jedoch zu einem nationalistischen Medium.

S c h i e l e : Egon Schiele: Geb. 12.6.1890, Tulln; gest. 31.10.1918, Wien. 1906–1909 Studium an der Wiener Akademie der bildenden Künste. Zunächst dem Secessionsstil verpflichtet, gelangte er zu einer seine eigene Existenz befragenden expressiven Ausdrucksweise. Werke u.a. : *Agonie*; *Doppelporträt Heinrich und Otto Benesch*; *Tod und Mädchen*; *Umarmung*; *Die Familie*.

Die größte Schiele-Sammlung befindet sich im Leopold Museum in Wien, weitere Werke in der Albertina, im Schloss Belvedere und im Egon-Schiele-Museum in Tulln.

K o k o s c h k a : Oskar Kokoschka: Geb. 1.3.1886, Pöchlarn, N.Ö.; gest. 22.2.1980, Montreux, Schweiz. Österreichischer Maler, Graphiker und Schriftsteller. Ab 1907 Mitarbeiter der Wiener Werkstätte. 1908 Veröffentlichung der Erzählung „Die träumenden Knaben", illustriert mit Lithographien, in denen noch der Einfluss des Jugendstils nachwirkt. Im selben Jahr Bekanntschaft mit Adolf Loos, der ihn förderte. 1909 erste psychologisierende Porträts. 1938 emigrierte Kokoschka nach London, wo er 1946 die britische Staatsbürgerschaft erhielt. 1953 war er unter den Mitbegründern der *Schule des Sehens* an der Internationalen Sommerakademie in Salzburg, deren Hauptkurs er bis 1962 leitete. Ab 1954 lebte er in Villeneuve am Genfer See, 1975 nahm er wieder die österreichische Staatsbürgerschaft an.
Werke u.a.: Gemälde: *Bildnis Herwarth Walden*, 1910; *Die Windsbraut*, 1913; *Selbstbildnis*, 1918; *Die Macht der Musik*, 1918; *Dresden-Neustadt*, 1922; *Pan: Trudl mit Ziege*, 1931; *Prag: Karlsbrücke*, 1934; *Selbstbildnis eines „entarteten Künstlers"*, 1937; *Bildnis Prof. Dr. Theodor Heuss*, 1950; *Prometheus-Triptychon*, 1950; *Der Hafen von Hamburg*, 1951; *Geschwister Feilchenfeldt*, 1952; *Thermopylae-Triptychon*, 1954; Bühnenbilder und Kostüme für *Die Zauberflöte*, Salzburger Festspiele, 1955; *Wien, Staatsoper*, 1956; *Ansicht der Stadt Köln vom Messeturm aus*, 1956; *Porträt Konrad Adenauer*, 1966. Schriften: *Mörder, Hoffnung der Frauen* (Drama), 1909; *Der brennende Dornbusch* (Drama), 1911; *Hiob* (Drama), 1917; *Orpheus und Eurydike* (Drama), 1919. 1923 Neufassung als Opernlibretto, Musik: Ernst Krenek; *Comenius* (Drama), 1936–38/1972; *Schriften 1907–1955*, hg. von Hans Maria Wingler, 1956; *Mein Leben*. Vorwort und dokumentarische Mitarbeit von Remigius Netzer, 1971; *Das schriftliche Werk*, hg. von Heinz Spielmann, 1973ff.

M é c o n t e n t   d e   t o u s   e t   m é c o n t e n t   d e   m o i   …   S e i g n e u r   m o n   D i e u , a c c o r d e z - m o i   l a   g r â c e   d e   p r o d u i r e   q u e l q u e s   b e a u x   v e r s e s   … : Richtig: „mécontent de tous et mécontent de moi": „unzufrieden mit allen und unzufrieden mit mir … Herr, mein Gott, gewähre mir die Gnade, ein paar schöne Verse hervorzubringen".

V e r w o r f e n h e i t s k l a g e   (J e r e m i a s) : Vgl.: *Die Klagelieder Jeremias*, 1–5: 1. Kapitel: Jerusalem, verödet und beschimpft, klagt und fleht um Hilfe; 3. Kapitel: Jeremias Klage und Trost; 5. Kapitel: Gebet des gedrückten Volkes um Gnade und Hilfe. (Vgl. 5,22: „Denn du hast uns verworfen, und bist allzu sehr über uns erzürnt").
Vgl. auch Jeremia 8, 23: „Ach daß ich Wasser genug hätte in meinem Haupte und meine Augen Tränenquellen wären, dass ich Tag und Nacht beweinen möchte die Erschlagenen in meinem Volk!" (Vgl. auch 13,17 und Klagelied 1, 16). Vgl. auch Jeremia 9. Kapitel: Klage über das Verderben des Volks, das mit seinem unbeschnittenen Herzen den einzigen Weg des Heils verschmäht.

P r i n z e n   H o h e n l o h e : Das Haus Hohenlohe ist ein fränkisches Adelsgeschlecht. Die Herren von Hohenlohe (ursprünglich „Herren von Weikersheim") wurden 1450 in den Reichsgrafenstand erhoben, ab Mitte des 18. Jahrhunderts wurden das Gebiet und seine Herrscher fürstlich. Um welchen Prinzen es sich in Hänsels Tagebuchnotiz handelte, konnte nicht ermittelt werden.

R i c h .   D e h m e l : Richard Dehmel: Geb. 18.11.1863, Wendisch-Hermsdorf bei Sagan; gest. 8.2.1920, Blankenese (heute zu Hamburg). Deutscher Dichter und Schriftsteller. Nach journalistischen Anfängen ab 1895 freier Schriftsteller. In der Zeit vor dem Ersten Weltkrieg galt er als einer der bedeutendsten deutschsprachigen Lyriker. Komponisten wie Richard Strauss, Max Reger, Arnold Schönberg, Heinrich Kaspar Schmid und Kurt Weill vertonten seine Gedichte oder wurden zu Kompositionen angeregt. Dehmel war leidenschaftlicher Pathetiker eines sozial betonten Naturalismus, zugleich geprägt vom Impressionismus und Vorläufer sowie Wegbereiter des Expressionismus. Er lehnte die klassisch-romantische Tradition ab und ließ gereimte und ungereimte freie Rhythmen mit starker Bildkraft entstehen.
Werke u.a.: *Erlösungen*. Eine Seelenwandlung in Gedichten und Sprüchen, 1891; *Aber die Liebe*. Ein Ehemanns- und Menschenbuch, 1893; *Lebensblätter*. Gedichte und Anderes, 1895; *Der Mitmensch*. Drama, 1895; *Weib und Welt*. Gedichte und Märchen, 1896; *Weib und Welt*. Gedichte, 1901; *Lucifer*. Ein Tanz- und Glanzspiel, 1901; *Zwei Menschen*. Roman in Romanzen, 1903; *Die Verwandlung der Venus*. Rhapsodie, 1907; *Anno Domini 1812*. Gedicht, 1907; *Die Gottesnacht*. Ein Erlebnis in Träumen, 1911; *Michel Michael*. Komödie, 1911; *Schöne wilde Welt*. Neue

Gedichte und Sprüche, 1913; *Volksstimme – Gottesstimme*. Kriegsgedichte, 1914; *Die Menschenfreunde*. Drama, 1917; *Zwischen Volk und Menschheit*. Kriegstagebuch, 1919. *Bekenntnisse*, 1926.

Ludwig Hänsel verfasste folgenden Artikel zu Richard Dehmel: „Richard Dehmel und die Menschenfreunde". In: *Zeitschrift für Österr. Gymnasien* 66, 1915, Heft 6, S. 481–506, Heft 7, S. 577–589. Im März 1920 hielt Hänsel an der Wiener Urania drei Vorträge über „Richard Dehmel als Erzähler und Dramatiker". I. „Michel Michael" und das Kriegstagebuch; II. „Menschenfreunde", „Mitmensch" und Novellen; III. Die Märchen (vgl. *Verlautbarungen des Volksbildungshauses Wiener Urania*, Nr. 8, 21.2.1920, S. 4). Vgl. auch das 3. Heft von Hänsel.

B l i n d e   L i e b e : Vgl. Richard Dehmel: *Blinde Liebe*. Eine Geschichte aus höchsten Kreisen sehr frei nach dem Englischen des Laurence Housman. Mit Zeichnungen von O.H. Hadank. Berlin: Wilhelm Borngräber Verlag, [1912].

O . J .   B i e r b a u m : Otto Julius Bierbaum: Geb. 28.6.1865, Grünberg in Schlesien; gest. 1.2.1910, Dresden. Schriftsteller. 1890 Mitarbeiter an der Zeitschrift „Die Gesellschaft" in München, 1894 Leiter der Zeitschrift „Die freie Bühne" in Berlin, 1894 Mitbegründer der Kunstzeitschrift „Pan" und „Die Insel". Als Erzähler wurde er besonders mit dem Roman *Stilpe* (1897), der Lebensschilderung eines Bohemiens, und mit *Prinz Kuckuck* (1906–07), einer satirischen Schilderung der wilhelminischen Zeit, bekannt. Bierbaum schrieb auch Dramen und Reiseberichte. Werke u.a.: Lyrik: *Erlebte Gedichte*, 1892; *Nemt frouwe, disen Kranz*, 1894; *Irrgarten der Liebe*, 1901; *Maultrommel und Flöte*, 1907. – Erzählungen: *Studentenbeichten*, 2 Bde; *Die Schlangendame*; *Die Haare der heiligen Fringilla*.

D i e   H a a r e   d e r   h l .   F r i n g i l l a : Vgl. Otto Julius Bierbaum: *Die Haare der heiligen Fringilla und andere Geschichten*. München: Albert Langen Verlag, 1904.

„ S i n a ï d e   o d e r   d i e   f r e i e   L i e b e   i n   Z ü r i c h " : Vgl. Otto Julius Bierbaum: „Sinaïde oder Die frei Liebe in Zürich". Erzählung in: *Die Haare der heiligen Fringilla und andere Geschichten*. Erzählung. München: Albert Langen Verlag, 1904.

E i n f ü h r u n g   F r a n k   W e d e k i n d s : Frank Wedekind: Eigentlich Benjamin Franklin Wedekind. Geb. 24.7.1864, Hannover; gest. 9.3.1918, München. Schriftsteller. Begründer und Mitarbeiter der Satirezeitschrift „Simplicissimus". Wedekinds geistreiche, witzige Dramen sind gegen die Erstarrung des Bürgertums, bes. gegen traditionelle Moralvorstellungen, gerichtet. Werke: Dramen: *Frühlings Erwachen*, 1891; *Der Erdgeist* (1895, 1903 unter dem Titel *Lulu*, Fortsetzung 1903 unter dem Titel *Die Büchse der Pandora*; beide als Opern vertont von Alban Berg unter dem Titel *Lulu*); *Der Kammersänger*, 1897; *Der Liebestrank*, 1891; *Marquis von Keith*, 1901; *So ist das Leben*, 1902; *Totentanz*, 1905; *Musik*, 1907; *Schloß Wetterstein*; *Bismarck*, 1914/15; *Herakles*, dramatisches Gedicht, 1916/17. Romanfragment: *Mine-Haha Oder über die körperliche Erziehung der jungen Mädchen*. Prosa: *Die Fürstin Russalka*, Gedichte, Erzählungen, Pantomimen, 1897; *Lautenlieder*.

„ A s c h e r m i t t w o c h " : Erzählung von Otto Julius Bierbaum. In: *Die Haare der heiligen Fringilla und andere Geschichten*.

„ N a c h   d e m   B a l l e " : Erzählung von Otto Julius Bierbaum. In: *Die Haare der heiligen Fringilla und andere Geschichten*.

T o d   v o n   V e n e d i g : Vgl. *Der Tod in Venedig*. Novelle von Thomas Mann, 1912 erschienen.

G e n o v e f a   d e s   P u v i s   d e   C h a v . : Pierre Cécile Puvis de Chavannes: Geb. 14.12.1824, Lyon; gest. 24.10.1898, Paris. Französischer Maler. Schüler von Thomas Couture und Eugène Delacroix. Seine symbolistische Malerei, vor allem Wandbilder (auf Leinwand) für öffentliche Gebäude, behandelt mythologische, allegorische und religiöse Themen. Bedeutend sind vor allem zwei Genoveva-Zyklen im Panthéon in Paris: „Die hl. Genoveva als Kind im Gebet", 1879; „Genoveva als Schutzheilige von Paris" bzw. „Genoveva wacht über die schlafende Stadt von Paris", 1898.

B a u d e l a i r e : Charles Baudelaire: Geb. 9.4.1821, Paris; gest. 31.8.1867, Paris. Französischer Schriftsteller. Gilt heute als einer der größten französischen Lyriker und als einer der wichtigsten Wegbereiter der europäischen literarischen Moderne. Übersetzte den amerikanischen Erzähler und Lyriker Edward Allan Poe, dem er sich als geistesverwandt fühlte. Mit der Veröffentlichung von

Les Fleurs du Mal, einer Sammlung von 100 Gedichten, ging Baudelaire in die Literaturgeschichte ein. Seine Dichtung wirkte auch in andere Länder hinüber: er beeinflusste u.a. Stefan George, von dem die erste Übertragung der *Fleurs du Mal* stammt. Zudem war Baudelaire ein kompetenter Verfasser von Berichten über Kunstausstellungen, Literaturkritiker und Übersetzer.
Werke u.a.: Vorwort: *Sa vie et ses oeuvres* (über Edward Allan Poe). *Histoires Extraordinaires*, 1856; *Les Fleurs du Mal*, 1857; *Théophile Gautier*, 1859; *Die Fotografie und das moderne Publikum* (Essay), 1859; *Les paradis artificiels, opium et haschisch*, 1860; *Richard Wagner et Tannhäuser à Paris*, 1861; *Le Spleen de Paris* (posthum; Nachdichtung von Oskar Ansull), 1868; *Curiosités esthétiques*, 1868.

I b s e n : Henrik Ibsen: Geb. 20.3.1828, Skien; gest. 23.5.1906, Kristiania (heute Oslo). Norwegischer Dramatiker. 1877 schuf Ibsen die neue Gattung des „Gesellschaftsstücks", das mit radikaler Kritik an gesellschaftlichen Verhältnissen den Beginn des modernen Dramas markierte.
Weitere Werke: *Das Hünengrab*, 1850; *Die Johannisnacht*, 1853; *Brand*, 1866; *Et dukkehjem* (*Nora oder Ein Puppenheim*), 1879; *Hedda Gabler*, 1890; *Bygmester Solness* (*Baumeister Solness*), 1892; *Wenn wir Toten erwachen*, 1899; *Kaiser und Galiläer*, 1873; *Gespenster*, 1881; *Ein Volksfeind*, 1882; *Die Wildente*, 1884; *Rosmersholm*, 1886; *Die Frau vom Meer*, 1888; *Klein Eyolf*, 1894; *John Gabriel Borkman*, 1896.
In seinem Aufsatz „Wittgenstein's Attraction to Norway: the Cultural Context" schreibt Ivar Oxaal, dass Wittgenstein wahrscheinlich schon im Alter von 13 Jahren Ibsens dramatische Beschreibung von Norwegen (für die Leser der damals führenden liberalen Wiener Zeitschrift *Neue Freie Presse*) gelesen hätte. Laut Knut Erik Tranøy, der als norwegischer Student in Cambridge häufig mit Wittgenstein sprach, hat diesen insbesondere Ibsens frühes dramatische Gedicht „Brand" beeindruckt, das er schon vor seiner Reise nach Norwegen gelesen, aber erst nach einem langen, kalten und dunklen Winter in Norwegen ganz verstanden habe. Von allen Charakteren, die Ibsen schuf, so Tranøy, scheint keiner Wittgenstein ähnlicher zu sein als Brand, der Pfarrer – sowohl in der Ernsthaftigkeit seiner moralischen Ansprüche als auch in seinen menschlichen Schwächen und Versagen. (Vgl.: *Acta Philosophica Fennica*, Vol 28, Nos. 1–3 (1976), „Essays on Wittgenstein in Honour of G.H. von Wright", pp. 11–21, zit. nach: Ivaar Oxaal: „Wittgenstein's Attraction to Norway: The Cultural Context", pp. 67–82. In: *Wittgenstein and Norway*. Ed. by Kjell S. Johannessen, Rolf Larsen and Knut Olav Åmås. Oslo: Solum Forlag, 1994.)

M a r i e G r u b b e : *Fru Marie Grubbe*. Roman des dänischen Schriftstellers Jens Peter Jacobsen (1847–1885). Geschichte einer historischen Figur aus dem 17. Jhdt., die der Liebe wegen einen Abstieg von der Prinzengattin zur Frau eines Kutschers vollzieht, dabei aber gerade ihr Glück findet.

H a n n o B u d d e n b r o o k : Sohn von Thomas und Gerda Buddenbrook, 1861 geboren, der dritten Generation der Lübecker Kaufmannsdynastie angehörend. Von sensibler Natur, musikalischer Begabung, doch ohne Selbstvertrauen und Lebenswillen, stirbt er im Alter von 16 Jahren an Typhus. Vgl. Thomas Mann: *Buddenbrooks*. Verfall einer Familie. Bd. 1 und Bd. 2. Berlin: Fischer, 1916.

H e r m a n n B a n g : Herman Joachim Bang: Geb. 20.4.1857, Asserballe auf der Insel Alsen; gest. 29.1.1912, Ogden (Utah, USA; auf einer Vortragsreise). Dänischer Schriftsteller. Journalist, Kritiker, Regisseur und Rezitator eigener Werke. Bedeutendster Vertreter des literarischen Impressionismus in Dänemark. Werke: Romane: *Stuk*, 1887; *Hoffnungslose Geschlechter*, 1900; *Am Wege*, 1919; *Zusammenbruch*; *Tine*, 1903; *Ludwigshöhe*, 1908; *Michael*; *Die Vaterlandslosen*, 1906. Erzählungen: *Exzentrische Novellen* (darin u.a. „Irene Holm"), 1885. Erinnerungen: *Das weiße Haus*, 1898; *Das graue Haus*.

K r a u s : · Karl Kraus: Geb. 28.4.1874, Jičin/Böhmen; gest. 12.6.1936, Wien. Schriftsteller, Herausgeber der *Fackel* (1899–1936). Schon vor dem Ersten Weltkrieg war Wittgenstein ein Bewunderer von Karl Kraus, dessen Schriften er sehr schätzte. Während seines ersten längeren Aufenthalts in Norwegen von Oktober 1913 bis Juni 1914 ließ er sich *Die Fackel* nachschicken. (Vgl. *Wittgenstein–Engelmann*, S. 102). Durch Kraus' Bemerkung über den *Brenner* in der *Fackel*, Nr. 368/369, 5.2.1913, S. 32 („Daß die einzige ehrliche Revue Österreichs in Innsbruck erscheint, sollte man, wenn schon nicht in Österreich, so doch in Deutschland wissen, dessen einzige ehrliche

Revue gleichfalls in Innsbruck erscheint."), kam es zu Wittgensteins Spende an den Herausgeber des *Brenner*, Ludwig von Ficker. In späteren Jahren wurde Wittgensteins Haltung gegenüber Kraus zunehmend kritisch. In einem Brief an Ludwig Hänsel vom 10.3. [1937] sprach er von der Gefahr der aphoristischen Schreibweise und wie sehr er selbst von Kraus beeinflusst wäre. (Vgl. *Hänsel*, S. 143). Vgl. auch eine Bemerkung vom 11.1.1948, MS 136, S. 91b, zit. nach VB, S. 129: „Rosinen mögen das Beste an einem Kuchen sein; aber ein Sack Rosinen ist nicht besser als ein Kuchen; & wer im Stande ist, uns einen Sack voll Rosinen zu geben kann damit noch keinen Kuchen backen, geschweige daß er etwas besseres kann. Ich denke an Kraus & seine Aphorismen, aber auch an mich selbst & meine philosophischen Bemerkungen. Ein Kuchen das ist nicht gleichsam: verdünnte Rosinen."

In seinem Tagebuch der 1930er Jahre bemerkte Wittgenstein: „Darum vernichtet Eitelkeit den Wert der Arbeit. So ist die Arbeit des Kraus, z.b., zur ,klingenden Schelle' geworden. (Kraus war ein, ausserordentlich begabter, Satzarchitekt.)" (Vgl. *Denkbewegungen*, S. 205).

Ludwig Hänsel verfasste zum 60. Geburtstag Karl Kraus' einen Aufsatz, in dem er die Schwierigkeit deutlich machte, das Verhältnis zu ihm so zu gestalten, dass es weder in unerwünschte Gefolgschaft oder in deren Gegenteil – in Apostasie – ausarte, oder in eine Anhängerschaft, „die sich bewundernd an ihn herandrängt, die in das Schweigen der andern sein Lob in jenem falschen Ton hineinschreit, den gerade er unmöglich gemacht hat" (vgl. Methlagl, „Ludwig Hänsels Beziehungen zum Brenner", in *Ludwig Hänsel – Ludwig Wittgenstein. Eine Freundschaft*, S. 365). Hänsels Würdigung erfolgte in einer Weise, die Ficker für glaubwürdig hielt, wie auch Kraus selbst, der mitteilen ließ, dass er darin „eine offene Anerkennung" finde, „ohne Lobhudelei", was ihm lieber sei als „verhimmelnde Gefolgschaft" (Hänsel an Ficker, 6.2.1935).

Vgl. Karl Kraus. In: *Hochland* 32, Bd.1, Dezember 1934, S. 237–250. Dieser Aufsatz ist auch in *Begegnungen und Auseinandersetzungem mit Denkern und Dichtern der Neuzeit* (Wien, München: Österr. Bundesverlag, 1957), 205–225 erschienen.

Vgl. auch: „Ein großer Satiriker". (Karl Kraus). In: *Neue Wiener Tageszeitung*, Nr. 132, 12.6.1951.

S e l m a L a g e r l ö f : Selma Lagerlöf: Geb. 20.11.1858, Gut Mårbacka, Värmland, Schweden; gest. 16.3.1940, ebenda. Schwedische Schriftstellerin. 1909 Nobelpreis für Literatur (als erste Frau). Eine der Hauptvertreterinnen der Schwedischen Neuromantik.
Werke u.a.: *Gösta Berling*, 1896; *Die Wunder des Antichrist*, 1897; *Jerusalem*, 2 Bde, 1901 und 1902; *Christuslegenden*, 1904; *Die wunderbare Reise des kleinen Nils Holgersson mit den Wildgänsen*, 1906–1907; *Liljecronas Heimat*, 1911; *Der Fuhrmann*, 1912; *Der Kaiser von Portugallien*, 1914; *Geächtet*, 1918; *Mårbacka*, Memoiren, 1922; *Aus meinen Kindertagen*, 1930, *Herbst*, 1933.

B a r r è s : Maurice Barrès (eigentlich Auguste-Maurice Barrès): Geb. 19.8.1862, Charmes-sur-Moselle, Lothringen; gest. 4.12.1923, Neuilly-sur-Seine. Französischer Romancier, Journalist und Politiker. Von J.G. Fichte ausgehend, entwickelte Barrès in seinen Romanen den Ich-Kult, der starken Einfluss auf André Gide, Paul Claudel, François Mauriac und Henri de Montherlant ausübte. Werke: Romane: *Le Culte du moi. Examen des trois idéologies (autobiographische Romantrilogie): Sous l'oeil des barbares*, 1888; *Un homme libre*, 1889; *Le Jardin de Bérénice*, 1891; *Le Roman de l'Énergie nationale (Romantrilogie): Les Déracinés*, 1897; *L'Appel au soldat*, 1897; *Series Les Bastions de l'Est (Romantrilogie): Au service de l'Allemagne*, 1905; *Colette Baudoche*, 1909; *La Colline inspirée*, 1913. Reiseberichte u.a.: *Du sang, de la volupté et de la mort*, 3 Bde, 1894; *Le Voyage de Sparte*, 1906; *Le Gréco ou le Secret de Tolède*, 1911. Politische Schriften u.a.: *Les amitiés françaises*, 1903; *Le Génie du Rhin*, 1921.

D é r a c i n é s : *Les Déracinés*: Roman von Maurice Barrès, erschienen 1897, ist der erste in seiner Trilogie *Le Roman de l'Energie nationale*.

J e a n d e D i e u : Nicolas Jean-de-Dieu Soult, Herzog von Dalmatien: Geb. 29.3.1769, Saint-Amans-La-Bastide, heute Saint-Amans-Soult, Tarn; gest. 26.11.1851, ebenda. Französischer Revolutionsgeneral, Marschall Napoléons, zweimal französischer Kriegsminister und von König Ludwig Philipp ernannt, einer von vier Generalmarschällen in der Geschichte Frankreichs.

S t r i n d b e r g : Johan August Strindberg: Geb. 22.1.1849, Stockholm; gest. 14.5.1912, Stockholm. Schwedischer Schriftsteller und Maler. Bedeutender Dramatiker, der den Naturalismus in Schweden einleitete und als Vorläufer und Wegbereiter des Expressionismus die moderne Dramatik wie kaum ein anderer beeinflusste. Im deutschsprachigen Raum nahm er insbesondere aufgrund seiner sozialkritischen Themen und der Erfindung des Stationendramas Einfluss auf die Literatur. Werke u.a.: *Okkultes Tagebuch; Heiraten* (Ehe-Novellen), 1910; *Fräulein Julie*; *Nach Damaskus*, 1912; *Totentanz*, 1912; *Ein Traumspiel*; *Die Gespenstersonate*; *Scheiterhaufen*; *Der Sohn einer Magd*, 1912; *Inferno. Legenden*, 1910; *Das Rote Zimmer*, 1908 – ein gesellschaftskritisch-satirischer Gegenwartsroman über das frühkapitalistische Schweden.

A n d e r s e n : Hans Christian Andersen: Geb. 2.4.1805, Odense auf der dänischen Insel Fünen; gest. 4.8.1875, Kopenhagen. Gilt als der berühmteste Dichter und Schriftsteller Dänemarks. Er schrieb mehr als 160 Märchen. Zu den bekanntesten gehören: *Des Kaisers neue Kleider*; *Die Prinzessin auf der Erbse*; *Das häßliche Entlein*; *Der Schweinehirt*. Weitere Werke: *Der Improvisator* (autobiograph. Roman); *Nur ein Geiger*; *Das Märchen meines Lebens* (Autobiographie).

V i s c h e r : Friedrich Theodor von (seit 1870) Vischer: Geb. 30.6.1807, Ludwigsburg; gest. 14.9.1887, Gmunden. Deutscher Schriftsteller und Philosoph. Mit Eduard Mörike und D.F. Strauß befreundet. Werke u.a: *Ästhetik oder Wissenschaft des Schönen I-VI*, 1847–58; *Auch Einer* (grotesker Roman), 1879; „Lyrische Gänge"(Gedichte), *Über das Erhabene und Komische, ein Beitrag zur Philosophie des Schönen*, *Über das Verhältnis von Inhalt und Form in der Kunst*, 1858; die Parodie *Faust. Der Tragödie 3. Theil*; *Briefe aus Italien*, 1907.
In seinem Tagebuch notierte Wittgenstein am 9.5.1930: „Man glaubt oft – und ich selber verfalle oft in diesen Fehler – daß alles aufgeschrieben werden kann was man denkt. In Wirklichkeit kann man nur das aufschreiben – d.h. ohne etwas blödes & unpassendes zu tun – was in der Schreibeform in uns entsteht. Alles andere wirkt komisch & gleichsam wie Dreck. Vischer sagte ‚Eine Rede ist keine Schreibe' und eine Denke ist erst recht keine." (*Denkbewegungen*, S. 27.)

J a k o b s e n : Möglicherweise Jens Peter Jacobsen (1847–1885), dänischer Schriftsteller, der bedeutenden Einfluss auf Rilke hatte. Jacobsen verfasste 2 Romane, einige Novellen und Gedichte. Werke u.a.: *Fru Marie Grubbe*, 1876; *Mogens*, 1872; *Niels Lyhne*, 1880; *Pesten i Bergamo*, 1881; *Et skud i Taagen*, 1875.

B r i e f w e c h s e l   B e t t i n a s : Die enge Beziehung von Bettina von Arnim geb. Brentano (1785–1859) mit Goethes Mutter führte schließlich zu einem Briefwechsel Bettinas mit Goethe, den sie 1835 stark überarbeitet veröffentlichte: Vgl. Bettina von Arnim: *Goethes Briefwechsel mit einem Kinde*, 1835.

P o r t u g i e s i s c h e   B r i e f e : Vgl. *Portugiesische Briefe: die Briefe der Marianna Alcoforado*. Von Guilleragues, Gabriel Joseph de Lavergne vicomte de. Übertragen von Rainer Maria Rilke. Leipzig: Insel-Verlag, 1920.

S o n e t t e   B r o w n i n g s : Vgl. *Sonnets from the Portuguese* (Sonette aus dem Portugiesischen) von Elizabeth Barrett Browning (1806–1861). Zyklus von 44 Sonetten, entstanden 1850. Die Sonette entstanden im Jahr vor ihrer Heirat mit Robert Browning. Zunächst nur für ihren Mann bestimmt, wurden sie erst nach wiederholten Versuchen Brownings veröffentlicht. Rilke übertrug die *Sonnets from the Portuguese*, wobei er das Spannungsverhältnis zwischen zwangloser Diktion und Formstrenge des Petrarkischen Sonnets noch verstärkte.
Vgl. Elizabeth Barrett-Browning: *Sonette aus dem Portugiesischen*. Übertragen durch Rainer Maria Rilke. Leipzig: Insel-Verlag, 1911. Die Erstausgabe von 1908 erschien noch unter dem Titel *Sonette der Portugiesin* (so nannte Browning seine Frau wegen ihrer dunklen Haare) nach dem ursprünglichen Titel *Sonetts from the Portuguese*.
Elizabeth Browning geb. Barrett: Geb. 6.3.1806, Coxhoe Hall (bei Durham, England); gest. 29.6.1861, Florenz. Englische Dichterin. Weitere Werke: *The Battle of Marathon: A Poem*, 1820; *An Essay on Mind and Other Poems*, 1926; *Prometheus Bound*, 1835; *The Seraphin and Other Poems*, 1938; *The Cry of the Children*, 1843; *The Runaway Slave at Pilgrim's Point*, 1848; *Poems*, 1844; *Sonnets from the Portuguese*, 1850; *Aurora Leigh*, 1857; *Casa Guidi Windows*.

S u l e i k a : 8. Buch des *West-Östlichen Divan* von Johann Wolfgang von Goethe, erschienen 1819. Einige der Gedichte aus dem Buch „Suleika", darunter die Lieder an den Ostwind und an den Westwind, stammen von Marianne Willemer, die Goethe mehr als nur inspirierende Muse war.

Goethe hatte ihre Gedichte stillschweigend in die Sammlung übernommen und erst nach dem Tode Mariannes wurde das Geheimnis „verraten".

K ö n i g   K a r l   V I   v o n   F r a n k r e i c h : *Karl VI. der Vielgeliebte* oder *der Wahnsinnige*, frz. *Charles VI le Bien-Aimé* oder *le Fou* (geb. 3.12.1368, Paris; gest. 21.10.1422, ebenda) war von 1380 bis 1422 König von Frankreich.

P a p s t   J o h a n n e s   2 2 .   i n   A v i g n o n : Johannes XXII., eigentlich Jacques Arnauld Duèze oder Jacques Duèse – in deutschen Quellen Jakob von Cahors genannt – (geb. 1245 oder 1249 in Cahors, Frankreich; gest. 4.12.1334 in Avignon) residierte von 1316 bis zu seinem Tode als erster Papst der katholischen Kirche dauerhaft in Avignon.

A n g e l u s : Der Engel des Herrn (Angelus) ist ein Gebet der katholischen Kirche, das morgens, mittags und abends gebetet wird.

D a s   a n t i k e   T h e a t e r   z u   O r a n g e : In der Innenstadt der südfranzösischen Stadt Orange (im Département Vaucluse), die in der Antike Arausio hieß, steht das Römische Theater aus dem 1. Jahrhundert n. Chr., das für eines der besterhaltenen der Welt gilt. Während des Mittelalters und bis weit in die Neuzeit hinein bildeten viele im Areal des einstigen Theaters erbaute Häuser ein reguläres Wohnviertel der Stadt. Während der französischen Revolution dienten Teile des Theaters als Gefängnis, in dem die Feinde der Revolution festgehalten wurden. Erst 1824 begannen unter dem Architekten Auguste Caristie umfangreiche Erneuerungsarbeiten. Seit 1869 finden im „antiken" Theater wieder regelmäßig Aufführungen und Konzerte statt, darunter zum Beispiel die sogenannten „Chorégies de'Orange". Das Theater bietet heute ca. 7000 Personen Platz, für die römische Zeit wird eine Zahl um die 10.000 angenommen. Nur die ersten drei der ursprünglichen Sitzreihen sind erhalten geblieben. Im Westen des Theaters steht die Ruine eines Tempels, der offenbar dem vergöttlichten Augustus geweiht war.

D i e   D u s e : Eleonora Duse: Geb. 3.10.1858, Vigevano, Lombardei; gest. 21.4.1924, Pittsburgh, Pennsylvania. „Die Duse" zählt neben Sarah Bernhardt und Mrs. Patrick Campbell zu den großen Theaterschauspielerinnen des 19. Jdhts. In der Titelrolle von Ibsens *Nora* erntete sie großen Erfolg und konzentrierte sich in späteren Jahren verstärkt auf die Bühnenstücke Ibsens. Am 5.5.1921 kehrte sie mit dem Ibsen-Stück *Die Frau vom Meer* auf die Bühne des *Teatro Balbo* in Turin zurück.

D a s   E h e d r a m a   I b s e n : Vermutlich Ibsens Theaterstück *Nora oder Ein Puppenheim* (Originaltitel: *Et dukkehjem*, 1879) gemeint.

M y s t e r i e n : Vermutlich der Roman *Mysterien* von Knut Hamsun: *Mysterien. Roman.* Mehn: Langen, 1904. (Vgl. auch das 3. Heft Hänsels)

P a r a b e l   v o m   v e r l o r e n e n   S o h n : Vgl.: André Gide: *Le Retour de l'enfant prodigue* (1907) – eine Erzählung um das biblische Motiv von der Heimkehr des verlorenen Sohnes, der bei Gide jedoch dem älteren Bruder rät, das elterliche Haus ebenfalls zu verlassen und nicht zurückzukommen, d.h. sich definitiv zu emanzipieren.

A n d r é   G i d e : André Gide: Geb. 22.11.1869, Paris; gest. 19.2.1951, Paris. Französischer Schriftsteller, der 1947 den Nobelpreis für Literatur erhielt. 1891 Zugang zu dem Kreis symbolistischer Autoren um Stéphane Mallarmé, wo Gide u.a. Oscar Wilde traf. Er schrieb regelmäßig Beiträge für die Zeitschrift *L' Éremitage*. Sein Durchbruch war der 1902 erschienene Roman *L'Immoraliste*, der größte Bucherfolg zu seinen Lebzeiten war *La symphonie pastorale* (1919). 1908 gründete Gide gemeinsam mit einigen befreundeten Literaten die Zeitschrift *La Nouvelle Revue Francaise*, der 1911 ein eigenes Verlagshaus angegliedert wurde.
Weitere Werke u.a.: *Les Cahiers d'André Walter*, 1890; *Les Poésies d'André Walter*, 1892; *Le Traité du Narcisse*, 1891; *La Tentative amoureuse*, 1893; *Le Voyage d'Urien*, 1893; *Paludes*, 1895; *Les Nourritures terrestres*, 1897; *Le Prométhée mal enchaîné*, 1899; *Le Retour de l'enfant prodigue*, 1907; *La Porte étroite*, 1909; *Corydon*, 1911; *Les Caves du Vatican*, 1914; *Si le grain ne meurt*, 1924; *Les Faux-Monnayeurs*, 1925; *Thésée*, 1946.

H ö c h s t e s   B e i s p i e l   S a p p h o : Nach späterer Sage soll sich Sappho wegen unerfüllter Liebe zu dem Jüngling Phaon vom Leukadischen Felsen gestürzt haben. Dieser Stoff wurde von Ovid (15. Heroide) behandelt und in der Literatur der Neuzeit wiederholt aufgegriffen.

A l s [...] d a s M ä d c h e n v o n d e r u n g e s a g t e n L i e b e s a n g : Vgl. 3.1., hier S. x.: „Du, der ichs nicht sage ..."

M e c h t h i l d : Mechthild von Magdeburg: Geb. um 1207 im Erzbistum Magdeburg; gest. 1282 im Kloster Helfta in Eisleben. Mystikerin. In ihrem, in sieben Teilbüchern umfassenden Werk „Das fließende Licht der Gottheit", benutzt Mechthild Bilder des Hoheliedes, um die mystische Vermählung der Seele mit Christus zu beschreiben, und ist u.a. von Bernhard von Clairvaux, David von Augsburg, Hildegard von Bingen und Gregor dem Großen beeinflusst. Ihre Schriften sind die ersten mystischen Texte, die in (nieder-)deutscher Sprache verfasst wurden und gelten als eines der beeindruckendsten Beispiele der deutschen Frauenmystik.

T h e r e s a v o n A v i l a : Teresa von Ávila (eigentl. Teresa Sánchez de Cepeda y Ahumada): Geb. 28.3.1515, Ávila, Kastilien, Spanien; gest. 4.10. 1582, Alba de Tormes, bei Salamanca. Karmelitin und Mystikerin, Kirchenlehrerin und Heilige. Entgegen vielen Widerständen erhielt sie von Papst Pius IV. und dem Ortsbischof die Erlaubnis, in Ávila ein eigenes Kloster, das der Unbeschuhten Karmelitinnen, zu gründen, in dem die ursprüngliche Ordensregel wieder befolgt werden sollte. Teresa gründete noch 16 weitere Klöster, in Zusammenarbeit mit Johannes von Kreuz insgesamt 32. Sie starb 1582 auf einer ihrer vielen Reisen in dem von ihr gegründeten Kloster von Alba de Tormes – in der Nacht, als in Spanien der Gregorianische Kalender eingeführt wurde. 1614 wurde Teresa selig gesprochen, 1617 zur Schutzpatronin von Spanien ernannt und 1622 heilig gesprochen.

R o s a v o n L i m a : Rosa von Lima: Geb. 20.4.1856, Lima, Peru; gest. 24.8.1617, ebenda. Heilige, Mystikerin und Dominikaner-Terziarin. Rosa von Lima hieß mit bürgerlichem Namen Isabel Flores de Oliva. Sie führte ein Leben der Buße und verdiente sich ihren Unterhalt mit Weber- und Gärtnerarbeiten. Rosa von Lima wirkte an der Gründung des ersten kontemplativen Klosters in Südamerika mit, welches jedoch erst 1623 errichtet werden konnte. Bald nach ihrem Tod wurde sie in Peru und schließlich in ganz Lateinamerika als Heilige verehrt; 1671 wurde sie von Papst Clemens X. offiziell heiliggesprochen und somit zur ersten Heiligen Amerikas.

s a p a t i e n c e d e s u p p o r t e r u n e â m e : seine Geduld, eine Seele zu ertragen.

P a r i s e r E i n d r ü c k e : Rilkes Roman *Die Aufzeichnungen des Malte Laurids Brigge* reflektiert u.a. die ersten Eindrücke seines Paris-Aufenthaltes von 1902/1903.

D i e E i n s a m e n : G e n o v e v a : Genoveva, Genoveva von Brabant: Geb. um 730, gest. um 750. Nach der Legende die Gemahlin eines Pfalzgrafen namens Siegfried. Vom Haushofmeister Golo des Ehebruchs beschuldigt, verbarg sie sich mit ihrem Söhnchen Schmerzensreich sechs Jahre lang im Ardenner Wald, bis sie ihr Gemahl wieder entdeckte und als schuldlos heimführte. Ihr Schicksal erzählt das nach der Schrift des Paters Cerisiers (*L'innocence reconnue*, Paris 1647) gearbeitete deutsche Volksbuch sowie das Volksbuch des Kapuziners Martin von Kochem (1640). Der Stoff wurde dramatisch von Tieck, Maler Müller und Hebbel verarbeitet, als Oper von Robert Schumann und B. Scholz („Golo", 1875).
Möglicherweise meinte Hänsel auch Genoveva, Genoveva von Paris: Geb. um 422, Nanterre; gest. 3.1.502, Paris. Christliche Heilige, Schutzpatronin von Paris. Nach der Legende war sie schon früh Ordensfrau und lebte als Büßerin. Wurde durch Wunderlegenden eine der beliebtesten Heiligen Frankreichs und wird als Stifterin der Kirche Saint-Denis bei Paris verehrt.

B e e t h o v e n : (1770–1827)

U n e C h a r o g n e : Gedicht von Charles Baudelaire, 1861. In: *Les Fleurs du Mal.*

S a i n t - J u l i e n - l ' H o s p i t a l i e r : Kurzgeschichte von Gustave Flaubert, 1877, veröffentlicht in: *Trois Contes*, neben den zwei weiteren Kurzgeschichten *Un coeur simple* (oder *Le perroquet*) und *Herodias*. Die Kurzgeschichte *Saint-Julien-l'Hospitalier* wurde von einem bemalten Glasfenster in der Kathedrale von Rouen angeregt, doch Flauberts Werk weicht bewusst von der im Glasfenster dargestellten Geschichte ab.

C l a u d e l : Paul Claudel: Geb. 6.8.1868, Villeneuve-sur-Fère; gest. 23.2.1955, Paris. Französischer Schriftsteller, Dichter und Diplomat. Schrieb bereits während seines Studiums Gedichte und gehörte dem Kreis um Mallarmé an, bewarb sich dann aber für eine Ausbildung als Diplomat im konsularischen Dienst. Das trotz seines Berufes umfangreiche literarische Schaffen Claudels umfasst Lyrik, Philosophisch-Essayistisches (von seinen Fernost-Aufenthalten stark beeinflusst) und vor allem Theaterstücke. Diese verfasste er in einer pathetisch-lyrischen Sprache und unter Verzicht auf eine spannende Handlung. Im Mittelpunkt steht zumeist das Motiv des Sich-Aufopferns im Sinne einer religiös inspirierten Moral. Werke u.a.: *L'Annonce faite à Marie* (Mariä Verkündigung), 1911/12; *L'Otage* (Die Geisel), 1909; *Le Pain dur* (Das harte Brot), 1914; *Le Père humilié* (Der gedemüdigte Vater), 1916; als Claudels Hauptwerk gilt jedoch das im spanischen 16. Jhdt. spielende Stück *Le Soulier de satin* (Der seidene Schuh), 1925.

K n a b e n g e s c h i c h t e n : S t r a u ß : Vermutlich handelt es sich um Emil Strauß und dessen Entwicklungsroman *Freund Hein. Eine Lebensgeschichte* (1902), der mit Hermann Hesses *Unterm Rad* verglichen wird und als herausragendes Beispiel für dieses Genre gilt. Emil Strauß: Geb. 31.1.1866, Pforzheim; gest. 10.8.1960, Freiburg im Breisgau. Deutscher Romancier, Erzähler und Dramatiker. Seine Romane und Novellen waren zu Beginn des 20. Jhdts. teilweise populärer als die Werke von Hermann Hesse und Thomas Mann. Werke u.a.: *Menschenwege*, 1899; *Don Pedro* (Drama), 1899; *Der Engelwirt. Eine Schwabengeschichte*, 1901; *Freund Hein. Eine Lebensgeschichte*, 1902; *Kreuzungen* (Roman), 1904; *Hochzeit* (Drama), 1908; *Hans und Grete* (Novellen), 1909; *Der nackte Mann* (Roman), 1912; *Der Spiegel* (Roman), 1919; *Vaterland* (Drama), 1923; *Der Schleier* (Geschichten), 1931; *Das Riesenspielzeug* (Roman), 1934; *Lebenstanz* (Roman), 1940.

B u d d e n b r o o k s : Roman von Thomas Mann (1875–1955), entstanden 1897–1900, erschienen 1901. Vgl. Thomas Mann: *Buddenbrooks. Verfall einer Familie*. Bd. 1 und Bd. 2. Berlin: Fischer, 1916.

E b n e r - E s c h e n b a c h : Marie von Ebner-Eschenbach: Freifrau von, geb. Gräfin Dubský. Geb. 13.9.1830, Schloß Zdislawitz bei Kremsier in Mähren; gest. 12.3.1916, Wien. Österreichische Schriftstellerin, die als eine der bedeutendsten deutschsprachigen Erzählerinnen des 19. Jhdt. gilt. Ihre Erzählwerke über die ständische Gesellschaft ihrer Zeit zeugen von menschlicher Anteilnahme und sozialem Engagement. Werke u.a.: *Božena*, 1876; *Lotti, die Uhrmacherin*, 1880; *Dorf- und Schloßgeschichten*, 1883 (darin: *Krambambuli; Die Poesie des Unbewußten*), 1883; *Neue Dorf- und Schloßgeschichten* (darin: *Die Unverstandene auf dem Dorfe*; *Er läßt die Hand küssen*), 1886; *Das Gemeindekind*, 1887; *Aus Spätherbsttagen*, 1901; *Meine Kinderjahre*, 1906; *Aphorismen*. Vermutlich spielt Hänsel auf den Roman *Das Gemeindekind* von Ebner-Eschenbach an, dessen Thema der Einfluss des Milieus und der Erziehung auf die Entwicklung eines jungen Menschen ist. Das abgeschobene „Gemeindekind" Pavel Holub, Sohn eines Mörders, wird trotz wiederholter Rückschläge aus eigener Kraft zu einem respektierten Gemeindebewohner und widerlegt damit die allgemeingängige Auffassung, dass negative Eigenschaften bzw. Verhaltensweisen weitervererbt werden.

H e r m . H e s s e : Vermutlich sein Werk *Unterm Rad* (1906) gemeint, in dem Hesse das Schicksal eines begabten Jugendlichen schildert, der von ihn überfordernden Lehrern zugrunde gerichtet wird. Hänsel könnte aber auch auf Hesses autobiographisch gefärbten Roman *Peter Camenzind* (1904) anspielen. Hermann Hesse (Pseudonym: Emil Sinclair): Geb. 2.7.1877, Calw (Württemberg); gest. 9.8.1962, Montagnola, Schweiz. Deutsch-schweizerischer Dichter, Schriftsteller und Freizeitmaler. Seine bekanntesten literarischen Werke sind *Der Steppenwolf, Siddhartha, Peter Camenzind, Demian, Narziß und Goldmund* und das *Glasperlenspiel*, deren Inhalt die Selbstverwirklichung, die Selbstwerdung, die Autoreflexion, das „Transzendieren" des Einzelnen ist. 1946 erhielt Hesse den Nobelpreis für Literatur, 1954 den Orden „Pour le mérite" für Wissenschaft und Künste.

G o e t h e : Vermutlich Goethes Briefroman *Die Leiden des jungen Werther* (Leipzig: Weygand 1774) gemeint.

K ü g e l g e n : Wilhelm von Kügelgen: Geb. 20.11.1802, St. Petersburg; gest. 25.5.1867, Ballenstedt. Deutscher Porträt- und Historienmaler, Schriftsteller und Kammerherr. Sohn des Malers Gerhard von Kügelgen (1772–1820). Ab 1833 Hofmaler (Porträts, religiöse Bilder) in der Anhalt-Bernburgischen Sommerresidenz Ballenstedt. Kügelgens postum erschienene *Jugenderinnerungen eines alten Mannes* (1870), in denen er in geistreich-humorvollen Impressionen aus dem bürger-

lichen und höfischen Leben des frühen 19. Jhdts. berichtet, gehörten zu den Lieblingsbüchern des deutschen Bürgertums; sie erschienen 1922 in der 230. Auflage.
Vgl. Wilhelm von Kügelgen: *Jugenderinnerungen eines alten Mannes*. Hg. von Adolf Stern. Leipzig: Hesse & Becker Verlag, [1870].

S c h o p e n h a u e r : Geb. 22.2.1788, Danzig; gest. 21.9.1860, Frankfurt am Main. Philosoph. Hauptwerke: *Über die vierfache Wurzel des Satzes vom zureichenden Grunde*, 1813; *Die Welt als Wille und Vorstellung I-II*, 1819/1844; *Über den Willen in der Natur*, 1836; *Die beiden Grundprobleme der Ethik*, 1841; *Parerga und Paralipomeni I–II*, 1851.

H u y s m a n n s   E n   r a d e : Richtig: Huysmans. Vgl. Joris-Karl Huysmans: *En rade*. Paris: Plon, 1887.

W .   R a a b e : Wilhelm Raabe (Pseudonym: Jakob Corvinus): Geb. 8.9.1831, Eschershausen; gest. 15.11.1910, Braunschweig. Deutscher Schriftsteller. Einer der wichtigsten Vertreter des poetischen Realismus, der besonders für seine gesellschaftskritischen Erzählungen, Novellen und Romane bekannt ist. Raabe verfasste 86 Romane, Erzählungen und Novellen sowie eine kleine Anzahl von Gedichten. Außerdem hinterließ er mehr als 550 Aquarelle und Zeichnungen. Ende 1854 begann er in Berlin *Die Chronik der Sperlingsgasse* (1856) zu schreiben, die eine große Leserschaft fand, die keine seiner weiteren Werke erreichte. Die Wertungen seiner Dichtungen haben sich seit seinen Lebzeiten verschoben. Er selbst urteilte hart über einige seiner frühen Werke. Während früher die sogenannte *Stuttgarter Trilogie* (*Der Hungerpastor*, *Abu Telfan* oder *Die Heimkehr vom Mondgebirge*, *Der Schüdderump*) als Hauptwerk galt, wird heute anderen Erzählungen und Romanen der Vorzug gegeben (u.a. *Stopfkuchen*, *Horacker*, *Das Odfeld*, *Hastenbeck*, *Die Akten des Vogelsangs*). Weitere Werke u.a.: *Ein Frühling*, 1857; *Die alte Universität*, 1858; *Die Leute aus dem Walde*, *Holunderblüte*, 1863; *Der Regenbogen*, 1869; *Deutscher Mondschein*, 1873; *Meister Autor oder die Geschichten vom versunkenen Garten*, *Höxter und Corvey*, 1874; *Fabian und Sebastian*, 1882; *Unruhige Gäste*, 1885, *Kloster Lugau*, 1894.

D e r   W e g   n a c h   H a u s e : Vgl. Wilhelm Raabe: *Der Marsch nach Hause* (1870): Historische Erzählung, die im Bodensee-Gebiet und in Brandenburg in der zweiten Hälfte des 17. Jhdts spielt. Der schwedische Korporal Sven Knudson Knäckabröd gerät in die Gefangeschaft einer der vorarlbergischen Kämpferinnen. Nach langen Irrwegen und Tätigkeit als Hirte und Viehzüchter nimmt er Reißaus, sticht in Bregenz in See, geht in Lindau an Land und trifft auf einen alten Bekannten, den Korporal Rolf Rolfson Kok. Gemeinsam begeben sie sich auf dem Weg nach Hause.

H .   F e d e r e r : Heinrich Federer: Geb. 6.10.1866, Brienz (BE); gest. 29.4.1928, Zürich. Schweizer Schriftsteller. Katholischer Priester, 1900 Redakteur der katholischen *Zürcher Nachrichten*, seit 1901 freier Schriftsteller. 1911 literarischer Durchbruch mit *Berge und Menschen* sowie den *Lachweiler Geschichten*. Weitere Werke: Romane und Erzählungen: *Pilatus*, 1913; *Sisto e Sesto*, 1913; *Das letzte Stündlein des Papstes*, 1914; *Das Mätteliseppi*, 1916; *Das Wunder in Holzschuhen*, 1919; *Spitzbube über Spitzbube*, 1921; *Wander- und Wundergeschichten aus dem Süden*, 1924; *Papst und Kaiser im Dorf*, 1924; *Unter südlichen Sonnen und Menschen*, 1926. Autobiographie: *Am Fenster*, 1927. Gedichte: *Ich lösche das Licht*, 1930.

S i s t o   e   S e s t o : Vgl. Heinrich Federer: *Sisto e Sesto*. Eine Erzählung aus den Abruzzen. Heilbronn: Eugen Salzer, 1913.

A b r u z z e n : Region in Süditalien zwischen Adria und Appenin.

A u f k l ä r u n g s p h p h i e : Aufklärungsphilosophie.

E x p e k t o r a t i o n e n : Aushusten, Auswürfe aus der Lunge. (Auch Bezeichnung für Auswurf fördernde Mittel).

B o c c a c c i o : Vermutlich Boccaccios *Decamerone* gemeint. Durch die zwischen 1348 und 1353 entstandene, 1470 gedruckte Novellensammlung *Decamerone* wurde der italienische Dichter Giovanni Boccaccio (1313–1375) zum Begründer der Erzähltradition in Europa.

A r n o l d   Z w e i g : Arnold Zweig: Geb. 10.11.1887, Glogau, Niederschlesien (heute Glogów, Polen); gest. 26.11.1968, Berlin. Schriftsteller. Arnold Zweig war Erzähler, Dramatiker und Essayist. Schrieb breit angelegte Romane, in denen er sich kritisch mit den gesellschaftlichen Kräften der Zeit auseinandersetzte, die er in einer ethisch-moralischen Krise sah. Sein literarisches Debüt war 1912 der Band *Novellen um Claudia*, bekannt wurde besonders der zuerst als Drama konzipierte Roman *Der Streit um den Sergeanten Grischa* (1927), der das Kernstück des mehrbändigen Romanzyklus *Der große Krieg der weißen Männer* bildet. Zu diesem Zyklus gehören ferner *Junge Frau von 1914* (1931), *Erziehung vor Verdun* (1935), *Einsetzung eines Königs* (1937), *Die Feuerpause* (1954) und *Die Zeit ist reif* (1957). Außerdem schrieb Zweig Dramen (*Ritualmord in Ungarn*, ab 1918 unter dem Titel *Die Sendung Semaels*) sowie Essays, in denen er sich vor allem mit dem Judentum auseinandersetzte.

Weitere Werke: Romane: *De Vriendt kehrt heim*, 1932; *Versunkene Tage*, 1938; *Das Beil von Wandsbek*, 1943; *Traum ist teuer*, 1962. Erzählungen und Novellen: *Aufzeichnungen über eine Familie Klopfer*, 1911; *Gerufene Schatten,* 1923; *Frühe Fährten*, 1925; *Der Regenbogen*, 1926; *Der Spiegel des großen Kaisers*, 1926; *Knaben und Männer; Mädchen und Frauen; Allerleirauh, Geschichten aus dem gestrigen Zeitalter; Über den Nebeln.* Dramen: *Abigail und Nabal; Soldatenspiele; Drei dramatische Historien.* Essays: *Das neue Kanaan.*

N o v e l l e n u m C l a u d i a : Vgl.: Arnold Zweig: *Novellen um Claudia.* Leipzig: Wolff, [1917]. Zyklus von sieben Novellen, die sich um die Verlobung und Ehe von Claudia und Walter drehen. Die Episoden werden aus jeweils unterschiedlichen Perspektiven berichtet.

V o r m . : Abk. für vormittags.

W i n d e l b a n d : Standardwerk von Wilhelm Windelband, erschienen 1892. Vgl. Wilhem Windelband: *Lehrbuch der Geschichte der Philosophie.* Tübingen: Rohr, 1910.

Wilhelm Windelband: Geb. 11.5.1848, Potsdam; gest. 22.10.1915, Heidelberg. Deutscher Philosoph, Professor in Zürich, Freiburg im Breisgau, Straßburg und Heidelberg. Schüler von Hermann Lotze. Vertreter des Neukantianismus und neben Heinrich Rickert Begründer der „Badischen" oder „Südwestdeutschen Schule". Sein Lehrbuch der *Geschichte der Philosophie* (1892) erlebte viele Auflagen und wurde von Heinz Heimsoeth fortgeführt.

Werke: *Präludien*, Freiburg/Breisgau, 1884; *Geschichte der alten Philosophie*, Handbuch der klassischen Altertumswissenschaft, Nördlingen 1888, zuletzt 4. Auflage als *Geschichte der abendländischen Philosophie im Altertum.* Handbuch der Altertumswissenschaft V.1.1., C.H. Beck, München 1923, davon Nachdruck 1963; *Geschichte und Naturwissenschaft*, Straßburg 1894; *Über Willensfreiheit*, Tübingen 1904; *Die Philosophie im deutschen Geistesleben des XIX. Jahrhunderts*, Tübingen 1909; *Über Gleichheit und Identität*, Heidelberg 1910; *Die Prinzipien der Logik*, Tübingen 1912; *Geschichtsphilosophie. Eine Kriegsvorlesung*, Kant-Studien (Ergänzungsband 38), Berlin 1916; *Einleitung in die Philosophie*, Tübingen 1914.

D e m o k r i t : Geb. 460 v. Chr., Abdera (ionische Kolonie in Thrakien); gest. ca. 400 oder 380 v. Chr. Schüler des Leukipp. Vorsokratiker, der als letzter großer Naturphilosoph und Vater der Atomtheorie gilt.

L a c h e s : Dialog Platons über die Tapferkeit, entstanden nach 399 v. Chr. Vgl.: Plato: *Charmides, Laches, Lysis/ex recognitione Caroli Friderici Hermanni.*- Ed. Ster. Hg. von Karl Friedrich Hermann. Lipsiae: Teubner, 1901.

V e r g i l : Eigentlich Publius Vergilius Maro: Geb. 15.10.70 v. Chr., Andes bei Mantua; gest. 21.9.19 v. Chr., Brindisi. Neben Horaz der bedeutendste römische Dichter der „Augusteischen Zeit".

H e r z . E r : Nicht klar leserlich, ob „Er" durchgestrichen.

d e s S i m m e l s c h e n E s s a y ü b e r d i e P h i l o s o p h i e : Georg Simmel: Geb. 1.3.1858, Berlin; 26.9.1918, Straßburg. Philosoph und Soziologe. Simmel vertrat eine pragmatiche Wahrheitstheorie bereits vor William James, bestimmte das Erkennen als „freischwebenden Prozeß", übertrug die Apriöritätslehre Kants auf die Historik und analysierte das Phänomen der historischen Zeit. Hauptwerke: *Die Probleme der Geschichtsphilosophie*, 1892; *Philosophie des Geldes*, 1900; *Grundfragen der Soziologie*, 1908; *Hauptprobleme der Philosophie*, 1910; *Goethe*, 1913; *Der Konflikt der modernen Kultur*, 1918.

die Wunder des hl. Benedikt in den Dialogen Gregors des Großen: Vgl. *Dialogi de vita et miraculis patrum Italicorum* (I-IV). Vier Bücher über das Leben und die Wundertaten von Heiligen Italiens, um den Nachweis anzutreten, dass nicht nur der Orient, sondern auch Italien wundertätige asketische Heilige besaß. Das zweite Buch ist ganz dem Hl. Benedikt von Nursia gewidmet. Auf Grund der recht populären griechischen Übersetzung der Dialoge wird Gregor in der orthodoxen Kirche als Gregorios ho Dialogos verehrt.

Der Heilige Gregor I. genannt Gregor der Große (geb. um 540, Rom; gest. 12.3.604, Rom), war von 590 bis 604 Papst der katholischen Kirche. Er ist auch unter dem Namen Gregor Dialogus bekannt, gilt als einer der bedeutendsten Päpste überhaupt und ist der jüngste der vier großen lateinischen Kirchenlehrer der Spätantike.

Weitere Werke: *Liber regulae pastoris* (I-IV); *Moralia in Iob* (I-XXXV); *Homiliae in evangelia* (I-II); *Homiliae in Ezechielem* (I-II); *Homiliae in canticum canticorum*; *In librum I Regum expositiones* (I-VI).

F i o r e t t i : Die *Fioretti di San Francesco* oder *Blümlein des Hl. Franziskus* sind ein in 53 kurze Kapitel eingeteiltes Florilegium über das Leben des Franz von Assisi. Der anonyme italienische Text des späten 14. Jhdts, vermutlich von einem toskanischen Autor geschrieben, ist eine Version der lateinischen *Actus beati Francisci et sociorum eius*, deren ältestes erhaltenes Manuskript von 1390 stammt.

Heft 2

Tagebuch vom 22.1.1919–2.7.1919

Q u a l   e r a   i l   s u o   d e s i d e r i o ?   S t a r e   p i o   a   l u n g o   c o n   l u i .   V e d i
c a r i t à .   M a   d i o   è   c a r i t à ,   d u n g q u e   f u   g i u s t o   c h e   q u e l l a   n e   p o t e s s
d i   p i ù ,   c h e   p i ù   n e   e b b a : Was war ihr Wunsch? Sie wollte länger bei ihm bleiben. Aus
Liebe. Aber Gott ist die Liebe, und also war es richtig, dass sie alles vermochte, so viel sie konnte.

T o l s t o j s   N o v e l l e   ü b e r   d i e   T a p f e r k e i t : Vgl. Leo Tolstoi: *Nabeg* (Der Angriff).
Kurzgeschichte, erschienen 1853. In dieser Geschichte geht es – wie in Platons *Laches* – um die
Wesensbestimmung der Tapferkeit. Das Gespräch zwischen dem Erzähler und einem Hauptmann
über die Tapferkeit basiert auf Tolstois persönlicher Kriegserfahrung als Kadett im Kaukasus.

H o f f m a n n s t h a l : Richtig: Hofmannsthal.

S a l z b u r g e r   C h r o n i k : Die Salzburger Chronik war eine Tageszeitung, die von 1865 bis
zur Machtergreifung der Nationalsozialisten am 11. März 1938 erschien. Ihre Ausrichtung war
katholisch und konservativ.

K u l p e : Richtig: Külpe. Oswald Külpe: Geb. 3.8.1862, Candau bei Tukkum (Kurland); gest.
30.12.1915, München. Philosoph und Experimentalpsychologe. Külpe begründete mit seinen
Arbeiten eine neue Richtung in der Psychologie – die sog. Würzburger Schule der Denkpsycholo-
gie, die großen Einfluß auf die zeitgenössische Philosophie und Psychologie ausübte. Als Philosoph vertrat Külpe einen „kritischen Realismus", der sich vor allem gegen neukantianische Formen
des Idealismus richtete und Philosophie vom Hintergrund exakter Forschungen her zu betreiben
suchte. 1909 Ruf nach Bonn, 1912 wurde Külpe Nachfolger von Theodor Lipps auf dem Lehr-
stuhl für Philosophie in München, wo er bis zu seinem Tode blieb. Werke u.a.: *Einleitung in die
Philosophie*, 1895; *Die Realisierung. Ein Beitrag zur Grundlegung der Realwissenschaften*, Bd. I,
1920; Bd. II und III hg. von A. Messer, 1920–23; *Die Philosophie der Gegenwart in Deutschland*;
Immanuel Kant; *Über die moderne Psychologie des Denkens*, 1912; *Vorlesungen über Psychologie*, 1920; *Grundlagen der Ästhetik*, 1921; *Vorlesungen über Logik*, 1923.

l a n g   w e i l i g : getrennt geschrieben.

C a l c e . : In Italien gibt es zwei Ortschaften mit dem Namen Calce (Kalk): bei Bozen und bei
Pisa.

W i l d e : Oscar Wilde: Geb. 16.10.1854, Dublin; gest. 30.11.1900, Paris. Englischer Schriftsteller
irischer Herkunft. Bedeutender Vertreter des Ästhetizismus in England. Inbegriff des englischen
Fin de siècle, Snob, Dandy, Meister des Bonmots, paradoxer Aphorismen, der Gesellschaftsko-
mödie.
Werke u.a.: Erzählungen: *The Canterville Ghost*, 1887; *The Sphinx without a Secret*, 1887; *Lord
Arhtur Savile's Crime*, 1887; *The Model Millionaire*, 1887. Roman: *The Picture of Dorian Gray*,
1890. Märchensammlungen: *The Happy Prince and Other Tales*, 1888; *A House of Pomegranates*,
1891. Bühnenstücke: *Vera, or the Nihilists*, 1880; *Lady Windermere's Fan*, 1892; *The Duchess of
Padua*, 1893; *A Woman of No Importance*, 1893; *An Ideal Husband*, 1894; *Salomé* (Drama), 1891;
The Importance of Being Earnest, ca. 1895. Essays: *The Truth of Masks*, 1885; *The Decay of Lying*,
1889; *Pen, Pencil and Poison*, 1889; *The Portrait of Mr. W. H.*, 1889; *The Critic as Artist*, 1890;
The Soul of Man under Socialism, 1891. Gedichte: *Ravenna*, 1878; *Poems* (Anthologie), 1881; *The
Sphynx*, 1894; *The Ballad of Reading Gaol*, 1898.

T h e   h a p p y   p r i n c e : Märchen von Oscar Wilde. Vgl.: *The Happy Prince and Other Tales*.
Leipzig 1909.

T h e r e   i s   n o   m i s t e r y   s o   g r e a t   a s   m i s e r y   (R i l k e) : Richtig: „There is no
mystery so great as misery. Fly over my city, little swallow, and tell me what you see there." Aus:
The Happy Prince von Oscar Wilde.

S t . P ö l t e n : Landeshauptstadt und größte Stadt von Niederösterreich.

L y r . E p . D r a m : Aufsatz Hänsels mit dem Titel „Lyrisch, Episch, Dramatisch." 1930 hielt Hänsel anläßlich der Fortbildungswoche der österr. Germanisten einen Vortrag darüber. Dieser ist veröffentlicht in: *Wissenschaft und Schule*, November 1931, S. 102–104; März 1932, S. 121–126.

W i l d e , T h e N i g h t i n g a l e a n d t h e r o s e : Kurzgeschichte von Oscar Wilde. Vgl.: *The Nightingale and the Rose*. In: *The Happy Prince and Other Tales*, 1888.

S t a a k m a n n : Richtig: Staackmann: Verlag (und Antiquariat) in Leipzig.

H a d i n a : Emil Hadina: Geb. 15.11.1885, Wien; gest. 4.8.1957, Ingolstadt. Österreichisch-sudetendeutscher Schriftsteller und Lehrer. Hadinas impressionistische und neuromantische Dichtungen sind der österreichischen Literatur verbunden. Sommerliche Stimmungen und Frauenliebe, Sehnsucht nach Schönheit und Stille bestimmen seine Lyrik wie auch Prosa. Werke: *Sturm und Stille*. Kriegsdichtungen, 1916; *Kinder der Sehnsucht*, Novellen, 1917; *Nächte und Sterne*, Dichtungen, 1917. *Suchende Frauen, Ein Buch von Frauen und Heimweh*, 1919; *Liebesmären*, 1919 (gemeinsam mit Otto Hödel und Karl Bienenstein); *Von deutscher Art und Seele, Ein Trostbüchlein*, 1920; *Das andere Reich, Novellen und Träume*, 1920; *Lebensfeier, Neue Dichtungen*, 1921; *Dämonen der Tiefe, Ein Gottfried Bürger Roman*, 1922; *Großböhmerland, Ein Heimatbuch für Deutschböhmen, Nordmähren und das südöstliche Schlesien*, 1923; *Advent, Roman einer Erwartung*, 1924; *Maria und Myrrha, Geschichte zweier Frauen und einer Liebe*, 1924; *Himmel, Erde und Frauen, Ein Sonettenkranz weltlicher Andacht*, 1926; *Götterliebling, Eine Hauff-Novelle*, 1927; *Die Seherin*, 1928; *Geheimnis um Eva, Ein Frauenreigen*, 1929; *Madame Luzifer, Roman einer Romantikerin – Caroline Schlegel*, 1929; *Die graue Stadt – die lichten Frauen, ein Theodor-Storm-Roman*, 1931; *Friederike erzählt, Ein Tagebuch aus Sesenheim*, 1931; *Kampf mit dem Schatten, ein Theodor-Storm-Roman*, 1935, *Caroline, die Dame Luzifer*, 1952.

A m B r u n n e n v o r d e m T o r e : Beginn des Gedichtes „Der Lindenbaum" von Wilhelm Müller, das von Schubert vertont wurde. Vgl. Franz Schubert: „Winterreise", D. 911.

S t e h i c h i n f i n s t r e r M i t t e r n a c h t : Volksweise (Kriegslied), auch unter „Soldatenliebe" bekannt. Der Text stammt von Wilhelm Hauff (1802–1827), die Musik von Friedrich Silcher. 6 Strophen, die erste Strophe lautet: „Steh' ich in finstrer Mitternacht /So einsam auf der fernen Wacht, /So denk' ich an mein fernes Lieb, /Ob mir's auch treu und hold verblieb."

K a p i t e l d e s A u g u s t i n u s ü b e r d i e Z e i t : Im 11. Buch der *Confessiones* (397–400) schreibt Aurelius Augustinus (354–430) über die Zeit, wobei er Zeit von Ewigkeit unterscheidet. Ewigkeit ist äquivok und zerfällt in zwei Begriffe: „unendliche Dauer" und „Unzeitigkeit". Der Ewigkeitsbegriff liefert die Unterscheidung des quantitativen und des qualitativen Zeitbegriffs. Der qualitative Zeitbegriff liefert einen Sinn in unserem Leben, der quantitative Zeitbegriff resultiert aus der unendlichen Dauer. Augustinus problematisiert die Unterteilung der Zeit in die drei Teile Vergangenheit, Gegenwart und Zukunft. Da die Vergangenheit nicht mehr und die Zukunft noch nicht ist, sind beide nicht, somit existiert nur die Gegenwart als Augenblick des Umschwungs von Vergangenheit in Zukunft. Die Unterscheidung in drei Zeiten nimmt Augustinus als sprachliche Verirrung hin; man müßte korrekterweise die Gegenwart in drei Teile aufteilen und zwar in die vergegenwärtigte Vergangenheit in Form der Erinnerung, die vergegenwärtigte Zukunft in Form der Voraussicht und in die Gegenwart als solche. Die Zeit kann nur existieren, wenn man Vergangenheit und Zukunft im praesentibus, dem gegenwärtigen Bewusstsein, hat. Trotz aller Überlegungen bleibt für Augustinus Zeit ein Rätsel: „Was also ist Zeit? Wenn mich niemand fragt, weiß ich es, soll ich es einem Fragenden erklären, weiß ich es nicht."

F e u e r b a c h s c h e T r i n i t ä t : Wahrscheinlich Anspielung auf Ludwig Feuerbachs Ausführungen über die Trinität, die er eher in Gott-Vater, Gott-Sohn und Maria (anstatt dem Heiligen Geist) sieht. Vgl. Ludwig Feuerbach (1804–1872): *Das Wesen des Christentums*: Erster Teil: 7. Kapitel: „Das Mysterium der Dreieinigkeit und Mutter Gottes".

P . L e n z : Peter Lenz, als Benediktiner Pater Desiderius O.S.B.: Geb. 12.3.1832, Haigerloch; gest. 31.1.1928, Beuron. Beuronischer Maler, Baumeister und Bildhauer. Schüler von Widmann (1812–1895) in München (1850–58), lehrte 1858–62 an der Kunstgewerbeschule in Nürnberg, wurde 1876 Benediktiner im Kloster Beuron und gründete dort mit Jakob Wüger und Fridolin

Steiner die Beuroner Kunstschule. Lenz suchte auf Grundlage der Formen altägyptischer und und altchristlicher Kunst eine neue religiöse Malerei zu erwecken (Aufstellung eines Kanons der menschlichen Figur). Er schmückte mit seinen Freunden Wüger und Steiner 1878–70 die nach seinen Angaben erbaute Mauruskapelle bei Beuron, 1874–78 die Zelle des heiligen Bendedikt auf dem Monte Cassino mit Wandgemälden von hieratisch strenger monumentaler Haltung und hatte wesentlichen Anteil an den Mosaiken und Reliefs für die Krypta der Mutterkirche des Benediktinerordens dort. Lenz verfasste auch folgendes Werk: *Zur Ästhetik der Beuroner Schule* (1898).

T h e   d e v o t e d   f r i e n d : Kurzgeschichte von Oscar Wilde. Vgl.: *The Devoted Friend.* In: *The Happy Prince and Other Tales.* Leipzig 1909.

w d . : Abkürzung für „während".

I n f e r m e r i a : Ital.: Krankenlager, Lazarett.

L t .   W i t g e n s t e i n : Richtig: Leutnant Wittgenstein (Hänsel schrieb Wittgenstein mit einem „t").

R u s s e l l : Bertrand Russell, Earl of: Geb. 18.5.1872, Trelleck (Monmouthshire); gest. 2.2.1970, Plas Penrhyn bei Penrhyndeudraeth (Wales). Mathematiker und Philosoph. Das gemeinsam mit Alfred North Whitehead verfasste Werk *Principia Mathematica* gehört mit seinen bahnbrechenden Arbeiten zur mathematischen Axiomatik zu den wichtigsten mathematischen Publikationen des 20. Jhdts. Mit seinem logischen Atomismus wurde Russell auch Mitbegründer der modernen analytischen Philosophie. 1950 erhielt Russell den Nobelpreis für Literatur.
Werke u.a.: *An Essay on the Foundations of Geometry*, 1897; The *Principles of Mathematics*, 1903; *Philosophical Essays*, 1910; *Principia Mathematica* (1910–13; zusammen mit Alfred North Whitehead); *The Problems of Philosophy*, 1911; *Our Knowledge of the External World*, 1914; *Mysticism and Logic*, 1918; *Introduction to Mathematical Philosophy*, 1919; *The Analysis of Mind*, 1921; *The Prospects of Industrial Civilisation*, 1923; *The ABC of Relativity*, 1925; *The Analysis of Matter*, 1927; *An Outline of Philosophy*, 1927; *Religion and Science*, 1935; *Power – A New Social Analysis*, 1938; *An Inquiry into Meaning and Truth*, 1940; *A History of Western Philosophy*, 1945; *Physics and Experience*, 1946; *Human Knowledge – Its Scope and Limits*, 1948; *Authority and the Individual*, 1949; *Human Society in Ethics and Politics*, 1954; *Logic and Knowledge*, 1956; *Why I am Not a Christian*, 1957; *Autobiography*, 1967–1969; *My Philosophical Development*, 1959.
Wittgenstein lernte Russell im Oktober 1911 kennen, als er, angeblich auf Anraten Gottlob Freges, nach Cambridge kam, um bei Russell zu studieren. Zu der Zeit hatte Russell gerade nach einer Arbeit von zehn Jahren das Werk *Principia Mathematica* beendet und stand vor einer Wende in seinem Leben – in philosophischer wie auch in persönlicher Hinsicht. Rückblickend schrieb er über Wittgenstein: „Er war vielleicht das vollendetste Beispiel eines Genies der traditionellen Auffassung nach, das mir je begegnet ist: leidenschaftlich, tief, intensiv und beherrschend. Er hatte eine gewisse Reinheit, die ich nie wieder in diesem Maße gesehen habe, außer bei G.E. Moore" (Russell, 1972, S. 148f.). Aus einem anfänglichen Lehrer-Schüler-Verhältnis entwickelte sich bald eine freundschaftliche Beziehung zwischen zwei ebenbürtigen Philosophen, die insbesondere von Wittgensteins Arbeit am *Tractatus* getragen wurde. In seiner Beschreibung des Einflusses, den Wittgenstein auf ihn ausübte, unterschied Russell zwischen zwei Phasen: „Die erste kam unmittelbar vor und die zweite unmittelbar nach dem Ersten Weltkrieg, als er mir das Manuskript des ‚Tractatus' schickte. Was er dann später in seinen ‚Philosophischen Untersuchungen' gesagt hat, war für mich nicht mehr von Bedeutung" (Russell, *Autobiographie*, 1992, S. 114).

K l o p s t o c k : Friedrich Gottlieb Klopstock: Geb. 2.7.1724, Quedlinburg; gest. 14.3.1803, Hamburg. Deutscher Dichter. Klopstock gab der deutschen Sprache neue Impulse und kann als Wegbereiter für die ihm nachfolgende Generation angesehen werden. Werke u.a.: *Messias, Gesänge I–III*, 1748; *Messias, Gesänge I–V*, 1751; *Messias, Gesänge I–V*, 1755; *Messias, Gesänge VI–X*, 1756. *Oden* von Klopstock, 1750; *Von der heiligen Poesie*, 1754/55; *Geistliche Lieder*, 1758; *Von der Sprache der Poesie*, 1758; *Von dem Range der schönen Künste und der schönen Wissenschaften*, 1758; *Gedanken über die Natur der Poesie*, 1759; *Vom deutschen Hexameter*, 1767; *Messias, Gesänge XI–XV*, 1768; *Hermanns Schlacht. Ein Bardiet für die Schaubühne* (1769); *Oden und Elegien*, 1771; *David, ein Trauerspiel* (Tragödie), 1772; *Messias, Gesänge XVI–XX*, 1773; *Messias, Gesänge I–XX* (1780/81).

„S a t z   v o m   G r u n d e " : Der „Satz vom (zureichenden) Grunde" oder der „Satz des Grundes" (principium rationis sufficientis) stellt für alles Bestehende einen Grund fest, aus dem es rechtmäßigerweise abgeleitet bzw. gefolgert werden kann.

M e i n o n g : Alexius Meinong, Ritter von Handschuchsheim: Geb. 17.7.1853, Lemberg; gest. 27.11.1920, Graz. Philosoph. 1882 Ernennung zum a.o. Professor der Philosophie in Graz, dort als Begründer der Grazer Schule bis zu seinem Tod. Meinong entwickelte eine Gegenstandstheorie, d.h. eine Lehre vom Gegenständlichen, ohne Rücksicht auf seine jeweilige Seinsweise, jedoch unter besonderer Berücksichtigung seiner vier qualitativ gesonderten Hauptklassen. Entsprechend den vier Erlebnis-Hauptklassen: Vorstellen, Denken, Fühlen, Begehren unterscheidet er vier Gegenstandsklassen: Objekte, Objektive, Dignitative und Desiderative. Zu den Dignitativen gehören das Wahre, Gute und Schöne, zu den Desiderativen die „Gegenstände" des Sollens und des Zweckes, worauf Meinong wichtige Folgerungen für die Werttheorie zieht.

Werke u.a.: *Psychologisch-ethische Untersuchungen zur Werttheorie*, 1894; *Über philosophische Wissenschaft und ihre Propädeutik*, 1885; *Über Annahmen*, 1910; *Untersuchungen zur Gegenstandstheorie* (philos. Hauptwerk), 1904; *Über die Stellung der Gegenstandstheorie im System der Wissenschaft*, 1907; *Gesammelte Abhandlungen I–II*, hg. 1913–1914; *Über Möglichkeit und Wahrscheinlichkeit*, 1915; *Selbstdarstellung*. In: *Die deutsche Philosophie der Gegenwart in Selbstdarstellungen I*, 1923; *Philosophenbriefe*, hg. 1965; *Gesamtausgabe I–IV*, 1968–1978.

Während seiner Ausbildung zum Gymnasiallehrer besuchte Ludwig Hänsel Vorlesungen von Meinong. In seinem Buch *Begegnungen und Auseinandersetzungen mit Denkern und Dichtern der Neuzeit* (Wien, München 1957) widmete er Meinong ein Kapitel: „Alexius von Meinong", S. 295–312. Wahrscheinlich der selbe Artikel wie „Alexius Meinong" in der Meinong-Festschrift. In: *Wiener Zeitschrift für Philosophie, Psychologie, Pädagogik*, Bd. 5, Heft 4, 1955, S. 224–239.

H ä c k e l : Richtig: Haeckel. Ernst Haeckel: Geb. 16.2.1834, Potsdam; gest. 9.8.1919, Jena. Deutscher Zoologe, Philosoph und Freidenker, der die Arbeiten von Charles Darwin in Deutschland bekannt machte. Haeckel prägte einige heute geläufige Begriffe der Biologie wie „Stamm" oder „Ökologie". Vetreter des Monismus auf naturwissenschaftlicher Grundlage (Entwicklungs-Monismus) und Gründer des Deutschen Monistenbundes in Jena (1906). Führender Vertreter der Deszendenztheorie bzw. Evolutionstheorie. Da Haeckel sich dezidiert zu eugenischen Fragestellungen geäußert und dabei Selektionsmechanismen und Züchtigungsgedanken angesprochen hat, wird er von verschiedenen Historikern als Wegbereiter der Eugenik in Deutschland betrachtet.

Werke u.a.: *Generelle Mophologie der Organismen*, 1866; *Natürliche Schöpfungsgeschichte*, 1868; *Anthropogenie*, 1874; *Der Monismus als Band zwischen Religion und Wissenschaft*, 1892; *Systematische Phylogenie, Entwurf eines natürlichen Systems der Organismen auf Grund ihrer Stammesgeschichte*, 1894–96; *Die Welträthsel*, 1899; *Die Lebenswunder*, 1904; *Gott – Natur*, 1914; *Kristallseelen*, 1917.

S c h e l l : Herman (auch Hermann) Schell: Geb. 28.2.1850, Freiburg im Breisgau; gest. 31.5.1906, Würzburg. Katholischer Theologe und Philosoph. Schüler Franz Brentanos. Setzte dem monistischen Gottesbegriff Schopenhauers seinen dynamischen Gottesbegriff („reinster Akt", „Selbstgrund", „Selbstursache", „Selbstwirklichkeit") entgegen und wies sich in seinen Werken als bedeutender Vertreter des deutschen Reformkatholizismus aus. 1898 wurden seine Hauptwerke indiziert. Seine Synthese des tradierten Glaubensgutes mit den modernen wissenschaftlichen Erkenntnissen wurde durch das 2. Vatikanische Konzil gerechtfertigt. Werke: *Die Einheit des Seelenlebens aus den Prinzipien der Aristotelischen Philosophie entwickelt* (Diss. phil.), 1873; *Das Wirken des dreieinigen Gottes* (Diss. theol.), 1885; *Katholische Dogmatik* (Band 1: *Von den Quellen der christlichen Offenbarung. Von Gottes Dasein und Wesen*, 1889; Band 2: *Die Theologie des dreieinigen Gottes. Die Kosmologie der Offenbarung*, 1891; Band 3: *Menschwerdung und Erlösung. Heiligung und Vollendung*, 1893); *Die göttliche Wahrheit des Christentums* (Band 1: *Gott und Geist. Erster Teil: Grundfragen*, 1895; Band 2: *Gott und Geist. Zweiter Teil: Beweisführung*, 1896); *Der Katholicismus als Princip des Fortschritts*, 1897; *Die neue Zeit und der alte Glaube. Eine culturgeschichtliche Studie*, 1898; *Apologie des Christentums* (Band 1: *Religion und Offenbarung*, 1902; Band 2: *Jahwe und Christus*, 1905); *Christus. Das Evangelium und seine weltgeschichtliche Bedeutung*, 1903.

H u m e : David Hume: Geb. 7.5.1711, Edinburgh; gest. 25.8.1776, Edinburgh. Bedeutendster Philosoph der englischen Aufklärung. Vertrat einen extremen Empirismus und begründete den modernen Positivismus und Psychologismus. In seiner Erkenntnistheorie entwickelte er Ansätze von Locke und Berkeley konsequent weiter und führte alle Vorstellungen auf sinnliche Wahrnehmung zurück, auf die im menschlichen Bewußtsein unmittelbar gegebenen Sinneseindrücke (impressions) sowie auf die Ideen (ideas) als deren blassere Abbilder. Werke u.a.: *A Treatise of Human Nature*, 1739/40; *Philosophical Essays Concerning Human Understanding*, 1748; *An Enquiry Concerning the Principles of Morals,* 1751; *Political Discourses*, 1752; *The Natural History of Religion*, 1757; *Dialogues Concerning Natural Religion*, 1779.

B u d d h i s m u s - B u c h d e r D a v i d s : Vgl. das Buch *Le Modernisme Bouddhiste et le Bouddhisme du Bouddha* (1911) von Alexandra David-Néel.

Alexandra David-Néel (1868–1969) war eine französische Reiseschriftstellerin und ordinierte buddhistische Nonne in Tibet. Werke u.a., in Deutsch erschienen: *Mein Weg durch Himmel und Hölle*; *Mein Indien*; *Im Banne der Mysterien*; *Die geheimen Lehren des tibetischen Buddhismus*; *Unsterblichkeit und Wiedergeburt,* Lehren und Bräuche in China, Tibet und Indien; *Der Weg zur Erleuchtung*, Die verborgenen Lehren des tibetischen Buddhismus; *Magier und Heilige in Tibet*; *Liebeszauber und schwarze Magie.*

F r e g e s c h e B e g r i f f s s c h r i f t : Frege Gottlob: Geb. 8.11.1848, Wismar; gest. 26.7.1925, Bad Kleinen. Von 1879 bis 1917 Professor der Mathematik in Jena, wo er auf den Gebieten der Logik und Sprachphilosophie wegweisend war. Frege sah in der Mathematik einen speziellen Zweig der Logik. Seine *Begriffsschrift* übte großen Einfluss auf die mathemathische Logik aus; durch sie wurde er zum eigentlichen Begründer der modernen Logik, indem er die verschiedenen Teilgebiete der Logik, z.B. die aristotelische Syllogistik und die stoische Aussagenlogik zu einer Theorie zusammenfasste. Er zeigte, dass man mit wenigen Grundsymbolen auskommen kann und führte den Allquantor ein. Die Unterscheidung zwischen „Merkmalen" und „Eigenschaften" (Gegenstände haben Eigenschaften, Begriffe Merkmale), die Klärung des Begriffs „Begriff" (ein Begriff ist eine Funktion, deren Wert immer ein Wahrheitswert ist) und die Differenzierung zwischen Begriffen erster und zweiter Stufe waren für die Entwicklung der Logik bestimmend. Diese Gedanken sind vor allem von Russell, Carnap, Church und Quine weitergeführt worden. Freges Neubegründung der philosophischen Semantik bestand in der Unterscheidung zwischen „Zeichen", „Sinn" und „Bedeutung" von Eigennamen, Sätzen und Begriffen. Werke u.a.: *Die Grundlagen der Arithmetik*, 1884; *Über Sinn und Bedeutung*, 1892; *Grundgesetze der Arithmetik* (2 Bände), 1893/1903; *Logik*, 1898; *Begriffsschrift, eine der arithmetischen nachgebildete Formelsprache des reinen Denkens*, 1879.
Wittgenstein schätzte Freges *Grundgesetze der Arithmetik*, die er sich selbst während seiner Gefangenschaft in Cassino von Engelmann nachschicken ließ (vgl. seinen Brief vom 24.5.1919 an Engelmann, in *Wittgenstein-Engelmann*, S. 41). Er nannte Frege neben Boltzmann, Hertz, Schopenhauer, Russell, Kraus, Loos, Weininger, Spengler und Sraffa als einen Denker, der ihn beeinflusst hätte (*Vermischte Bemerkungen*, S. 40f.).
Nach der Fertigstellung des *Tractatus* ließ Wittgenstein Frege eine Abschrift zukommen, worauf dieser ihm am 28.6.1919 antwortete, dass er das Werk „schwer verständlich" finde und nicht wisse, ob er zustimmen solle, da ihm „der Sinn nicht deutlich genug" sei. Seiner Ansicht nach seien die Sätze nicht ausführlich genug begründet und es wären „Erläuterungen nötig, um den Sinn schärfer auszuprägen." (Die Originale der Briefe Freges an Wittgenstein liegen im Brenner-Archiv, sie wurden in den *Grazer Philosophischen Studien*, Vol. 33/34, 1989, S. 5–33 von Allan Janik und Christian Paul Berger publiziert.)
Als Wittgenstein im Bemühen um eine Veröffentlichung des *Tractatus* sich wiederum an Frege wandte, schlug dieser ihm vor, das Werk in Teilen in den Heften der Zeitschrift *Beiträge zur Philosophie des Deutschen Idealismus* erscheinen zu lassen. Diese Veröffentlichung kam nicht zustande. Vgl. dazu einen Brief Wittgensteins an Ludwig von Ficker, [ca. 7.10.1919]: „Nun wandte ich mich endlich noch an einen Professor in Deutschland, der den Verleger einer Art philosophischer Zeitschrift kennt. Von diesem erhielt ich die Zusage die Arbeit zu übernehmen, wenn ich sie vom Anfang bis zum Ende verstümmeln, und mit einem Wort eine andere Arbeit daraus machen wollte." (*Briefe an Ludwig von Ficker*, S. 33).

Tolstoj Volkserzählungen: Vgl. Tolstoj, Lev N. : *Volkserzählungen*. In: *Sämtliche Werke*. VII. Von dem Verfasser genehmigte Ausgabe von Raphael Löwenfeld. Leipzig: Diederichs, 1907.

Wittgensteins Freund und Schüler Maurice O'Connor Drury berichtet, daß er auf Anraten Wittgensteins *Die Brüder Karamasow* und *Schuld und Sühne* von Dostojewski sowie Tolstois *Volkserzählungen* gelesen hätte. Als er Wittgenstein darauf erklärte, daß ihm Dostojewski besser als Tolstoi gefallen hätte, antwortete Wittgenstein, dass er da anderer Meinung sei. „Diese kurzen Geschichten Tolstois werden immer lebendig bleiben. Sie wurden für alle Völker geschrieben." (Vgl. Drury: „Bemerkungen zu einigen Gesprächen mit Wittgenstein". In: *Porträts und Gespräche*, hg. von Rush Rhees, S. 129)

Prosa Kellers: Gottfried Keller: Geb. 19.7.1819, Zürich; gest. 15.7.1890, Zürich. Schweizer Dichter und Politiker. Begann als Landschaftsmaler und wurde zu einem der erfolgreichsten deutschsprachigen Schriftsteller des 19. Jhdts. Seine bekanntesten Werke sind der Roman *Der grüne Heinrich* und der Novellenzyklus *Die Leute von Seldwyla*. Keller gilt als Meister der Novellendichtung und als einer der bedeutendsten Erzähler des bürgerlichen Realismus.
Werke: *Gedichte*, 1846; *Neuere Gedichte*, 1851; *Der grüne Heinrich*, Erstfassung des Romans, 1853–1855; *Die Leute von Seldwyla*, Teil I des Novellenzyklus mit den Erzählungen: Pankraz, der Schmoller/Romeo und Julia auf dem Dorfe/Frau Regel Amrain und ihr Jüngster/Die drei gerechten Kammmacher/Spiegel, das Kätzchen. Ein Märchen, 1856; *Sieben Legenden*, 1872; *Die Leute von Seldwyla*, Teil I des Zyklus unverändert, Teil II mit den Erzählungen: Kleider machen Leute/Der Schmied seines Glückes/Die mißbrauchten Liebesbriefe/Dietegen/Das verlorene Lachen; *Züricher Novellen*, Novellenzyklus mit den Erzählungen: Hadlaub/Der Narr auf Manegg/Der Landvogt von Greifensee/Das Fähnlein der sieben Aufrechten/Ursula, 1877; *Der grüne Heinrich*, Endgültige Fassung des Romans, 1879–80; *Das Sinngedicht*, Novellenzyklus mit den Erzählungen: Von einer törichten Jungfrau/Regine/Die arme Baronin/Die Geisterseher/Don Correa/Die Berlocken, 1881; *Gesammelte Gedichte*, 1883; *Martin Salander*, Roman, 1886; *Gesammelte Werke* in zehn Bänden, 1889.
Wie Paul Engelmann berichtet, verehrte Wittgenstein Gottfried Keller „innig, ja leidenschaftlich" und zwar wohl wegen dessen Wahrhaftigkeit, die Ricarda Huch mit den Worten „Seine Wahrhaftigkeit, die den Ton nicht um eine Schwingung lauter werden läßt als sein Empfinden" charakterisierte. „Eben diese Wahrhaftigkeit, diese völlige Angemessenheit des Ausdrucks an das Empfinden, ist das, was Wittgenstein in der Kunst gesucht hat, und es scheint mir, dass eben dieses Suchen auch der Motor seines Philosophierens gewesen war." (Vgl. *Wittgenstein–Engelmann*, S. 103). G.H. von Wright schreibt, dass Wittgenstein ihm manchmal mit lauter Stimme aus seinen bevorzugten Schriftstellern vorlas, z.B. aus den *Märchen* der Gebrüder Grimm, aus den *Züricher Novellen* Gottfried Kellers und aus Goethes *Hermann und Dorothea*. (Vgl. Paul Arthur Schilpp und Lewis Edwin Hahn, eds.: *The Philosophy of Georg Henrik von Wright*, Open Court, La Salle 1989, S. 14). Hänsel schrieb, dass Wittgenstein von Kellers Novellen insbesondere die Episode mit Figura Leu im „Landvogt von Greifensee" schätzte (vgl. *Hänsel*, S. 245).

Grimm-Märchen: Vgl. Jakob und Wilhelm Grimm: *50 Kinder- und Hausmärchen gesammelt*. Kleine Ausgabe. Mit 12 Bildern von Ludwig Richter. Leipzig: Reclam o.J. [1918] (Reclam's Universal-Bibliothek Nr. 3179–3180a). Wittgenstein las Grimms Märchen in einer Ausgabe von Paul Ernst (*Kinder- und Hausmärchen*. 3 Bde. München: Müller 1910) wahrscheinlich schon vor dem Ersten Weltkrieg. Ein Exemplar dieser Ausgabe findet sich in Russells Bibliothek, das höchstwahrscheinlich aus Wittgensteins Besitz stammt (vgl. *McGuinness*, S. 389).

Pro-Rog: Unklar leserlich, ob Pro-Roy.

Ryvaner: Weißwein.

Bar.-Kdanten: Baracken-Kommandanten.

Zimmerkdant: Zimmerkommandant.

Kierkegaard: Søren Aabye Kierkegaard: Geb. 5.5.1813, Kopenhagen; gest. 11.11.1855, ebenda. Dänischer Philosoph, Essayist, Theologe und religiöser Schriftsteller. Engagierter Vertreter der Idee des Christentums gegen die Realität der Christenheit.

Werke u.a. : *Über den Begriff der Ironie. Mit ständiger Rücksicht auf Sokrates* (Magisterdissertation, 1841); *Entweder – Oder I/II*, 1843; *Zwei erbauliche Reden*, 1843; *Die Wiederholung*, 1843; *Furcht und Zittern*, 1843; *Drei erbauliche Reden*, 1843; *Vier erbauliche Reden*, 1843; *Zwei erbauliche Reden*, 1844; *Drei erbauliche Reden*, 1844; *Philosophische Brocken*, 1844; *Der Begriff Angst*, 1844; *Vorreden*, 1844; *Stadien auf dem Lebens Weg*, 1845; *Abschließende Unwissenschaftliche Nachschrift zu den Philosophischen* Brocken, 1846; *Zwei kleine ethisch-religiöse Abhandlungen*, 1849; *Die Krankheit zum Tode*, 1849; *Einübung im Christentum*, 1. Aufl., 1850; *Einübung im Christentum*, 2. Aufl., 1855; *Der Augenblick*, 1855; *Gottes Unveränderlichkeit*, 1855.

Wittgenstein bewunderte Kierkegaards Radikalität und Kompromisslosigkeit hinsichtlich seines Glaubens und bezichtigte sich im Vergleich zu diesem als „bequem" und als einer, dem die Bescheidenheit fehle (*Denkbewegungen*, S. 176; 18.2.1937). Im Vergleich mit Dostojewski schrieb er: „Der Reine hat eine Härte, die schwer zu ertragen ist. Darum nimmt man die Ermahnungen eines Dostojewski leichter an, als eines Kiekegaard. Der eine druckt noch, während der andere schon schneidet." (*Denkbewegungen*, S. 204, 24.2.1937) Drury gegenüber bemerkte er, dass Kierkegaard „bei weitem der tiefste Denker des vorigen Jahrhunderts" war. Weiters sagte er: „Sie dürfen allerdings nicht vergessen, daß ich nicht den gleichen Glauben habe wie Kierkegaard, doch dessen bin ich gewiß, daß wir nicht hier sind, um es uns gutgehen zu lassen." Doch er könnte Kierkegaard jetzt nicht wieder lesen, da er ihm „zu weitschweifig" sei (vgl. Drury in *Rhees*, S. 130f.).

S c h l e i e r m a c h e r : Friedrich Daniel Ernst Schleiermacher: Geb. 21.11.1768, Breslau; gest. 12.2.1834, Berlin. Deutscher protestantischer Theologe, Philosoph und Pädagoge. Schleiermacher markiert mit seinem theologischen Werk eine Wende in der Geschichte der protestantischen Theologie, vor allem durch den Versuch, zwischen Theologie und Philosophie eine Verbindung auf der Basis der je eigenen Existenz herzustellen. Er bestimmt das „Wesen der Religion" als „Anschauung und Gefühl" und definiert Religion schließlich als „Gefühl der schlechthinnigen Abhängigkeit". Mit seinem philosophischen Hauptwerk *Dialektik* (1811, 1814/15) leitet er eine Wende in der Hermeneutik ein – zu einer Hermeneutik als „einer Kunstlehre des Verstehens". Auf dieser Basis entwirft er eine Pädagogik, die neben der Herbarts als Begründung der wissenschaftlichen Pädagogik im 19. Jhdt. gilt. Schleiermacher hat die Theologiegeschichte des 19./20. Jhdts. entscheidend mitbestimmt, der Einfluss seiner Hermeneutik reicht bis in die Gegenwart.

Weitere Werke: *Über die Religion, Reden an die Gebildeten unter ihren Verächtern*, 1799; *Monologen*, 1800; *Vertraute Briefe über „Lucinde"*, 1801; *Grundlinien einer Kritik der bisherigen Sittenlehre*, 1803; *Die Weihnachtsfeier, ein Gespräch*, 1806; *Kurze Darstellung des theologischen Studiums zum Behuf einleitender Vorlesungen*, 1811; *Ethik*, 1812/13; *Der christliche Glaube, nach den Grundsätzen der evangelischen Kirche im Zusammenhange dargestellt* (2 Bde, 1821/22); *Entwurf eines Systems der Sittenlehre*, 1835.

L o g i s c h - p h i l o s o p h i s c h e   A b h a n d l u n g : Während der Kriegsjahre hatte Wittgenstein an seiner Arbeit geschrieben und ein Manuskript davon auch während seiner Gefangenschaft mit sich dabei. Dieses bestand aus „etwa fünfzig maschinengeschriebenen Blättern, die in einen braunen Leinenumschlag geheftet waren." (Vgl. Franz Parak: „Wittgenstein in Monte Cassino." In: *Ludwig Wittgenstein. Geheime Tagebücher 1914–1916*. Hg. von Wilhelm Baum. Wien: Turia & Kant, 1991. S. 147).

n a c h   d e m   M u s t e r   S p i n o z a s : Vgl. Spinozas *Ethica, ordine geometrico demonstrata* (1677) – die nach geometrischer Ordnung, in 5 Teile aufgebaute und mit Definitionen, Axiomen, Propositionen (Lehrsätzen) und Demonstrationen (Beweisen) versehene Darstellung der (Metaphysik und) Ethik. Der spätere Titel *Tractatus logico-philosophicus* für Wittgensteins *Logisch-philosophische Abhandlung* wurde von George Edward Moore vorgeschlagen – aller Wahrscheinlichkeit nach in Anlehnung an Spinozas *Tractatus theologico-politicus* (1670).

Spinoza, Benedictus de, Baruch: Geb. 24.11.1632, Amsterdam; gest. 21.2.1677, Den Haag. Philosoph. Bei der Abfassung seines Hauptwerks, der *Ethik* (1677), wendet Spinoza in rigoroser Weise die von Descartes geschaffene Methode an. Nur die mathematische Denkweise führe zur Wahrheit. Je mehr der menschliche Geist wisse, desto besser erkenne er seine Kräfte und die Ordnung der Natur, desto besser könne er sich selbst leiten. In der Betrachtung „sub specie aeternitatis" (gesehen unter dem Gesichtspunkt der Ewigkeit) erkennen wir die Notwendigkeit der nach bestimmten Gesetzen wirkenden Prozesse in der Natur und in dieser Erkenntnis und Akzeptanz alles Geschehens, auch des Leids, liegt unsere Freiheit. Der zunächst wenig beachtete Spinozismus fand durch den Streit zwischen F.H. Jacobi und Moses Mendelssohn über den Spinozismus Lessings allgemeineres Interesse. Duch Herder und Goethe gelangte der Spinozismus zu hohem Ansehen. Hauptwerke: *Tractatus theologico-politicus*, 1670; *Ethica, ordine geometrico demonstrata*, 1677; *Tractatus de intellectus emendatione*, 1677; *Tractatus politicus*, 1677; *Opera quotqot reperta sunt*, I-II, 1882–83; I-IV, 1914.

B r i e f   a n   N . : Am 20. 2. 1919 schrieb Hänsel u.a. folgende Zeilen an seine Frau Nantschi bzw. Anna: „Ich habe einen jungen (30jährigen) Logiker kennen gelernt, der gedanklich bedeutender ist als alle etwa Gleichaltrigen vielleicht überhaupt als alle Menschen, die ich bis jetzt kennen gelernt habe – ernst, von edler Selbstverständlichkeit, nervös, von einer kindlichen Fähigkeit, sich zu freuen. – Er heißt Wittgenstein. Seine Ideen, die er mir systematisch vorträgt, kommen nun der Gewißheit, die ich aus Schell gewonnen und so ziemlich bewahrt habe, in die Quere – so groß seine Ehrfurcht vor dem Religiösen ist – und ich muß abwarten, wie ich sie vertragen werde. Zudem habe ich, da wir fast die ganze Zeit beisammen sind, wenig Zeit übrig. Die Vormittage gehören den Vorträgen über Logik und Kant, die mir oft Freude, aber immer mehr auch das Gefühl des Ungenügens erzeugen. ‚Bilde mir nicht ein, was Rechtes zu wissen.‘ Jetzt, Wittgenstein gegenüber ist das noch stärker geworden.

Das hätte ich Dir nun alles nicht schreiben sollen, weil es Dich beunruhigt, und weil es Dir keine Freude macht. Und besonders, weil …“

K a u s a l i t ä t : Im *Tractatus* schrieb Wittgenstein, dass das Kausalitätsgesetz kein Gesetz, sondern die „Form eines Gesetzes" sei. (Vgl. TLP, 6.32; vgl. auch TB 1914–1916, 29.3.15). Weiters sprach er davon, dass es in der Physik Kausalitätsgesetze – Gesetze von der Kausalitätsform – gebe, wie es in der Mechanik Minimum-Gesetze, etwa der kleinsten Wirkung, gebe. Rückblickend notierte er in einem Tagebuch der 1930erjahre: „Als ich vor 16 Jahren den Gedanken hatte, daß das Gesetz der Kausalität an sich bedeutungslos sei & es eine Betrachtung der Welt gibt die es nicht im Auge hat da hatte ich das Gefühl vom Anbrechen einer Neuen Epoche." (6.5.[1930], *Denkbewegungen*, S. 21)

M i l l : John Stuart Mill: Geb. 20.5.1806, London; gest. 8.5.1873, Avignon. Britischer Philosoph, Psychologe und Soziologe. Vertreter des sog. älteren Positivismus. Mit seinem nationalökonomischem Hauptwerk *Principles of Political Economy* (*Grundsätze der politischen Glückseligkeit*) gilt er teilweise als letzter Vertreter der klassischen Nationalökonomie.
Hauptwerke : *A System of Logic, Ratiocinative and Inductive*, 1843; *Principles of Political Economy, I-II*, 1848; *Dissertations and Discussions, I-II*, 1859; *Essay on Liberty*, 1859; *Utilitarianism*, 1861; *Auguste Comte and Positivism*, 1865.

S c h o p e n h a u e r : Arthur Schopenhauer: Geb. 22.2.1788, Danzig; gest. 21.9.1860, Frankfurt am Main. Philosoph. Hauptwerk: *Die Welt als Wille und Vorstellung*.
Schopenhauer war einer der wenigen Philosophen, die Wittgenstein gelesen hat und dessen Einfluss insbesondere in seinen früheren Schriften zu verspüren ist. Wittgenstein selbst sagte: „Es ist, glaube ich, eine Wahrheit darin wenn ich denke, daß ich eigentlich in meinem Denken nur reproduktiv bin. Ich glaube ich habe nie eine Gedankenbewegung *erfunden* sondern sie wurde mir immer von jemand anderem gegeben & ich habe sie nur sogleich leidenschaftlich zu meinem Klärungswerk aufgegriffen. So haben mich Boltzmann Hertz Schopenhauer Frege, Russell, Kraus, Loos Weininger Spengler, Sraffa beeinflußt. Kann man als ein Beispiel jüdischer Reproduktivität Breuer & Freud heranziehen? – Was ich erfinde sind neue *Gleichnisse*." (Eintragung Wittgensteins im MS 154 15v, zit. nach: *Vermischte Bemerkungen*, S. 40f.)
Ähnlich Kant, so hatte die Kausalität nach Schopenhauer nur in der sog. normalen, jedoch inadäquaten Betrachtungsweise ihre Gültigkeit, die dem Leitfaden des Satzes vom Grunde (Raum, Zeit und Kausalität) folgt. Die höhere, adäquate Betrachtungsweise hingegen, die den künstlerischen und ethischen Menschen auszeichnet, ist aus den Formen des Satzes vom Grunde (außer der 1. Form der Vorstellung) herausgetreten und erkennt somit in den Phänomenen der sichtbaren Welt die Idee, d.h. das Ewige, Universale der einzelnen, zeitlichen Erscheinung.

s e i n   V e r m ö g e n : Als Wittgenstein aus der Gefangenschaft zurückkehrte, entledigte er sich seines Vermögens, das er nach dem Tode seines Vaters Karl Wittgenstein im Jahre 1913 geerbt hatte. Er empfand Reichtum als eine Belastung – ähnlich einem schweren Rucksack, den man beim Aufstieg auf einem Berg zu tragen hat und der einen nur behindere. (Mitteilung von John Stonborough an die Herausgeberin, 13.11.1992). So vermachte Ludwig seinen Anteil seinen Geschwistern, mit Ausnahme seiner Schwester Margaret, die durch ihre Heirat mit dem Amerikaner Jerome Stonborough seiner Meinung nach den anderen gegenüber bevorzugt war.

a u f   e i n e m   n o r w e g i s c h e n   D o r f : Nach einer Reise mit seinem Freund David Pinsent nach Norwegen im September 1913 brach Wittgenstein kurz danach abermals nach dem Norden auf und verbrachte fast ein Jahr lang – von Mitte Oktober bis Juni 1914 – in Skjolden am Sognefjord, wo er in der Stille und Einsamkeit der norwegischen Landschaft über Logik nachdenken wollte. Vom 26. März bis 14. April 1914 besuchte ihn George Edward Moore, der seine Gespräche mit Wittgenstein aufzeichnete, die als *Notes dictated to Moore* veröffentlicht sind.

G e o r g e s   R o d e n b a c h : Georges Raymond Rodenbach: Geb. 16.7.1855, Tournai; gest. 25.12.1898, Paris. Belgischer Schriftsteller der französischen Sprache. Korrespondent des *Journal de Bruxelles*. Brachte in seinen Versen den Reiz der kleinen stillen Städte und der Natur seiner Heimat zum Ausdruck. Besonders bekannt wurde er durch seinen symbolistischen Roman von düster-melancholischer Grundstimmung *Bruges-la-morte* (1892; dt. *Das tote Brügge*, literarische Vorlage zu E. Korngolds Oper *Die tote Stadt*, 1920). Weitere Werke u.a.: Romane: *Le Musée des béguines* (1894); *Le carillonneur* (1897) ; *L'arbre*, 1898. Lyrik: *Le foyer et les champs*, 1878 ; *Les tristesses*, 1879; *La jeunesse blanche*, 1886; *Le règne du silence*, 1891; *Le miroir du ciel natal*, 1898.

B e r u f u n g : Roman von Georges Rodenbach. Originaltitel: *La vocation*, 1895.

H a n d e l - M a z e t t i : Enrica (Freiin von) Handel-Mazetti: Geb. 10.1.1871, Wien; gest. 8.4.1955, Linz. Österreichische Schriftstellerin. Schrieb vor allem historische Romane und Novellen, die die Zeit der Glaubenskämpfe zwischen Katholiken und Protestanten behandeln. Werke u.a.: *Meinrad Helmpergers denkwürdiges Jahr*, 1900; *Jesse und Maria*, 1906; *Die arme Margaret*, 1910; *Stephana Schwertner* (3 Bde), 1912–1914; *Die Waxenbergerin*, 1934; *Graf Reichard* (2 Bde), 1939/40.

M e i n r a d   H e l m p e r g e r s   D e n k w ü r d i g e s   J a h r : Kulturgeschichtlicher Roman von Enrica Handel-Mazetti (1900). Vgl. *Meinrad Helmpergers denkwürdiges Jahr*. München: J. Kösel & F. Pustet, 1926.

h o c h n o t p e i n l i c h e   T o r t u r : Vermutlich höchst persönliche, dabei peinliche Tortur.

P l a t e n : Karl August Georg Maximilian Graf von Platen-Hallermünde (häufig August von Platen oder Graf Platen genannt): Geb. 24.10.1796, Ansbach; gest. 5.12.1835, Syrakus, Sizilien. Deutscher Dichter. Als Lyriker brachten ihm die strengen Versmaße und der Wohlklang im sprachlichen Ausdruck den Vorwurf des preziösen, kalten, anachronistischen Klassizisten ein (Fehde mit Heinrich Heine). Werke u.a.: Lyrik: *Ghaselen*, 1821; *Lyrische Blätter*, 1821; *Neue Ghaselen*, 1823; *Sonette aus Venedig*, 1825; *Polenlieder*, 1831. Dramen: *Der gläserne Pantoffel*, 1823; *Der Schatz des Rampsinit*, 1824; *Der Turm mit den Sieben Pforten*, ein Lustspiel, 1825; *Die verhängnisvolle Gabel*, 1826; *Der romantische Ödipus*, 1829; *Die Liga von Cambrai*, 1833. Balladen: *Das Grab im Busento*; *Harmosan*; *Der Pilgrim vor St. Just*.

G o e t h e : „*Es fehlt ihm die Liebe*": In seinen Gesprächen mit Eckermann sagte Goethe am 25. Dezember 1825 zu diesem: „Noch in diesen Tagen habe ich Gedichte von Platen gelesen und sein reiches Talent nicht verkennen können. Allein, wie gesagt, die Liebe fehlt ihm, und so wird er auch nie so wirken, als er hätte müssen. Man wird ihn fürchten, und er wird der Gott derer sein, die gern wie er negativ wären, aber nicht wie er das Talent haben."

W e i n i n g e r : Otto Weininger: Geb. 3.4.1880, Wien; gest. 4.10.1903, Wien (Selbstmord). Philosoph und Psychologe. Hauptwerk: *Geschlecht und Charakter*. Weitere Werke u.a.: *Eros und Psyche. Biologisch-psychologische Studie* (Manuskript), 1901; *Zur Theorie des Lebens* (Manuskript), 1902; *Über Eros und Psyche*. Dissertation (verschollen), 1902; *Geschlecht und Charakter*.

Eine prinzipielle Untersuchung. Wien und Leipzig: Wilhelm Braumüller, 1903; *Über die letzten Dinge* (mit einem biographischem Vorwort von Dr. Moritz Rappaport). Wien: Braumüller, 1907; *Die Liebe und das Weib. Ein Versuch.* Verlag der Zeitschrift „Ver!", Wien 1921; *Verse.* In: *Die Fackel* Nr. 613–621, S. 158, Wien 1923; *Genie und Verbrechen.* Graz-Wien: Stiasny Verlag, 1962. Auch Weininger nannte Wittgenstein als einen der Denker, die ihn beeinflusst hätten (vgl. *Vermischte Bemerkungen*, S. 40f.).

5 . J u l i : Unklar, worauf sich Hänsel mit diesem Datum bezieht.

S a n t ' E l i a : Ortschaft in der Provinz Frosinone, Italien.

S a n t a   C a t h a r i n a : Ortschaft bei Bozen, Italien.

T u r g e n j e f f : Iwan Sergejewitsch Turgenew (nach einer älteren Transkription oft auch Turgenjew): Geb. 9.11.1818 (greg.), Gut Spasskoje (bei Orjol); gest. 3.9.1883 (greg.), Bougival (bei Paris). Russischer Schriftsteller. Einer der bedeutendsten Vertreter des russischen Realismus, der mit seinem Werk großen Einfluss auf die Entwicklung des „melancholischen Impressionismus" in Westeuropa ausübte.
Werke u.a.: *Parascha*, 1843; *Tagebuch eines überflüssigen Mannes*, 1849; *Aufzeichnungen eines Jägers*, 1852; *Ein Monat auf dem Lande*, 1855; *Faust. Zwei Novellen*, 1856; *Ein Adelsnest*, 1859; *Am Vorabend*, 1860; *Erste Liebe*, 1860; *Hamlet und Don Quichote*, 1860; *Väter und Söhne*, 1862; *Rauch*, 1867; *Frühlingswogen*, 1872; *Gedichte in Prosa*, 1882; *Klara Militsch*, 1882; *Das Lied der triumphierenden Liebe*; *Asja*; *Rudin*; *Zwei Freunde*.

F r ü h l i n g s w o g e n : Vgl.: *Frühlingswogen*. Novelle von Iwan Turgenjeff. Aus dem Russ. von Wilhelm Lange. Leipzig: Reclam, 1896. (Russ. Originaltitel: *Vesnie vody*, 1872.)

g e g e n w . : gegenwärtig.

B e e t h o v e n s   B r i e f e : Vgl. : *Die Briefe Beethovens*. Ausgewählt von Curt Sachs. Berlin: Bard, 1909.

S t e l z h a m m e r : Franz Stelzhamer: Geb. 29.11.1802, Großpiesenham in Oberösterreich; gest. 14.7.1874, Henndorf am Wallersee (bei Salzburg). Österreichischer Mundartdichter und Novellist. Stelzhamer ist der Textdichter der oberösterreichischen Landeshymne, des *Hoamatgesangs*. Werke u.a.: *Lieder in obderenns'scher Volksmundart*, 1837; *Neue Gesänge in obderenns'scher Volksmundart*, 1841; *Gedichte in obderenns'scher Volksmundart* (4 Bde), 1844–68; *Volkslust. Auswahl älterer und neuerer Lieder in obderenns'scher Volksmundart*, 1847; *Politische Volkslieder*, 1848; *D'Ahnl* (Epos), 1851; *Gedichte* (1855).

D ' A h n l . : Vgl. Franz Stelzhamer: *D'Ahnl*. Gedicht in obderenns'scher Volksmundart. Wien: Mayer und Compagnie, 1851.

H e b b e l : Christian Friedrich Hebbel: Geb. 18.3.1813, Wesselburen, Dithmarschen; gest. 13.12.1863, Wien. Deutscher Dramatiker und Lyriker. Hauptthema ist das tragische Verhältnis zwischen Individuum und Welt, das Wollen des Einzelnen steht im Widerspruch zum Weltwillen. Als Publizist schrieb Hebbel u.a. für die *Wiener Zeitung*, die *Augsburger Allgemeine Zeitung* und die *Illustrierte Zeitung* aus Leipzig. Werke: *Judith*, 1840; *Genoveva*, 1841 (siehe auch Genoveva von Brabant); *Der Diamant*, 1841; *Maria Magdalena*, 1843; *Anna*, 1847; *Trauerspiel in Sizilien*, 1847; *Julia und König Peter*, 1847; *Der Schneidermeister Nepomuk Schlägel auf der Freudenjagd*, 1847; *Herr Haidvogel und seine Familie*, 1848; *Schnock*, 1848; *Der Moloch*, 1849–1850; *Herodes und Marianne*, 1850; *Agnes Bernauer*, 1851; *Aufzeichnungen aus meinem Leben*, 1854; *Gyges und sein Ring*, 1854; *Mutter und Kind*, 1857; *Die Nibelungen*, 1861; *Demetrius*, unvollendetes Drama; *Requiem Seele vergiß sie nicht*; *Treue Liebe*; *Tagebücher* (enthalten viele Aphorismen); *Der Heideknabe*.

M e i s t e r   A n t o n : Figur in Hebbels Trauerspiel *Maria Magdalena*. Der Tischlermeister Anton Schwarz, den Hebbel nach einem Fußmarsch von Heidelberg über Straßburg, Stuttgart und Tübingen im September 1836 in München kennengelernt hatte, stand dafür Vorbild.

E r d e : Drama von Karl Schönherr. Vgl. Karl Schönherr: *Erde*. Eine Komödie des Lebens in drei Akten. Berlin: Fischer, 1909.

S c h ö n h e r r : Karl Schönherr: Geb. 24.2.1867, Axams, Tirol; gest. 15.3.1943, Wien. Öster-reichischer Dramatiker. War zuerst Arzt in Wien, ab 1905 freier Schriftsteller. Schrieb auch Gedichte in Tiroler Mundart und Erzählungen sowie handlungsstarke, zum Teil sozialkritische Dramen mit Themen aus Volkstum und Geschichte seiner Tiroler Heimat: Werke u.a.: *Der Weibs-teufel*, 1914; Tragödien: *Die Bildschnitzer*, 1900; *Glaube und Heimat*, 1910; Dramen: *Erde*, 1908; *Narrenspiel des Lebens*, 1918; *Die Hungerblockade*, 1925, 1927 unter dem Titel *Der Armen-Dok-tor*; Schauspiele: *Frau Suitner*, 1916; Volksstück: *Der Judas von Tirol*, 1897.

K e r s c h b a m : Dialekt für Kirschbaum.

D a s S c h u l d b u c h : Erzählung von Karl Schönherr. Vgl. Karl Schönherr: *Schuldbuch*. Leip-zig: Staackmann, 1913.

A u g u s t i n s B e k e n n t n i s s e : Vgl. Aurelius Augustinus: *Die Bekenntnisse des heiligen Augustinus: Buch I-X*. Ins Deutsche übersetzt und mit einer Einleitung versehen von Georg von Hertling. Freiburg: Herder, 1905.
Laut Michael Pfliegler lasen Hänsel und Wittgenstein in der Kriegsgefangenschaft aus den Schrif-ten des Augustinus nach einer alten Ausgabe, die ihnen die Mönche bereitstellten (vgl. den Nachruf Michael Pflieglers auf Hänsel: „Ludwig Hänsel +“. In: *Bildung und Gegenwart*. 2. pädagogisches Heft. In memoriam Ludwig Hänsel, P. Georg j. Strangfeld S.J. Wien – März 1960. In: „Amate“ Neuland – Werkhefte X. Hg. vom Bund Neuland. Wien VIII: Druck: „Herold“).

U n t e r s c h i e d d e s m e t a p h y s i s c h e m v o m p s y c h o l o g i s c h e m I c h : Vgl. TLP, 5.641: „Es gibt also wirklich einen Sinn, in welchem in der Philosophie nichtpsycho-logisch vom Ich die Rede sein kann. Das Ich tritt in die Philosophie dadurch ein, daß ‚die Welt meine Welt ist'. Das philosophische Ich ist nicht der Mensch, nicht der menschliche Körper, oder die menschliche Seele, von der die Psychologie handelt, sondern das metaphysische Subjekt, die Grenze – nicht ein Teil – der Welt.“

E r s t s c h ö n e T a g e : Vermutlich ist damit „Zuerst schöne Tage" gemeint. Es könnte aber auch „Erste schöne Tage" bedeuten, wobei Hänsel das „e" am Wortende vergessen hat.

T h o m a s M a n n : Thomas Mann: Geb. 6.6.1875, Lübeck; gest. 12.8.1955, Zürich. Schrift-steller. Einer der bedeutendsten deutschen Erzähler des 20. Jhdts. Bekannt vor allem durch seinen Roman *Buddenbrooks* (1901). Obwohl Thomas Mann anfangs keinen aktiven politischen Stand-punkt bezog, zeigte er gegen den Nationalsozialismus Engagement: In einem offenen Brief an den Dekan der philosophischen Fakultät der Universität Bonn (1937), wie auch später in zahlreichen Rundfunkansprachen und auf Vortragsreisen warnte er vor den Machthabern des Dritten Reiches. *Achtung Europa! Aufsätze zur Zeit* (1938). Auch nach 1945 hatte Mann als Mahner zur Humanität und Demokratie großen Einfluss. Weitere Werke u.a.: *Der Zauberberg; Doktor Faustus; Der Tod in Venedig; Tonio Kröger; Joseph und seine Brüder, Der Erwählte* (eine Nacherzählung des *Gre-gorius* von Hartmann von Aue); *Betrachtungen eines Unpolitischen; Königliche Hoheit; Lotte in Weimar; Bekenntnisse des Hochstaplers Felix Krull*.

F i o r e n z a : Titel eines Theaterstücks von Thomas Mann, das 1907 im Frankfurter Schauspiel-haus uraufgeführt wurde. Es ist das einzige Theaterstück Manns und spielt 1492 in Florenz, wo die Einwohner dem Bußprediger Savonarola verfallen sind. Nachdem dieser von Fiorenza, die zugleich die Allegorie der Stadt Florenz ist, abgewiesen wurde, predigt er Askese. Verzicht steht im Gesamtwerk Thomas Manns, und auch hier wird Entsagung höher gewertet als Sinnenglück. Vgl. Thomas Mann: *Fiorenza*. Berlin: Fischer, 1906.

S a v o n a r o l a : „Girolamo Hieronymus" Savonarola: Geb. 21.9.1452, Ferrara; gest. 23.5.1498, Florenz. Italienischer Dominikaner und Bußprediger, der mit seiner Kritik am Lebenswandel des herrschenden Adels und Klerus Aufsehen erregte. Prior des Klosters San Marco, das er 1493 zu einer eigenen Kongregation erhob. Er verkündete 1484 das nahe Endgericht und die Erneuerung der Kirche und war 1492 zu einem guten Teil für die Vertreibung der Medici aus Florenz verant-wortlich. Dem vom Papst Alexander VI. auferlegten Predigtverbot kam er nicht nach und wurde daraufhin wegen Häresie und falscher Prophetie exkommuniziert. Als er diese für ungültig erklärte, wurde er verhaftet, gefoltert und von der Stadtbehörde als Schismatiker und Häretiker gehenkt. Seine Schriften wurden von der Indexkongregation jedoch schon 1558 für rechtgläubig erklärt.

Thomas Mann verarbeitete die Savonarola-Figur literarisch in seiner frühen Erzählung *Gladius Dei* (1902) und in seinem Theaterstück *Fiorenza* (1905).

W a l t h e r u n d F r a n z i s k u s b e i G i n z k e y : Anspielung auf die Werke des Schriftstellers Franz Ginzkey über Walther von der Vogelweide und Franz von Assisi: *Der von der Vogelweide* (Roman, 1912) und *Der Gaukler von Bologna* (historischer Roman, 1916).

W a l t h e r : Walther von der Vogelweide: Geb. um 1170; gest. um 1230. Mittelhochdeutscher Dichter. Nicht erst seit seiner im 18. Jhdt. einsetzenden Wiederentdeckung, sondern schon zu seinen Lebzeiten und das ganze Mittelalter hindurch (v.a. bei den Meistersingern) galt Walther von der Vogelweide als einer der bekanntesten Liederdichter.

Vgl. Franz Karl Ginzkey: *Der von der Vogelweide*. Leipzig: Staackmann, 1912.

Vgl. Franz Karl Ginskey: *Der Gaukler von Bologna*. Leipzig: Staackmann Verlag, 1916.

Franz Karl Ginzkey: Geb. 8.9.1871, Pola (Österreich-Ungarn), heute Pula, Kroatien; gest. 11.4.1963, Wien. Österreichisch-ungarischer Offizier und Schriftsteller. Ginzkey gehört zum Kreis der neuromantischen Lyriker und Novellisten; er schrieb liedhafte Heimatlyrik und Balladen sowie meist kulturgeschichtliche Romane und Novellen. Werke u.a.: *Hatschi Bratschis Luftballon*, 1904; *Das heimliche Läuten* (Gedichte), 1906; *Der von der Vogelweide* (Roman), 1912; *Der Gaukler von Bologna* (Roman), 1916; *Von wunderlichen Wegen. 7 Erzählungen*, 1922; *Magie des Schicksals*, 1932; *Der Tanz auf einem Bein. Ein Seitensprung ins Wunderliche* (Gedichte), 1956.

K . F . M e y e r : Conrad Ferdinand Meyer: Geb. 11.10.1825, Zürich; gest. 28.11.1898, Kilchberg bei Zürich. Schweizer Dichter. Neben Gottfried Keller und Jeremias Gotthelf gehört er zu den bedeutendsten deutschsprachigen Schweizer Dichtern des 19. Jhdts. Er verfasste vor allem historische Novellen, Romane und Lyrik. Die Menschen seiner Werke verkörpern oft das Renaissanceideal des außergewöhnlichen Menschen, des großen Helden oder großen Sünders. Werke u.a.: Prosa: *Das Amulett* (Novelle), 1873; *Jürg Jenatsch* (Roman), 1876; *Der Heilige* (Novelle), 1880; *Plautus im Nonnenkloster* (Novelle), 1882; *Gustav Adolfs Page* (Novelle), 1882; *Die Hochzeit des Mönchs* (Novelle), 1884; *Die Versuchung des Pescara* (Novelle), 1887; *Angela Borgia* (Novelle), 1891. Versepen: *Huttens letzte Tage*, 1872; *Engelberg*, 1872. Lyrik: *Zwanzig Balladen von einem Schweizer*, 1864; *Romanzen und Bilder*, 1869; *Gedichte*, 1882; *Der römische Brunnen*; *Die Füße im Feuer*; *Zwei Segel*; *Der Ritt in den Tod*.

G o b i n e a u : Joseph Arthur de Gobineau (eigentl. Joseph Arthur, comte de Gobineau): Geb. 14.7.1816, Ville-d'Avray (bei Paris), gest. 13.10.1882, Turin. Französischer Schriftsteller und Diplomat. In seinem Werk *Essai sur l'inégalité des races humaines* (1853–55, 4 Bde) vertrat er die These von der nicht nur körperlichen, sondern auch geistigen Verschiedenheit der Rassen und suchte die Überlegenheit der „arischen" Rasse über alle anderen zu begründen. Damit wirkte er nachhaltig auf Richard Wagner, Houston Stewart Chamberlain, vermutlich auch auf Nietzsche, später auf Maurice Barrès, und lieferte Argumente für den Rassenfanatismus des Nationalsozialismus. Heute gelten seine Romane und Novellen als seine dichterischen Hauptwerke. Werke u.a.: *Religions et Philosophies dans l'Asie Centrale*, 1865; *Mademoiselle Irnois*; *Ternove*; *Souvenirs de voyage*, 1872; *Nouvelles asiatique*; *Les Pléiades, 1874*; *Trois ans en Asie*; *Die Renaissance*, 1877.

A d o l f P i c h l e r : Adolf Pichler: Geb. 4.9.1819, Erl (Tirol); gest. 15.11.1900, Innsbruck. Geologe und Schriftsteller. Seine Schriften schildern das einfache Leben der Tiroler Landbevölkerung und gelten als wertvolle kulturhistorische Zeugnisse. Werke: *Gedichte*, 1853; *Hymnen*, 1855; *Rodrigo* (Drama); *Hexenmeister*; *Fra Serafico* (Epos), 1879; *Allerlei Geschichten aus Tirol*. Erzählungen, 1867; *Jochrauten*. Erzählungen, 1897; *Letzte Alpenrosen*. Erzählungen, 1898.

L e t z t e A l p e n r o s e n : Vgl. Adolf Pichler: *Letzte Alpenrosen*. Erzählungen aus den Tiroler Bergen. In: *Gesammelte Werke*. München und Leipzig: Georg Müller, [1906].

Der Band enthält folgende Erzählungen: „Der Galgenpater" (1898), „In der grünen Pertisau" (1882), „Versäumt", „Die Braut von Korinth", „Der Riesensohn" (1873) und „Der Einsiedler".

U n g e r : Vermutlich handelt es sich dabei um eine Heeres-Einheit bzw. Kompagnie, die nach dem Namen eines Kommandanten benannt wurde, der sich im Krieg besondere Verdienste gemacht hatte.

R i d e a m u s – V o r l e s u n g : Rideamus ist das Pseudonym für Fritz Oliven: Geb. 10.5.1874, Breslau; gest. 30.6.1956, Porto Alegre, Brasilien. Deutscher Jurist und Schriftsteller; Lyriker,

Librettist und Revuedichter. 1951 erschien die Autobiographie *Rideamus*. *Von ihm selber. Die Geschichte eines heiteren Lebens.*
Werke u.a.: Gedichtbände: *Willis Werdegang, eine Geschichte in Reimen*; *Der neue Willi, Fortsetzung des vorigen*; *Lenz und Liebe*; *Lauter Lügen*; *Berliner Bälle*; *Lustige Liebe*; *Wilde Sachen*; *Reinfälle*. Operettenlibretti: *Die lustigen Nibelungen* (1904, Musik: Oscar Straus); *Hugdietrichs Brautfahrt* (1905, Musik: Oscar Straus); *Drei alte Schachteln* (1917, gemeinsam mit Hermann Haller, Musik: Walter Kollo); *Der Vetter aus Dingsda* (1921, gemeinsam mit Hermann Haller, Musik: Eduard Künneke); *Frauen haben das gern ...!* (1931, gemeinsam mit Franz Arnold und Ernst Bach, Musik: Walter Kollo).

u n   p o   d i   s i l e n z i o : Ital.: ein bisschen Ruhe.

G l a u b e   u n d   H e i m a t : Vgl. Karl Schönherr: *Glaube und Heimat*: die Tragödie eines Volkes. Leipzig: Staackmann, 1910.

D e r   W e i b s t e u f e l : Vgl. Karl Schönherr: *Der Weibsteufel*. Drama in fünf Akten. Leipzig: Staackmann, 1914.

D e r   G a l g e n p a t e r : Vgl. den Kommentar zu Adolf Pichler.

A u s   d e r   P e r t i s a u : Richtig: „In der grünen Pertisau“: Novelle von Adolf Pichler.

S a a r : Ferdinand von Saar: Geb. 30.9.1833, Wien; gest. 24.7.1906, Wien-Döbling (Selbstmord). Österreichischer Erzähler, Dramatiker und Lyriker. Bis 1859 Berufsoffizier. Saar schrieb pessimistische Poesie (*Wiener Elegien*, 1893) und empfindsam-dekadente Erzählungen mit Stoffen aus der k.u.k. Armee und der Wiener Gesellschaft. Seine Werke zeichnen sich durch humanistisches Ethos und Sozialkritik aus. Werke u.a.: *Innocens*, 1866; *Marianne*, 1873; *Die Geigerin*, 1874; *Die Steinklopfer*, 1874; *Novellen aus Österreich*, 1877; *Schicksale*, 1889; *Ginevra*, 1890; *Schloss Kosternitz*, 1892; *Herr Fridolin und sein Glück*, 1894; *Der Sündenfall*, 1898; *Die Brüder*, 1900; *Außer Dienst*, 1902; *Sappho*, 1904; *Die Familie Worel*, 1905; *Tragik des Lebens*, 1906.

K ü r n b e r g e r : Ferdinand Kürnberger: Geb. 3.7.1821, Wien; gest. 14.10.1879, München. Kritiker, Feuilletonist, Erzähler, Dramatiker. Mitarbeiter u.a. an der *Presse, Wiener Zeitung, Wiener Sonntagsblätter*. In seinen Artikeln prangert Kürnberger auf humorvolle Weise die Verhältnisse in seiner Heimatstadt und in seinem Land an und wird zu einem Chronisten der „österreichischen“, insbesondere der „Wiener Seele“. Kraus nennt ihn den „größten politischen Schriftsteller, den Österreich je gehabt hat“ (*Die Fackel*, Nr. 214–215, 22.12.1906, S. 5) und zählt ihn neben Daniel Spitzer und Ludwig Speidel zu seinen Vorbildern im historischen Wiener Feuilleton der liberalen Tagespresse. Er publizierte in der *Fackel* mehrmals Texte von Kürnberger, so dass Wittgenstein – sowie Hänsel – vielleicht durch Kraus auf Kürnberger aufmerksam gemacht wurden.
Werke u.a.: *Der Amerikamüde, amerikanisches Kulturbild*, 1855; *Ausgewählte Novellen*, 3 Bde., 1861–1862; *Geglaubt und vergessen*, 1866; *Siegelringe. Eine ausgewählte Sammlung politischer und kirchlicher Feuilletons*, 1874; *Literarische Herzenssachen, Reflexionen und Kritiken*, 1877; *Das Schloß der Frevel*, 1903; *Gesammelte Werke*, 4 Bde. (hg. O. E. Deutsch), 1910–1914).
Wittgensteins Motto zum *Tractatus* stammt aus Kürnbergers Werk *Literarische Herzenssachen, Reflexionen und Kritiken* (1877, S. 340): „... und alles, was man weiß, nicht bloß rauschen und brausen gehört hat, läßt sich in drei Worten sagen.“ (In seiner Wittgenstein-Biographie schreibt McGuinness, dass dieses Motto typisch für den Personenkreis war, in dem sich Wittgenstein im Jahre 1917 während seiner Zeit an der Artillerieschule in Olmütz befand. (Vgl. *McGuinness*, S. 388).

B u s c h : Wilhelm Busch: Geb. 15.4.1832, Wiedensahl bei Stadthagen; gest. 9.1.1908, Mechtshausen (Landkreis Hildesheim-Marienburg). Deutscher Dichter, Zeichner und Maler. In München Mitarbeiter der *Fliegenden Blätter* und der *Münchener Bilderbogen* (1859–71). Busch ist ein Meister des epigrammatischen knappen Textes, verbunden mit satirischen Bilderfolgen. Er stellt das Spießbürgertum in seiner Verlogenheit und Selbstzufriedenheit bloß. Von ihm gibt es auch Prosawerke, Graphikblätter, Gemälde. Werke u.a.: *Max und Moritz* (1865); *Der Heilige Antonius von Padua* (1870), *Die fromme Helene*, 1872; *Abenteuer eines Junggesellen*, 1875; *Fipps der Affe*, 1879; *Kritik des Herzens* (Ged., 1874); *Maler Klecksel* (1884); *Eduards Traum* (Prosa, 1891); *Der Schmetterling* (E., 1895); *Hernach*, 1908; *Schein und Sein* (Ged., 1909); *Zu guter Letzt*, 1904.

Wittgenstein schätzte Busch sehr, vor allem *Eduards Traum*. Über die Zeichnungen von Busch sagte er einmal, dass man sie „metaphysisch" nennen könne. – „Gesehen, mit dem Ewigen als Hintergrund." (Vgl. MS 137 88b: 4.11.1948, zit. nach VB, S. 143)

E d u a r d s T r a u m : Vgl. Wilhelm Busch: *Eduards Traum*. Zehnte Auflage. München: Verlag Friedrich Bassermann, 1922.

Paul Engelmann berichtete, dass Wittgenstein häufig folgende Stelle aus „Eduards Traum" zitierte: „[...] und, Spaß beiseit, meine Freunde, nur wer ein Herz hat, kann so recht fühlen und sagen, und zwar von Herzen, daß er nichts taugt. Das Weitere findet sich." (Zit. nach Wilhelm Busch: *Eduards Traum*. München: Bassermann 1922, S. 85f. Vgl. *Wittgenstein – Engelmann*, S. 121f.)

Seinem Freund Rudolf Koder gegenüber bezeichnete Wittgenstein „Eduards Traum" als sehr „tief". (Mitteilung von Rudolf Koder an Allan Janik im Jahre 1969). Und in einem Brief vom 22.1.1950 an Rush Rhees schrieb er über Busch u.a.: „He has the real philosophical urge".

T r e u e r D i e n e r s. H e r r n : Vgl. Franz Grillparzer: *Ein Treuer Diener seines Herrn*. Trauerspiel in 5 Aufzügen. Wien: Wallishausser, 1830. Laut Paul Engelmann wurde dieses Drama von Wittgenstein hochgeschätzt (vgl. *Wittgenstein – Engelmann*, S. 104).

D r o b i l : Michael Drobil: Geb. 19.9.1877, Wien; gest. 12.9.1958, Wien. Akademischer Bildhauer. Von 1920–1939 Mitglied der „Wiener Sezession", seit 1940 Mitglied des Künstlerhauses, das ihn mit dem goldenen Lorbeer auszeichnete. Träger mehrerer Staatspreise der Republik Österreich. Werke und Ausstellungen in der „Wiener Sezession" (Nr. = Nummer der jeweiligen „Secessionsausstellung"): Nr. 57 (April – Juli 1920): „Lachendes Kind" (Marmor), „Weiblicher Studienkopf" (Marmor); Nr. 80 (November – Dezember 1924): „Am Morgen" (Bronze); Nr. 85 (Oktober – November 1925): „Kinderkopf" (Bronze), „Bildnis" (Bronze), „Schlummernde" (Bronze); Nr. 96 (26.11.1927–8.1.1928): „Knabe" (Halbfigur in Marmor); Nr. 101 (Oktober – Dezember 1928): „Brunnenfigur" (Gips); Nr. 112 (9. Mai – 31. August 1930): „Mädchenkopf" (Marmor); Nr. 114 (November – Dezember 1930): „Karyatide" (Kalkstein).

I d y l l e a m B o d e n s e e : Richtig: „Idylle vom Bodensee." Hexameter-Idylle von Eduard Mörike, 1846. Vgl. Eduard Mörike: *Idylle vom Bodensee*. Wiesbaden: Verlag des Volksbildungsvereins, 1908.

G a r t e n a r b e i t : Wittgensteins Begeisterung für die Gartenarbeit zeigte sich mehrmals in seinem Leben: Im Sommer 1920 arbeitete er von Ende Juli bis ca. 23. August als Gärntergehilfe im Stift Klosterneuburg bei Wien. Vgl. dazu u.a. seinen Brief vom 20.8.1920 an Paul Engelmann: „In 3 Tagen ziehe ich wieder nach Wien und warte auf Anstellung. Die Gartenarbeit war gewiß das Vernünftigste, was ich in den Ferien habe machen können. Wenn die Arbeit am Abend getan ist, so bin ich müde und fühle mich dann nicht unglücklich [...]" (vgl. *Wittgenstein – Engelmann*, S. 58).

Ende April 1926, nach seiner Ausscheidung aus dem Schuldienst, betätigte er sich wieder als Gärtnergehilfe, diesmal bei den Barmherzigen Brüdern in Hütteldorf, wo er über den Sommer blieb.

G r e n z e n d e s D e n k e n s , d e n s i n n v o l l e n S a t z : Vgl. TLP, 4.114: „Sie [die Philosophie] soll das Denkbare abgrenzen und damit das Undenkbare. Sie soll das Undenkbare von innen durch das Denkbare begrenzen." Vgl. auch TLP, 4: „Der Gedanke ist der sinnvolle Satz".

L e h r e r : Den Wunsch, Lehrer zu werden, setzte Wittgenstein nach der Gefangenschaft in Cassino durch. Vom 16. September bis Juli 1920 besuchte er den vierten Jahrgang der Staatslehrerbildungsanstalt in der Kundmanngasse, Wien III, um sich zum Volksschullehrer ausbilden zu lassen. Anschließend war er ca. sechs Jahre als Volksschullehrer in den Dörfern Trattenbach, Puchberg und Otterthal in Niederösterreich tätig.

b e s t ä r k t d u r c h T o l s t o i : Während des Ersten Weltkriegs hatte Wittgenstein auf einer Dienstreise nach der galizischen Stadt Tarnów in einem Buchladen Tolstois *Kurze Darlegung des Evangelium* entdeckt, das ihm in der schweren Zeit der Kriegsjahre zum unentbehrlichen Begleiter wurde und ihn stärkte. Dieses Buch, schrieb er am 24.7.1915 an Ludwig von Ficker, hätte ihn „seinerzeit geradezu am Leben erhalten" (vgl. *Briefe an Ludwig von Ficker*, S. 28). In sein Tagebuch trug er am 2.9.1914 folgende Zeilen ein: „Gestern fing ich an, in Tolstois Erläuterungen zu den evangelien zu lesen. Ein herrliches Werk." In der Folge wies er immer wieder darauf hin, ermahnte sich zu einem „Leben im Geist", auf der Suche nach „Licht", „Wahrheit" und „Liebe" – ganz im Sinne von Tolstois Schrift.

Tolstoi war – ähnlich Wittgenstein – von einer Suche nach ethisch-religiöser Wahrhaftigkeit geprägt, einem Streben nach einfachem, entbehrungsreichem Leben, andererseits aber dem Sinnlichen, der naturhaften Kraft und Schönheit des Lebens ausgeliefert. Wittgenstein schätzte nicht nur Tolstois *Kurze Darlegung des Evangelium*, sondern auch, wie erwähnt, Tolstois *Volkserzählungen*, über die er sich mehreren Freunden gegenüber lobend äußerte.

S c h o p e n h a u e r s   I n d i v i d u a t i o n   d e s   W i l l e n s : Die Manifestation des an sich unteilbaren Willens (metaphysisch betrachtet) in einzelne Erscheinungen der phänomenalen Welt. Nach Schopenhauers Philosophie bzw. Metaphysik des „Willens" wird alles Geschehen durch eine Art Naturgewalt bzw. Urkraft bewegt – dem Willen, der grundlos, zeitlos, dumpf treibend, von rastlosem Streben und von Zwiespalt geprägt ist. Metaphysisch oder transzendent betrachtet ist er unteilbar und ewig, immanent betrachtet manifestiert er sich in der Natur auf den verschiedenen Stufen wie anorganische, vegetabilische und organische: einerseits als adäquate, unmittelbare Objektität bzw. als „Ideen" (die eine Art Zwischenglieder zwischen Erscheinung und Ding an sich darstellen und nur durch die ästhetische Betrachtung erfasst werden); andererseits objektiviert sich der Wille auf inadadäquate, mittelbare Weise in den einzelnen Erscheinungen bzw. Individuen, Raum und Zeit unterworfen und durch die gewöhnlichen Anschauungsformen erkennbar. Diese Erscheinungen bekämpfen sich gegenseitig, da sie in ihrer egoistischen Natur nur auf ihr eigenes Wohl bedacht sind; folglich sind sie voneinander isoliert – durch das „principium individuationis" bzw. Individuationsprinzip, das nur der tugendhafte oder asketische Mensch durchschaut und durch die sogenannte „Mitleidsethik" („Tat twam asi" – „das bist du") durchbrechen kann.

M ö r i k e : Eduard Mörike: Geb. 8.9.1804, Ludwigsburg; gest. 4.6.1875, Stuttgart. Erzähler, Lyriker, Übersetzer und evangelischer Pfarrer. Gilt als einer der großen deutschsprachigen Lyriker des 19. Jhdts. Werke u.a.: *Gedichte*, 1838 (erweitert 1848, 1864); *Maler Nolten* (Roman), 1832; *Lucie Gelmeroth* (Novelle), 1839; *Der Schatz* (Erzählung), 1835; *Der Bauer und sein Sohn* (Märchen), 1839; *Die Regenbrüder* (Oper, von Ignaz Lachner komponiert), 1839; *Idylle vom Bodensee oder Fischer Martin* (Sieben Gesänge), 1846; *Das Stuttgarter Hutzelmännlein*, 1853 (darin: *Die Historie von der schönen Lau*); *Mozart auf der Reise nach Prag* (Novelle), 1856. Wittgenstein schätzte Mörike als Lyriker und Erzähler: In einem Brief an Paul Engelmann vom 31.3.1917 bat er diesen, ihm die Gedichte Goethes und Mörikes als „Gegengift" für zwei Bücher von Albert Ehrenstein zu senden, die er erhalten und die offenbar sein Missfallen erregt hatten (vgl. *Wittgenstein-Engelmann*, S. 22). Besonderen Gefallen fand Wittgenstein an Mörikes Novelle „Mozart auf der Reise nach Prag" (vgl. ebenda, S. 102f.).

I t e r u m : (lat.) wieder, von neuem.

D r .   W e y r : Vgl. Dr. Weyer.

W i t t g e n s t e i n s   K l o s t e r -   u n d   B e i c h t g e d a n k e n : Vermutlich durch die Erlebnisse des Ersten Weltkriegs sowie die Lektüre von Tolstois *Kurze Darlegung des Evangelium* trug sich Wittgenstein mit dem Gedanken, ins Kloster zu gehen, entschied sich dann jedoch für den Beruf eines Volksschullehrers. Beichtgedanken beschäftigten ihn offenbar immer wieder in seinem Leben, wie auch aus seinen Tagebucheintragungen hervorgeht. Maurice O'Connor Drury schreibt, dass Wittgenstein 1931 eine Beichte ins Auge gefasst hätte, schriftliche Aufzeichnungen sind uns aber erst aus einem, am 7.11.1936 geschriebenen Brief an Ludwig Hänsel, bekannt, in welchem Wittgenstein diesem eine angebliche Lüge bezüglich seiner Abstammung gesteht und bittet, den Inhalt des Briefes auch Hänsels Frau und Kindern, Wittgensteins Geschwistern, Michael Drobil und weiteren Freunden zu lesen zu geben. Mit einer Beichte hoffte Wittgenstein, Klarheit und Änderung in sein Leben zu bringen: „Eine Beichte muß ein Teil des neuen Lebens sein", notierte er im Jahre 1931 im MS 154 (*Vermischte Bemerkungen*, S. 40).

s e i n e   B r ü d e r   h a b e n   s i c h   s e l b s t   g e t ö t e t : Von den sieben Geschwistern Ludwig Wittgensteins (Hermine, Hans, Kurt, Helene, Rudolf, Margarete und Paul) begingen drei der Brüder Selbstmord: Hans, geb. 1877, ein begabter Geiger, sollte nach dem Willen seines Vaters die Firma übernehmen und flüchtete nach Amerika. Im Alter von 26 Jahren verschwand er 1902 in der

Chesapeake Bay (bei Havanna) und wurde seither nie mehr gesehen. In der Familie wurde sein Tod als Selbstmord gedeutet (vgl. *Familienerinnerungen*, S. 98–102). Rudolf, geb. 1881, Student der Chemie, vergiftete sich 1904 in Berlin. Kurt, geb. 1878, von Hermine Wittgenstein als „harmlos heiter veranlagt", nahm sich 1918 in Italien das Leben, als ihm im Ersten Weltkrieg seine Truppe den Gehorsam verweigerte und desertierte.

O b l t. L e i t n e r : Vermutlich Oberleutnant Robert Leitner, der u.a. ein Aquarell vom Gefangenenlager Cassino gemalt hat (siehe Bildteil). Nähere Daten nicht ermittelt.

P o r t r ä t : Drobil fertigte mehrere Bleistiftzeichnungen von Wittgenstein an, von denen sich heute einige im Besitz von Peter Dal-Bianco befinden. Zeichnungen befinden sich auch im Besitz der Familie von Ludwig Hänsels Sohn Hermann, einige im Besitz von Thomas Stonboroughs Sohn Pierre. (Siehe Bildteil).

Während seiner Ausbildung zum Volksschullehrer an der Lehrerbildungsanstalt in Wien schuf Drobil auch ein Marmorporträt von Wittgenstein, das dessen Schwester Hermine jedoch nicht gefiel. Ihrer Meinung nach war das „ruhelose Wesen" ihres Bruders darin nicht ausgedrückt (vgl. Hermine Wittgenstein, *Familienerinnerungen*, S. 118). Auch Wittgenstein versuchte sich später (in den 1920erJahren) in Drobils Atelier am Modellieren. Bekannt ist die Büste eines Mädchenkopfes, die er während der Zeit des Hausbaus für seine Schwester Margaret Stonborough anfertigte.

„R u n d s c h a u " : Die *Deutsche Rundschau* war eine literarische und wissenschaftliche Zeitschrift, die 1874 von Julius Rodenberg (1831–1914) gegründet wurde und im Gebrüder Paetel Verlag erschienen ist. Die Zeitschrift galt als eine der „bestgelungenen Journalgründungen" in Deutschland und beeinflusste zeitweilig die deutsche Politik sowie die Literatur und Kultur. In ihr veröffentlichten Theodor Fontane seine *Effi Briest*, Theodor Storm seinen *Schimmelreiter* sowie Paul Heyse, Gottfried Keller, Conrad Ferdinand Meyer oder Ernst Robert Curtius ihre Werke. Nach Rodenbergs Tod wurde Bruno Hake Herausgeber der Zeitschrift, 1919 folgte Rudolf Pechel. Bis zum zweiten Weltkrieg war die Zeitschrift das Sprachrohr der Jungkonservativen und später der konservativen Gegner des Nationalsozialismus.

G e s c h i c h t e v o n d e r s c h ö n e n L a u : Vgl. *Die Historie von der schönen Lau*. Märchen von Eduard Mörike. München: Phoebus-Verlag, [1919].

D i e M o z a r t N o v e l l e : Mörikes Erzählung „Mozart auf der Reise nach Prag" war eines von Wittgensteins Lieblingsstücken in der Literatur. Paul Engelmann berichtet, daß Wittgenstein daraus besonders „Stellen, wo musikalische Wirkungen in Worten wiedergegeben sind", liebte und nahezu erschaurend daraus zitierte: „Wie von entlegenen Sternenkreisen fallen die Töne aus silbernen Posaunen, eiskalt, Mark und Seele durchschneidend, herunter durch die blaue Nacht" (vgl. *Wittgenstein – Engelmann*, S. 102f.).

C o r n e i l l e : Pierre Corneille: Geb. 6.6.1606, Rouen; gest. 1.10.1684, Paris. Französischer Schriftsteller, vor allem Dramatiker. Erster großer Erfolg mit der Tragikomödie *Le Cid* (1636), die einen Markstein in der Entwicklung des klassischen französischen Dramas bildet. Weiters die Tragödien *Horace* (1640), *Cinna ou la clémence d' Auguste* (1641) und *Polyeucte martyr* (1643). Die späteren Stücke entfernen sich vom Höhepunkt seines tragischen Werkes und werden romanhaftkompliziert. Weitere Werke u.a.: *Mélite*, 1625; *Clitandre*, 1630/31; *La Veuve*, 1631/32; *La Galerie du Palais*, 1634; *La Suivante*, 1634; *La Place Royale*, 1634; *Médée*, 1635; *L'Illusion comique*, 1636; *La Mort de Pompée*, 1642; *Rodogune, princesse des Parthes*, 1644; *Héraclius*, 1646; *Le Menteur* (*Der Lügner*), 1643; *La Suite du Menteur*, 1644; *Don Sanche d'Aragon*, 1649; *Nicomède*, 1650; *L'Imitation de Jesu-Christ*, 1652–1654; *Œdipe* (Ödipus), 1658/59; *Trois Discours sur la poésie dramatique*, 1660; *Othon*, 1664; *Suréna, général des Parthes*, 1674.

L e M e n t e u r : Komödie von Corneille. Vgl. Pierre Corneille: *Le Menteur*: Comédie, hiver 1643–1644. Strasbourg: Heitz, [1909].

N i c o m è d e : Tragödie von Pierre Corneille, 1651 erstmals aufgeführt. In diesem Stück huldigt Corneille dem Fürsten Condé, der gefangen genommen und zu einer Art antiabsolutistischer Lichtgestalt mutiert war.

H o f . d a s W i c h t i g s t e : Vermutlich das Hofleben gemeint.

a m L a o k o o n : Vermutlich erneute Auseinandersetzung Hänsels mit dem Laokoon-Problem oder Neubearbeitung seines 1915 erschienenen Artikels darüber. (Vgl. den Kommentar zum 1. Heft der Tagebücher Hänsels.)

R o s e g g e r : Peter Rosegger (eigentl. Roßegger): Geb. 31.7.1843, Alpl (heute zu Krieglach), Steiermark; gest. 26.6.1918, Krieglach. Österreichischer Schriftsteller. Stammte aus einer Bergbauernfamilie. Begann mit Mundartlyrik und volkskundlichen Skizzen, hatte aber vor allem Erfolg mit seinen autobiographisch gefärbten Romanen und Erzählungen, die vorwiegend den Gegensatz zwischen scheinbar intakter bäuerlicher Lebenswelt und dämonisch anmutender Großstadt thematisieren. Im Spätwerk dominieren antimodernistische und kulturpessimistische Züge. Werke: Autobiographisches: *Die Schriften des Waldschulmeisters*, 1875; *Waldheimat*, 1877; *Mein Weltleben*, 1898, 1914; *Schriften in Steirischer Mundart*, 1907. Romane: *Heidepeters Gabriel*, 1882; *Der Gottsucher*, 1883; *Jakob der Letzte*, 1888; *Peter Mayr, Der Wirt an der Mahr*, 1891; *Das ewige Licht*, 1897; *Erdsegen*, 1900; *Inri*, 1905; *Die Försterbuben*, 1907; *Die beiden Hänse*, 1911. Erzählungen: *Geschichten aus der Steiermark*, 1871; *Geschichten aus den Alpen*, 1873; *Streit und Sieg*, 1876; *Mann und Weib, Liebesgeschichten*, 1879; *Allerhand Leute*, 1888; *Der Schelm aus den Alpen*, 1890; *Durch!*, 1897; *Als ich noch der Waldbauernbub war*, 1902; *Wildlinge*, 1906; *Lasset uns von Liebe reden*, 1909; *Der erste Christbaum; Der Wald brennt.*

R e g e n s c h i r m u n d K o l u m b u s : Nicht ermittelt.

P f l a n z l : Otto Pflanzl: Geb. 17.8.1865, Urfahr (heute ein Stadtteil von Linz); gest. 22.9.1943, Salzburg. Österreichischer Heimatdichter, der Gedichte und humoristische Erzählungen in Salzburger Mundart verfasste. Werke: *Auf da Ofnbänk. Allerhand dumme und gscheite Sochan in da hoamatlich'n Sprach z'sammgreimt und aussageb'n*, 1904; *Auf der Hausbänk. Allerhand dumme und gscheite Sochan in da hoamatlich'n Sprach z'sammgreimt und aussageb'n*, 1909; *In Lusthäusl. Allerhand dumme und gscheite Sochan in da hoamatlich'n Sprach z'sammgreimt und aussageb'n.*

D e u t s c h l a n d , D e u t s c h l a n d ü b e r a l l e s : Nationalhymne Deutschlands: „Deutschland, Deutschland über alles. […]" Die Musik stammt von Josef Haydn und war ursprünglich die Melodie der österreichischen Kaiserhymne „Gott erhalte Franz den Kaiser". Der Text der deutschen Hymne stammt von August Heinrich Hoffmann von Fallersleben, geschrieben 1841 auf Helgoland, und umfasste drei Strophen. Während der Ruhrbesetzung durch die Franzosen entstand eine 4. Liedstrophe, gedichtet von Albert Matthäi. Seit 1991 besteht die deutsche Nationalhymne ausschließlich aus der dritten Strophe des Gedichts *Das Lied der Deutschen*.

D o s t o j e w s k i : Fjodor Michailowitsch Dostojewskij: Geb. 11.11.1821, Moskau; gest. 9.2.1881, St. Petersburg.
Wittgenstein schätzte Dostojewksi hoch: Drury gegenüber bemerkte er, dass es in Europa nur zwei Autoren gegeben habe, die zum Thema Religion wirklich etwas Wichtiges zu sagen hatten, nämlich Tolstoi und Dostojewski und er riet Drury (wie auch anderen Freunden), *Die Brüder Karamasow, Schuld und Sühne* und *Tolstois Volkserzählungen* zu lesen. (Vgl. Maurice O'Connor Drury: „Bemerkungen zu einigen Gesprächen mit Wittgenstein". In: *Porträts und Gespräche*, hg. von Rush Rhees, S. 129)

M e m o i r e n a u s e i n e m T o t e n h a u s : Vgl. Fjodor Dostojewskij: *Memoiren aus einem Totenhaus*. Aus dem Russischen übersetzt von Hans Moser. Leipzig: Reclam o.J. [1900] (Reclams Universal-Bibliothek Nr. 2647–2649).

T h e a t e r v o r s t e l l u n g : Vgl. Fjodor Dostojewskij: *Memoiren aus einem Totenhaus*, Erster Teil, XI. Kapitel: Die Theatervorstellung, S. 197–222.

T i e r e d e s O s t r o y s : Vgl. Fjodor Dostojewksij: *Memoiren aus einem Totenhaus*, Zweiter Teil, VI. Kapitel: Die Tiere des Ostroy, S. 318–334.

I d y l l e : Vermutlich die *Idylle vom Bodensee* (von Eduard Mörike) gemeint.

T r i s t r a m S h a n d y : Vgl. *The Life and Opinions of Tristram Shandy, Gentleman (Leben und Ansichten von Tristram Shandy, Gentleman)*: Roman von Laurence Sterne (geb. 24.11.1713 in Clonmel, Irland; gest. 18.3.1768 in London). Bereits der Titel ist als Parodie lesbar – nämlich auf das Werk über *Leben und Ansichten berühmter Philosophen* des griechischen Schriftstellers Diogenes Laertios. Das Werk wurde zum Vorbild für Autoren in ganz Europa und gilt heute als wichtigster Vorläufer des experimentellen Romans.

„a u f   n a c h   W i e n ": Vermutlich das Singspiel: *Auf nach Wien!* Schwank in 4 Akten von Johann Plattner. Hermannstadt: Krafft, 1910.

L e s s i n g : Gotthold Ephraim Lessing: Geb. 22.1.1729, Kamenz (Bezirk Dresden); gest. 15.2.1781, Braunschweig. Deutscher Schriftsteller, Kritiker und Philosoph. Lessing gilt als der einzige deutsche Aufklärer von europäischem Rang und als ein maßgeblicher Begründer der modernen deutschen Literatur, Literaturtheorie und einer literarischen Öffentlichkeit. Werke u.a.: *Die Juden* (Lustspiel, 1749); *Miß Sara Sampson*, 1755; *Fabeln* (3 Bde), 1759; *Minna von Barnhelm* (das erste klassische Lustspiel der Deutschen), 1763; *Laokoon oder über die Grenzen der Malerei und Poesie*, 1766; *Hamburg. Dramaturgie*, 2 Bde (Kritiken zu den Darstellungen der neuen Bühne), 1767–69; *Emilia Galotti* (Trauerspiel), 1772; *Nathan der Weise*, 1779; *Ernst und Falk. Gespräche für Freimäurer*, 1778–80; *Die Erziehung des Menschengeschlechts*, 1780.

P a s s a : Pascha (griech. Πάσχα]: Ostern, vom Hebräischen „pesach".

S a l u b r i t ä t s f o n d s : Salubrität (aus lat. Salubritas = Gesundheit, Wohlbefinden): med. gesundheitlicher Zustand. Gesundheitsfonds.

L a t r i n e n : In Lagern behelfsmäßig erbauter Abort. Hier wohl im Sinne von „Latrineure" (Abortreiniger) gemeint.

K o n t u m a z : Bezeichnung für „Quarantäne" im 19. Jhdt.

R a s k o l n i k o w : Protagonist in Dostojewskis Roman *Schuld und Sühne*.

L t .   B a r a k : Richtig: Parak. Franz Parak: geb. 10.1.1896, Schönau im Bezirk Gmünd in N.Ö.; Todesdatum nicht ermittelt. Lehrer. Wurde im November 1918 in Tagliamenta gefangengenommen, im August 1919 wieder nach Schönau entlassen. Tag der Präsentierung im Heimkehrer-Präsentierungsblatt: 26. Aug. 1919.
Ludwig Hänsel hatte Parak mit Wittgenstein bekannt gemacht, und Parak war neben Hänsel einer der ersten Leser der „Logisch-Philosophischen Abhandlung". Franz Parak verfasste während der Kriegsgefangenschaft aus einer Stimmung sehnsüchtigen Heimatverlangens eine Erzählung in lyrischer Prosa, später schrieb er einen Aufsatz „Wittgenstein in Monte Cassino", der in den sog. *Geheimen Tagebüchern* (S. 145–154) veröffentlicht ist. Darin heißt es u.a.: „Eines Tages sah ich ihn nun, der mit einem neuen Transport angekommen war, auf der Lagerstraße mit einem Regimentskameraden auf und ab gehen, der sich später durch ein Werk über Goethe einen Namen machte. Von vornehmer Abstammung, hatte er ein schmales Gesicht mit einem edlen Profil, war von mittlerer Größe und mochte nach Gestalt und Aussehen noch nicht dreißig sein. Den Kragen der grünen Bluse hatte er geöffnet und den Hemdkragen darübergeschlagen, die Breecheshose steckte in Wickelgamaschen. Er ging barhäuptig, das braune Haar schien leicht gelockt. Wodurch er aber vor allem anderen auffiel, war seine Art zu sprechen, die eine außerordentliche Bestimmtheit ausdrückte, und eine Bewegung des Kopfes, den er gewöhnlich gesenkt hielt, aber von Zeit zu Zeit aufwarf, indem er den Blick in die Ferne richtete. Es war Ludwig Wittgenstein." (Vgl. *Ludwig Wittgenstein. Geheime Tagebücher 1914–1916*. Hg. von Wilhelm Baum. Wien: Turia & Kant, 1991. S. 146f.)
Von Parak gibt es weiters folgende Veröffentlichungen über Ludwig Wittgenstein: *Am anderen Ufer* (Wien, 1969); „Ludwig Wittgensteins Verhältnis zum Christentum". In: Berghel, H; Hübner, A; Köhler, E. (Hg.): *Wittgenstein, der Wiener Kreis und der Kritische Rationalismus*. Akten des 3. Internat. Wittgenstein-Symposiums. Wien: Hölder-Pichler-Tempsky, S. 91–96.

D i e   K r a n k h e i t   z u m   T o d e : Vgl. Kierkegaard, Sören: *Die Krankheit zum Tode: eine christliche psychologische Entwicklung zur Erbauung und Erweckung*. Halle a.S.: Fricke, 1905. Erschienen 1849 (Anti-Climacus, hg. von Sören Kierkegaard).

H e g e l : Georg Wilhelm Friedrich Hegel: Geb. 27.8.1770, Stuttgart; gest. 14.11.1831, Berlin. Philosoph. Werke u.a.: *Phänomenologie des Geistes*, 1807; *Logik*, 1812–16; *Enzyklopädie der philosophischen Wissenschaften*, 1817, 1827, 1830; *Rechtsphilosophie*, 1821.

Q u i d   h o c   a d   a e t e r n u m : Richtig: „quid hoc ad aeternitatem": „Was bedeutet dies hinsichtlich der Ewigkeit" – eine Frage, die der Hl. Bernhard von Clairvaux (ca. 1090–1153) ständig wiederholte. Vgl. auch den von Spinoza geprägten Begriff „sub specie aeternitatis" – „unter dem Gesichtspunkt des Ewigen".

D o n   C o r r e a : Erzählung im Novellenzyklus *Das Sinngedicht* von Gottfried Keller, erschienen 1881. Vgl. Gottfried Keller: *Don Correa: aus dem Sinngedicht.* Hg. von Otto Baumberger. Zürich: Regierungsrat, 1965.

W i l d e n b r u c h : Ernst von Wildenbruch: Geb. 3.2.1845, Beirut; gest. 15.1.1909, Berlin. Deutscher Schriftsteller und Diplomat. Enkel des Prinzen Louis Ferdinand von Preußen. Wildenbruch war ein viel gespielter Dramatiker der Wilhelminischen Zeit. Werke u.a.: *Tiefe Wasser. Fünf Erzählungen*, 1898; *Unter der Geißel* (Erzählung), 1901; *Vionville. Ein Heldenlied in 3 Gesängen*, 1873; *Sedan*, 1875; *Der Meister von Tanagra*, 1880; *Die Karolinger*, 1881; *Der Menonit*, 1881; *Harold*, 1882; *Christoph Marlow*, 1884; Die Haubenlerche, 1890; *Heinrich und Heinrichs Geschlecht*, 1896; *Das deutsche Drama. Seine Entwicklung und sein gegenwärtiger Stand*, 1899; *Die Rabensteinerin*, 1907; *Das Hexenlied op. 15*. Musik: Max Schillings; *Das edle Blut* (Erzählung), 1893.

K a i s e r   H e i n r i c h   u n d   s e i n   G e s c h l e c h t : *Heinrich und Heinrichs Geschlecht*, eine historische Trilogie von Ernst von Wildenbruch, als Tragödie in zwei Abenden; der erste besteht aus dem Vorspiel *Kind Heinrich* und dem Spiel *König Heinrich*, der zweite befasst sich mit der Tragödie in fünf Akten *Kaiser Heinrich*. Die Trilogie wurde zum ersten Mal im Jahre 1896 am Deutschen Theater in Berlin aufgeführt. Das Stück behandelt das Leben von Heinrich IV., von der Kindheit bis zu dessen Tod. Vgl. Ernst von Wildenbruch: *Heinrich und sein Geschlecht. Kind Heinrich. König Heinrich.* [Heinrich und Heinrichs Geschlecht. Kind Heinrich. König Heinrich. Kaiser Heinrich. Gewitternacht]. – 1920.

W a l t e r   S c o t t : Sir Walter Scott: Geb. 15.8.1771, Edinburgh; gest. 21.9.1832, Abbotsford (Roxburghshire). Schottischer Schriftsteller. Schrieb zunächst Versromanzen, u.a. Versdichtungen, auch Nachdichtungen der Lieder, Sagen und Balladen seiner Heimat. Bekannt wurde er duch seine Gedichte, beginnend mit *The Lay of the Last Minstrel* (1805). Sein *The Lady of the Lake* (ein Gedicht in sechs Gesängen, 1810) wurde von Franz Schubert vertont (Liederzyklus *Fräulein vom See*), woraus Ellens dritter Gesang (häufig jedoch fälschlicherweise als Schuberts *Ave Maria* bezeichnet) weltberühmt geworden ist. Scott begründete den historischen Roman: *Waverley*, 1814; *Ivanhoe*, 1820; *Kenilworth*, 1821. Weitere Werke u.a.: *Old Mortality* (1824 unter dem Titel *Die Presbyterianer)*; *The Heart of Midlothian*; *The Bride of Lammermoor*, 1819; *Rob Roy*, 1817; *Quentin Durward*, 1823.

O t t o k a r s   G l ü c k   u n d   E n d e : *König Ottokars Glück und Ende.* Trauerspiel in fünf Aufzügen von Franz Grillparzer; Uraufführung am 19.2.1825 im Burgtheater, Wien.

D e u s   e x   m a c h . : „Deus ex machina": (Gott aus einer/der Maschine) ist eine Lehnübersetzung aus dem Griechischen ἀπὸ μηχανῆς Θεός und bezeichnet ursprünglich das Auftreten einer Gottheit mit Hilfe einer Bühnenmaschinerie.

P a n a m a : Damals übertragene Bedeutung für „Hintertüre", Sonderstellung.

H a m b u r g .   D r a m a t u r g i e : Vgl. Gotthold Ephraim Lessing: *Hamburgische Dramaturgie* (2 Bde), 1767–69. Diese Bände enthalten die Kritiken, mit denen Lessing in einem offiziellen Theaterblatt die Darstellungen der neuen Bühne begleitete. Er verbindet er die Besprechung einzelner Stücke mit breiten, auf Aristoteles' *Poetik* fußenden Erörterungen, die zur Ablehnung der klassischen Tragödie Frankreichs und zur Anerkennung des bislang verkannten Shakespeare führten.

W e i n i n g e r :   G e s c h l e c h t   u n d   C h a r a k t e r : Vgl. Otto Weininger: *Geschlecht und Charakter: eine prinzipielle Untersuchung.* Wien; Leipzig: Braumüller, 1903.

T o l s t o j s   E v a n g e l i u m : Vgl. Leo N. Tolstoi: *Kurze Darlegung des Evangelium.* Aus dem Russischen von Paul Lauterbach. Leipzig: Reclam, 1892.

R e n a n : Ernest Renan: Geb. 27.2.1823, Tréguier (Côtes-d'Armor), Bretagne; gest. 2.10.1892, Paris. Französischer Orientalist, Religionshistoriker und Schriftsteller. Positivist mit idealistischem Einschlag. Unter dem Einfluss der palästinensischen Landschaft verfasste er sein umstrittenes

Werk *La vie de Jésus* (1863, 1. Bd. seiner *Histoire des origines du christianisme*, 7 Bde). In diesem Werk versucht Renan, das Leben, die Gestalt und den Weg Jesu aus den antiken Verhältnissen seiner Zeit zu erklären und die Gestalt Jesu als die eines Menschen darzustellen, der nach seinem Tod von seiner Gemeinde zum „Gott" ausgerufen wurde. 1862 wurde Renan zum Professor für semitische Sprachen am Collège de France ernannt, aber schon 1863 unter dem Sturm der Entrüstung wegen seines Jesus-Buches seines Amts enthoben. 1871 wurde er rehabilitiert und 1878 zum Mitglied der Académie française gewählt.

I m m a n u e l   Q u i n t : Richtig: Emanuel Quint. Vgl. *Der Narr in Christo Emanuel Quint.* Roman von Gerhart Hauptmann, 1910.

T e i c h   v o n   B e t h s e d a : Vgl. das Evangelium des Johannes, Kapitel 5, 1–8.

d a ß   s i e   s i n d : Vgl. TLP, 6.44: „Nicht *wie* die Welt ist, ist das Mystische, sondern *daß* sie ist."

C h a m i s s o   –   B a l l a d e   v o m   V e r d u g o : Vgl. *Don Juanito Marques Verdugo de los Leganes* von Adelbert von Chamisso.
Adelbert von Chamisso (ursprünglich Louis Charles Adélaide de Chamissot): Geb. 30.1.1781, Schloß Boncourt bei Châlons-en- Champagne; gest. 21.8.1838, Berlin. Dichter und Naturforscher.
Werke: *Adelberts Fabel*, 1806; *Fortunati Glückseckel und Wunschhütlein*, 1806; *Peter Schlemihls wundersame Geschichte*, 1814; *Bemerkungen und Ansichten einer Entdeckungsreise*, 1821; *Die Sonne bringt es an den Tag* (Ballade), 1827; *Salas y Gomez* (Ballade), 1829; *Frauen-Liebe und Leben*, Liederzyklus, 1830 (wurde von Robert Schumann und Carl Loewe vertont); *Gedichte*, 1831; *Der deutsche Musenalmanach*, hg. seit 1832 (zus. mit Gustav Schwab); *Reise um die Welt in den Jahren 1815–1818* (Tagebuch), 1836; *Über die Hawaiische Sprache*, 1837; *Die alte Waschfrau* (Ballade); *Das Riesenspielzeug* (Gedicht).

A n d e r s e n   –   M ä r c h e n : Vgl. Hans-Christian Andersen: Hans-Christian Andersen. *Märchen.* 3 Bde. Berlin, 1844.

S e r g e n t e : Ital.: Sergeant.

K u l p e s   E i n l e i t u n g   i n   d i e   P h i l . : Richtig: Külpe. Vgl. Oswald Külpe: *Einleitung in die Philosophie.* Leipzig: Hirzel, 1903.

P i c o   d e   M i r a n d o l a : Giovanni Pico della Mirandola: Geb. 24. 2. 1463, Schloss Mirandola (Emilia-Romagna); gest. 17.11.1494, Florenz. Italienischer Humanist und Philosoph. Astrologiegegner, Anhänger Savonarolas (1452–98) und des Averroismus. Außerdem der erste Christ, der sich intensiv mit der Kabbalah befasste. Zu Lebzeiten hat Pico de Mirandola nur 3 Schriften veröffentlicht: *Conclusiones nongentae* (= 900 Thesen), 1486; *Apologia*, *Heptaplus*, 1489.
Zu den postum erschienenen Werken gehören die 1490 verfasste Abhandlung *De ente et uno* (*Über das Seiende und das Eine*), der 1485/86 entstandene Kommentar zu einem Lied der Liebe, worin er die *Canzona d'amore* seines Freundes Girolamo Benivieni kommentiert, eine Auslegung des Vaterunser (*Expositio in orationem dominicam*), eine Kampfschrift gegen die Astrologie in zwölf Büchern (*Disputationes adversus astrologiam divinatricem*), zahlreiche Briefe sowie 19 lateinische und 46 italienische Gedichte. Zu den berühmtesten Texten der Renaissance gehört das als *Rede über die Würde des Menschen* (*De Hominis dignitate*) bekannte Werk, in dem Mirandola die Prinzipien einer neuzeitlichen humanistischen Anthropologie verkündet. Es handelt sich um die Einleitungsrede zu der geplanten, am Einspruch des Papstes gescheiterten römischen Disputation. Mirandolas Neffe Gianfrancesco veröffentlichte die Rede 1496.

D e u t s c h e n   M e s s e : Die sogenannte „Deutsche Messe" (Originaltitel: „Gesänge zur Feier des heiligen Opfers der Messe", D 872) ist ein geistliches Musikwerk des Komponisten Franz Schubert aus dem Jahre 1826. Das Werk wurde von Johann Philipp Neumann, Professor an der Wiener Technischen Hochschule, in Auftrag gegeben; von Schubert gibt es zwei Fassungen (eine für vierstimmigen gemischten Chor mit Orgel, eine, die zusätzlich Oboen, Klarinetten, Fagotte, Hörner, Trompeten, Posaunen, Pauken sowie einen Kontrabass vorsieht), daneben gibt es mehrere Bearbeitungen von Schuberts Bruder Ferdinand sowie eine Vielzahl weiterer Bearbeitungen, die häufig auf die Bedürfnisse der Pfarrgemeinden zugeschnitten wurden. Im Gegensatz zu den meisten geistlichen Werken der Zeit wird bei der „Deutschen Messe" die Landessprache verwendet.

C a p p e l l a n o : Italien.: Kaplan.

M o z a r t q u a r t e t t e n : Wolfgang Amadeus Mozart (1756–1791) schrieb 23 Streichquartette. Zusätzlich noch drei Divertimenti KV 136–138. Insbesondere in seinen sechs Haydn-Quartetten knüpft er an Haydns Vorbild an.

K d o . : Kommandanten.

F r d l . B r i e f : Freundlicher Brief.

H a l l e i n : Zweitgrößte Stadt des Bundeslandes Salzburg in Österreich, ca. 15 km südlich der Landeshauptstadt Salzburg.

M u t t e r : Ludwig Hänsels Mutter hieß Maria Hänsel geb. Oberwöger. Geb. 6.4.1852, Salzburg; gest. 19.2.1928, Salzburg.

5 A r i s t o k r a t e n ... u m g e b r a c h t w o r d e n : Um welche Aristokraten es sich dabei handelte, konnte nicht ermittelt werden.

H o h e n l o h e : Vgl. Kommentar zum 1. Heft von Hänsels Tagebüchern.

A t t e m s : Katholisches Adelsgeschlecht in der ehemaligen Grafschaft Friaul, benannt nach der Festung Attems in der Nähe von Cividale. Der Name wurde erstmals im Jahr 1102 erwähnt. Nach der Eroberung von Friaul durch die Republik Venedig blieb ein Teil der Familie in der Festung von Attems, Friedrich von Attems (1447–1521) zog jedoch nach Görz und wurde 1473 Kanzler.

Ü b e r d i e l e t z t e n D i n g e : Vgl. Otto Weininger: *Über die letzten Dinge*. Mit einem biographischen Vorwort von Dr. Moriz Rappaport. Wien und Leipzig: Wilhelm Braumüller, 1920.

„P e e r G y n t " u n d I b s e n : Vgl. Otto Weininger, *Über die letzten Dinge*, erstes Kapitel, S. 1–47, worin sich Weininger begeistert über Ibsens „Peer Gynt" äußert: dieses sei ein „Erlösungsdrama, und zwar der größten eines" (vgl. S. 6). In der Bedeutung, welche das geliebte Weib für den Mann hat, liege der Zentralpunkt des „Peer Gynt". Der eigentliche Sinn des ganzen Dramas liege im Aufzeigen des großen Rätsels der Liebe – dass nämlich der Mensch „*nie so sehr er selbst* [sei] *als wenn er liebt*". Die Liebe sei somit für den Menschen eine Möglichkeit, „*zum Bewußtsein seiner selbst*", „seiner Person, seiner Individualität, seiner *Seele zu gelangen*" (ebenda, S. 7). Darum mache die Liebe so viele Menschen zu Mystikern. Was Peer Gynt erlöst, sei aber nicht die „lebende, leibhafte Solveig", sondern es sei „die Solveig in ihm, *diese Möglichkeit in ihm*", die ihm die Kraft dazu gebe – diese Möglichkeit, durch Solveig und in der Liebe zu ihr zu seinem besseren Selbst zu gelangen (ebenda, S. 7). „Solveig ist die Virgo immaculata, die geliebt, aber nicht mehr begehrt wird, die Madonna, die Beatrice" (ebenda, S. 7).
Ibsens Dichtung sei des weiteren eigentlich die Philosophie Kants, denn nur Kant und Ibsen hätten Wahrheit und Lüge als das tiefste ethische Problem erfasst. Nur diese zwei hätten erkannt, „daß Wahrheit nur aus dem Besitze eins Ich im höheren Sinne, einer Individualität, fließen kann" (S. 8f.). Niemand außer ihnen beiden hätte „die moralische Forderung in aller Strenge und Unerbittlichkeit, wie sie die innere Stimme im Menschen *tatsächlich stellt*, auszusprechen und so vor die Menschheit zu treten gewagt, während alle andere Religion, Philosophie und Kunst noch immer Kompromisse eingegangen" seien (vgl. S. 9).

P e e r G y n t : Vgl.: *Peer Gynt*. Ein dramatisches Gedicht von Henrik Ibsen. Übersetzt von L. Passarge. Zweite umgearbeitete Ausgabe. Leipzig: Reclam jun. Verlag 1887.

R i c h a r d W a g n e r : Richard Wagner (1813–1883). Im Gegensatz zu Weiningers Begeisterung für Wagner, stand Wittgenstein diesem kritisch gegenüber. Zu Drury soll er gesagt haben, dass Wagner der erste der großen Komponisten sei, die einen unangenehmen Charakter hätten. (Vgl. *Porträts und Gespräche*, S. 160)

D i e S c h o p e n h a u r s c h e K r i t i k d e r K a n t s c h e n E r f a h r u n g s t h e o r i e : In dieser Schrift unterstreicht Schopenhauer zwar die Bedeutung Kants und erklärt dessen Philosophie – neben den Lehren Platons und der Upanishaden – als einen Grundpfeiler seines philosophischen Systems, übt aber auch Kritik an Kant in einigen Punkten: Kants große Leistung sei zwar in der Kritik der dogmatischen Philosophie bezüglich deren Auffassung von Metaphysik zu sehen, insofern als Kant Metaphysik als unmöglich definierte, da da wir die Dinge, wie sie an sich sind, weder *a posteriori*, noch *a priori* erkennen können, folglich unsere Anschauungsformen sich auf eine Welt von bloßen Erscheinungen beschränken. Er leugne in der Folge äußere wie innere Erfahrung und darin widerspricht ihm Schopenhauer, nach dem der Zugang zum „Rätsel der Welt" aus dem Verständnis der Welt selbst hervorgehen müsse und dieses sei durch äußere und innere Erfahrung möglich – wenn auch nur innerhalb gewisser Schranken, die auf unsere endliche Natur zurückzuführen ist, so dass wir trotz eines Verständnisses der Welt keine vollständige Erklärung ihres Daseins erreichen. (Vgl. Arthur Schopenhauer: *Die Welt als Wille und Vorstellung I.* Zweiter Teilband. Anhang: *Kritik der Kantischen Philosophie*, S. 509–651. In: *Werke in zehn Bänden. Zürcher Ausgabe*. Zürich: Diogenes, 1977)

L e s s i n g s […] E i n f l u ß : Hänsel spielt in seiner Notiz vermutlich auf Lessings *Erziehung des Menschengeschlechts* an, wo dieser sich mit der Bibel auseinandersetzt. Auch Wittgenstein nahm in seinen tagebuchartigen Aufzeichnungen Stellung dazu: Vgl.: „Ich lese in Lessing: (über die Bibel) ‚Setzt hierzu noch die Einkleidung und den Stil …, durchaus voll Tautologien, aber solchen, die den Scharfsinn üben, indem sie bald etwas anderes zu sagen scheinen, und doch das nämliche sagen, bald das nämliche zu sagen scheinen, und im Grunde etwas anderes bedeuten oder bedeuten können: …'" (MS 110 5: 12.12.1930, zit. nach VB, S. 33. Vgl. dazu Lessing, *Die Erziehung des Menschengeschlechts*, § 48–49.)
Vgl. auch *Denkbewegungen*, 27.1.1937, S. 148f., wo Wittgenstein auf Lessings Auseinandersetzung mit der Bibel hinweist: „In der Bibel habe ich nichts als ein Buch vor mir. Aber warum sage ich ‚nichts als ein Buch'? Ich habe ein Buch vor mir, ein <u>Dokument</u>, das, wenn es allein bleibt, nicht mehr Wert haben kann, als irgendein anderes Dokument. (Das hat Lessing gemeint.) Dieses Dokument an sich kann mich zu keinem Glauben an die Lehren die es enthält, ‚verbinden', – so wenig wie <u>irgend ein anderes</u> Dokument, das mir hätte in die Hände fallen können. Soll ich die Lehren glauben so nicht deshalb weil mir dies & nicht etwas anderes berichtet worden ist. Sie müssen mir vielmehr <u>einleuchten</u>: & damit meine ich nicht nur Lehren der Ethik, sondern <u>historische</u> Lehren. […]"

C o m t e : Auguste Comte: Geb. 19.1.1798, Montpellier; gest. 5.9.1857, Paris. Mathematiker, Philosoph und Religionskritiker. Einer der Begründer der Soziologie, deren Begriff er geprägt hat. Heute gilt Comte vielen als typischer Vertreter des ungebrochenen und übersteigerten Fortschrittsglaubens des 19. Jhdts und der frühen Moderne. Seine Wortprägung „Positivismus" wird von Kritikern zur Bezeichnung unhinterfragter Wissenschaftsgläubigkeit gebraucht. Werke u.a.: *Plan de traveaux scientifiques nécessaires pour réorganiser la societé*, 1822; *Système de politique positive*, 1824; *Cours de philosophie positive* (6 Bde) bis 1842; *Traité élémentaire de géométrie analytique à deux et à trois dimensions*, 1843; *Discours sur l'ésprit positif*, 1844; *République occidentale. Ordre et progrès*, 1848; *Système de politique positive, ou Traité de sociologie, instituant la religion de l'humanité* (4 Bde, 1851–1854); *Appel aux conservateurs*, 1855.

M a u r r a s : Charles Maurras: Geb. 20.4.1868, Martigues; gest. 16.11.1952, Tours. Französischer Schriftsteller und politischer Publizist. Obwohl Maurras zu den einflussreichsten französischen Intellektuellen der Zeit vor und nach dem Ersten Weltkrieg gehörte, waren sein Name und sein Wirken nach 1944 in Frankreich jahrzehntelang tabu.
Werke u.a. : *Le Chemin du Paradis, mythes et fabliaux*, 1895; *Le voyage d'Athénes*, 1896–1899; *Les amants de Venise* (= *Die venezianischen Liebenden*, d.i. die romantischen Autoren George Sand und Alfred de Musset), 1902; *Trois idées politiques: Chateaubriand, Michelet, Sainte-Beuve*, 1899; *Anthinéa: d'Athénes à Florence*, 1901; *La Musique intérieure*, 1925; *La Politique religieuse*, 1912; *L'Action française et la religion catholique*, 1914; *Barbarie et poésie*, 1925; *Heures immortelles*, 1932; *Dictionnaire politique et critique* (5 Bände), 1932–1933; *L'amitié de Platon*, 1937; *Poésie et vérité*, 1944; *Le Pain et le Vin*, 1944; *Au Grand Juge de France*, 1949.

„E s i s t u n e t h i s c h , d a s s e l b e z w e i m a l z u s a g e n " : Vgl. Otto Weininger: *Über die letzten Dinge* (Wien und Leipzig: Wilhelm Braumüller, 1920), im Kapitel „Das Zeitproblem" (S. 101–109), S. 102. In gesperrten Buchstaben, also als Hervorhebung, schreibt Weininger: *„Daß die Zeit einsinnig ist, dafür muß demnach der Grund im Moralischen liegen."* Weiters: „Daß die Einsinnigkeit der Zeit ein Ausdruck der Ethizität des Lebens ist, darauf weist vieles hin. *Es ist unsittlich, zweimal dasselbe zu sagen*: wenigstens empfindet der Mensch, der an sich die höchste sittliche Anforderung stellt und sich verloren weiß, wenn er nicht ihr gehorcht, es so. So hat es auch Christus empfunden: es ist die tiefste und zugleich die strengste (an Strenge noch über Kant hinausgehend) sittliche Vorschrift des Evangeliums in dem nie beachteten Worte (Evang. Matth. 10, 19) enthalten: ‚Sorget nicht, was Ihr sagen werdet, wenn man Euch fragt, sondern sprechet, was Euch der Geist eingeben wird. […]' Denn: sage ich, was ich mir vorgenommen habe zu sagen, so streiche ich die Zeit, die zwischen jenem Augenblick der Überlegung und dem neuen, der die Handlung erfordert, liegt; ich begehe eine Lüge gegen den neuen Augenblick, setze ihn nämlich als identisch mit dem früheren; und bin damit zugleich determiniert, indem ich mich durch einen früheren Augenblick, durch empirische Kausalität, determiniert habe. Ich handle nicht mehr *frei*, aus dem Ganzen meines Ich heraus, suche nicht mehr *neu* das Richtige zu finden; und bin doch wirklich ein anderer als in jenem früheren Moment, zumindest um jenen *reicher*; und nicht mehr ganz identisch mit dem früheren."

K a τ ' ε ξ ο χ ή ν : (griech. : εξοχή = das Hervorragen, der Vorzug): im eigentlichen Sinn, schlechthin, vorzugsweise, hauptsächlich, überhaupt.

1 8 . Q u a r t e t t v o n M o z a r t : Vgl. Wolfgang Amadeus Mozart: Streichquartett Nr. 18 in A-Dur für 2 Violinen, Viola und Violincello, KV 464, entstanden 1784, Erstdruck 1785, Joseph Haydn gewidmet (5. Haydn-Quartett).

d i e E h e e i n e M e s s a l i a n c e : Richtig: Mesalliance. Vgl. Karl Kraus: „Die Ehe ist eine Mesalliance". In: *Sprüche und Widersprüche*. Aphorismen (1924). I. Eros.

R u s s e l l : E i n f ü h r g i n d i e M a t h e m . P h p h i e : Vgl. Bertrand Russell: *Introduction to Mathematical Philosophy*. London: George Allen & Unwin Ltd, 1919. Deutsche Übersetzung: *Einführung in die mathematische Philosophie*. Ins Deutsche übertragen von E.J. Gumbel und W. Gordon; mit einem Vorwort von David Hilbert. München: Drei Masken Verlag, 1923.

S a r a h – B e r n h a r d : Sarah Bernhardt (eigentl. Marie Henriette Rosine Bernardt): Geb. 22.10.1844, Paris; gest. 26.3.1923, Paris. Französische Schauspielerin. Spielte klassische und moderne Rollen, auch Männerrollen wie „Hamlet". Führte mit ihrem Sohn mehrere Theater, schrieb Lustspiele, Romane und Erinnerungen. Berühmt vor allem durch ihre Gestaltung der *Kameliendame* von Alexandre Dumas.

Heft 3

Tagebuch vom 11.7.1919–18.8.1919

K i e r k e g a a r d , L ' E r o t i c o n e l l a m u s i c a : Vgl. folgende Ausgabe: [Monografia] Kierkegaard, Soren Aabye – *L'erotico nella musica/Severino Kierkegaard; traduzione di Gualtiero Petruzzi*. Genova: Formiggini A.F., 1913.

A u s „ E n t w e d e r - O d e r “ : Vgl. das Kapitel „Die Stadien des unmittelbar Erotischen oder das Musikalisch-Erotische" in Sören Kierkegaard: *Entweder/Oder*. Jena: Eugen Diederichs, 1911.

D o n J u a n M o z a r t s : *Don Giovanni:* Oper von Wolfgang Amadeus Mozart nach einem Libretto von Lorenzo Da Ponte, 1787, (KV 527).

K l i n k l e r : Vermutlich eine Heeres-Einheit, benannt nach dem Names eines Kommandanten, der sich im Krieg ausgezeichnet hatte.

K a i s e r j ä g e r : Tiroler Kaiserjäger. Eine nach der Wiedergewinnung Tirols 1816 aufgestellte österreichische Jägertruppe, die eine Stärke von 4 Regimenten mit 16 Bataillonen hatte. Die Kaiserjäger ergänzten sich im Frieden nur aus Tirol und Vorarlberg. Sie bestehen im neuen Österreich nicht mehr.

S e l b s t b i o g r a p h i e : Wittgenstein dachte mehrmals daran, eine Autobiographie zu schreiben: Im MS 108, 47, findet sich am 28. Dez. 1929 folgende Stelle: „Etwas in mir spricht dafür meine Biographie zu schreiben und zwar möchte ich mein Leben einmal klar ausbreiten um es klar vor mir zu haben und auch für andere. Nicht so sehr um darüber Gericht zu halten als um jedenfalls Klarheit und Wahrheit zu schaffen." Im MS 110, 252, am 10. Dez. 1930 schreibt er: „In meiner Autobiographie müßte ich trachten mein Leben ganz wahrheitsgemäß darzustellen und zu verstehen. So darf meine unheldenhafte Natur nicht als ein bedauerliches Accidens erscheinen, sondern eben als eine wesentliche Eigenschaft (nicht eine Tugend). [...]"

R o u s s e a u s E i t e l k e i t : Jean-Jacques Rousseau: Geb. 28.6.1712, Genf; gest. 2.7.1778, Ermenonville bei Paris. Französisch-schweizerischer Kulturkritiker, Philosoph, Pädagoge, Naturforscher und Komponist. Einer der wichtigsten geistigen Wegbereiter der Französischen Revolution, der auch großen Einfluss auf die Pädagogik und die politischen Theorien des 19. und 20 Jahrhunderts hatte. Werke: *Discours sur les sciences et les arts*, 1750; *Discours sur l'origine et les fondements de l'inégalité parmi les hommes*, 1755; *Du contrat sociale ou principes du droit politique*, 1762; *Émile ou sur l'éducation*, 1762; *Julie ou la Nouvelle Héloïse*, 1761; *Les Confessions*, 1765–1770; *Les Rêveries du Promeneur Solitaire*, 1782; *Dictionnaire de Musique*, 1768; *Schriften zur Kulturkritik*, hg. 1971.
In seiner Autobiographie, nach Augustinus' Vorbild *Confessions* genannt, versucht Rousseau auf fast entschuldigende Art und Weise, verschiedene öffentliche und private Ereignisse seines Lebens zu erklären. Er sah darin eine Möglichkeit, sich gegen die als unfair empfundenen Angriffe auf seine Charaktereigenschaften und seine Handlungen zu wehren. Obwohl er sich dabei gleichzeitig auch selbst züchtigt, ist sein Verfolgungswahn, an dem er in späteren Jahren litt, nicht zu verbergen. Neben den *Confessions* trägt auch sein Werk *Les Rêveries du Promeneur Solitaire* autobiographische Züge.

B a c o n : Francis Bacon (Baco von Verulam): Geb. 22.1.1561, London; gest. 9.4.1626, Highgate bei London. Englischer Philosoph, Schriftsteller und Politiker. Bacon begründete den modernen englischen Empirismus und brach der Herrschaft des naturwissenschaftlichen Denkens Bahn, obwohl er philosophisch zum Teil noch der Metaphysik des Mittelalters verhaftet war. Als höchste Aufgabe der Wissenschaft erklärte er die Naturbeherrschung und die zweckmäßige Gestaltung der Kultur durch Naturerkenntnis. Die einzig sichere Quelle der Erkenntnis ist die Erfahrung (Beobachtung und Experiment), die einzig richtige Methode die Induktion, die zur Erkenntnis der Gesetze fortschreitet; von da aus lässt sich wieder herabsteigen und zu Erfindungen gelangen, welche die Macht des Menschen über die Natur erhöhen. Denn der Mensch vermag so viel als er weiss: „tantum possumus quantum scimus".

Schriften: *Essays*, 1597, 1625; *The Proficience and Advancement of Learning*, 1605; *The Wisdom of the Ancients*, 1619; *Novum Organum*, 1620; *The History of the Reign of King Henry the Seventh*, 1622; *New-Atlantis*, 1626.

M i l l : In seinem „System der deduktiven und induktiven Logik" entwirft John Stuart Mill eine allgem. Methodologie der Wissenschaften mit dem Ziel, die ältere Logik so auszubauen, dass sie auch auf Politik und Soziologie anwendbar wird und dort zu ebenso exakten Voraussagen führt, wie sie Newtons Theorie für die Physik ermöglichte. (Vgl. Kommentar zu Mill)

S y l l o g i s t i k : Die Theorie der gültigen Schlusssätze (Konklusionen) aus zwei Vordersätzen.

G o b i n e a u   V o n   d e r   R e n a i s s a n c e : Vgl. Arthur Graf Gobineau: *Die Renaissance: Savonarola, Cesare Borgia, Julius II., Leo X., Michelangelo/hist. Szenen von Arthur Graf Gobineau.* Leipzig: Insel-Verlag, 1918.

W i l h e l m   F i s c h e r : Genannt Fischer in Graz, Fischer-Graz: Geb. 18.4.1846, Csakathurn (Kroatien); gest. 30.5.1932, Graz. Österreichischer Schriftsteller. Vertreter einer realistisch-impressionistischen Heimatkunst (*Grazer Novellen*, 1898); schrieb auch Dramen, Romane und Novellen. Als Erzähler mit tiefer Einfühlung in Mensch und Landschaft der Steiermark wurde er der „Grazer Stadtpoet" genannt. Werke u.a.: *Eine Sommernachtstragödie*, 1872; *Atlantis*, 1880; *Unter altem Himmel* (Erzählungen), 1891; *Der Mediceer und andere Novellen*, 1894; *Die Freude am Licht* (Roman), 1902; *Poetenphilosophie. Eine Weltanschauung*, 1904; *Lebensmorgen*, 1906; *Sonnenopfer* (Roman), 1908; *Der Kaiser von Byzanz* (Romanze), 1909; *Murwellen* (Erzählungen), 1909; *Aus der Tiefe*, 1912; *Das Burgkleinod* (Erzählungen), 1924.

D e r   M e d i c e e r : Vgl. Wilhelm Fischer: *Der Mediceer und andere Novellen*. 1894, 2. Aufl. 1907.

M u l t a t u l i : Multatuli, eigentlich Eduard Douwes Dekker.

G .   D o u w e s   D e k k e r : Eduard Douwes Dekker: Geb. 2.3.1820, Amsterdam; gest. 19.2.1887, Ingelheim am Rhein. Niederländischer Schriftsteller, bekannt geworden unter dem Pseudonym Multatuli (lat. multa tuli = „ich habe viel getragen [gelitten]"). Um 1900 waren seine Bücher in Deutschland weitverbreitet. Sigmund Freud und Hermann Hesse zählten Multatuli zu ihren Lieblingsautoren.

M a x   H a v e l a a r : *Max Havelaar of de koffij-veilingen der Nederlandsche Handel-Maatschappij* (*die Kaffeeversteigerungen der Niederländischen Handels-Gesellschaft*) ist ein kulturell und sozial bedeutender Roman von 1860 von Multatuli (Eduard Douwes Dekker). Der Roman sollte eine Schlüsselrolle in der holländischen Kolonialpolitik im östlichen Indien des 19. und frühen 20. Jdht. spielen. Max Havelaar, der Protagonist des Romans, versucht, gegen das korrupte Regierungssystem in Java, zu der Zeit eine holländische Kolonie, anzukämpfen. Die *Gesellschaft für niederländische Literaturwissenschaft* erklärte das Buch *Max Havelaar* im Jahre 2002 zum wichtigsten in niederländischer Sprache geschriebenen Werk.

Vgl. Multatuli: *Max Havelaar oder die Kaffeeversteigerungen der Niederländischen Handels-Gesellschaft.* Deutsch von Th. Stromer. Berlin: G.H.F. Müller, 1875.

„A u c h   E i n e r " : Vgl.: Friedrich Theodor Vischer: *Auch Einer: eine Reisebekanntschaft.* Stuttgart: Dt. Verl.-Anst., 1908.

N a n t s c h i s   N a m e n s t a g : Am 26.7. ist das Fest der Hl. Anna.

P a s c a l : Blaise Pascal: Geb. 19.6.1623, Clermont; gest. 19.8.1662, Paris. Französischer Philosoph, Mystiker und Mathematiker. Einer der namhaften Vertreter des Geistes von Port-Royal, Begründer der Wahrscheinlichkeitsrechnung. Die Wahrheit gründet sich auf eine „logique du coeur" (Logik des Herzens) und auf das subjektive Erlebnis mystischer Gottesbezeugung. Somit mündet Pascals Denken in einer Mystik der Hingabe an Gott. Werke u.a.: *Lettres provinciales*; *Pensées sur la religion et autres sujets* (1669).

L e s   P r o v i n c i a l e s : Die *Lettres provinciales* (Lettres écrites par Louis de Montalte à un Provincial de ses amis et aux R.R. Pères Jésuites) sind eine Sammlung von 18 Briefen, die von Pascal unter dem Pseudonym Louis de Montalte vom 23.1.1656 bis 24.3.1657 geschrieben wurden. In ihnen attackiert Pascal auf humoristische Weise die zu der Zeit unter Theologen populäre

Methode der Kasuistik und beklagt den moralischen Verfall der Jesuiten. In der Kontroverse zwischen Jesuiten und Jansenisten ergreift er Partei für seinen Freund Antoine Arnauld, der 1656 von der Sorbonne als Häretiker verurteilt worden war. Mit scharfer Polemik greift Pascal die jesuitische Theologie an, dies insbesondere in Fragen der Gnadenlehre.
Die Briefe wurden auf Befehl Ludwigs XIV. auf den Index gesetzt und [am 9.2.1657] auf dem Scheiterhaufen verbrannt. Dennoch wurden sie in mehrere Sprachen übersetzt und beeinflussten spätere Denker wie Voltaire und Rousseau. Durch Pascals glänzenden rhetorischen Stil zählen die Briefe zu den herausragenden literarischen Werken der damaligen Zeit.

V e r g l e i c h m i t L e s s i n g : Vermutlich: *Anti-Goeze* (1778) – so der Titel einer Serie *Theologischer Streitschriften* von Gotthold Ephraim Lessing. Vgl. auch *Fragmente eines Ungenannten* (1774–1778).

d e r 2 . B r i e f : Geschrieben in Paris, den 29. Januar 1656.

P r o b a b i l i s m u s : Wahrscheinlichkeitsstandpunkt: 1. die Ansicht, dass das Wissen nur Wahrscheinlichkeitswert habe, da das Wahre nicht erkennbar sei; 2. ein moralisches Prinzip, wonach ein Gesetz so ausgelegt werden kann, wie es für die Betätigung der menschlichen Freiheit am günstigsten ist, wenn stichhaltige und ernste Gründe dafür sprechen, dass der Gesetzgeber keine mit solcher Betätigung vereinbare Verpflichtung auferlegen wollte. Pascals Kampf gegen den Probabilismus der Jesuiten zielte auf eine Lehre, wonach der Christ jede Meinung eines ernsten Doktors der Theologie für „probabel" (annehmbar) halten und sich bei seinen Handlungen darauf berufen könne, auch wenn sie im Gegensatz zu den Geboten der Evangelien, der Päpste, Kirchenväter oder der Konzilien stehe. Gäbe es über denselben Sachverhalt mehrere, voneinander abweichende probable Meinungen, so dürfte er die angenehmere und günstigere wählen; bei gleichermaßen wahrscheinlichen Meinungen spricht man von Äqui-Probabilismus.

C a s u i s t i k : Kasuistik (vom lat. Casus [conscientiae], „Gewissensfälle"), der Teil der Moralwissenschaft, der für bestimmte Verhältnisse und Vorkommnisse das genaue Verhalten des Gewissens untersucht und bestimmt, ausgebildet von den Stoikern, den Talmudisten, Scholastikern und Jesuiten. – In der Rechtswissenschaft die Rechtsfindung, die den einzelnen Fall seiner Besonderheit gemäß behandelt.

d i e R é v e r a n d s P e r e s j é s u i t e s : die Ehrwürdigen Jesuiten-Pater.

1 7 . u . 1 8 . : Der 17. Brief wurde am 23. Januar 1657 geschrieben, „Vom Verfasser der Briefe an einen Freund in der Provinz an den Ehrwürdigen Pater Annat, Jesuiten". Der 18. und letzte Brief der *Lettres Provinciales* wurde gleichfalls an den „Ehrwürdigen Pater Annat, Jesuiten" geschrieben. Die in Köln gedruckte Abschrift „Achtzehnter Brief an den ehrwürdigen Jesuitenpater Annat" ist auf den 24. März 1657 datiert. In beiden Briefen tritt also als Adressat anstatt des „Korps" der Jesuiten ein Einzelner auf: Père Annat, Beichtvater des Königs, mächtiger Mann im Hintergrund und von Anfang an scharfer Gegner Pascals. Diese letzten Briefe tragen einen ausgesprochen theologischen Charakter und kehren zum Ausgangspunkt der *Provinciales* zurück – zum Streit um die fünf Sätze des Jansenius und um das Verständnis der Gnade.

P è r e A n n a t : François Annat: Geb. 1590, Rodes; gest. 14.6.1670, Paris. Französischer Jesuit, Theologe, Schriftsteller und einer der führenden Gegner des Jansenismus. 1644 begann er mit einer Reihe von Beiträgen zu einer Lösung der Auseinandersetzung über die Freiheit des menschlichen Willens im Gegensatz zur Göttlichen Vorsehung. In seiner Verteidigung der katholischen Orthodoxie gegen die Angriffe der Theologen von Port-Royal wurde Pascal auf ihn aufmerksam und richtete seinen letzten Brief der *Lettres Provinciales* an ihn.

A r n a u l d : Antoine Arnauld: Geb. 5.2.1612, Paris; gest. 8.8.1694, Brüssel. Philosoph, Linguist, Theologe, Logiker und Mathematiker. Hauptsprecher des Jansenismus, den er mit aller Vehemenz gegen die Jesuiten verteidigte. Führender Kopf von Port-Royal und Bruder von Angélique Arnauld, der Äbtissin von Port-Royal. 1656 wurde er durch die Sorbonne verdammt; Pascal wurde in die Auseinandersetzungen hineingezogen und begann am 23. Januar seine mit *Provinciales* betitelten Briefe zu schreiben. Gemeinsam mit Pierre Nicole schrieb Arnauld das als *Logik von Port-Royal* benannte Werk *La logique ou l'art de penser* (1662), das logisches Schließen als Grundvoraussetzung für den Wissensgewinn propagierte und für die Aufklärer des 18. Jhdts.

von Bedeutung war. Mit Claude Lancelot schrieb Arnauld das Buch *Grammaire générale et resonnée.*

J a n s e n i u s : Cornelius Jansen (auch Jansenius genannt): Geb. 28.10.1585, Acquoi bei Leerdam; gest. 6.5.1638. Niederländischer katholischer Theologe, Begründer des Jansenismus. In seinem Hauptwerk *Augustinus* vertrat er eine umstrittene, stark augustinisch gefärbte Gnadenlehre, die den menschlichen Willen für völlig verderbt und der unüberwindlichen Lust zum Bösen (Konkupiszenz) ausgeliefert sah, solange diese nicht durch starke Lust zum Guten (Gnade) bezwungen werde. (Vgl. *Pascal*, ed. Sloterdijk, S. 531) Obwohl Jansen damit in die Nähe der Calvinisten rückt, war er ein entschiedener Gegner der Lehre der Rechtfertigung durch den Glauben.

„ w i r k s a m e   G n a d e “ : „gratia efficax“, die von Gott bewirkte Gnade, die prädestiniert ist.

M o l i n a s   h i n r e i c h e n d e   G n a d e : Im Gegensatz zur Ansicht der Thomisten über die wirksame Gnade, betonte Luis de Molina, dass die freie Entscheidung des Menschen zum Heil von der Gnade Gottes zwar unmittelbar vorbereitet, aber nicht von ihr bewirkt werde. „Trotz der gleichen Hilfe (d.i. Grad der Gnade) kann es geschehen, dass sich der eine der (von Gott) Gerufenen bekehrt, der andere nicht ... Es kann geschehen, dass der, welcher weniger Gnade hat, (von der Sünde) aufsteht, während der andere, der mehr Gnade empfangen hat, nicht aufsteht und in der Sünde verharrt." (Vgl. Luis de Molina: *Concordia liberi arbitrii cum gratiae donis* (1588), Ed. Parisii 1876, 51.563. XX).

M o l i n a : Luis de Molina: Geb. September 1535, Cuenca, Neukastilien; gest. 12.10.1600, Madrid. Spanischer katholischer Theologe. Mit seinem 1588 in Lissabon erschienenen Hauptwerk *Concordia* löste er den „Gnadenstreit" zwischen Dominikanern und Jesuiten (Molinismus) aus. In diesem Buch lehrte er die Bedingtheit der göttlichen Heilsabsichten durch die Rücksicht auf den vorausgewussten Willen des Menschen. Diese Ansicht wurde von den Dominikanern als antithomistisch bestritten, dagegen von vielen Jesuiten verteidigt. Molina war weiters einflußreich als Moraltheologe, Völkerrechtler und Wirtschaftsethiker. Werke: *Liberi arbitrii cum gratiae donis, divina praescientia, providentia, praedestinatione et reprobatione concordia*, ed. J. Rabeneck, Madrid 1953; *Commentaria in primam Divi Thomae partem*, 2 Bde, 1592; *De Iustitia et jure*, 6 Bde, 1595–1609.

P o r t   R o y a l : Port-Royal: Ehemaliges Zisterzienserinnenkloster bei Versailles, 1204 gegründet. Ab 1635 wurde Port-Royal unter der Äbtissin Angélique Arnauld ein Zentrum des französischen Jansenismus mit bewußt gegen die pädagogischen Methoden der Jesuiten gerichteten Gründungen von Schulen. Gegen Mitte des 17. Jhdts. wurden bedeutende theologische und pädagogische Schriften von Port-Royal aus veröffentlicht, u.a. die *Pensées* von Pascal. Nach der endgültigen kirchlichen Verurteilung des Jansenismus (1705) wurde Port-Royal 1709 zerstört. (Vgl. *Pascal*, ed. Sloterdijk).

L e i b n i z e n s   T h e o d i z e e : Leibniz schrieb dieses Werk als Entgegnung auf die kritische Ansicht des Skeptikers Bayle, der mit großer Schärfe auf die in der Welt vorhandenen moralischen und physischen Übel hingewiesen hatte. Laut Leibniz habe Gott aufgrund seiner Vollkommenheit bei der Erschaffung der Welt den bestmöglichen Plan gewählt, in welchem sich die größte Mannigfaltigkeit mit der größten Ordnung vereine. Die Übel in der Welt erklärt Leibniz teils als Unvollkommenheiten, die von Natur allem Endlichen anhaften, teils als Leiden, das höheren Zwecken der Vorsehung, wie der göttlichen Erziehung des Menschen, dient, teils seien sie als Sünde von Gott zugelassen, um ihren Gegensatz, das Gute, hervorzuheben und uns vor Abstumpfung zu bewahren.

1 1 .   B r i e f : Geschrieben den 18. August 1656. Pascal antwortet darin auf die von den Patres gegen ihn verbreiteten Briefe. Einer der Hauptpunkte in deren Verteidigungsschriften war die Behauptung, Pascal hätte heilige Dinge lächerlich gemacht. Dazu nimmt Pascal nun Stellung.

C h r y s o s t o m u s : Johannes von Antiochien: Geb. zw. 344 und 349, Antiochia am Orontes; gest. 14.9.407, Komana Pontica bei Kayseri. Griechischer Kirchenlehrer und Erzbischof von Konstantinopel. Theologisch zählt er zu den Vertretern der antiochenischen Schule; als Bischof war er vor allem Seelsorger. Unter den Kirchenvätern gehört er zusammen mit Basilius dem Großen und Gregor von Nazianz zu den schärfsten Gegnern von Luxus auf Kosten der Armen. Er lehnte die zeitgenössische Tendenz zur Allegorie ab, sprach stattdessen schlicht und einfach und leitete aus den biblischen Passagen Anwendungen zum täglichen Leben ab. Seine Predigten, die sogenannten „Säulenreden", brachten ihm bald nach seinem Tod den Beinamen „Chrysostomus" (Goldmund) ein. Sein Schrifttum ist das umfangreichste in der griechischen Patristik. Weitere Schriften befassen sich mit der mönchischen Askese und dem Ideal der Jungfräulichkeit. In den östlich-orthodoxen Kirchen wird er seit dem 10. Jhdt. als einer der drei heiligen Hierarchen verehrt, zusammen mit dem erwähnten Basilius und Gregor. Für das westliche Christentum ist er einer der vier Kirchenlehrer des Ostens.

„E c c e A d a m q u a s i e x n o b i s": une ironie sanglante et sensible, dont Dieu le piquait vivement: Vgl. Pascal, *Lettres Provinciales*, 11. Brief: *„Siehe da der Mensch, der wie einer von uns geworden ist: ecce Adam quasi unus ex nobis.* Das ist nach dem heiligen Chrysostomus und den Auslegern der Schrift *eine blutige Ironie*, mit der Gott den gefallenen Menschen *empfindlich verletzte*." (Vgl. Pascal: *Lettres Provinciales. Briefe an einen Freund in der Provinz.* Hg. von Lambert Schneider und Peter Bachem. Köln: Jakob Hegner Verlag, 1968, S. 215.)

R e g e n b o g e n n a c h d e m G e w i t t e r : N o a h : Vgl. 1. Mose 9, 12–17. Der Regenbogen steht dort als Zeichen des Bundes, den Gott nach der Sintflut zwischen den Menschen und ihm setzte. Er sprach zu Noah, dass er den Bogen in die Wolken gesetzt habe, als „Zeichen des Bundes zwischen mir und der Erde."

I n d u r a v i t c o r : Vgl.: Das 2. Buch Mose, Kapitel 10 (Exodus), 20: „Aber der Herr verstockte Pharaos Herz, daß er die Kinder Israel nicht ließ." (Et induravit Dominus cor Pharaonis, nec dimisit filios Israël.)

N i e t z s c h e s A n t r i t t s r e d e ü b e r d i e h o m e r i s c h e F r a g e : Am 28. Mai 1869 stellte sich Nietzsche vor einem vollen Auditorium in der Aula des Museums an der Augustinergasse der Basler Universität und interessierten Öffentlichkeit vor. Seine Antwort auf die sogenannte „homerische Frage" lautetete: „Homer als der Dichter der Ilias und Odyssee ist nicht eine historische Überlieferung, sondern ein ästhetisches Urteil […] Wir glauben an den einen großen Dichter von Ilias und Odyssee – doch nicht an Homer als diesen Dichter." (Vgl. *Friedrich Nietzsche. Chronik in Bildern und Texten.* Stiftung Weimarer Klassik bei Hanser. Deutscher Taschenbuch Verlag. München, Wien: Carl Hanser Verlag, 2000, S. 198.)
Nietzsches Antrittsrede *Über die Persönlichkeit Homers* ist später als Privatdruck unter dem Titel *Homer und die klassische Philologie. Ein Vortrag* erschienen.
In Nietzsches *Nachgelassenen Fragmenten Herbst 1869 bis Herbst 1872* findet sich häufig der Begriff „Homerische Frage" – als Entwurf für seine Aphorismen, Abhandlungen oder für ein Kapitel seiner Arbeiten. (Vgl. Kritische Ausgabe, III-3, Aphorismen 218, 372, 571, 621, 697, 809, 862, 926.)

G o t t f r i e d – K e l l e r B l a t t d e r Z ü r c h e r Z e i t u n g : Vgl.: „Meine Liebe zu Gottfried Keller". In: NZZ, 19.7.1919.

R e a n a : Reana del Rojale ist eine Gemeinde in der Provinz Udine, Italien.

Q u e s t i o n s d e d r o i t u n d d e f a i t : Fragen von Recht und Tat.

„I l f a u t , d ' t S a i n t T h o m a s 1 r e , I a p . q . 6 8 a . 1 , o b s e r v e r d e u x c h o s e s s e l o n S a i n t A u g u s t i n … ": Vgl. Blaise Pascal: *Lettres Provinciales*. Achtzehnter Brief. An den Ehrwürdigen Pater Annat, Jesuiten. Den 24. März 1657: „[…] Man muß, sagt der heilige Thomas, Ia p. q. 68a. 1, nach dem heiligen Augustinus zweierlei beachten: einmal, daß die Schrift immer einen wahren Sinn hat; sodann, daß sie einen mehrfachen Sinn annehmen kann. Wenn man nun einen herausfindet, den die Vernunft mit Sicherheit als falsch erweist, so darf man nicht hartnäckig behaupten, dies sei der natürliche Sinn, sondern man muß einen anderen suchen, der damit übereinstimmt." (Vgl. die Ausgabe der Hegner-Bücherei, hg. von Lambert Schneider u.a., S. 393.)

S a i n t D e n i s : Dionysius von Paris (franz. Denis oder Denys) war ein Missionar in Gallien, erster Bischof von Paris und christlicher Märtyrer. Nationalheiliger Frankreichs, Schutzpatron verschiedener Städte, u.a. von Paris und Krefeld. Geboren im 3. Jhdt, wurde er mit sechs anderen Bischöfen von Rom aus nach Gallien geschickt, um dort die Worte des Christentums zu verbreiten. Gemäß Gregor von Tours war Dionysius um 250 Bischof von Paris (damals Lutetia), was dem römischen Gouverneur missfiel. Dieser ordnete die Verhaftung und Enthauptung von Dionysius und seinen Begleitern Rustikus und Eleutherius an. Der Legende nach soll Dionysius auf dem Richtplatz am Montmartre sein abgeschlagenes Haupt aufgenommen, in einer Quelle gewaschen und mit dem Kopf in den Händen sechs Kilometer Richtung Norden gegangen sein, bis zu der Stelle, wo er begraben werden wollte. An diesem Platz baute der fränkische König Dagobert I. im Jahre 626 die nach dem Heiligen benannte Abtei mit der Basilika Saint-Denis, welche den französischen Königen als Grablege diente.

In zahlreichen Kirchen und Kathedralen ist der Hl. Dionysius mit seinem Haupt in den Händen dargestellt – in Form von Gemälden oder Skulpturen.

G a l i l è e : Galileo Galilei: Geb. 15.2.1564, Pisa; gest. 8.1.1642, Arcetri bei Florenz. Italienischer Mathematiker, Physiker und Astronom. Nachem Galilei im Jahre 1632 den *Dialogo di Galileo Galilei sopra i due Massimi Sistemi del Mondo Tolemaico e Copernicano* (Dialog über die zwei wichtigsten Weltsysteme, das Ptolemäische und das Kopernikanische) vollendet hatte, entschied er aus verschiedenen Gründen, sich mit dem Imprimatur durch den Florentiner Inquisitor zu begnügen und das Werk in Florenz drucken zu lassen. Im Juli 1632 wies der für die Zensur verantwortliche Inquisitor Niccolò Riccardi in Rom den Inquisitor in Florenz an, er solle die Verbreitung des *Dialogo* verhindern.

Anfang April 1633 wurde Galilei offiziell vernommen und bekannte in einer zweiten Anhörung, in seinem Buch geirrt zu haben. Nachdem er am 10. Mai eine schriftliche Verteidigung mit der Bitte um Gnade eingereicht hatte, fand am 22. Juni 1633 der Prozess in der Basilika Santa Maria sopra Minerva statt. Zunächst leugnete Galilei, auf die Dialogform seines Werkes verweisend, das kopernikanische System gelehrt zu haben. Man warf ihm den Bellarminbrief vor und beschuldigte ihn des Ungehorsams. Nachdem er seinen Fehlern abgeschworen, sie verflucht und verabscheut hatte, wurde er zu lebenslanger Kerkerhaft verurteilt und war somit der Hinrichtung auf dem Scheiterhaufen entkommen. Dass er überhaupt verurteilt wurde, war unter den zuständigen zehn Kardinälen durchaus strittig: drei von ihnen (darunter Francesco Barberini, der Neffe des Papstes) unterschrieben das Urteil nicht. Galilei blieb nach dem Urteil in der Botschaft des Herzogtums Toscana in Rom unter Arrest, nach wenigen Wochen wurde er unter die Aufsicht des Erzbischofs von Siena gestellt, der allerdings ein glühender Bewunderer von ihm war und ihn nach Kräften unterstützte. Nach fünf Monaten durfte er in seine Villa Gioiella in Arcetri zurückkehren, blieb jedoch unter Hausarrest, verbunden mit dem Verbot jeglicher Lehrtätigkeit. Gemäß dem Urteil hatte er wöchentlich die sieben Bußpsalmen zu beten und seine sozialen Kontakte wurden stark eingeschränkt. Ab Juli 1633, als er noch in Siena war, hatte Galilei an seinem phyikalischen Hauptwerk *Discorsi e Dimostrazioni Matematiche intorno a due nuove scienze* gearbeitet. Obwohl das Inquisitionsurteil kein explizites Publikationsverbot enthielt, stellte sich eine Veröffentlichung im Einflussbereich der katholischen Kirche als unmöglich heraus. So geschah es, dass die Welt erst durch Matthias Berneggers lateinische Übersetzung dieses Werks Kenntnis erhielt (erschienen unter dem Titel *Systema cosmicum*, Straßburg: David Hautt 1635). Ein Druck des italienischen Textes der *Discorsi* erschien erst ein Jahr danach bei Louis Elsevier in Leiden.

T h e o d o r : Nicht ermittelt.

w o g e n d e Ä h r e n f e l d e r u. B u s c h h o l z z u m D o r f G l a t t f e l d e n … : Gottfried Kellers Eltern stammten beide aus Glattfelden, einer Ortschaft im Norden des Kantons Zürich, und er selbst verbrachte dort häufig die Sommerferien bei seinem Onkel Dr. Scheuchzer. In dem autobiographisch gefärbten Roman *Der grüne Heinrich* gibt es viele Anspielungen auf Glattfelden. Die von Hänsel zitierte Stelle ist vermutlich aus folgendem Beitrag: „Ein Wort über Gottfried Keller". G. 128.1. „Meine Liebe zu Gottfried Keller". In: NZZ, 19.7.1919, S. 2.

F e u e i l l e t o n ü b e r e i n e G. K e l l e r F e i e r : Bei der Gottfried Keller-Feier handelt es sich wohl um eine Gedenkfeier von dessen 100. Geburtstag am 19.7.1919.

T o d u n d d a s M ä d c h e n : Vgl. Franz Schubert (1797–1828): *Der Tod und das Mädchen.* Streichquartett Nr. 14 d-Moll D 810. Das 1824 entstandene Quartett verdankt seinen Namen dem Thema des zweiten Satzes, welches dem 1817 komponierten Lied „Der Tod und das Mädchen" entstammt. Das Lied wurde zu einem Gedicht von Matthias Claudius (1740–1815) komponiert.

f a n n o   m a l e : Eigentlich: jemandem weh tun. In diesem Zusammenhang wahrscheinlich auf die Brombeeren bezogen – mit dem Hinweis des capitano, daß die Beeren ungenießbar seien.

N i e t z s c h e s   A u f s a t z   ü b e r   d i e   Z u k u n f t   u n s e r e r   B i l d u n g s a n s t a l - t e n : Vgl. Friedrich Nietzsche: „Gedanken über die Zukunft unserer Bildungsanstalten". In: *Fünf Vorreden zu fünf ungeschriebenen Büchern.* (1872)

N i e t z s c h e ,   G e b u r t   d e r   T r a g ö d i e : Vgl. Friedrich Nietzsche: *Die Geburt der Tragödie: oder: Griechenthum und Pessimismus.* Leipzig: Naumann, 1894.

E u r i p i d e s : Geb. 480 oder 485/484 v. Chr., Salamis; gest. 406 v. Chr., Pella, begraben in Makedonien. Euripides ist einer der großen klassischen griechischen Dramatiker und nach Aischylos und Sophokles der jüngste der drei großen griechischen Tragödiendichter. Von seinen etwa 90 Stücken sind 18 bzw. 19 (eins seiner Satyrspiele) in zwei Gruppen überliefert: in den *ausgewählten Werken* und in den *alphabetischen Werken.* Erstere waren in der Antike beliebt und wurden häufig kopiert; letztere bilden den Teil eines alphabetischen Gesamtwerks, das uns nur unter den Buchstaben *Ipsilon, Eta, Iota* und *Kappa* erhalten geblieben ist. Mit seinen Stücken *Medea, Iphigenie, Elektra* oder *Bakchen* ist Euripides einer der am meisten gespielten Dramatiker der Weltliteratur.

T r i n u m m u s : Komödie von Plautus. Vgl. Titus Maccius Plautus: *Ausgewählte Komödien des T. M. Plautus.* – 1, *Trinummus.* Leipzig: Teubner, 1873.

P l a u t u s : Titus Maccius Plautus: Geb. um 254 vor Chr., Sarsina (bei Cesena), Romagna, Italien; gest. 184 vor Chr., Rom. Lateinischer Komödiendichter, der ausschließlich griechische Komödien für die römische Bühne bearbeitete. Von der großen Zahl seiner Komödien sind 21 erhalten.

T o l s t o i ,   L a   L u m i è r e   l u i t   d a n s   l e s   T é n è b r e s : Vgl. Leo N. Tolstoj: *Und das Licht scheinet in der Finsternis:* Schauspiel in fünf Aufzügen. Übertragen von Ludwig und Dora Berndl. Jena: Diederichs, 1912.

R e n a n ,   d e n   T o l s t o i   i n   d e r   E i n l e i t u n g   z u   d e n   E v a n g e l i e n   a l s r o m a n h a f t   f r i v o l   v e r w o r f e n   h a t : Vgl. Leo Tolstoi, *Kurze Darlegung des Evangelium*, S. 22–24: In seiner Kritk an den Auslegern der Lehre Jesu unterscheidet Tolstoi zwischen den „Kirchenmännern" und den „freidenkerischen Historikern des Christentums". Die letzteren, die Jesu nicht als Gott anerkennen, verstünden seine Lehre nicht, wie er sie gepredigt haben mag, sondern so, wie sie von Paulus und anderen „Auslegern" verstanden werde. „Während sie sich bemühen, die Lehre Jesu aufzuhellen, bürden diese gelehrten Falschausleger Jesu das auf, was zu sagen ihm niemals eingefallen ist. Die Vertreter dieser Auslegerschaft, der populärste unter ihnen Renan, voran, nehmen sich die Mühe nicht, innerhalb der Lehre Jesu zu scheiden zwischen dem, was Christus selbst lehrte und dem, was seine Ausleger ihm aufhängen; nehmen sich die Mühe nicht, seine Lehre irgend wie tiefer zu fassen, als die Kirchlichen – bemühen sich dabei aber, den Sinn des Erscheinens Jesu und der Ausbreitung seiner Lehre aus den Ereignissen, aus dem Leben Jesu und den Umständen seiner Zeit zu begreifen."
Laut Tolstoi gehe es jedoch weniger darum, zu beweisen, dass Christus nur ein einfacher Mensch war, als vielmehr darum, zu verstehen, was das Wesen seiner Lehre ausmachte, die den Menschen so hoch und teuer war, dass sie den Prediger dieser Lehre als Gott anerkannten und anerkennen.

N a t h a n : Nathan der Weise ist der Titel und die Hauptfigur eines fünfaktigen Ideendramas von Gotthold Ephraim Lessing, das 1779 veröffentlicht und am 14. April 1783 in Berlin uraufgeführt worden ist. Themenschwerpunkt des Werks ist die Religionstoleranz. Im Mittelpunkt der Handlung steht die Ringparabel (im dritten Aufzug des Dramas), somit im Kern die Frage nach der „wahren" Religion. Sie gilt als ein Schlüsseltext der Aufklärung und als pointierte Formulierung der Toleranzidee. Unmittelbar vor der Fertigstellung seines Dramas hatte sich Lessing mit seinem philosophischen Hauptwerk *Die Erziehung des Menschengeschlechts* befasst, doch seine Beschäftigung mit dem Stoff des *Nathan* reicht nachweislich bis ca. 1750 zurück. In der Figur Nathans des Weisen setzte er seinem Freund Moses Mendelssohn, dem Begründer der jüdischen Aufklärung, ein literarisches Denkmal.
Laut Auskunft von Frau Dr. Ingrid Hänsel soll Wittgenstein darauf bestanden haben, sein Exemplar des *Nathan* Ludwig Hänsel zu vermachen.

A b m a r s c h : Ca. 3 Wochen vor seiner Rückkehr aus der Gefangenschaft schrieb Hänsel an seine Frau Anna folgende Zeilen:

1. August [19]

Liebe Nantschi! Reiche Post: Karten vom 21.V.(!), 27.[VI], 10. 13. 16. VII. Und zwei Briefe vom 7. u. 14. VII. Herzlichen Dank besonders für Deine lieben Wünsche zum Namenstag. Mit dem Kindertransport habt Ihr ordentliche Plage gehabt. Du sparst Dir in Deinen Erzählungen aber gar zu viel aufs Mündliche. Was muß da noch alles zusammenkommen. Vergiß Johannas Namenstag nicht. Was wirst Du ihr kaufen? Nachricht von Salzburg (tröste Dich) bekomme ich noch weniger als Du. Daß Du auf die ersten ernstlichen Schläge (es sollte keine anderen geben) den Buben als so schrecklich ernste Aufgabe empfindest, ist ein gutes Zeichen. Bleib dabei! – Ich war heute zum drittenmal auf Cassino (dem Kloster) oben. Hoffentlich bekommst Du die Karte von dort. Das Lager ist voller Abfahrtsgerüchte, die täglich wechseln und zwischen Zuversicht und Hoffnungslosigkeit pendeln. Doch überwiegt seit einiger Zeit die tollste Zuversicht. Kuß!

Dein Ludwig

G r a d a t i m : Eine Methode des Einlesens in lateinische Originaltexte.

L i c h t i. d. F i n s t e r n i s : Vgl. Tolstoi: *La lumière luit dans les Ténèbres.*

P è r e S e r g e : Novelle von Tolstoi, 1899. Vgl. Leo N. Tolstoi: *Pater Sergius und andere nachgelassene Erzählungen.* Deutsch von Hess Adolf. Berlin: Otto Janke Verlag, 1914. In dieser Novelle setzt sich Tolstoi mit dem Kampf gegen sinnliche Begierde und den Verlockungen menschlicher Ruhmsucht auseinander; ebenso wird seine Kritik am Kloster- und Mönchsleben deutlich. Nach langen Irrwegen findet Sergius in seiner Kusine den in aller Stille und Demut gelebten tätigen Dienst am Nächsten – den eigentlichen Sinn des Lebens und wahren Weg zu Gott.

d e r M ö n c h s g e s c h i c h t e T o l s t o i s : Aller Wahrscheinlichkeit nach die Erzählung „Die drei Greise" in Tolstois *Volkserzählungen.* Diese lebten zurückgezogen auf einer einsamen Insel, um das „Heil ihrer Seele" bemüht und beteten für ihre Mitmenschen. Als ein Bischof sie aufsuchte und danach fragte, was sie für das Heil ihrer Seele täten, antworteten sie: „O Knecht Gottes, wir wissen nicht, wie wir Gott dienen sollen, nur uns selbst dienen wir." Und auf die Frage, wie sie zu Gott beteten, antworteten sie: „So beten wir: Ihr seid drei, wir sind drei, erbarmt euch unser drei."
Dieser Satz soll nach Aussage von Maurice O'Connor Drury Wittgenstein tief berührt haben, weshalb er die Geschichte von den drei Greisen als seine Lieblingsgeschichte von Tolstois *Volkserzählungen* bezeichnete (vgl. M. O'C. Drury in *Porträts und Gespräche,* S. 129).

F a b r e s : Jean-Henri Fabre: Geb. 21.12.1823, Saint-Léons du Lévézou; gest. 11.10.1915, Sérignan-du-Comtat, Vaucluse. Französischer Entomologe und Autor, Großvater des Künstlers Jan Fabre. Berühmt über seine Studien über Insekten. Er war größtenteils Autodidakt und schrieb zahlreiche Bücher über die Anatomie und das Verhalten von Insekten. Dabei ergründete er vor allem das angeborene Verhalten, den Instinkt, den er „das Genie des Tieres" nannte. Victor Hugo nannte Fabre den „Homer der Insekten". Berühmt wurde Fabre durch seine *Souvenirs Entomologiques. Ètudes sur l'instinct et les mœurs des insectes,* mit denen er ein Vorläufer der Verhaltensforschung wurde. Fabre verfasste auch Lieder und Gedichte in provenzalischer Sprache und wurde 1904 für den Literaturnobelpreis vorgeschlagen. Eines seiner bekanntesten Zitate lautet: „Je ne crois pas en Dieu. Je le vois." („Ich glaube nicht an Gott. Ich sehe ihn.")
In Deutschland begann der Verlag Franckh-Kosmos bereits 1908 unter dem Titel *Bilder aus der Insektenwelt* damit, eine Auswahl aus den *Souvenirs Entomologiques* ins Deutsche zu übersetzen. Nach dem Zweiten Weltkrieg gab es wieder Versuche, sich dem Werk und der Person Fabres zu nähern: *Das offene Geheimnis. Aus dem Lebenswerk des Insektenforschers* (hg. von Kurt Guggenheim); *Sandkorn für Sandkorn. Die Begegnung mit Jean-Henri Fabre* (1959).

b i o l o g. B r i e f e U e x k ü l l s : Jakob Johann Baron von Uexküll: Geb. 7.9.1864, Gut Keblas (Estland); gest. 25.7.1944, auf Capri. Baltischer Biologe, Philosoph und einer der wichtigsten Zoologen des 20. Jhdts.. Uexküll ist der Begründer der Umweltforschung und hat mit seiner Umwelttheorie die Psychologie (Viktor von Weizsäcker) und vor allem die Verhaltensforschung beeinflusst. Der Ausdruck „Umwelt", zuvor kaum alltagssprachlich geläufig, wurde von Uexküll terminologisch eingeführt. Werke u.a.: *Umwelt und Innenwelt der Tiere*, 1909; *Theoretische Biologie*, 1920; *Streifzüge durch die Umwelten von Tieren und Menschen*, 1934 (mit G. Kriszat); *Nie geschaute Welten. Die Umwelten meiner Freunde. Ein Erinnerungsbuch*, 1934; *Der unsterbliche Geist in der Natur. Gespräche*, 1938.

B i o l o g .   B r i e f e : Vgl. Jakob von Uexküll: *Biologische Briefe an eine Dame*. Berlin: Verlag der Gebrüder Paetel, 1920.

L e i b n i t z : Richtig: Leibniz. Gottfried Wilhelm Leibniz: Geb. 1.7.1646, Leipzig; gest. 14.11.1716, Hannover. Philosoph, Physiker, Mathematiker, Historiker und Diplomat. Von der scholastischen Lehre der metaphysischen allgemeinen Wesenheiten ausgehend, gelangte Leibniz zum Prinzip des schöpferischen Denkens hinsichtlich individueller Wirklichkeiten. Neben zahlreichen Aufsätzen, Gelegenheitsschriften und Briefen schrieb Leibniz als einziges abgeschlossenes Werk die Monadenlehre (Monadologie). Hauptwerke: *Systeme nouveau de la nature*, 1695; *Nouveaux essais sur l'entendement humain*, entst. 1704, hg. 1765; *Essais de theodicée*, 1710; *Monadologie*, entst. 1714, hg. 1720; *Principes de la Nature et de la Grâce fondés en Raison*, entst. 1714, hg. 1718.

M ü h l e n w a s s e r r e g u l i e r u n g   b e i   H a r t m a n n : Ob es sich bei Hartmann um einen der Philosophen Nicolai, Eduard von oder Max Hartmann handelt, ist eher auszuschließen. Vermutlich handelt es sich um einen Ingenieur oder Architekten, von denen es allerdings mehrere mit dem Namen Hartmann gibt: [Egon Hartmann, Architekt und Städteplaner; Emil Hartmann (1867–1933), Ingenieur; Gustav Hartmann, Ingenieur; Georg Hartmann, Mathematiker; Viktor A. Hartmann, russischer Architekt u.a.] Näheres nicht ermittelt.

O h n e t :   „ P o u r   t u e r   N a p o l é o n “ : Vgl. Georges Ohnet: *Pour tuer Bonaparte*. Paris: Ollendorff, 1911.

Georges Ohnet (eigentl. Georges Hénot): Geb. 3.4.1848, Paris; gest. 5.5.1918, Paris. Französischer Schriftsteller. Chefredakteur von *Pays* und *Constitutionnel*. In Zusammenarbeit mit dem Ingenieur und Dramatiker Louis Denayrouze entstanden die Theaterstücke *Regina Sarpi* (1875) und *Marthe* (1877). Ohnet schrieb eine Serie von Romanen, *Les Batailles de la vie*, darunter *Serge Panine*, 1881, *Le Maître de Forges*, 1882; *La Grande Marnière*, 1885; *La Comtesse Sarah*; *Volonté*, 1888; *Dernier Amour*, 1891; *Le Maître de Schmieden*. Zu den späteren Publikationen gehören u.a.: *Le Crépuscule*, 1902; *Le Marchand de Poison*, 1903; *La Conquérante*, 1905; *La dixième Muse*, 1906.

d i e   F a c k e l   v o m   A p r i l : Vgl. *Die Fackel*. Band 25. XXI. Jahr. Nr. 508–530.

D i e   B a l l a d e   v o m   P a p a g e i : Vgl. Karl Kraus: „Worte in Versen I. – IX." Gedichte (1922–1930). Erstmals erschienen in der Fackel, Nr. 508–513, Mitte April 1919, S. 49–52. Mit dem Untertitel „Couplet macabre" und dem Vermerk: „Worte und Melodie entstanden 1915. Die Komposition erscheint demnächst." In diesem Gedicht werden die Monarchie, insbes. Erzherzog Franz Ferdinand und seine Frau Sophie, sowie Kaiser Franz Joseph auf satirische Weise attackiert.

P .   A l t e n b e r g : Peter Altenberg: eigentlich Richard Engländer. Geb. 9.3.1859, Wien; gest. 8.1.1919, Wien. Österreichischer Schriftsteller. Studierte Jura und Medizin und lebte als literarischer Bohemien. Zu seinen Freunden zählten Adolf Loos und Karl Kraus. Altenberg war ein Virtuose der impressionistischen Skizze und des ironischen Aphorismus. Das subjektive Erleben steht im Mittelpunkt. Hauptwerke: *Wie ich es sehe*, 1896; *Ashantee*, 1897; *Was der Tag mir zuträgt*, 1901; *Prodromos*, 1906; *Märchen des Lebens*, 1908; *Fechsung*, 1915; *Vita ipsa*, 1918; *Mein Lebensabend*, 1919.

a u f   d e m   W e g e   g e w e s e n   e i n   a n s t ä n d i g e r   M e n s c h   z u   w e r d e n : Auch an anderen Stellen übt Wittgenstein Kritik an Kraus. (Vgl. Kommentar zu Kraus) Der Wunsch „ein anständiger Mensch zu werden" bestimmte Wittgenstein selbst ein Leben lang: Vgl. u.a. einen Brief an seine Schwester Hermine vom 25.6.1919 aus Cassino: „[…] Mein Leben hier ist vollkommen einförmig. Ich arbeite nicht und denke immer daran, ob ich einmal ein anständiger Mensch sein werde und wie ich es anstellen soll. […]"

Das Gefühl des Versagens kommt in einem Brief vom 2.1.1921 an Paul Engelmann zum Ausdruck: „ […] Ich bin einer von den Fällen, die vielleicht heute nicht so selten sind: Ich hatte eine Aufgabe, habe sie nicht gemacht und gehe jetzt daran zu Grunde. Ich hätte mein Leben zum guten wenden sollen und ein Stern werden. Ich bin aber auf der Erde sitzen geblieben und nun gehe ich nach und nach ein. [...]" Zu Josef Putré, einem Oberlehrer aus der Zeit seiner Volksschullehrertätigkeit, soll er gesagt haben: „Was ich will, das ist, einst als anständiger Mensch zu krepieren." (Josef Putré: „Meine Erinnerungen an den Philosophen Ludwig Wittgenstein als Lehrer an der Volksschule in Trattenbach, Niederösterreich." Unveröffentlichtes Typoskript).

L o o s : Adolf Loos: Geb. 10.12.1870, Brünn; gest. 23.8.1933, Kalksburg bei Wien. Architekt. Die Bekanntschaft von Wittgenstein mit Loos kam während Ludwig von Fickers Besuch bei Wittgenstein in Wien am 23. und 24. Juli 1914 zustande (vgl. Ludwig von Ficker: *Briefwechsel 1909–1914*. Salzburg: Otto Müller 1986, S. 375). Nachdem Ficker seine Vorschläge zur Verteilung der Spende unterbreitet hatte, machte er ihn am 24.7. mit Adolf Loos bekannt: „Wir trafen uns im Café Imperial, wo es zwischen ihm und dem schwerhörigen Erbauer des damals noch heftig umstrittenen Hauses am Michaelerplatz zu einer wohl etwas mühselig, doch sachlich ungemein anregend geführten Aussprache über Fragen der modernen Baukunst kam, für die sich Wittgenstein zu interessieren schien." (Ludwig Ficker: „Rilke und der unbekannte Freund". In: *Der Brenner*, 18. Folge, 1954, S. 237). Später hatte Wittgenstein allerdings von Loos einen unangenehmen Eindruck. So schrieb er am 2.9.1919 an Engelmann: „Vor ein paar Tagen besuchte ich Loos. Ich war entsetzt und angeekelt. Er ist bis zur Unmöglichkeit verschmockt! Er gab mir eine Broschure über ein geplantes ‚Kunstamt', wo er über die Sünde wider den Heiligen Geist spricht. Da hört sich alles auf! Ich kam in sehr gedrückter Stimmung zu ihm und das hatte mir gerade noch gefehlt." (Vgl. *Wittgenstein – Engelmann*, S. 44)
Allerdings widmete Loos Wittgenstein noch im September 1924 sein Buch *Ins Leere gesprochen* mit folgenden Zeilen: „Für Ludwig Wittgenstein dankbar und freundschaftlichst, dankbar für seine Anregungen, freundschaftlichst in der Hoffnung daß er dieses Gefühl erwidert." (Faksimile in *Nedo*, S. 204).

B i o g r a p h i e d e r S t a e l : Vermutlich die Biographie *Vie privée de M. Necker* gemeint, die Madame de Staël ihrer Ausgabe der hinterlassenen Manuskripte ihres Vaters von 1804 voranstellte. Vgl.: *Vie privée et ministerielle de M. Necker*, Directeur général des finances. Genève: Pellet, 1790. Anne Louise Germaine de Staël-Holstein, geb. Necker, genannt Madame de Staël: Geb. 22.4.1766, Paris; gest. 14.7.1817, Paris. Französische Schriftstellerin schweizerischer Herkunft. Sie war eine der bedeutendsten Figuren des französischen Geisteslebens in der Übergangszeit von der Aufklärung zur Romantik. Werke u.a.: *De la littérature considérée dans ses rapports avec les institutions sociales*, 1800; *Delphine* (Roman), 1802; *Corinne ou l'Italie*, 1807; *De l'Allemagne* (3 Bde), 1813; *Considérations sur la Révolution française*, 1818; *Essais dramatiques*, 1821.

U n u m e s t n e c e s s a r i u m : Vgl. das 10. Kapitel bei Lukas über Jesu Besuch bei den Schwestern Martha und Maria, 42: „Eins aber ist not. Maria hat das gute Teil erwählt, das soll nicht von ihr genommen werden."

Heft 4

Tagebuch vom 19.9.1921–10.3.1922

mit den drei Kindern: Ludwig und Anna Hänsel hatten drei Kinder: Anna, Maria (genannt Mareile) und Hermann.

Anna: Geb. 1914, Salzburg; gest. 1947 (Autounfall). Nach der Matura am Gymnasium St. Ursula in Wien, studierte Anna Medizin und promovierte 1939. 1940 Heirat mit Dr. med. Leo Krenn, Primarius in Amstetten. Aus der Ehe gingen 4 Kinder hervor. Kurz vor ihrem tödlichen Autounfall kam es noch zu einem Treffen mit Ludwig Wittgenstein am Bahnhof von Innsbruck.

Maria: Geb. 9.12.1915; gest. 18.3.1993, Hainburg an der Donau. Nach der Matura Lehrerbildungsanstalt in Wien, Döbling. Ab 1935 Lehrerin an der Volksschule der Theresianischen Akademie in Wien, 1939 Strafversetzung nach Polen. 1943 Heirat mit Univ.-Doz. Dr. med. Peter Dal-Bianco aus Wien, mit dem sie sieben Kinder hatte. Nach dem Tod des Gatten (1974) bat Maria 1976 um Aufnahme in die Benedektinerinnen-Abtei des Klosters Nonnberg in Salzburg und erhielt dort am 8.12.1977 die hl. Monica als Namenspatronin für den weiteren klösterlichen Weg. Am 13.12.1981 legte sie die ewigen Gelübde ab und empfing die Witwenweihe. Maria war künstlerisch sehr begabt: sie zeichnete und malte von Kindheit an, später fertigte sie Tonarbeiten an, auch in der Keramikwerkstätte des Klosters. Ihren Glauben sah sie als das „Erbe des von tiefer Religiosität geformten Elternhauses", der „nach strengen christlichen Grundsätzen empfangenen Erziehung, vor allem seitens des Vaters", und die sie rückschauend als „benedektinisch geprägt" bezeichnete. Von Bedeutung war wohl auch der Einfluss von Pater Bruno Spitzl OSB, Studienkollege ihres Vaters und Freund der Familie. (Vgl. den Nachruf der Äbtissin und des Konvents der Abtei Nonnberg anlässlich des Todes von Frau Maria Monica Dal-Bianco geb. Hänsel OSB am 18.3.1993). Von Wittgenstein gibt es einige Briefe an Maria bzw. „Mareile", die ein herzliches Verhältnis zur Tochter seines Freundes bekunden.

Hermann: Geb. 13.1.1918, Wien; gest. 28.12.2005, Wien. Jüngstes Kind von Ludwig und Anna Hänsel. Nach dem Gymnasium der Theresianischen Akademie studierte er für kurze Zeit die Fächer Deutsch und Französisch, wechselte aber 1937 zum Studium der Landwirtschaft an der Hochschule für Bodenkultur in Wien. 1940–46 Deutsche Wehrmacht und Gefangenschaft, 1946 Fortsetzung des Studiums. 1946 Dipl.- Ing. (Landwirtschaft), 1948 Doktorat (Pflanzenzüchtung). 1951 Heirat mit Dr. Ingrid Hänsel geb. Hacker; vier Kinder. Stipendien für Forschungen in Holland und in Cambridge, von 1951–1988 wiss. Leiter und Getreidezüchter an der Probstdorfer Saatzucht, GmbH. Nachf. Einzelfirma. 1954 Habilitation. ab 1955 Vorlesungen über verschied. Gebiete der Pflanzenzüchtung. 1962 tit.a.o. Univ.-Professor, 1970 Ruf an die Georg-August-Universität Göttingen (nicht gefolgt). Ab 1989 Konsulent. Gastvorlesungen und Gastvorträge an zahlreichen in- und ausländischen Universitäten. Über 100 wissenschaftliche Veröffentlichungen. Mitherausgeber von *Plant Breeding*, der Zeitschrift für Pflanzenzüchtung, Berlin-Hamburg. 1977 Österreichisches Ehrenkreuz für Wissenschaft und Kunst, 1. Kl.

Wie seine Schwester Maria hatte auch Hermann Hänsel zu Wittgenstein ein herzliches Verhältnis, er besuchte ihn in Cambridge und in Norwegen und stand mit ihm auch in brieflichem Kontakt. (vgl. *Hänsel*).

Anna in Luxemburg: Vgl. dazu einen Brief Hermine Wittgensteins an Ludwig Hänsel, in dem sie schreibt, dass die beiden Mädchen Hänsels gut untergebracht, aber „so weit" weg seien. (Vgl. *Hänsel*, Brief Nr. 85, datiert mit 15.5.22) Laut Auskunft von Hermann Hänsel handelte es sich dabei um eine Nachkriegs-Unterstützungsaktion für Kinder. Die Mädchen befanden sich damals im Ausland. Wie nun aus dem Tagebuch hervorgeht, scheint Anna in Luxemburg untergebracht worden zu sein.

auf der Lehrerbildungsanstalt: Vom 16. September 1919 bis zum Juli 1920 besuchte Wittgenstein den vierten Jahrgang der Staatslehrerbildungsanstalt in der Kundmanngasse, Wien III. Aufgrund seiner Reifeprüfung an der Staatsrealschule in Linz mußte er nur mehr die

Fächer Pädagogik, Spezielle Methode und praktische Übungen, Hygiene, Landwirtschaftslehre, Schönschreiben, Singen, Orgel- und Geigenspiel absolvieren, um zum Volksschullehrer ausgebildet zu werden.

i n   T r a t t e n b a c h : Wittgenstein hatte die ihm vom Landesschulrat zugewiesene Stelle in Maria Schutz am Semmering abgelehnt, weil ihm dort – aufgrund eines Parks und eines Springbrunnens – zu wenig „ländliche Verhältnisse" waren (vgl. Kurt Wuchterl, Adolf Hübner: *Ludwig Wittgenstein*. Reinbek bei Hamburg: Rowohlt 1979, S. 89f.) und er befürchtete, „Leuten der Gesellschaft" begegnen zu müssen. Paul Wittgenstein erwähnt in einem Brief vom 17.11.1920 an Ludwig Wittgenstein eine Stelle in Reichenau (am Semmering), die dieser ausgeschlagen hätte, um nicht als Mitglied der Familie Wittgenstein erkannt zu werden. Es gibt allerdings keine weiteren Belege für diesen Sachverhalt. In Trattenbach im Feistritztal fand Wittgenstein, was er suchte. Vgl. dazu Josef Putré: „Meine Erinnerungen an den Philosophen Ludwig Wittgenstein als Lehrer an der Volksschule in Trattenbach, Niederösterreich". (Unveröffentlichtes Typoskript): „[…] Nach einer längeren Gesprächspause sagte ich zu ihm: ‚Wie kommen Sie dazu, mit Ihren an Hochschulen erworbenen Kenntnissen sich als Volksschullehrer in ein Nest wie Trattenbach zu setzen, wo der Fuchs gute Nacht sagt? Das erscheint auch mir sonderbar. Sie gehören als Lehrer doch mindestens an eine Mittelschule.' Darauf bekam ich folgendes zur Antwort: ‚Ich trug mich einst mit dem Gedanken, Architekt oder Apotheker zu werden. Ich kam zur Einsicht, daß ich in diesen Berufen das, was ich suche nicht fände. Ist man doch in diesen und anderen Berufen im Grunde genommen nichts anderes als ein Greißler. Was ich will, das ist, einst als anständiger Mensch zu krepieren. Dies erscheint mir am ehesten erreichbar in der Abgeschiedenheit eines Ortes wie Trattenbach, wo ich als Lehrer und Erzieher der Jugend mir anständig dünkende Arbeit bei kargem Lebensunterhalt leiste.'"

b e i   a l l e n : Richtig: bei allem Kommandieren.

F ü r s t i n   G a l l i t z i n : Amalie Fürstin von Gallitzin, Golizyn: Geb. 28.8.1748, Berlin; gest. 27.4.1806, Münster. 1768 Heirat mit dem russischen Gesandten in Paris, Fürst Dimitrij Aleksejewitsch Golizyn, über den sie in Kontakt mit Voltaire, Helvétius und Diderot kam. Nach der Trennung von ihrem Mann wurde sie stark von der Philosophie Frans Hemsterhuis' beeinflusst. Ab 1779 lebte sie in Münster, wo sie mit dem pädagogisch-reformerischen Generalvikar und Franz Freiherr von Fürstenberg den Mittelpunkt des katholischen, den philosophischen, literarischen und religiösen Strömungen der Zeit aufgeschlossenen Kreises, von Münster, bildete. Lange Zeit stand sie mit Friedrich Heinrich Jacobi, Goethe, Matthias Claudius, Johann Gottfried von Herder und Lavater in Verbindung. Ab 1783 begann sie sich mit dem Thema Religion zu beschäftigen; in dieser Zeit wurde sei von Johann Georg Hamann beeinflusst, der überraschend starb und in ihrem Garten begraben wurde. Das Haus der Fürstin wurde Mittelpunkt des Münsterischen Kreises, von den Zeitgenossen liebevoll-ironisch „familia sacra" genannt. Dieser Kreis wurde „von großer Bedeutung für die innere Erneuerung des deutschen Katholizismus" (*Biographisch-Bibliographisches Krichenlexikon*). Nach der Revolution entfaltete die Fürstin Gallitzin eine weitgefächerte caritative Tätigkeit für die französischen Emigranten. Werke: *Briefwechsel und Tagebücher der Fürstin Amalie von Gallitzin*, hg. von Christoph Schlüter, 3 Bde, 1874–76; *Mitteilungen aus dem Tagebuch und Briefwechsel der Fürstin Adelheid Amalie von Gallitzin*, 1868; *Der Kreis von Münster*, hg. von Siegfried Sudhoff, 2 Bde.

D o r n b a c h : Stadtteil Wiens, als Ort im Wienerwald urkundlich erstmals 1044 genannt. Heute eine der 89 Wiener Katastralgemeinden.

M a r e i l e : Maria Dal-Bianco geb. Hänsel wurde „Mareile" genannt.

I d i o t : Vgl. Fjodor M. Dostojewskij: *Der Idiot*. Roman. Übertragen von E. K. Rahsin. München: Piper, 1920.

F ü r s t   M i s c h k i n : Richtig: Myschkin: Fürst Lew Nikolajewitsch Myschkin. Protagonist in Dostojewskis *Idiot*.

I h r e r   i s t   d a s   H i m m e l r e i c h : Vgl. Markus 10, 14: „Da es aber Jesus sah, ward er unwillig und sprach zu ihnen: Lasset die Kindlein zu mir kommen und wehret ihnen nicht; denn solcher ist das Reich Gottes." Vgl. auch Markus 10, 15 und 16: „Wahrlich ich sage euch: Wer das Reich Gottes nicht empfängt wie ein Kindlein, der wird nicht hineinkommen. Und er herzte sie und legte die Hände auf sie und segnete sie."

N a n t s c h i s   N o t   i m   J a h r e   1 8 : Wahrscheinlich ist Anna Hänsels Not während des Krieges und der Kriegsgefangenschaft ihres Mannes gemeint.

F r ä u l e i n   W i t t g e n s t e i n : Hermine Wittgenstein: Geb. 1.12.1874, Eichwald bei Teplitz, Böhmen; gest. 11.2.1950, Wien. Älteste Schwester von Ludwig Wittgenstein, die nach einer Figur von Fritz Reuters Roman *Ut mine Stromtid* („Das Leben auf dem Lande", 3 Teile. Wismar: Hinstorrf'sche Hofbuchhandlung 1863–64) „Mining" genannt wurde. Gemeinsam mit ihrem Vater legte sie eine Gemäldesammlung an und er diktierte ihr seine autobiographischen Notizen. Hermine malte und zeichnete, spielte Klavier und organisierte musikalische Abendveranstaltungen. Sie blieb unverheiratet und wurde nach dem Tod von Karl Wittgenstein faktisch zum Familienoberhaupt und sorgte sich in mütterlicher Weise um ihre jüngeren Geschwister, insbesondere um Ludwig. Im Ersten Weltkrieg leitete sie eine chirurgische Ambulanz in Wien. 1921 gründete sie eine Tagesheimstätte für „arme christliche Knaben", die sie bis zum 17.3.1938 aus eigenen Mitteln erhielt. Dort bekamen 30 bis 40 bedürftige Knaben Verpflegung, Nachhilfe- und Werkstättenunterricht. 1944 begann Hermine in Wien die *Familienerinnerungen* zu schreiben, die sie im August 1944 auf der Hochreit beendete. Hermine stand ihrem Bruder Ludwig sehr nahe; dieser bemerkte gegenüber Rush Rhees einmal, dass sie unter seinen Geschwistern „bei weitem die *tiefste*" sei. (Vgl. *Porträts und Gespräche*, S. 7) Als Hermine im Sterben lag, notierte er: „Ringsherum werden die Wurzeln abgeschnitten, an denen mein eigenes Leben hängt. Meine Seele ist voller Schmerzen. Sie hatte vielseitiges Talent und Verstand. Aber nicht nackt zu Tage liegend, sondern verhüllt; wie die menschlichen Eigenschaften liegen <u>sollen</u>." (MS 138, 25.2.49)

Aus der Zeit von Ludwigs Volksschullehrertätigkeit gibt es eine beträchtliche Anzahl an Briefen von Hermine an Ludwig Hänsel, die großteils in dem Band *Ludwig Hänsel – Ludwig Wittgenstein. Eine Freundschaft* publiziert sind.

W y p l e l : Aller Wahrscheinlich nach: Ludwig Wyplel: *Wirklichkeit und Sprache. Eine neue Art der Sprachbetrachtung*. Wien: Franz Deuticke, 1914.

B r e n n e r : Von Ludwig von Ficker begründete Zeitschrift, die von 1910 bis 1954 in Innsbruck herausgegeben, während des Krieges, zwischen 1915 und 1919, eingestellt und während der Zeit des Nationalsozialismus verboten wurde. – Bis zum Ersten Weltkrieg mit deutlicher Anlehnung an die *Fackel* als Blatt der literarischen Avantgarde geführt, in dem – teilweise mit scharfer Zeitkritik – Autoren wie Carl Dallago, Hermann Broch, Theodor Haecker, Adolf Loos, Georg Trakl, Theodor Däubler und Else Lasker-Schüler zu Wort kamen. – Nach dem Krieg heftige Auseinandersetzungen um die Möglichkeit eines Lebens im christlichen Geiste, nachdem die Kirchen die Waffen aller kriegsführenden Nationen gesegnet und dadurch massiv an Glaubwürdigkeit verloren hatten. Anders als in der Vorkriegszeit wurden sie von nur wenigen Mitarbeitern geführt, die der Herausgeber in einer „Strategie" der Konfrontatoren einsetzte, um dem Leser letztlich die Entscheidung zu überlassen. Einer Gruppe von Autoren, die – wie etwa Carl Dallago – ähnlich Tolstoi an Christus vor allem die Vorbildhaftigkeit eines reinen Menschentums erkannten, standen Theodor Haecker mit einer an Kierkegaard und Kardinal Newman orientierten katholischen Orthodoxie und Ferdinand Ebner mit seiner auf den Prolog des Johannes-Evangeliums bezogenen „Pneumatologie des Wortes" gegenüber.

Ludwig Hänsel stand dem *Brenner* in mehrerer Hinsicht sehr nahe: Er war einer der Ersten, der nach dem Tod von Georg Trakl (mit dem er sechs Jahre am Gymnasium Salzburg die selbe Klasse besucht hatte) versuchte, dessen Dichtung einer systematischen Analyse zu unterwerfen.[3] Erwin Mahrholdt, der damals seine wissenschaftliche Monographie über Trakl noch nicht begonnen hatte, führte dann das aus, was Hänsel bereits 1920 in einer Vortragsreihe an der Wiener Urania mit dem Titel „Deutsche Lyrik seit Goethe" angesprochen hatte. Und 1922/23 bemühte sich Hänsel, Schülern der 6. und 7. Klasse der Realschule Wien X in einem Vortrag Trakl nahezubringen (ebenda, 362). Seit dem Wiedererscheinen im Oktober 1919 bezog Hänsel den Brenner regelmäßig, von dessen Geist er nach eigenen Worten in seiner Jugend „ergriffen, erschüttert, gestärkt" worden war (ebenda, 364). Doch nicht nur mit Georg Trakl, auch mit Karl Kraus und Ferdinand Ebner setzte sich Hänsel eingehend auseinander. (Vgl. Kommentar zu Kraus und Ebner.)

---

3 Vgl. Walter Methlagl, „Ludwigs Hänsel Beziehung zum Brenner", in: *Ludwig Hänsel – Ludwig Wittgenstein. Eine Freundschaft*, S. 362–372.

Hänsel blieb zeitlebens dem *Brenner* verbunden, während Wittgenstein sich relativ früh davon distanzierte, da er eine „christliche Zeitschrift" für „eine Schmockerei" hielt (vgl. seinen Brief an Paul Engelmann vom 5.8.1921 in *Wittgenstein – Engelmann. Briefe, Begegnungen, Erinnerungen,* S. 64f.); offenbar entsprach die Erörterung religiöser Fragestellungen nicht seiner Auffassung von der Unsagbarkeit dieses Bereichs.

I n t r o i t u s   z u m   J o h .   E v a n g .: Vgl.: Ferdinand Ebner: „Glossen zum Introitus des Johannesevangeliums". In: *Der Brenner,* VI. Folge, Heft 8. Innsbruck: Brenner-Verlag, 1921.

H ä c k e r s   A u f s a t z „ R e v o l u t i o n ": Im November 1920 schrieb Theodor Haecker den Aufsatz „Revolution", der im 7. Heft in der VI. Folge des Brenner veröffentlicht ist. (S. 481–503).

H ä c k e r: Richtig: Haecker. Theodor Haecker: Geb. 4.6.1879, Eberbach (heute zu Mulfingen, Hohenlohekreis); gest. 9.4.1945, Ustersbach bei Augsburg. Schriftsteller. Kulturkritiker von großer sprachlicher Kraft, der Vergil, Kierkegaard und Newman übersetzte. Fast ausschließlich Autodidakt. Wurde von Bergson, Husserl und Scheler beeinflusst. Ab 1919 neben Carl Dallago und Ferdinand Ebner einer der Hauptmitarbeiter des *Brenner.* Haecker vertrat das Primat des Geistigen gegenüber den lebensphilosophischen, rassenbiologischen, aber auch christlich-dogmatischen Strömungen seiner Zeit. Er konvertierte 1920 zum Katholizismus, 1921 kam es zur Verschärfung des Konflikts mit Dallago wegen dessen Kritik an der katholischen Kirche. 1933 wurde Haecker wegen seines Aufsatzes „Vergil, Vater des Abendlands", der im *Brenner* erschienen war, verhaftet; als Gegner des Nationalsozialismus erhielt er später Rede- und Publikationsverbot. Ab 1941 Kontakt mit den Geschwistern Scholl und der „Weißen Rose". Hauptwerke: *Essays; Satire und Polemik,* 1922; *Der Geist des Menschen und die Wahrheit; Christentum und Kultur,* 1927; *Vergil, Vater des Abendlandes,* 1931; *Was ist der Mensch?,* 1933; *Der Christ und die Geschichte,* 1935; *Schöpfer und Schöpfung; Schönheit,* 1936; *Metaphysik des Fühlens; Tag- und Nachtbücher,* 1939–45, 1947.

F r a u   B i r g e r: Höchstwahrscheinlich die Mutter des Schülers Birger, dem Hänsel Nachhilfeunterricht erteilte. Näheres nicht ermittelt. Vgl. dazu einen Brief Hänsels an Wittgenstein [23. 12.1921], in dem er in seinen Vorhaben für die Woche nach Weihnachten u.a. notiert: „Dienstag vorm.: 10–12h Birger" (*Hänsel,* S. 58f.).

A m b r o s i u s: Geb. ca. 333 oder 339, Trier; gest. 4.4.397, Mailand. Einer der vier Kirchenlehrer der Westkirche, trägt seit 1298 den Ehrentitel Kirchenvater. Heiliger der röm.-kathol. Kirche. Von Bedeutung sind seine Schriftauslegung, seine Hymnen und der nach östlichem Vorbild eingeführte Kirchengesang (Ambrosianischer Gesang). Für die Musikgeschichte war er durch die Einführung der aus dem Orient stammenden antiphonischen Psalmodie in den westlichen Kirchen und durch die Dichtung der Hymnen („Aeterne rerum conditor", „Deus, creator omnium" usw.) bedeutsam. Werke u.a.: *De fide ad Gratianum; De sacramentis; De Tobia; De virginitate; Epistulae; Exhortatio virginitatis; Explanatio Symboli ad initiandos; Hymni; Orationes.*

E s s e r s   P o l e m i k: Thomas Esser: Geb. 7.4.1850, Aachen; gest. 13.3.1926, Rom. Katholischer Theologe, wurde 1878 Dominikaner in Graz, 1881 Lektor und Professor in Wien, dann in Venlo (Holland), 1888 in Maynooth (Irland). Werke u.a.: *Unserer Lieben Frauen Rosenkranz,* 1889; *Die Lehre des hl. Thomas von Aquino über die Möglichkeit einer anfangslosen Schöpfung,* 1895; *Das deutsche Pilgerhaus Santa Maria dell' Anima in Rom,* 1900.

i n   d e m   L i t .   E c h o: *Das Literarische Echo – Halbmonatsschrift für Literaturfreunde* war eine deutsche Literaturzeitschrift, die von 1898 bis 1923 von der *Deutschen Verlagsanstalt* publiziert wurde. Von 1898 bis 1912 war der Literaturhistoriker Josef Ettlinger Herausgeber. In der Zeitschrift schrieben einige der bedeutendsten Literaten und Literaturkritiker des deutschsprachigen Raumes in der Zeit vor dem Ersten Weltkrieg. Nach Ettlingers Tod im Jahre 1912 war Ernst Heilborn Herausgeber. Von 1923 bis 1942 wurde die Zeitschrift unter dem Titel *Die Literatur,* von 1942 bis zur endgültigen Einstellung 1944 unter dem Titel *Europäische Literatur* weitergeführt. Zu den Autoren gehörten u.a.: Otto Julius Bierbaum, Richard Dehmel, Paul Heyse, Ricarda Huch, Fritz Mauthner, Emile Verhaeren, Georg Witkowski, Ernst von Wolzogen, Fedor von Zobeltitz und Stefan Zweig.

B e r g b r i e f   a n   s e i n e   F r a u   „ I s i ": Vgl.: Richard Dehmel: *Ausgewählte Briefe.* Berlin: Fischer, 1922. Vgl. auch: *Ausgewählte Briefe aus den Jahren 1883 bis 1902.* Hg. von Ida Dehmel. Berlin: S. Fischer, 1923. Vgl. des weiteren: *Ausgewählte Briefe aus den Jahren 1902 bis 1920.* Hg. von Ida Dehmel. Berlin: S. Fischer, 1923.

S c h o t t e n k i r c h e : Kirche in Wien, im 1. Bezirk an der Freyung gelegen. Der Name geht auf den lateinischen Namen „Scotia Minore" zurück, unter dem damals Irland bekannt war und auf die Tatsache, dass Heinrich II., der Herzog von Bayern, im 12. Jhdt. irische Benedektinermönche nach Wien berief. Diesen wurde in der heutigen Freyung genügend Platz zur Verfügung gestellt, um ein Kloster mit Kirche zu errichten.

P ö n i t e n z : (aus lat. poenitentia, paenitentia = Reue). Von der Kirche auferlegte Buße.

T h o m a s a K e m p i s : Thomas von Kempen, Thomas a Kempis, eigentl. Thomas Hemerken: Geb. 1379 oder 1380, Kempen; gest. 25.7.1471, Agnetenberg bei Zwolle, Niederlande. Augustiner-Mönch und Mystiker. 1399 Aufnahme im Haus der *Brüder vom gemeinsamen Leben* auf dem Agnetenberg (Kloster St. Agnes), wo er bis zu seinem Tode lebte. Thomas a Kempis wirkte als Seelsorger, Novizenmeister und geistlicher Schriftsteller und war einer der einflussreichsten Vertreter der *Devotio moderna*. Sein Name ist vor allem mit dem Erbauungsbuch *De imitatione Christi* (Nachfolge Christi) verbunden, das nach der Bibel meistverbreitete Buch des Spätmittelalters. Zu weiteren wichtigen Werken zählen die Lebensbeschreibung Gerhard Grootes und eine Chronik von Agnetenberg. Daneben verfasste Thomas von Kempen zahlreiche asketische, historiographische und biographische Werke, die erstmals im 15. Jhdt. als *Opera omnia* gedruckt wurden; die erste vollständige Ausgabe ist die des Jesuiten Sommalius, die ab 1600 erschien, 1615 in der 3. Auflage vollständig. Eine kritische Ausgabe wurde von M.J. Pohl in 7 Bänden von 1902–1922 herausgegeben. Vgl.: Thomas a Kempis: *Vier Bücher von der Nachfolge Christi*. Leipzig: Dürr, 1911.

M a t z l e i n s d o r f e r K i r c h e : Matzleindorf wird als älteste der Vorstädte Wiens um 1136 erstmals urkundlich erwähnt.

d i e P s a l m e n 5 0 – 7 0 : Vgl. „Das Buch der Psalmen" (mit 150 Psalmen) im Alten Testament.

D a u t h e n d e y : Max Dauthendey: Geb. 25.7.1867, Würzburg; gest. 29.8.1918, Malang (Java). Schriftsteller. Ursprünglich Maler, als Lyriker und Erzähler ein Meister der impressionistischen Wortkunst. Hauptwerke: Lyrik: *Ultraviolett*, 1893; *Reliquien*, 1899; *Die ewige Hochzeit – Der brennende Kalender*, 1905; *Bänkelsang vom Balzer auf der Balz*; *Singsangbuch*, 1907; *Lusamgärtlein*, 1909; *Lied der Weltfestlichkeit*. Prosa: *Lingam* (asiatische Novellen), 1909; *Die geflügelte Erde*, 1910; Maja, 1911; *Raubmenschen*, 1911; *Die acht Gesichter am Biwasee*, 1911; *Der Geist meines Vaters*, 1912; *Geschichten aus den vier Winden*, 1915; *Gedankengut aus meinen Wanderjahren*, 1913; *Erlebnisse auf Java*, 1924; *Fernöstliche Geschichten*, 1930; *Der Garten ohne Jahreszeiten und andere Geschichten*, 1954; *Sieben Meere nahmen mich auf*, 1957. Dramen: *Die Spielereien einer Kaiserin*, 1910; *Maja: skandinavische Bohème-Komödie in drei Akten*, 1911. *Ein Schatten fiel über den Tisch*, 1911; *Frau Raufenbarth*, 1925; *Die Heidin Geilane*, 1925; *Das Kind*, 1925. Briefe u.a.: *Letzte Reise*, 1926; *Mich ruft dein Bild*, 1930; *Ein Herz im Lärm der Welt*, 1933.

P s a l m : „D e r T o r s p r i c h t ... e s i s t k e i n G o t t " d a b e i : Vgl. *Das Alte Testament*, Psalm 14: „Der Tor spricht in seinem Herzen: Es ist kein Gott! Sie haben Verderben angerichtet, sie tun abscheuliche Taten; da ist keiner, der Gutes tut." Vgl. auch Psalm 53.

E b n e r : Ferdinand Ebner: Geb. 31.1.1882, Wiener Neustadt; gest. 17.10.1931, Gablitz (Niederösterreich). Österreichischer Philosoph. Volksschullehrer, dessen umfangreiches Werk auf Initiative des Münchner Theologieprofessors Th. Kampmann und Ludwig von Fickers u.a. erst nach dem 2. Weltkrieg richtig erschlossen und ausgewertet wurde. Ebner übte Kritik am deutschen Idealismus, da dadurch das in seinem „Traum vom Geist" gefangene Individuum sich gegenüber dem Du und der ganzen mitmenschlichen Wirklichkeit verschließe und in „Icheinsamkeit" verfalle. Erst durch die Beziehung zum Du werde der gelebte Grund der eigenen Existenz erfahren. Das von Ebner entwickelte *dialogische Denken* wird auf dem „Dialog mit Gott" aufgebaut, so dass Ebners Philosophie einen christologischen und religionsexistenzialistischen Charakter bekommt. Ausgehend von der These der Einheit zwischen Ich und Du, entwickelte er eine religiös fundierte Sprachphilosophie. Hauptwerke: *Das Wort und die geistigen Realitäten – Pneumatologische Fragmente*, 1921; „Das Urwort der Sprache". In: Ficker, Ludwig: *Der Brenner*, 6. Folge, 2. Halbband. Innsbruck: Brenner-Verlag, 1921; „Glossen zum Introitus des Johannesevangeliums". In: Ficker, Ludwig: *Der Brenner*, 6. Folge, 2. Halbband. Innsbruck: Brenner-Verlag, 1921; *Wort und Liebe* (1935); *Das Wort ist der Weg*. Wien: Herder, 1983; *Mühlauer Tagebuch: 23.7.-28.8.1920*. Hg. von

Richard Hörmann und Monika Seekircher. Wien: Böhlau 2001; *Tagebuch 1916. Fragment aus dem Jahre 1916.* Hg. von Richard Hörmann und Markus Flatscher. Hamburg 2007; *Das Wort und die geistigen Realitäten – Pneumatologische Fragmente. Die Geschichte der Fragmente.* Hg. von Richard Hörmann, Hamburg 2009.
Ludwig Hänsel lernte Ferdinand Ebner über Ludwig von Fickers Zeitschrift *Der Brenner* kennen, seit Teile seiner Fragmente darin (in der IV. Folge, 1919/29) erschienen waren. Schließlich wurde Hänsel, gemeinsam mit Michael Pfliegler, zum Herausgeber von Ebners Werken. Doch es kam nur zu einem ersten Band. Vgl.: *Ferdinand Ebner. Das Wort und die geistigen Realitäten. Pneumatologische Fragmente.* Hg. von Michael Pfliegler und Ludwig Hänsel. Wien: Herder, 1952. (Gesammelte Werke 1).
Hänsel verfaßte auch mehrere Aufsätze über Ferdinand Ebner:
„Ferdinand Ebner". In: *In heiliger Sendung* 2, Heft 9, Sept. 1937, S. 225–231.
„Ferdinand Ebner. Zum Erscheinen seines Werkes." In: *Wissenschaft und Weltbild* 4, Dezember 1951, S. 342f.
„Ein Österreicher". (Ankündigung der Schriften Ferdinand Ebners). In: *Die Presse*, 5.1.1952, S. 6.
„Ebner, Ferdinand". In: *Lexikon der Pädagogik*. 4 Bde. Freiburg i. Breisgau. Verlag Herder 1952.
„Das Werk Ferdinand Ebners (mit Auszügen aus Ebners Werk)". In: *Österr. Rundschau* 6, Heft 1, 1953.
„Ferdinand Ebner". In: *Neue Deutsche Biographie*, 1958.
„Ferdinand Ebner, Das Wort ist der Weg". Rezension in: , 11.9.1949.
„Ferdinand Ebner". In: *Begegnungen und Auseinandersetzungen mit Denkern und Dichtern der Neuzeit.*

B ü r g e r s c h ü l e r : 1921 gründete Hermine Wittgenstein eine Tagesheimstätte für „arme christliche Knaben", die sie bis zum 17.3.1938 aus eigenen Mitteln erhielt. (Vgl. Kommentar zu „Fräulein Wittgenstein").

T h e o d i z e e : Aus griech. „theos" (Gott) und „dike" (Recht): Die von Theologen oder theologisierenden Philosophen (den Stoikern im Altertum, den Gnostikern sowie von Leibniz in der Neuzeit) versuchte Rechtfertigung Gottes hinsichtlich des von ihm zugelassenen Übels in der Welt.

H ä c k e r , N a c h w o r t : Vgl. Theodor Haecker: *Ein Nachwort*. Hellerau: Jakob Hegner, 1918. [Erschien zuerst in Kierkegaard: „Der Begriff des Auserwählten", 1917.]
In seinem *Nachwort* schreibt Haecker, daß man auf dem Wege zum Glauben zwei Typen von Menschen feststellen könne: Die einen gelangen zum Glauben durch die Erkenntnis der „Autorität" Gottes, die andern durch die des Wertes Gottes. „Hiob mußte erst unter die Erfahrung sich beugen, daß Gott der allmächtige Herr ist, der will, wie er will, aus dessen Händen keine Flucht möglich ist, ehe er aus einer traditionellen ungesicherten Frömmigkeit zur wahren Gotteserkenntnis kam und zum Glauben, daß Gott gut und gnädig ist." (Vgl. Theodor Haecker: *Ein Nachwort*. Hellerau: Hellerauer Verlag Jakob Hegner, 1918, S. 35.)
Vgl. auch Hänsels Aufsatz: „Theodor Haecker, Was ist der Mensch?" Rezension in: *Österreichische Höhere Schule*, Mai 1935, S. 47.

G r i s e l d i s : Griseldis ist die Heldin einer 1373 verfassten lateinischen Erzählung Petrarcas, die ihrerseits eine Nachbildung der letzten Novelle in Boccaccios *Decamerone* ist. Als Tochter eines armen Landmanns wird Griseldis von dem Marktgrafen Walther von Saluzzo zur Gemahlin gewählt, der ihren Gehorsam und ihre Demut auf die härtesten Proben stellt. Die Novelle wurde durch die Novellensammlungen des späten Mittelalters in den meisten europäischen Ländern verbreitet. Seit dem 16. Jhdt. erschien sie auch als Volksbuch. Der Stoff wurde bis in die Gegenwart immer wieder in dramatischer (T. Dekker, 1602; W. Haughton, 1598/99; Lope de Vega, 1616; A. Zeno, 1701; C. Goldoni, 1735; F. Halm, 1835; G. Hauptmann, 1909) und epischer Form (C. Perrault, 1691; G. Schwab, 1830) behandelt.
Vor allem Petrarcas Version war die Vorlage für weitere Übersetzungen und Bearbeitungen. So erschien 1473 eine deutsche Bearbeitung von Heinrich Steinhöwel. Chaucer verwendet den Stoff in seinen *Canterbury Tales*. Weiters wurde der Stoff von Hans Sachs und Maria Edgeworth aufgegriffen. Alessandro Scarlatti, Antonio Vivaldi und Jules Massenet vertonten den Stoff.
Das Bild der geduldigen Griseldis hat sich bis heute erhalten.

B a u m b a c h g e s c h m a c k : Wahrscheinlich Anspielung auf Rudolf Baumbach: Geb. 28.9.1840, Kranichfeld in Sachsen-Meiningen; gest. 21.9.1905, Meiningen. Schriftsteller (Pseudonym Paul Bach). Seit 1865 in Österreich, zuletzt in Triest als Hauslehrer und Schriftsteller tätig, wo er auch dem Alpenverein beitrat, der die Zeitung *Enzian* herausbrachte, deren Redaktion Baumbach übernahm und für die er eigene Texte verfasste. Baumbach schrieb volksliedartige Wander- und Studentenlieder (u.a. „Hoch auf dem gelben Wagen") und poetische Erzählungen im Stile Viktor von Scheffels (*Zlatorog*). Baumbach wurde wie J. Wolff von den Naturalisten als „Butzenscheibenpoet" verspottet. Werke: *Zlatorog*. Eine (slowenische) Alpensage, 1876; *Trug-Gold*. Erzählung aus dem 17. Jhdt., 1878, unter dem Pseudonym „Paul Bach"; das Heldenlied *Horand und Hilde*, 1878; *Lieder eines fahrenden Gesellen*, 1878; *Spielmannslieder*, 1881; *Mein Frühjahr*; *Krug und Tintenfaß*, 1887; *Aus der Jugendzeit*, 1895.

A r v i d S j ö g r e n : Arvid Sjögren: Geb. 17.4.1901, Donawitz/Kreis Leoben; gest. 8.3.1971, Wien. Mechaniker und Kaufmann. Ältester der drei Söhne von Carl und Hermine (Mima) Sjögren geb. Bacher. Arvid war mit Wittgenstein befreundet und unternahm mit ihm mehrere Reisen, u.a. auch nach Norwegen im Sommer 1921. Wittgenstein riet Arvid, anstelle eines Studiums einen einfachen Beruf zu ergreifen und so wurde dieser Mechaniker. Er heiratete später Clara Salzer, eine Tochter von Wittgensteins Schwester Helene und hatte mit ihr fünf Kinder.

h l . T h e r e s a b e i H u y s m a n s : Vermutlich der Roman *Les foules de Lourdes* (1906) oder *En route* (dt. *Vom Freidenkertum zum Katholizismus*, 1895) von Joris-Karl-Huysmans gemeint.

M u t t e r u n d K i n d : Sitzgruppe, an der Drobil damals arbeitete. Vgl. dazu einen Brief Hänsels an Wittgenstein vom 24.10.1919. Vgl. auch die Reproduktion in *Nedo*, S. 215.

K o n d e n s m i l c h d o s e n : In der Nachkriegszeit war Wittgensteins Schwester Margaret Stonborough maßgeblich an der Quäker-Kinderhilfsorganisation beteiligt, die in der Schweiz vom späteren amerikanischen Präsidenten Hoover ausging, um nach Kriegsende während der Lebensmittelblockade hungernden Kindern in Österreich Kondensmilch zukommen zu lassen. Davon sandte Hermine Wittgenstein regelmäßig auch Kondensmilchdosen an Ludwig Hänsels Kinder.

S a t z b e r g : Im Wienerwald. Vom Satzberg gibt es eine der schönsten Aussichten auf Wien.

A l j o s c h a – d e r I d i ò t : Aljoscha, der Protagonist in Dostojewskijs *Die Brüder Karamasoff* hat viel mit Fürst Myschkin, dem Protagonisten im *Idioten* gemeinsam.

v o n N o r w e g e n : Nachdem Wittgenstein im September 1913 mit seinem Freund David Pinsent eine Reise nach Norwegen unternommen hatte, entschloss er sich im Oktober zu einem längeren Aufenthalt, um in der Einsamkeit über Fragen der Logik nachzudenken. Mitte Oktober ließ er sich in Skjolden, einer kleinen Ortschaft am Sogne-Fjord, nordöstlich von Bergen, nieder und blieb dort, von einigen Unterbrechungen abgesehen, bis Juni 1914. Zunächst wohnte er in einem Gasthaus, später beim Postmeister Hans Klingenberg, dessen Frau Sofia und Tochter Kari. Neben diesen schloss er auch Freundschaft mit Anna Rebni (1869–1970), eine Zeitlang Lehrerin in Oslo, ab 1921 wieder in Skjolden, wo sie einen Bauernhof bewirtschaftete und ab 1925 auch die dortige Jugendherberge führte, Halvard Draegni und dem damals 13 Jahre alten Schüler Arne Bolstad. Bereits nach ca. einem Jahr beherrschte Wittgenstein die norwegische Sprache so gut, dass er in ihr mit seinen norwegischen Freunden korrespondieren konnte. Am 26. März 1914 kam G.E. Moore für 2 Wochen nach Norwegen und Wittgenstein diktierte ihm einige Ergebnisse seiner Arbeit über Logik, die als *Notes dictated to Moore* veröffentlicht sind. Im Frühjahr begann Wittgenstein mit dem Bau einer Hütte über dem Eidsvatnet-See, die er im Sommer 1921, anlässlich seiner nächsten Reise nach Norwegen mit Arvid Sjögren, erstmals bezog. (Vgl. *Hänsel*, S. 276) Allerdings hatte er seine Hütte bereits unmittelbar nach dem Ersten Weltkrieg an Arne Bolstad verschenkt – zur selben Zeit, als er sein Vermögen in Österreich an seine Geschwister verschenkte. Mit dem Einverständnis von Arne Bolstad konnte Wittgenstein jedoch, wenn er sich in Norwegen aufhielt, über die Hütte frei verfügen. Einige Jahre nach Wittgensteins Tod verkaufte Arne Bolstad die Hütte und der neue Besitzer ließ sie abreissen.

b e i m „ K a u f m a n n " o b e n i m 2 . S t o c k : Wittgenstein wohnte zunächst in einem Nebengebäude des Gasthauses „Zum braunen Hirschen" – dem sog. „Schachnerstüberl". Dann übersiedelte er wegen des Lärms für kurze Zeit zu seinem Lehrerkollegen Georg Berger, wohnte danach in der Küche der leerstehenden Oberlehrerwohnung im Schulgebäude. Als in die Oberlehrerwohnung sein Kollege Schulleiter einzog, musste Wittgenstein wieder weichen und fand für die nächsten anderthalb Jahre Unterkunft im Haus des Kaufmanns Scheibenbauer, der im Mansardengeschoß ein Zimmer frei hatte. (Vgl. *Wünsche*, S. 172f. Vgl. auch Kommentar zu „Trattenbach".)

S c h r a t t : Trahtbauer: Während seiner Zeit als Volksschullehrer in Trattenbach pflegte Wittgenstein zur Mittagszeit zum sogenannten „Trahthof" hinauf zu spazieren und dort seine Mahlzeit einzunehmen. Zur Trahtbäuerin Christine Draht, die damals 70 Jahre alt war, hatte er ein besonders herzliches Verhältnis. Gemeinsam mit dem Pfarrer Neururer besuchte er sie ein letztes Mal im Jahre 1933, als sie schwerkrank zu Bette lag.

K l a r i n e t t e : In seiner Ausbildung zum Volksschullehrer musste Wittgenstein an der Staatslehrerbildungsanstalt in Wien u.a. das Orgel- und Geigenspiel absolvieren. Für seinen Musikunterricht verwendete er anstatt der Geige eine B-Klarinette, die er zum Erstaunen der Landbevölkerung in einen alten wollenen Strumpf gewickelt mit sich herumtrag. In den Schulen bestand der Musikunterricht hauptsächlich im Chorgesang. Wittgenstein selbst sang nicht, sondern spielte die Melodien mit der Klarinette. Seine Schüler erinnerten sich um 1975, dass sie viele Kanons gelernt hatten, aber keine Heimatlieder, sondern „schwere Musik, Studentenlieder" (vgl. Leinfellner, Elisabeth und Windholz, Sascha: *Ludwig Wittgenstein. Ein Volksschullehrer in Niederösterreich.* Heimat ARCHIV. Erfurt: Sutton Verlag, 2005, S. 102).

G e b u r t   d e s   S m e r d j á k o f f : Smerdjákoff war der uneheliche Sohn von Fjodor Pawlowitsch Karamasoff und Lisaweta Smerdjastschaja, der Stinkenden. Er war Bediensteter im Hause Karamasoff. Vgl. F.W. Dostojewski: *Die Brüder Karamasoff*. Roman in zwei Bänden. Übertragen von E.K. Rahsin. München und Leipzig: R. Piper u. Co., 1908.

P f a r r e r : Alois Lucius Neururer: Geb. 1878, Pfunds (Tirol); gest. 27.1.1952, Rosenau/NÖ. Alois Neururer wurde 1904 zum Priester geweiht und am 17.11.1916 in die Erzdiözese Wien inkardiniert. 1916 war er Kooperator in Aspang, 1917 Lokalprovisor in St. Peter, ab 1.12.1917 in Trattenbach, wo er am 1.5.1918 zum Pfarrer ernannt wurde.
Laut Berichten vom Pfarramt Trattenbach vom 8.4.1991 war er „ein strenger, aber sehr religiöser, weit vorausschauender, hochbegabter Mensch. So hat er im Jahre 1928 die Pfarrkirche in Trattenbach umgestaltet und einen Volksaltar errichtet und den Choralgesang eingeführt, was zur damaligen Zeit revolutionär war und folglich zu Spannungen und Differenzen kam. Ansonsten war er ein ausgesprochen guter Mensch, hat sich besonders für die Armen angenommen und hat oft das Letzte, was er besaß, für sie gegeben." (Vgl. *Hänsel*, S. 278)
Am 31.8.1936 trat Neururer in den dauernden Ruhestand, übte aber ab 1.9.1936 eine Tätigkeit als Messeleser in Mitterbach aus. Ab 4.11.1937 lebte er als Benefiziant in Schloß Rosenau bei Zwettl in Niederösterreich. (Vgl. den Bericht des Diösesanarchivs Wien vom 25.3.1991) Während der Zeit des Nationalsozialismus erhielt Neururer Predigtverbot und wurde aus Schloß Rosenau vertrieben. Wie aus seinem Brief vom 19.4.1939 hervorgeht, sah er sich gegen seinen Willen gezwungen, seine Diozöse am 20.4.1939 zu verlassen und nach Korkushütten bei Winterberg im Böhmerwald zu übersiedeln. Dabei betonte er, dass er auf seine rechtmäßige Stelle in Rosenau nicht resigniere, sondern nur anderswo Aufenhalt nehme. Aus diesem und weiteren Briefen an das bischöfliche Ordinariat geht Neururus aufrechte und kompromisslose Haltung gegenüber den ortsansässigen nationalsozialistischen Machthabern hervor. (Vgl. den Artikel von Andreas Roser: „Neururus Probleme mit den Nationalsozialisten. Drei Briefe an das bischöfliche Ordinariat St. Pölten". In: *Wittgenstein Studies*, Diskette 1/1995. Hg. von der Deutschen Ludwig Wittgenstein Gesellschaft.)
Pfarrer Neururer war einer der wenigen Menschen, mit denen Wittgenstein während seiner Volksschullehrerzeit Freundschaft schloss; diese hielt bis zu seinem Tode, wie der Briefwechsel der beiden bezeugt.

O t t e r t a l : Richtig: Otterthal: Ort im Bezirk Neunkirchen in Niederösterreich. Von Herbst 1924 bis April 1926 arbeitete Wittgenstein dort als Volksschullehrer. Am 19.12.1924 wurde er vom Landesschulrat für Niederösterreich zum definitiven Volksschullehrer an der öffentlichen allgemeinen Volksschule in Otterthal ernannt. (Vgl. das Verordnungsblatt des Landesschulrats für Niederösterreich vom 19.12.1924 sowie den im Nachlass Ludwig Hänsels befindlichen Brief vom Oberlehrer Josef Putré vom 19.12.1924 an Wittgenstein)

I s h W . : Unklar leserlich, könnte „siehe Wittgenstein" bedeuten.

S o k o l l , d e s k l e i n e n L . S . I . : Vermutlich Landesschulinspektor Sokoll. Nähers nicht ermittelt.

L i s a w e t a P r o k o w j e w n a : Lisaweta Prokowjewna, Gattin des General Jepantschin und Mutter der drei Töchter Adelaida, Alexandra und Aglaja Iwanowna.

„ d a s P a r a d i e s k a n n a u f E r d e n n i c h t s o l e i c h t e r k a u f t w e r d e n " : Vgl. F. M. Dostojewski: *Der Idiot.* Berlin: Th. Knaur Nachf. Verlag. Im Dritten Teil, 1. Kapitel, sagt Fürst Schtsch. (der Verlobte von Adelaida Iwanowna) zu Fürst Myschkin: „das Paradies kann auf Erden nicht so leicht erkauft werden; Sie rechnen aber doch ein wenig darauf; das Paradies ist etwas, das viel schwerer zu erringen ist, als Ihr edles Herz es sich vorstellt. Hören wir lieber davon auf, sonst werden wir alle vielleicht wieder verlegen, und dann ..."

A g l a j a s A u s b r u c h : Aglaja Iwanowna, neben Nastassja Fillipowna, eine der Protagonistinnen in Dostojewskis *Idiot.*

N a s t a ß j a : Nastassja Fillipowna, Protagonistin in Dostojewskis *Idiot.*

W i l l m a n n : Otto Willmann: Geb. 24.4.1839, Polnisch Lissa, damals Preußen; gest. 1.7.1920, Leitmeritz. Pädagoge und Philosoph. Als Philosoph war er im aristotelisch-thomistischen Denken verwurzelt und verband die religiös-katholische Fundierung mit sozialen und geschichtlichen Bezügen sowie mit Herbarts Unterrichtsmethodik. Willmann übte einen nachhaltigen Einfluss auf die katholische Lehrerschaft und Pädagogik aus. Werke u.a.: *Die Odyssee im erziehenden Unterricht,* 1868; *Pädagogische Vorträge,* 1868; *Lesebuch aus Homer,* 1889; *Lesebuch aus Herodot,* 1890; *Didaktik als Bildungslehre nach ihren Beziehungen zur Sozialforschung und zur Geschichte der Bildung,* 2 Bde, 1882/89; *Geschichte des Idealismus,* 3 Bde, 1894/96/97; *Philosophische Propädeutik für den Gymnasialunterricht und das Selbststudium. Erster Teil: Logik,* 1901; *Zweiter Teil: Empirische Psychologie,* 1904; *Dritter Teil: Historische Einführung in die Metaphysik,* 1914; *Aristoteles als Pädagoge und Didaktiker,* 1909; *Die wichtigsten philosophischen Fachausdrücke in historischer Anordnung,* 1909; *Aus der Werkstatt der Philosophia perennis. Gesammelte philosophische Schriften,* 1912.
Hänsel schrieb mehrere Aufsätze zu Willmann: Vgl.: „Otto Willmann. Zum 100. Geburtstag". In: *Schönere Zukunft* 14, Nr. 32, 7.5.1939, S. 831f.; Nr. 33, 14.5.1939, S. 865f.; Nr. 35, 28.5.1939, S. 911f.; Nr. 36, 4.6.1939, S. 943f.
„Otto Willmann und die Gegenwart". In: *Otto Willmann zum Gedächtnis.* Hg. von Leopold Krebs. Freiburg im Breisgau: Herder, 1940, S. 21–46.
Auch in seinem Buch *Begegnungen und Auseinandersetzungen mit Denkern und Dichtern der Neuzeit* widmete Hänsel Otto Willmann ein Kapitel.

W i l l m a n n ü b e r K a n t : Vermutlich in Otto Willmann: *Geschichte des Idealismus,* 3 Bde, 1894/96/97.

N e l s o n : Leonard Nelson: Geb. 11.7.1882, Berlin; gest. 29.10.1927, Göttingen. Philosoph und Staatstheoretiker. Haupt der „Neufriesischen Schule", die eine psychologische Umbildung der Lehren Kants versuchte. Die Frage nach der objektiven Gültigkeit der Erkenntnis kann durch keine Erkenntnistheorie beantwortet werden. Es gibt Erkenntnisse, die keine Urteile sind, so z.B. die Sinneswahrnehmungen. Sie sind unmittelbare Erkenntnisse, die durch Reflexion bewusst werden. Für die Ethik und Rechtslehre kann ein Prinzip a priori nur durch das eigene Nachdenken gefunden werden. Seine Einführung zur Ethik versuchte Nelson auch praktisch in der Erziehung und in der Jugendbewegung zu verwirklichen. (1924 Gründung des Landerziehungsheims Walkemühle bei Kassel, 1926 Gründung des „Internationalen Sozialistischen Kampf-Bundes"). Werke: *Über das sogenannte Erkenntnisproblem,* 1908; *Die Unmöglichkeit der Erkenntnistheorie,* 1912; *Vorlesungen über die Grundlegung der Ethik I–III,* 1917–1932; *Die Rechtswissenschaft ohne Recht,* 1917; *Die Reformation der Philosophie durch die Kritik der Vernunft,* 1918; *Fortschritte und Rückschritte der Philosophie,* hg. 1962; *Recht und Staat,* hg. 1972; *Vom Selbstvertrauen der Vernunft,* hg. 1975.

B a u c h : Bruno Bauch: Geb. 19.1.1877, Groß-Nossen (Schlesien); gest. 27.2.1942, Jena. Deutscher Philosoph. Seit 1911 Prof. in Jena. Bauch wird allgemein den Neukantianern der Südwestdeutschen Schule (Badische Schule) zugerechnet, deren Hauptvertreter Wilhelm Windelband und

174

Heinrich Rickert als Lehrer auf Bruno Bauch starken Einfluss ausübten. In seinen Werken behandelt er philosophiegeschichtliche, naturphilosophische, ethische und erkenntnistheoretische Probleme. Von 1904 bis 1907 war Bauch Herausgeber der *Kant-Studien*. Werke u.a.: *Glückseligkeit und Persönlichkeit in der kritischen Ethik*, 1902; *Luther und Kant*, 1904; Geschichte der neueren Philosophie bis Kant, 1908; *Studien zur Philosophie der exakten Wissenschaften*, 1911; *Immanuel Kant*, 1911; *Vom Begriff der Nation*, 1916; *Jena und die Philosophie des deutschen Idealismus*, 1922; *Wahrheit, Wert und Wirklichkeit*, 1923; *Fichte und der deutsche Staatsgedanke*, 1925; *Die Idee*, 1926; *Philosophie des Lebens und Philosophie der Werte*, 1927; *Goethe und die Philosophie*, 1928; *Kultur und Nation*, 1929; *Die erzieherische Bedeutung der Kulturgüter*, 1929; *Grundzüge der Ethik*, 1935.

A n t i n o m i e n : Vom griech. „antinomia" („Widerspruch des Gesetzes mit sich selbst"), Widerstreit zwischen mehreren Sätzen, deren jedem für sich Gültigkeit zukommt. Kant hat eine besondere Antinomienlehre in seiner *Kritik der reinen Vernunft* aufgestellt, in der er vier Antinomien – zwei mathematische und zwei dynamische – unterscheidet, die jeweils aus Thesis (Behauptung) und Antithesis (Gegenbehauptung) bestehen.

D a l l a g o : Carl Dallago: Geb. 13.1.1869, Bozen; gest. 18.1.1949, Innsbruck. Stammte aus einer Bozner Kaufmannsfamilie. Nach dem Besuch der Handelsakademie in Innsbruck trat er zunächst ins väterliche Geschäft ein. Seit ca. 1900 war er als freier Schriftsteller tätig. Mitarbeiter des *Brenner*. Reisen nach Stuttgart, Wien und München. 1902 Heirat mit Franziska Moser (1878–1974), Schwester des Graphikers Carl Moser. 1912 baute sich Dallago ein Haus in Nago oberhalb Torbole. Seine schriftstellerische Arbeit vollzog sich vorwiegend im Freien während ausgedehnter Wanderungen in der heimatlichen Umgebung. Werke u.a.: *Der Begriff des Absoluten*, 1914; *Die böse Sieben*, 1914; *Das Buch der Unsicherheiten*, 1911; *Der Christ Kierkegaards*, 1922; *Die Diktatur des Wahns*, [1929]; *Gedichte*, 1900; *Geläute der Landschaft*, [1907]; *Der große Unwissende*, 1924; *Laotse. Der Anschluß an das Gesetz oder Der große Anschluß. Versuch einer Wiedergabe des Taoteking*, 1921; *Ein Mensch*, [1909]; *Mensch und Dasein*, 1930; *Die Musik der Berge*, 1906; *Neuer Frühling*, 1906; *Nach dreißig Jahren*, 1929; *Der Begriff des Absoluten*, erschienen posthum 1964.

H u s s e r l : Edmund Husserl: Geb. 8.4.1859, Proßnitz, Mähren; gest. 27.4.1938, Freiburg i. Breisgau. Philosoph. Seit 1901 Professor in Göttingen, seit 1916 in Freiburg i. Breisgau. Verlor 1936 den Prof.-Titel wegen seiner jüdischen Abstammung. Grundthema des von Husserl neu gefassten Begriffs der Phänomenologie ist die Einheit des Bewusstseins in seinen verschiedenen Akten. Die *Intentionalität* des Bewusstseins wird grundsätzlich vom „intentionalen Gegenstand" her analysiert. Es gilt, das „Wie" des Erscheinens der Phänomene im Bewusstsein in einer Wesensschau zu erfassen. Die *Ideen zu einer reinen Phänomenologie und phänomenologischen Philosophie* (1913) markierten den Anfang der transzendentalen Bewusstseins- und Ichphilosophie bei Husserl; Methode dabei ist die transzendentale Reduktion, d.h. die Betrachtung der Bewusstseinsakte hinsichtlich ihrer Gegebensweise unter Auslassung aller Seinssetzungen („Epoché"). Jede Wirklichkeit steht in Korrelation zum Bewusstsein und wird von ihm konstituiert. Die Verbindung des Intersubjektivitätsproblems mit dem der „natürlichen Einstellung" als naiven Seins- und Weltglauben des natürlichen Bewusstseins führte Husserl später zur Lehre von der Lebenswelt. Sein Spätwerk entwickelte sich in Richtung auf eine philosophische Anthropologie in transzendentaler Perspektive mit Kritik am Naturalismus. Werke u.a.: *Philosophie der Arithmetik*; *Vorlesungen zur Phänomenologie des inneren Zeitbewußtseins*; *Formale und transzendentale Logik*, 1929; *Méditations cartésiennes*, 1931; *Die Krisis der europäischen Wissenschaften und die transzendentale Phänomenologie*, 1936; *Erste Philosophie*, 1923/24, hg. von R. Boehm, 1956–58.

B e r g s o n : Henri Bergson: Geb. 18.10.1859, Paris; gest. 4.1.1941, Paris. Französischer Philosoph. Einer der Hauptvertreter der Lebensphilosophie, der in der Entwicklungslinie des von Maine de Biran ausgehenden französischen Voluntarismus und Spiritualismus steht. Bergson wandte sich gegen die materialistisch-mechanistische Weltauffassung und deutete die gesamte Wirklichkeit aus der metaphysischen Einheit des Lebens, dessen schöpferische Grundkraft (*élan vital*) im Ringen mit dem Stofflichen immer neue Schöpfungen hervorbringe. Werke u.a.: *Essai sur les données immédiates de la conscience*, 1889 (*Zeit und Freiheit*: Eine Abhandlung über die unmittelbaren Bewußtseinstatsachen); *Matière et mémoire, essai sur la relation du corps à l'esprit*, 1896 (*Materie und Gedächtnis*); *Le rire*, 1900; L'évolution créatrice, 1907; *Réflexions sur le temps, l'espace et la vie*, 1920; *Les deux sources de la morale et de la religion*, 1932; La pensée et le mouvant, 1934; *Mémoire et vie*, 1957.

A m a l t h e a - V e r l a g : Der Amalthea-Verlag wurde 1917 von dem Schweizer Dr. Heinrich Studer mit Sitz in Wien, Leipzig und Zürich gegründet, 1962 von Dr. Herbert Fleissner übernommen. Schwerpunkt des Verlags sind neben Austriaca vor allem zeitgeschichtliche und historische Themen.

L y r .   E p .   D r a m . : Vgl. den Kommentar zum 2. Heft Hänsels.

H e r d e r s   M e t a k r i t i k : Vgl. Johann Gottfried Herder: *Metakritik zur Kritik der reinen Vernunft*. Leipzig: J. F. Hartknoch, 1799.

Johann Gottfried von Herder: geb. 25.8.1744, Mohrungen, Ostpreußen; gest. 18.12.1803, Weimar. Dichter, Übersetzer, Theologe, Geschichts- und Kulturphilosoph. Einer der einflussreichsten Schriftsteller und Denker Deutschlands, der neben Goethe, Schiller und Wieland zum klassischen „Viergestirn" von Weimar zählt. Werke u.a.: *Abhandlung über den Ursprung der Sprache*, 1772; *Von deutscher Art und Kunst. Einige fliegende Blätter*, 1773; *Auch eine Philosophie der Geschichte zur Bildung der Menschheit*, 1774; *Ideen zur Philosophie der Geschichte der Menschheit*, 4 Teile, 1784/91; *Briefe zur Beförderung der Humanität: zehn Sammlungen*, 1793–1797; *Von der Auferstehung als Glauben, Geschichte und Lehre*, 1794; *Terpsichore*, 1795; *Christliche Schriften*, 1796–99, 5 Sammlungen; *Metakritik zur Kritik der reinen Vernunft*, 1799, 2 Teile; *Kalligone*, 1800.

P ü l c h e r k l a s s e : Pülcher: Bezeichnung für „Lausbuben", „Halbstarke" bei älteren Buben. Pülcher bedeutet eigentlich „Strolch, Gauner, Gewalttäter".

K a r z e r : Haftstrafe an Schulen und Universitäten. Früher auch Arrestraum an Gymnasien und Universitäten.

„ d e n   A r m e n   s c h u l d i g   w e r d e n   l a s s e n " : Vgl. J. W. von Goethe, *Wilhelm Meisters Lehrjahre*, 13. Kapitel, (Harfenlied): „Wer nie sein Brot mit Tränen aß, /Wer nie die kummervollen Nächte /Auf seinem Bette einsam saß, /Der kennt euch nicht, ihr himmlischen Mächte. // Ihr führt ins Leben uns hinein, /Ihr laßt den Armen schuldig werden, /Dann überlaßt Ihr ihn der Pein, / Denn alle Schuld rächt sich auf Erden."

Vgl. auch Georg Büchners Drama *Woyzeck*, in dem Marie, der Tambourmajor, vor allem aber der Doktor und der Hauptmann „den Armen schuldig werden lassen".

„ F l a m m e "   v o n   M ü l l e r : Theaterstück von Hans Müller. 1923 verfilmt, nach dem Drehbuch von Hanns Kräly, unter der Regie von Ernst Lubitsch.

E l e k t r i s c h e n : Straßenbahn.

H u d i l o g : Ortschaft in Slowenien, wo im Ersten Weltkrieg erbitterte Kämpfe stattfanden. Heute erinnert eine Gedenktafel in tschechischer Sprache an die Gefallenen von 1917.

8 .   I s o n z o s c h l a c h t : Die Isonzoschlachten sind nach dem Fluss Isonzo (Zufluss des Adriatischen Meeres, der in den Julischen Alpen in Jugoslawien entspringt) benannt und bezeichnen die insgesamt 12 Schlachten am Isonzo, wo sich die österreichisch-ungarischen und die italienischen Truppen von 1915 bis 1917 gegenüberstanden. Die 1. Schlacht begann am 23.6.1915, die 11. Schlacht endete am 12. September 1917. In den ersten 11 Schlachten versuchten die italienischen Truppen, die österreichischen Stellungen am Isonzo zu durchbrechen, konnten aber nur geringe Geländegewinne erringen. Die 8. Isonzoschlacht dauerte vom 9. bis 12. Oktober 1916 und war eine Fortsetzung der vorhergehenden 7. Isonzoschlacht vom 14. bis 18. September, in der die Italiener im Karst und bis nach Görz angriffen. In der 8. Isonzoschlacht wurde ein Ablenkungsangriff auf dem Abschnitt von der Wippach bis Sankt Peter bei Görz durchgeführt. Das eigentliche Ziel des Angriffs war jedoch der Durchbruchsversuch im Süden, um die Verteidigung von Triest zu gefährden.

k u l a n t : (aus dem Fanzösischen „Coulant" – fließend); bes. im Geschäftsverkehr: entgegenkommend.

Die Erschütterung Ippolits vor Holbeins totem Christus: Ippolit Terentjew, ein an Schwindsucht leidender junger Mann in Dostojewskis *Idiot*. Im Hause von Rogoschin hing ein Bild des toten Christus – eine Kopie nach dem Werk Hans Holbeins des Jüngeren, *Der tote Christus im Grabe* (1521–22; 30,5 x 200cm, Öl auf Lindenholz. Kunstsammlung Basel, Amerbach Kabinett).

Hans Holbein der Jüngere: Geb. 1497 oder 1498, Augsburg; gest. 29.11.1543, London. Einer der bedeutendsten Maler der Renaissance. Berühmt sind auch seine Madonnenbilder, die sogenannte *Darmstädter Madonna* (1525/26) und die *Solothurner Madonna* (1522). Außerdem porträtierte Holbein mehrere bedeutende historische Gestalten wie z. B. Erasmus von Rotterdam, Thomas Morus, Thomas Cromwell, Jane Seymour, Christina von Dänemark und Heinrich VIII.

Matutin des Breviers: Die Matutin(e) oder das Matutinum (lat.: matutinus: „morgendlich"), auch Vigil (v. lat. vigilare: „wachen") oder Nachtoffizium genannt, ist das Nachtgebet in der katholischen Liturgie. Der Teil des Breviers, der die Matutinen enthält, wird Matutinale genannt. Gebetet wird die Matutin zwischen Mitternacht und dem frühen Morgen.

Ihren Ursprung hat die Matutin in Nachtwachen der frühen Christen. Diese versammelten sich, um sich auf Feste wie Ostern und Weihnachten durch das Hören des Wortes Gottes einzustimmen. Sie wachten in der Nacht, um Jesus Christus zu erwarten als das Licht, das neue Leben und die Morgenröte. Die vollständige Matutin wird heute nur noch in den kontemplativen Orden oder von einzelnen geweihten Personen gebetet.

Brevier: (v. lat. brevis = kurz) enthält die Texte für die Feier des Stundengebets der römisch-katholischen Kirche. Die Bezeichung leitet sich davon ab, dass die Texte im Brevier früher im Vergleich zu den Texten, die beim gemeinsamen Chorgebet gebetet wurden, kürzer waren. Daher benutzten früher nur diejenigen Kleriker ein Brevier, die nicht am gemeinsamen Chorgebet teilnehmen konnten.

Stifters Narrenburg: Vgl. Adalbert Stifter: *Die Narrenburg*. Pesth: Heckenast, 1857.

Waldmüller-Kinder: Der österreichische Maler Ferdinand Georg Waldmüller schuf mehrere Bilder von Kindern: *Kinder bei einer Butte mit Trauben*, 1834, Öl auf Leinwand, 77 x 63 cm (St. Pölten, Niederösterreichisches Landesmuseum, Inv. Nr. 1447); *Junge Bäuerin mit drei Kindern im Fenster*, 1840, Öl auf Leinwand, 84.6 x 67,5 cm (München, Neue Pinakothek, Inv. Nr. 12895); *Nach der Schule*, 1841, Alte Nationalgalerie Berlin; *Kinder am Fenster*, 1853, Öl auf Leinwand, 85 x 69 cm (Salzburg, Residenzgalerie, Inv. Nr. 335); Kinder im Walde oder Veilchenpflückerinnen, 1858, Öl auf Holz, 62,4 x 79 cm (Nürnberg, Germanisches Nationalmuseum); *Kinder erhalten ihr Frühstück*, 1859, Öl auf Holz, 71 x 61 cm (Prag, Nationalgalerie, Inv. Nr. NG O 12502).

Ferdinand Georg Waldmüller: Geb. 15.1.1793, Wien; gest. 23.8.1865, Hinterbrühl (bei Mödling). Naturgetreu und in nuancenreicher Farbgebung malte Waldmüller vor allem Porträts, besonders von Wiener Bürgern und ihren Familien, Motive aus dem Wienerwald, dem Prater und dem Salzkammergut. Die Darstellung des Lichts wurde zum Zentralproblem seines umfangreichen Schaffens, das an die 1200 Gemälde umfasst. Bilder von Waldmüller befinden sich auch außerhalb Österreichs in zahlreichen internationalen Galerien.

Jean Paul: Eigentlich Johann Paul Friedrich Richter: Geb. 21.3.1763, Wunsiedel; gest. 14.11.1825, Bayreuth. Deutscher Schriftsteller, der zwischen Klassik und Romantik steht. Werke u.a.: *Abelard und Heloise*, 1781; *Die unsichtbare Loge*, 1793; *Hesperus oder 45 Hundsposttage*, 1795; *Siebenkäs. Blumen-, Frucht- und Dornenstücke oder Ehestand, Tod und Hochzeit des Armenadvokaten F. St. Siebenkäs im Reichsmarktflecken Kuhschnappel*, 1796–97; *Titan*, 1800–03; *Des Luftschiffers Giannozzo Seebuch*, 1801; *Vorschule der Ästhetik, nebst einigen Vorlesungen in Leipzig über die Parteien der Zeit*, 1804; *Flegeljahre*, 1804–05; *Levana oder Erziehlehre*, 1807; *Dr. Katzenbergers Badereise, nebst einer Auswahl verbesserter Werkchen*, 1809; *Der Komet, oder Nikolaus Marggraf. Eine komische Geschichte*, 1820–22.

mit dem Rasiermesser ein Ende: Zwei Tage vor seinem natürlichen Tod (nach einer Grippe und zusätzlichen Leberinfektion) machte Adalbert Stifter mit dem Rasiermesser einen Selbstmordversuch. Akute Geldsorgen, private Probleme und sein sich verschlechternder körperlicher Zustand trieben ihn in einen Zustand der Resignation.

Adalbert Stifter: Geb. 23.10.1805, Oberplan (heute Horni Planá, bei Krumau, Tschechische Republik); gest. 28.1.1868. Österreichischer Schriftsteller und Maler. Stifter gilt als Dichter der Stille und des langsamen Wachstums in Natur und Mensch, der in unscheinbaren Naturvorgängen das Erhabene sieht. Verwurzelt in Erde und Brauchtum des Böhmerwalds und Oberösterreichs, verbindet er Goethes Humanität mit romantischer Innigkeit und realistischer Genauigkeit der Beobachtung und Wiedergabe. Als Maler malte er vorwiegend Landschaften; in ersten Bildern noch Romantiker, wurde er bald zu einem Vorläufer des Impressionismus. Werke u.a.: *Der Condor*, 1840; *Feldblumen*, 1841; *Der Hochwald*, 1842; *Der Nachsommer*, 3 Bde, 1857; *Witiko*, 3 Bände, 1865–67. Seine novellistischen Prosadichtungen erschienen gesammelt in *Studien* (6 Bde, 1844–50).
Hänsels Interpretation von Stifter als die eines naiven, philiströsen Schwärmers, dessen Erzählungen von konfliktlosen Menschen handeln, deren Leben ohne Stürme und ohne Leidenschaften verlaufe, entspricht der damaligen Auffassung von Stifter. Diese hat sich mittlerweile grundlegend geändert und Stifter wird heute keineswegs mehr als philiströser Schriftsteller eintönig-langweiliger Erzählungen gesehen, sondern als einer, dessen Werken das Tragische des Lebens zugrunde liegt.

N a c h s o m m e r : Vgl. Adalbert Stifter: *Der Nachsommer: eine Erzählung*. Leipzig: Amelang, 1917. Ein Erziehungs- und Bildungsroman.

P r a t e r : Der Wiener Prater ist eine weitläufige öffentliche Parkanlage im 2. Wiener Gemeindebezirk Leopoldstadt, die noch heute zu großen Teilen aus Aulandschaften besteht und Erholungsgebiet der Wiener ist. Einst kaiserliches Jagdrevier, dient der Prater heute einer Vielzahl von Interessen zur Freizeitgestaltung. Abgesehen von ausgedehnten Parkanlagen gibt es dort verschiedene Einrichtungen, u.a. das Pavillon, das Prater Museum, das Planetarium, das Messegelände sowie das 1896/97 erbaute Riesenrad, eines der Wahrzeichen von Wien.

B ä d e r   i n   G a s t e i n : Gastein: Badgastein. Badekurort und Hauptort des Gasteiner Tales, in den Hohen Tauern, im österr. Bundesland Salzburg, gelegen. Einer der bedeutendsten österr. Fremdenverkehrsorte mit 21 radioaktiven Thermen, die zu Bade-, Inhalations- und Trinkkuren angewendet werden.

A u g u s t i n u s - Ü b e r s e t z u n g   v o n   H e f e l e : Vgl. *Des heiligen Augustinus Bekenntnisse*. Uebertragen u. eingeleitet von Herman Hefele. Jena: Diederichs, 1918.

H e f e l e : Herman(n) Hefele: Geb. 13.10.1885, Stuttgart; gest. 30.3.1936, Frauenburg, Ostpreußen. Deutscher Romanist, Historiker, Literaturhistoriker und Kulturkritiker sowie Professor der Geschichte. Hefele übersetzte Petrarca, Augustinus, Gerolamo Cardano, Albert von Aachen, Stefano Infessura, Tristano Caracciolo, Antonio Beccadelli, Camillo Porzio und andere ins Deutsche. Werke u.a.: *Der Bettelorden und das religiöse Volksleben Ober- und Mittelitaliens im XIII. Jahrhundert*, 1910; (Übers.) *Francesco Petrarca: Brief an die Nachwelt*, 1920; *Zur Psychologie der Etappe*, 1918; *Das Gesetz der Form: Briefe an Tote*. Jena: Diederichs, 1921; *Dante*. Stuttgart: Frommann, 1921; *Das Wesen der Dichtung*. Stuttgart: Fromman, 1923; *Goethes Faust*. Stuttgart: Frommann, 1931; *Niccolo Macchiavelli*. Lübeck: Colemann, 1933; *Geschichte und Gestalt: sechs Essays*. Mit einem Nachwort hg. von Clemens Bauer. Leipzig: Hegner, 1940 (Inhalt: Goethes Lyrik. Schillers Entwicklung bis zur Mannesreife. Johann Gottfried Herder. Zum Begriff der Renaissance. Niccolo Machiavelli. Augustin und seine Bekenntnisse. Mit einer Bibliographie).
Vgl. Hänsels Aufsatz zu Hefele: „Hermann Hefele. Das Gesetz der Form und das Christentum." In: *Hochland 26*, Bd. 2, Juli 1929, S. 358–374; August 1929, S. 516–533; September 1929, S. 631–645.

S p e n g l e r : Oswald Spengler: Geb. 29.5.1880, Blankenburg/Harz; gest. 8.5.1936, München. Geschichtsphilosoph, Kulturhistoriker und politischer Schriftsteller. Spenglers Weltbild war – neben dem Pietismus der Franckeschen Stiftungen seiner Jugend und den Naturwissenschaften seines Studiums – geprägt vom Darwinismus eines Ernst Haeckels, der fiktionalen Philosophie Hans Vaihingers (*Philosophie des Als Ob*), insbesondere aber von der Kulturkritik Nietzsches mit den Stichworten Dekadenz und Wille zur Macht; zudem war er zeitlebens ein Verehrer von Goethe. Werke u.a.: *Der metaphysische Grundgedanke der heraklitischen Philosophie*, 1904; *Der Untergang des Abendlandes. Umrisse einer Morphologie der Weltgeschichte*, Bd. 1, 1918; Bd. 2, 1922; *Preußentum und Sozialismus*, 1919; *Neubau des Deutschen Reiches*, 1924; *Der Mensch und die*

Technik. Beitrag zu einer Philosophie des Lebens, 1931; *Politische Schriften*, 1932; *Jahre der Ent-scheidung. Erster Teil. Deutschland und die weltgeschichtliche Entwicklung*, 1933.

U n t e r g a n g   d e s   A b e n d l a n d e s : Kulturphilosophisches Werk von Oswald Spengler, erschienen 1918–1922, 2 Bände. Vgl.: *Der Untergang des Abendlandes. Umrisse einer Morphologie der Weltgeschichte.* Wien: Braumüller, 1919.

Im Nachlass Wittgensteins gibt es mehrmals Bemerkungen über Oswald Spengler, insbesondere über dessen Werk *Untergang des Abendlandes*, zu dem er sich in mancher Hinsicht positiv, in mancher negativ äußerte. Vgl. eine Eintragung vom 6.5.1930: „Lese Spengler Untergang etc. & finde trotz des vielen Unverantwortlichen im Einzelnen, <u>viele</u> wirkliche, bedeutende Gedanken. Vieles, vielleicht das Meiste rührt sich ganz mit dem was ich selbst oft gedacht habe. Die Möglichkeit einer Mehrzahl abgeschlossener Systeme welche wenn man sie einmal hat ausschauen als sei das eine die Fortsetzung des Anderen. Und das hängt alles auch mit dem Gedanken zusammen, daß wir gar nicht wissen (bedenken) wie viel dem Menschen genommen – oder auch gegeben – werden kann." (*Denkbewegungen*, S. 17f.)

E v a n g e l i u m   v o n   d e n   a c h t   S e l i g k e i t e n : Vgl. das *Matthäusevangelium* 5, 3–10.

U r a n i a - V o r l e s u n g : Die Urania ist ein Volksbildungshaus mit Sternwarte in Wien. Der Verein wurde 1897 gegründet. Das Gebäude wurde 1909 nach den Plänen des Jugendstilarchitekten Max Fabiani, eines Schülers von Otto Wagner, an der Mündung der Wien in den Donaukanal erbaut und 1910 von Kaiser Franz Joseph eröffnet. Benannt wurde die Urania nach der für die Astronomie zuständigen Muse. 1927 zählte die Urania 60.000 Mitglieder und 60 Uraniavereine österreichweit. Im Zweiten Weltkrieg wurde das Gebäude schwer beschädigt und die Kuppel mit der Sternwarte total zerstört. Nach dem Wiederaufbau wurde die Urania 1957 wieder eröffnet.
Ab Samstag, den 20. Dez. 1919, hielt Ludwig Hänsel im Klubsaal der Wiener Urania einen Kurs in sechs Vorträgen mit dem Titel *Einführung in Kants Kritik der reinen Vernunft.*
Später, vom 7. Februar bis zum 7. Juni 1921, leitete Hänsel an der Urania eine Arbeitsgemeinschaft über *Hume und Kant. Lektüre und Erklärung ausgewählter Stücke.*
Vom 10. Oktober 1921 bis zum 10. Februar 1922 leitete er, jeweils donnerstags von 6–8 Uhr, eine Arbeitsgemeinschaft über *Die Erkenntnis und das Ding an sich.* Dabei legte er Wert auf gemeinsames Lesen und Durchdenken ausgewählter Stellen aus Kants *Kritik der reinen Vernunft* und verlangte Teilnehmerarbeiten. (Vgl. *Verlautbarungen des Volksbildungshauses Wiener Urania*, Nr. 30, 10.9.1921, S. 3.)

O b e r   P i e s t i n g : Oberpiesting: gehört zur (Markt)Gemeinde Waldegg, Niederösterreich.

Z w í f a l t : Wahrscheinlich „Zwiefältigkeit" (veraltet für „zweifach") oder „Zwietracht" gemeint. Hänsel schrieb Zwífalt mit Accent, was soviel wie „íe" bedeutet.

S c i e n t i a   i n f l a t ,   c a r i t a s   v e r o   a e d i f i c a t : Vgl. den ersten Brief Paulus' an die Korinther, Kapitel 8: „de his autem quae idolis sacrificantur scimus quia omnes scientiam habemus scientia inflat caritas vero aedificat." (Von dem Götzenopfer aber wissen wir; denn wir haben alle das Wissen. – Das Wissen bläst auf, aber die Liebe bessert.)
Vgl. das Matthäusevangelium 5, 3 über die erste Seligkeit: „Selig sind, die da geistlich arm sind; denn das Himmelreich ist ihr."

A u g u s t i n s   P r e d i g t : Vgl. Augustinus: *Predigt 347*: Im Kapitel I und II über die „Furcht Gottes" und „Die Stufen von der Furcht zur Weisheit" bezieht sich Augustinus auf den Propheten Jesaja, der die berühmten sieben Gaben des Geistes empfohlen habe, und angefangen von der Weisheit zur Gottesfurcht fortschreite. Ebenso komme es uns zu, uns nicht zu überheben, sondern fortzuschreiten, von der Furcht zur Weisheit hinauf zu steigen. „Der Anfang der Weisheit ist die Gottesfurcht". Bei Jesaja werde die Weisheit den Aufsteigenden von oben her als siebte [Stufe] zugesprochen, denn von dort beginne er herabzusteigen, um zu lehren.
Im Kapitel III über „Die sieben Stufen von Jesaja verglichen mit den acht Seligkeiten des Evangeliums" beginnt Augustinus mit dem Zitat über die erste Seligkeit aus Matthäus 5,3 (*Selig sind die Armen im Geiste, denn ihrer ist das Himmelreich*) und fährt fort: „Sie sind demütig im Tal, sie sind in Furcht, sie opfern Gott ihr zerknirschtes und demütiges Herz. Von hier steigen sie zur Frömmigkeit auf, indem sie seinem Willen nicht widerstehen, sei es in seinen Reden, auch wenn sie deren

Sinn nicht erfassen, oder wie er die Schöpfung ordnet und bewahrt, denn ihnen stößt sehr viel von außen zu, obwohl der eigene Wille des Menschen flehentlich gebetet hat. Dann muß freilich gesagt werden: *Wahrlich, nicht was ich will, sondern was du willst, Vater* (Mt 26,39)." Augustinus schreibt im weiteren, dass der Herr, der uns aufrichte, an die siebte Stelle den Satz gesetzt habe: *Selig sind die Friedfertigen, denn sie werden Söhne Gottes genannt werden* (Mt 5,9). „Diese Verheißungen vor Augen und auf diesen Stufen Gott zustrebend ertragen wir alle Unwirklichkeiten und Härten dieser Welt, ihre Grausamkeit bricht uns nicht, vielmehr werden wir diesen Sieg im ewigen Frieden bejubeln. Indem er das Ziel aufzeigt, erinnert uns daran der achte Satz: *Selig sind, die Verfolgung erleiden wegen der Gerechtigkeit, denn ihrer ist das Himmelreich* (Mt 5,10)."

B e d a s   B i l d : Beda oder Baeda, genauer Beda Venerabilis (der Ehrwürdige): Geb. 672 oder 673, im Gebiet des Klosters Wearmouth (Northumbria, heute in Sunderland, County Tyne and Wear); gest. 26.5.735, Kloster Jarrow (Tyne and Wear). Angelsächsicher Benediktiner und Gelehrter, Theologe und Geschichtsschreiber. Heiliger und seit 1899 Kirchenlehrer. Durch seine bis 731 reichende englische Kirchengeschichte (*Historia ecclesiastica gentis Anglorum*, in mehr als 160 Handschriften überliefert) wurde er zum Begründer der englischen Geschichtsschreibung. Viel benutzt wurden auch seine Werke zur Zeitrechnung; er führte die christliche Jahresrechnung in die Historiographie ein. Seine theologischen Werke basieren auf der kritischen Beschäftigung mit Augustinus, Hieronymus und Ambrosius. Seine naturkundlichen Schriften dienten dem Schulgebrauch und vermittelten seiner Zeit ein Minimum des naturwissenschaftlichen Wissens der Antike. Beda verfasste 2 Schriften über die Zeit: *De temporibus* und *De temporum ratione*. Weitere Werke u.a.: *De natura rerum*; *De natura ratione*; *Vita (et miracula) Cuthbercti*; *Martyrologium Bedae*; *De tabernaculo*; *Explanatio apocalypsis*; *In Acta*; *In Lucae evangelium expositio*; *In Marci evangelium expositio*; Lehrbücher für den Schulgebrauch: *De arte metrica*; *De schematis et tropis sacrae scripturae*; *De orthographia*.

G a b e n   d e s   h l .   G e i s t e s   b e i   I s . : Bereits im Alten Testament hat der Prophet Jesaja die sieben Gaben des Heiligen Geistes vorausgesagt: „Aus dem Baumstumpf Isais wächst ein Reis hervor … Der Geist des Herrn läßt sich nieder auf ihm: der Geist der Weisheit und der Erkenntnis, der Geist des Rates und der Stärke, der Geist des Wissens und der Frömmigkeit, der Geist der Gottesfurcht" (Jes. 11, 1.2.).

P a n n w i t z : Rudolf Pannwitz: Geb. 27.5.1881, Crossen (Oder); gest. 23.3.1969, Astano (heute zu Carona, Tessin). Schriftsteller, Kulturphilosoph und Pädagoge. Gründete 1904 mit Otto zur Linde die literarische Vereinigung *Charon* und die gleichnamige Zeitung. Themen seiner von Nietzsche und Stefan George beeinflussten Kulturphilosophie und -kritik waren vor allem die Überwindung des Verfalls der Kultur, die Synthese von Geist und Leben, die Neubestimmung des Verhältnisses von Kultur und Natur sowie von Mensch und Kosmos. Pannwitz setzte sich publizistisch für ein geeintes humanistisches Abendland ein; er schrieb auch Dramen, ein Epos (*Mythen*, 10 Teile) und Lyrik.

Weitere Werke: *Der Volksschullehrer und die deutsche Sprache*, 1907; *Der Volksschullehrer und die deutsche Kultur*, 1909; *Dionysische Tragödien*, 1913; *Die Freiheit des Menschen*, 1917; *Die Krisis der europäischen Kultur*, 1917; *Deutschland und Europa*, 1918; *Kosmos altheos*; *Logos, Eidos, Bios*; *Nietzsche und die Verwandlung des Menschen*; *Der Nihilismus und die werdende Welt*; *Baldurs Tod*, 1919; *Der Aufbau der Natur*; *Faustus und Helena*, 1920; *Orplid*, 1923; *Beiträge zu einer europäischen Kultur*, 1954; *Wasser wird sich ballen*, 1963; *Gesammelte Gedichte*; *Albert Vervey und Stefan George*; *Das Werk des Menschen*; *Undine. Ein nachgelassenes Versepos*, hg. von Gabriella Rovagnati, 1999.

S c h l e g e l : Friedrich Schlegel: Geb. 10.3.1772, Hannover; gest. 12.1.1829, Dresden. Philosoph und Dichter. Seit 1804 mit Dorothea, der Tochter des Philosophen Moses Mendelssohn, verheiratet. Kurz vor seinem Tode sieht Schlegel rückblickend seine Philosophie folgendermaßen: 1. 1788–98: dunkles Sehnen und Suchen. 2. 1798–1808: künstlerischer und philosophischer Gestaltungstrieb, der zu einer Philosophie des allumfassenden Ich führte. 3. 1808–1818, nachdem Schlegel zum Katholizismus übergetreten war, Gehorsam und Unterwerfung der Vernunft unter die kirchlichen Wahrheiten. 4. 1818–1828 mystisches Eigenleben bei kirchlichem Gehorsam.

Werke u.a.: *Vom ästhetischen Werte der griechischen Komödie*, 1794; *Über die Diotima*, 1795; *Über das Studium der griechischen Poesie*, 1797; *Kritische Fragmente* („Lyceums"-Fragmente), 1797; *Fragmente* („Athenaeums-Fragmente"), 1797–1798; *Lucinde*, 1799; *Über die Philosophie. An Dorothea*, 1799; *Ideen*, 1800; *Philosophie des Lebens*, 1827; *Über die Sprache und Weisheit der Inder*, 1808; *Philosophie der Geschichte I – II*, 1829; *Philosophie der Sprache*, 1830; *Briefwechsel*, hg. 1926. *Schriften und Fragmente*, 1956 (Auswahl). *Histor.-krit. Gesamtausgabe, I – XX*, 1958ff.

K i e r k e g a a r d   i n   d e r   K r i t i k   d e r   G e g e n w a r t . : Vgl. Sören Kierkegaard: *Kritik der Gegenwart*. Übersetzt und mit einem Nachwort von Theodor Haecker. Innsbruck: Brenner Verlag, 1914.

K a i s e r   K a r l : Karl I., Kaiser von Österreich, als König von Ungarn Karl IV: Geb. 17.8.1887, Persenbeug, Niederösterreich; gest. 1.4.1922, Funchal auf Madeira. Großneffe Kaiser Franz Josephs I. Am 21.10.1911 Heirat mit Zita von Bourbon-Parma. Durch den Tod seines Onkels Franz Ferdinand im Jahre 1914 wurde Karl Thronfolger und bestieg am 21.12.1916 den Thron. Von 1916 bis 1918 Kaiser von Österreich, als Karl IV. (ungarisch Károly IV., kroatisch Karlo IV.) König von Ungarn und Kroatien (Königreich Ungarn) und als Karl III. König von Böhmen. In Ungarn wurde er als „Letztkönig" bezeichnet. Am 11.11.1918 verzichtete er unter dem Druck der Revolution auf die Ausübung der Regierung in Österreich, am 13.11.1918 in Ungarn, ohne formell abzudanken. Nach zwei vergeblichen Versuchen, die Monarchie in Ungarn wiederherzustellen, wurde er von der Entente nach Madeira verbannt.

G e o r g   K a i s e r ,   D a v i d   u n d   G o l i a t h : Komödie in drei Akten von Georg Kaiser (1920er Jahre).
Georg Kaiser: Geb. 25.11.1878, Magdeburg; gest. 4.6.1945, Ascona. Schriftsteller. Einer der meistgespielten Dramatiker des Expressionismus. Erhielt ab 1933 Aufführungsverbot, emigrierte 1938 über die Niederlande in die Schweiz, wo er bis zu seinem Tode als mittelloser, vergessener Emigrant lebte. Kaisers frühe Stücke sind durch abstrakte Rhetorik gekennzeichnet, von namenlosen, typisierten Figuren geprägt, die als „Spieler und Gegenspieler" agieren. Wegen seiner formalen und sprachlichen Experimente wurde Kaiser als „Denkspieler" charakterisiert. Sein erster großer Erfolg war das Drama *Die Bürger von Calais* (1912/13), dessen Held, ein „neuer Mensch" im expressionistischen Sinn, sich für seine Heimatstadt opfert. In den Dramen *Die Koralle* (1917), *Gas* (1918) und *Gas. Zweiter Teil* (1920) übt Kaiser Kritik an der kapitalistischen Ordnung, der Industrialisierung und Automatisierung, die er als verantwortlich für soziale Missstände und Krieg betrachtet. Kaiser schloss sich Widerstandskreisen an und verfasste Flugblätter.
Weitere Werke u.a.: Dramen: *Schellenkönig*, 1895/96; 1902/03; *Die jüdische Witwe*, 1911; *Das Frauenopfer*, 1918; *König Hahnrei*, 1913; *Rektor Kleist*, 1914; *Von morgens bis mitternachts*, 1912; *Der Brand im Opernhaus* (Komödie), 1919; *Der gerettete Alkibiades*, 1920; *Kolportage* (Komödie), 1924; *Der Soldat Tanaka*, 1940; *Der Silbersee*, 1933; *Die Spieldose*, 1942; *Das Floß der Medusa* (1940–43).

„ M o r g e n s - b i s   M i t t e r n a c h t " : Vgl. Georg Kaiser: *Von morgens bis mitternachts*. Stück in 2 Teilen. Potsdam: Kiepenheuer, 1916.

W i l d e n t e : Vgl. Henrik Ibsen: *Die Wildente: Schauspiel in fünf Aufzügen*. Aus dem Norwegischen übertragen von Ernst Brausewetter. Leipzig: Reclam, [1921].

W e h   d e m   d e r   l ü g t : Vgl. Franz Grillparzer: *Weh dem, der lügt!* Lustspiel in fünf Aufzügen. Wien: Wallishauser, 1840.

D e h m e l :   D i e   „ M i t s c h u l d i g e n " : Vermutlich das Drama *Der Mitmensch* (1896) von Dehmel gemeint. Oder: Johann Wolfgang von Goethe: *Die Mitschuldigen: ein Lustspiel in drey Aufzügen*. Hg. von G. Witkowski. Leipzig: Gesellschaft der Bibliophilen, 1899.

„ M e n s c h e n f r e u n d " : Vgl. Richard Dehmel: *Die Menschenfreunde*. Drama in 3 Akten. Berlin: Fischer, 1917.

I p h i g e n i e : *Iphigenie im Taurerlande* oder *Iphigenie bei den Taurern*: Tragödie von Euripides, ca. 414–412 entstanden, um oder nach 412 uraufgeführt. Vgl. Euripides: *Iphigenie in Taurien*. Deutsch von Theodor Kaiser. Tübingen: Fues, 1881.

Goethe verfasste sein Bühnenstück *Iphigenie auf Tauris* nach der Vorlage von Euripides' *Iphigenie bei den Taurern*. 1779 schrieb Goethe eine Prosafassung, die er während seiner Italienreise ab 1786 in ein Versdrama umformte. Vgl. Johann Wolfgang von Goethe: *Iphigenie auf Tauris: Ein Schauspiel*. Leipzig: Göschen, 1787.

P . B r u n o : Bruno Spitzl OSB: Geb. 12.4.1887, Teplitz; gest. 7.2.1962 Maria Plain bei Salzburg. 1905 Eintritt ins Stift Sankt Peter in Salzburg, von 1931 bis 1954 Pfarrvikar in Wien-Dornbach. In den 1920er Jahren Kämmerer von Gut Gishamgut, einem der Meierhöfe des Benediktinerstiftes, wo Ludwig Hänsel regelmäßig die Schulferien mit seiner Familie verbrachte.

„ R e i n e r   H i m m e l   i n   d e n   Z w e i g e n " : Zitat aus dem Gedicht „Herbstseele" von Georg Trakl. 2. Strophe, 3. Zeile. Vgl. Georg Trakl: *Gedichte*. Leipzig: Wolff, 1913.

M o r z g : Stadtteil von Salzburg, im Süden der Stadt gelegen.

J o h a n n a : Johanna war die Schwester Ludwig Hänsels: Geb. 24.7.1888, Salzburg; gest. 1963, [Salzburg]. Johanna blieb unverheiratet und arbeitete im Geschäft ihrer Eltern in der Fürstenallee.

s e i n   B u c h   w i r d   g e d r u c k t : Wittgensteins *Logisch-Philosophische Abhandlung* wurde erstmals im letzten Band von Wilhelm Ostwalds *Annalen der Naturphilosophie* gedruckt. Vgl. Bd. 14, Heft 3–4, 1921, S. 184–262. In einem Brief an Paul Engelmann [Poststempel: 5. VIII. 22] bezeichnete Wittgenstein diese Publikation als „Raubdruck", da sie voller Fehler sei. (Vgl. *Wittgenstein–Engelmann*, S. 69)

D o n n e r s t a g   2 7 .   O k t .   U r a n i a : Vom 10. Oktober 1921 bis zum 10. Februar 1922 leitete Ludwig Hänsel, jeweils donnerstags von 6–8 Uhr, eine Arbeitsgemeinschaft über *Die Erkenntnis und das Ding an sich*. (Vgl. Kommentar zu Urania)

E p i m e t h e u s : Epimetheus: (griech. der danach Denkende): In der griechischen Mythologie der Sohn des Iapetos, der trotz der Warnungen seines Bruders Prometheus Pandora aufnahm. Mit ihr zeugte er Pyrra, die Stammmutter des Menschengeschlechts.

B l ü h e r : Hans Blüher: Geb. 17.2.1888, Freiburg in Schlesien; gest. 4.2.1955, Berlin. Deutscher Schriftsteller und Philosoph. Wirkte durch seine von Nietzsche beeinflusste Lebensphilosophie entscheidend auf die Wandervogelbewegung. Das Alterswerk ist eine an Kant und Schopenhauer orientierte Metaphysik der Natur und Religion.
Werke u.a.: *Wandervogel. Geschichte einer Jugendbewegung*, 2 Bde; *Die deutsche Wandervogelbewegung als erotisches Phänomen*, 1912; *Die Rolle der Erotik in der männlichen Gesellschaft*, 2 Bde, 1917/19; *Gesammelte Aufsätze*, 1919; *Werke und Tage* (Autobiographie), 1920; *Die Aristie des Jesus von Nazareth*, 1921; *Die Wiedergeburt der platonischen Akademie*, 1920; *In medias res. Grundbemerkungen zum Menschen*, 1919; *Philosophie auf Posten. Gesammelte Schriften 1916–1921*, 1928; *Deutsches Reich, Judentum und Sozialismus*, 1920; *Empedokles. Oder das Sakrament des freien Todes*, 1918; *Die deutsche Renaissance. Von einem Deutschen*, 1924 (anonym erschienen); *Der Standort des Christentums in der lebendigen Welt*, 1931; *Die Achse der Natur. System der Philosophie als Lehre von den reinen Ergebnissen der Natur*.1949; *Parerga zur Achse der Natur*, 1952.

B o l z a n o : Bernhard (Bernardus Placidus Johann Nepomuk) Bolzano: Geb. 5.10.1781, Prag; gest. 18.12.1848, Prag. Religionswissenschaftler, Philosoph und Mathematiker. 1806 wurde Bolzano Professor für philosophische Religionslehre in Prag und zum Priester geweiht. Er war Führer der „Böhmischen Aufklärung", die ein vernunftorientiertes Verständnis des Katholizismus und soziale Reformen anstrebte. Wegen dieser angeblichen Irrlehren wurde Bolzano 1819 des Amtes enthoben. Bolzanos Religionslehre steht in der Tradition des Josephinismus; neben Peirce und Frege ist er der wichtigste Vertreter der Logik des 19. Jhdts. Bolzano übte eine starke Wirkung auf Brentano und Husserl aus. In der Moralphilosophie, die für ihn zur Religionsphilosophie gehört, vertrat er ein Glückseligkeitsprinzip (Wohl des Ganzen als Ziel allen Handelns), in der sozialistisch orientierten Utopie *Von dem besten Staate* (1837) sprach er sich für ein weitgehendes Gleichheitsprinzip aus und kritisierte das Eigentum, das nicht über ein angemessenes Arbeitsentgelt gewonnen wird. In der Mathematik bemühte er sich um strenge Begründungen und Beweisführungen. In seinem mathematischen Hauptwerk *Paradoxien des Unendlichen* nahm er grundlegende Begriffsbildungen und Aussagen der Mengenlehre und der mathematischen Logik vorweg. Weitere Werke: *Beyträge zu einer begründeten Darstellung der Mathematik*, 1810; *Über die Vaterlandsliebe*, 1810; *Über das Verhältnis der beiden Volksstämme in Böhmen*, 1816; *Der binomische Lehrsatz*, 1816; *Erbauungsreden für Akademiker; Athanasia oder Gründe für die Unsterblichkeit der Seele*, 1827; *Lehrbuch der Religionswissenschaft*, 1834; *Wissenschaftslehre*, 1837; *Anti-Euklid*, 1867; Größenlehre, 1975.

N e u r a t h : Otto Neurath: Geb. 10.12.1882, Wien; gest. 22.12.1945, Oxford. Österreichischer Philosoph, Soziologe und Bildungspolitiker. Studierte Mathematik, Ökonomie, Geschichte und Philosophie und schrieb mit seiner ersten Frau, der Schriftstellerin und Frauenrechtlerin Anna Schapire das *Lesebuch der Volkswirtschaftslehre*, das 1910 in Leipzig erschien. Nach dem Tode seiner Frau heiratete er die Schwester von Hans Hahn, die erblindete Mathematikerin Olga Hahn, mit der er vor dem Ersten Weltkrieg mathematische Artikel publizierte. In diese Zeit fallen die frühen philosophischen und wissenschaftlichen Aktivitäten im „ersten Wiener Kreis", gleichzeitig sozialwissenschaftliche Veröffentlichungen, unter anderem zur sog. „Kriegswirtschaftslehre" und zur ökonomischen Lage auf dem Balkan. Seit Beginn der 20erJahre gehörte Neurath dem sog. „linken Flügel" des Wiener Kreises an, dessen rationalistische Grundsätze er auf die Sozial- und Geisteswissenschaften anwandte. Er agierte dabei als wichtigste Person für Öffentlichkeitsarbeit und – verstärkt ab 1935 – für die Internationalisierung des Logischen Empirismus. Soziologie erschien Neurath als Beschreibung räumlich-zeitlich korrelativer Beziehungen („Sozialbehaviorismus"). Er strebte eine Universalsprache an, die sowohl wissenschaftliche als auch alltägliche Begriffe enthalten sollte. Bei ihm wurde die Einheitswissenschaft zu einer Art Instrument. Einige Jahre später änderte er sein Konzept und trat das Erbe der französischen Enzyklopädisten an. Diese neue Enzyklopädie sollte aus einzelnen Artikeln bestehen, die dank eines Meinungsaustausches zwischen den verschiedenen Mitarbeitern soweit wie möglich vernetzt werden sollte. Werke u.a.: *Die Kriegswirtschaftslehre und ihre Bedeutung für die Zukunft*, 1918; *Vollsozialisierung*, 1920; *Seelische Vorbereitungen der Sozialisierung*, 1921; *Anti-Spengler*, 1921; *Lebensgestaltung und Klassenkampf*, 1928; *Die bunte Welt*, 1929; „Sozialbehaviorismus". In: *Sociologus 3*, 1932, S. 181–288; *Empirische Soziologie. Der wissenschaftliche Gehalt der Geschichte und Nationalökonomie* (= Schriften zur wissenschaftlichen Weltauffassung), 1931; *Einheitswissenschaft und Psychologie* (= *Einheitswissenschaft*, I), 1933; *Modern Man in the Making*, 1939; *Foundations of the Social Sciences*, 1944; *Empiricism and Sociology*, hg. von Marie Neurath und Robert S. Cohen, 1973; *Wissenschaftliche Weltauffassung, Sozialismus und Logischer Empirismus*, hg. von Rainer Hegselmann, 1979; *Gesammelte philosophische und methodologische Schriften*, hg. von Rudolf Haller und Heiner Rutte, 2 Bde, 1981; *Lebensgestaltung und Klassenkampf*, 1928.

K n u t H a m s u n , M y s t e r i e n : Vgl. Knut Hamsun: *Mysterien*. Roman. Übersetzung aus dem Norwegischen von Maria von Borch. München: Langen, 1904. (Vgl. auch den Kommentar zum 1. Heft Hänsels)

P a n : Vgl. Knut Hamsun: *Pan: Aus Leutnant Thomas Glahns Papieren*. Berlin: Fischer, [1917].

M a r t h a G u d e : Romanfigur in Knut Hamsuns *Mysterien*.

T y p u s H o m a i s : Homais ist der Apotheker im Roman *Madame Bovary*.

H u g o : Victor Marie Hugo: Geb. 26.2.1802, Besançon; gest. 22.5.1885, Paris. Französischer Schriftsteller. Wurde zum Wortführer der französischen Hochromantik. Werke u.a.: *Odes et poésies diverses*, 1822; *Les orientales*, 1831; *Notre-Dame de Paris*, 1831; *Les Misérables*, 1862; *Bug-Jargal*, 1818; *Cromwell*, 1827; *Le roi s'amuse*, 1832; *Préface de Cromwell*; *Lucrèce Borgia*, 1833; *Marie Tudor*, 1833; *Ruy Blas*, 1838; *Les voix intérieures*, 1837; *Les rayons et les ombres*, 1840; *Les contemplations* (1856, 2 Bde); *Les travailleurs de la mer*, 1866; *L'homme qui rit*, 1869; *Les feuilles d'automne*, 1831.

P i l i c a - A b e n d : Pilica (dt. Pilitza) ist der Name einer kleinen Stadt an der Pilica in Polen, östlich der Kreisstadt Zawiercie. Pilica ist auch der Name eines Nebenflusses der Weichsel, der in der Nähe der Stadt Pilica entspringt und der im Ersten Weltkrieg mit der Bzura, Rawka und Nida einen Abschnitt bildete, hinter dem die Russen Anfang Dezember 1914 zurückgingen und den sie behaupteten, bis die Auswirkung der Schlacht bei Gorlice-Tarnów im Mai 1915 sie zur Räumung zwang. Weiters ist Pilica der Name eines Klosters des Minoritenordens (Franziskanerordens) Ordo Fratrum Minorum.

Ob es sich bei Hänsels Erwähnung eines „Pilica-Abends" um einen Abend bzw. Treffen für ehemalige Einwohner der Stadt Pilica oder um einen Gedenkabend der Ereignisse des Ersten Weltkriegs, oder auch eines Abends für Mitglieder des in der Nähe befindlichen Klosters des Minoritenordens handelt, konnte nicht ermittelt werden.

H a h n : Hans Hahn: Geb. 27.9.1879, Wien; gest. 24.7.1934, Wien. Österreichischer Mathematiker und Philosoph. Aktives Mitglied des Wiener Kreises. Bekannt wurde Hahn vor allem durch den Satz von Hahn-Banach. Außerdem leistete er wichtige Beiträge zur Funktionsanalysis, zur Maßtheorie (Hahnscher Zerlegungssatz), zur harmonischen Analyse und zur allgemeinen Topologie. Der größte Teil von Hahns Veröffentlichungen sind Schriften mathematischen Inhalts, Texte mit philosophischem Inhalt publizierte er erst ab Anfang der 1930er Jahre. In diesen geht es um wissenschaftstheoretische Überlegungen für die Naturwissenschaften.

Im Jahre 1922 hielt Hans Hahn ein Seminar über den *Tractatus* (vgl. *Hänsel*, S. 295 und *Wittgenstein und der Wiener Kreis*, S. 13).

die Paradoxien des Unendlichen : Postum erschienene, mathematisch-philosophische Abhandlung von Bernard Bolzano, entstanden 1847. In dieser Schrift trägt Bolzano systematisch eine Theorie des Unendlichen vor, die die mit diesem Begriff zusammenhängenden Paradoxien auflösen soll. Bolzano führt definitorisch den Begriff einer unendlichen Menge ein und versucht zu zeigen, dass sich auf ihn die Begriffe unendlich großer Zahlen, Flächen, Entfernungen usw. zurückführen lassen. An einigen Beispielen wird gezeigt, dass sich sämtliche Elemente (Teile) zweier unendlicher Mengen einander paarweise zuordnen lassen, obwohl die eine Menge nur eine Teilmenge der anderen ist, und dass es unendliche Mengen gibt, die sich in unendlich viele unendliche Teilmengen zerlegen lassen. Nach Behandlung einiger Summen und Reihen betreffender Paradoxien argumentiert Bolzano gegen die „unendlich kleinen Größen" im Differentialkalkül seiner Zeit. Dann folgt eine Theorie des Kontinuums, die zur Lösung von Paradoxien in der Raum-Zeit-Lehre herangezogen wird. Die letzten Paragraphen besprechen Paradoxien in der Physik und der Metaphysik. Mit dieser Schrift wurde Bolzano einer der Vorläufer der eine Generation später von Georg Cantor entwickelten Mengenlehre (*Grundlagen einer allgemeinen Mannigfaltigkeitslehre*, 1883).

philos. Gesellschaft : Der Verein „Philosophische Gesellschaft an der Universität zu Wien" wurde 1888 von den Mitgliedern des „Brentano-Kreises" gegründet. Der erste Obmann war Alois Höfler, sein Nachfolger wurde Friedrich Jodl, von 1913 bis 1922 übernahm wieder Alois Höfler den Vorsitz; Robert Reininger, der nach dem Tode Höflers zum Obmann gewählt wurde und bis 1939 die „Philosophische Gesellschaft" leitete, rief nach dem Zweiten Weltkrieg die Gesellschaft neuerlich ins Leben; sie besteht heute noch. In ihrem Buch *Otto Weininger. Eros und Psyche* (Wien: Verlag der Österreichischen Akademie der Wissenschaften, 1990, S. 17–51) weist Hannelore Rodlauer auf die große Bedeutung der „Philosophischen Gesellschaft" für Weiningers Bildungsweg hin. Der Verein veranstaltete regelmäßig Vorträge und Diskussionen, die in einem jährlichen *Bericht der Philosophischen Gesellschaft an der Universität zu Wien* verzeichnet wurden. Diese Beiträge erschienen bis 1918 regelmäßig, dann gab es aufgrund der schlechten wirtschaftlichen Situation eine Lücke bis zum Jg. 1926/27, von wo an sie unter dem Titel *Wissenschaftlicher Jahresbericht der philosophischen Gesellschaft an der Universität zu Wien* bis zum Jg. 1934/35 wieder regelmäßig erschienen sind. Die Festschrift *50 Jahre Philosophische Gesellschaft an der Universität Wien 1888–1938* (hg. von Robert Reininger, Wien 1938) verzeichnet allerdings auch die Veranstaltungen der frühen 1920er Jahre.

Am 14.5.1920 hielt Otto Neurath einen Vortrag über „Spenglers Kulturbegriff".

A k a d e m i a : Wahrscheinlich handelt es sich dabei um den katholischen Studentenverein *Akademia*. Vgl. dazu: Otto Krammer: *Akademia ein katholischer Finkenverein zu Wien 1902–1983*. Wien: Österreichischer Verein für Studentengeschichte, 1988.

T a k k u r : Rabindranath Thakur ist die ältere Schreibweise für Rabindranath Tagore.

N a t o r p : Paul Gerhard Natorp: Geb. 24.1.1854, Düsseldorf; gest. 17.8.1924, Marburg. Philosoph und Pädagoge, der als Mitbegründer der Marburger Schule des Neukantianismus bekannt ist. In seiner Erkenntnistheorie vertrat er ähnlich wie Cohen einen methodischen Idealismus. Im Praktischen hat sich Natorp für eine zu seiner Zeit umstrittene sozialistische Bildungspolitik eingesetzt, insbesondere für eine unentgeltliche Volksschule und gleiche Bildungschancen für alle.

Werke u.a.: *Descartes' Erkenntnistheorie*, 1882; *Sozialpädagogik*, 1899; *Platos Ideenlehre*, 1903; *Logik in Leitsätzen*, 1904; *Pestalozzi. Leben und Lehre*, 1909; *Die logischen Grundlagen der exakten Wissenschaften*, 1910; *Philosophie; ihr Problem und ihre Probleme*, 1911; *Die allgemeine Psychologie nach kritischer Methode*, 1912; *Sozialidealismus*, 1920, *Beethoven und wir*, 1920; *Allgemeine Logik*; *Vorlesungen über praktische Philosophie*, 1925; *Philosophische Systematik*.

Bereits 1914 begann Natorp, sich mit Rabindranath Tagore auseinander zu setzen. Vor allem beeindruckte ihn Tagores Bemühung, zwischen den Weltanschauungen des Orients und des Okzidents eine Brücke zu schlagen. In mehreren Vorträgen ging er auf den bengalischen Dichter ein oder lud Gäste in sein Haus, um ihnen aus Tagores Dichtungen vorzulesen. Tagore kam auch zu Besuch zu Natorp und die beiden Denker korrespondierten offensichtlich auch miteinander.

T a g o r e s   K ö n i g   d e r   d u n k l e n   K a m m e r : Vgl. Rabindranath Tagore: *Der König der dunklen Kammer*. München: Kurt Wolff Verlag, Leipzig: Poeschel & Trepte, 1921.

In einem Brief an Engelmann vom 23. Oktober 1921 schrieb Wittgenstein, dass dieses Werk auf ihn keinen wirklich tiefen Eindruck gemacht hätte. Es schien ihm, Tagore hätte die darin enthaltene Weisheit „zusammengelesen", aber nicht selbst „gefühlt". Es schien ihm nicht der „Ton eines von der Wahrheit ergriffenen Menschen zu sein" (*Wittgenstein-Engelmann*, S. 66). Später aber änderte Wittgenstein seine Meinung: in einem Brief an Ludwig Hänsel (vermutlich Anfang November 1921) schrieb er u.a.: „[…] Im Tagore habe ich wieder gelesen und diesmal mit viel mehr Vergnügen! Ich glaube jetzt doch daß er etwas großartiges ist. […]" (Vgl. Hänsel, S. 57.) Bei seinen Treffen mit Mitgliedern des Wiener Kreises in den Jahren 1927/28 las Wittgenstein unter anderem aus Dichtungen Tagores vor. (Vgl. *Wittgenstein und der Wiener Kreis*, S. 15)

In späteren Jahren, zur Zeit seiner Vorlesungen über Ästhetik, las Wittgenstein nochmals, gemeinsam mit Yorick Smythies, den *König der dunklen Kammer*, diesmal in der englischen Übersetzung, die Tagore selbst vorgenommen hatte. Da Wittgenstein diese Übersetzung für schlecht hielt, bereitete er mit Smythies eine neue englische Übersetzung vor, ohne sich jedoch auf das Original zu beziehen. Unter Smythies Papieren wurde eine getippte Kopie ihrer Version des II. Aktes des Stückes gefunden. Fast alle Änderungen betrafen nicht mehr gebräuchliche, poetische Wendungen Tagores, die sie durch moderne, idiomatische Wörter und Ausdrücke ersetzten. (Vgl. *Monk*, S. 408ff.)

T a g o r e : Rabindranath Tagore: Geb. 7.5.1861, Kolkata; gest. 7.8.1941, ebenda. Bengalischer Dichter, Philosoph, Maler, Komponist, Musiker und Brahmo-Samaj-Anhänger, der 1913 den Nobelpreis für Literatur erhielt und damit der erste asiatische Nobelpreisträger war. 1901 gründete er in Shantiniketan eine Schule, wo er indische und europäische Erziehungsmethoden zu vereinen suchte. (Seit 1951 Staatliche Universität). Tagore war einer der bedeutendsten Vertreter der „Bengalischen Renaissance", einer breiten sozialen und kulturellen Bewegung, die für umfassende Reformen der hinduistischen Gesellschaft eintrat. Er verfasste in Bengali und Englisch Romane, Dramen, philosophisch- pädagogische Schriften, vor allem aber Gedichte (darunter den lyrisch-mystischen Band *Gitanjali*, 1910). Einen Teil seiner Werke übersetzte er selbst ins Englische.

Werke u.a.: *Visarjan* (Das Opfer), 1890; *Chitrangada* (Chitra), 1892; *Achalayatan* (Das Haus der Starrheit), 1910; *Natir puja* (Das Opfer des Tanzmädchens), 1926; *Das Postamt*, 1918; *Der König der dunklen Kammer*, 1919; *Das Opfer und andere Dramen*, 1920. Gedichte: *Kalpana* (Träume), 1899; *Gitanjali* (Sangesopfer), 1910; *The gardener*, 1913; *Patraput* (Eine Handvoll Blätter), 1935; *Shesh lekha* (Letzte Stücke), 1941; *Der zunehmende Mond*, 1915; *Fruchtlese*, 1918; *Die Gabe des Liebenden*, 1920. Romane: *Rajarji* (Der heilige König), 1887; *Chokher bali* (Sandkörnchen im Auge), 1902; *Gora*, 1910; *Ghare baire* (Das Heim und die Welt/Zuhause und draußen), 1916. Erzählungen: *Megh o raudra* (Wolke und Sonne), 1894; *Erzählungen*, 1920; *Aus indischer Seele*, 1930. Essays: *Imrajer itanka* (Die Furcht des Engländers), 1894; *Kantharodh* (Geknebelt), 1898; *Nationalism*, 1917; *Sabhyatar sankat* (Die Krise der Zivilisation), 1941; *Sadhana* (Der Weg zur Vollendung), 1921.

W a l l e n s t e i n : Vgl. *Schiller's Werke.* Unter Mitwirkung von Wendelin von Maltzahn. Berlin: Hempel, 1879.

D r a h t b a u e r n : Trahtbauer bzw. der Bauer Draht, dem der Trahthof gehörte. Vgl. Kommentar zu „Schratt".

R .   H u c h : Ricarda Huch (Pseudonym: Richard Hugo): Geb. 18.7.1864, Braunschweig; gest. 17.11.1947, Schönberg (heute zu Kronberg im Taunus). Schriftstellerin und Historikerin. Studierte Geschichte und Philosophie in Zürich und promovierte als eine der ersten deutschen Frauen. Ricarda Huchs Frühwerk ist von Phantasie und Subjektivismus geprägt, später neigte sie zur beschreibenden, objektiven Darstellung historischer Gestalten und Ereignisse. Einen Höhepunkt in dieser Hinsicht bildet ihre Schilderung der Schrecken des Dreißigjährigen Krieges. Schließlich gelangte sie zu religiösen Themen, trotz kritischer Haltung gegenüber der Kirche. Aus Protest gegen die politische Vereinnahmung durch die Nationalsozialisten trat sie 1933 aus der Preußischen Akademie der Künste aus.
Werke u.a.: *Evoe* (Dramatisches Spiel), 1892; *Gedichte*, 1891; *Gedichte*, 1894; *Fra Celeste und andere Erzählungen* (Der arme Heinrich; Der Weltuntergang; Die Maiwiese), 1899; *Blütezeit der Romantik*, 1899; *Ausbreitung und Verfall der Romantik*, 1902; *Vita somnium breve*, 1903, 2 Bde, 1913 unter dem Titel *Michael Unger; Die Geschichten von Garibaldi*, 2 Bde, 1906–1907; *Der große Krieg in Deutschland*, 3 Bde), 1912–1914, später unter dem Titel *Der Dreißigjährige Krieg*; *Natur und Geist als die Wurzeln des Lebens und der Kunst*, 1914, neu hg. als: *Vom Wesen des Menschen. Natur und Geist*, 1922; *Der letzte Sommer*. Eine Erzählung in Briefen, 1910; *Luthers Glaube. Briefe an einen Freund*, 1916; *Alte und neue Gedichte*, 1920; *Entpersönlichung*, 1921; *Frühling in der Schweiz*. Autobiographische Darstellung, 1938; *Der lautlose Aufstand* (Über die deutsche Widerstandsbewegung), unvollendet. Bearb. und hg. von G. Weisenborn, 1953.

S c h ü l e r   G r u b e r : Karl Gruber: Geb. 9.6.1907, Trattenbach; gest. 26.9.1988, Wien. Lieblingsschüler Wittgensteins in Trattenbach. Nach seinem Schulabgang gab ihm Wittgenstein ein Jahr lang Privatunterricht im Hause Scheibenbauer, meistens von ca. 16 bis 19.30 Uhr. Hänsel prüfte Gruber zeitweise in Latein. Wittgenstein hatte die Absicht, Gruber in ein Gymnasium nach Wien zu schicken und ihn dort im Tagesschülerheim seiner Schwester Hermine unterzubringen. Davon war Gruber jedoch weniger begeistert, da er sich dabei als Empfänger von Almosen und dies als Demütigung empfunden hätte. Nach einem Jahr Privatunterricht bei Wittgenstein fühlte er sich von diesem „eingeengt" und erklärte, dass er nicht mehr weitermachen wolle. (Vgl. *Wünsche*, S. 150ff.). Gruber arbeitete später in einer Fabrik, doch in einem Brief an Wittgenstein vom 9.4.1924 schrieb er, dass es ihm dort nicht gefalle. (Vgl. *Hänsel*, S. 275)
Vgl. auch *Hänsel*, S. 53f. bzw. die Briefe Nr. 61 und 62, wo Wittgenstein Hänsel in seiner Absicht, Gruber in eine Mittelschule zu schicken, um Rat fragt und Hänsel ihm dann ausführlich antwortet.

d i e   W e i s s a g u n g e n   d e s   I s a i a s   n a c h   S c h l ö g l : Nivard Schlögl: Geb. 4.6.1864, Gaaden bei Mödling; gest. 25.6.1939, Wien. Österreichischer Bibelwissenschaftler, Priester und bis 1936 Professor für Altes Testament an der Katholisch-Theologischen Fakultät der Universität Wien. Schlögls Lebenswerk ging von der umstrittenen Konjekturalkritik und der biblischen Metrik aus, d.h. er war davon überzeugt, dass die Bibel in rhythmischen Einheiten verfasst wurde und dass moderne Übersetzungen dies auch berücksichtigen müssten. Seine Bibelübersetzungen (*dem deutschen Volke* gewidmet) verfasste er in diesem Sinne; diese wurden vom Vatikan am 16.1.1922 auf das Verzeichnis verbotener Bücher gestellt.
Vgl.: *Die Bücher der Könige:* übers. und erklärt von Nivard Schlögl. Wien: Mayer, 1904.
Vgl.: *Die Bücher Samuels.* Wien 1904.
Vgl. Nivard Schlögl: *Die heiligen Schriften des Alten Bundes*, 1922; *Das Buch des Propheten Jesaja aus dem kritisch hergestellten hebräischen Urtext ins Deutsche metrisch übers. u. erl.*, Wien 1915.
Vgl. auch: *Die Psalmen und Jesaja*, Wien 1915.

C o h e n : Hermann Cohen: Geb. 4.7.1842, Coswig (Anhalt); gest. 4.4.1918, Berlin. Deutscher Philosoph jüdischen Glaubens. Mit Paul Natorp gründete er die „Marburger Schule" des Neukantianismus, und suchte Kants Lehre zu einem logischen Systemidealismus weiterzubilden, indem er vor allem den Dualismus zwischen „Erscheinung" und „Ding an sich" beseitigte. Die politische Philosophie seines „ethischen Sozialismus" hatte großen Enfluss auf die deutsche Sozialdemokratie. In späteren Jahren entwickelte Cohen eine streng rationale Religionsphilosophie, gestützt auf das alttestamentarische Judentum.

Werke u.a.: *Kants Theorie der Erfahrung*, 1871; *Kants Begründung der Ethik*, 1877; *Kants Begründung der Ästhetik*, 1889; *System der Philosophie* (Bd. I: *Logik der reinen Erkenntnis*, 1902; Bd. II: *Ethik des reinen Willens*, 1904; Bd. III: *Ästhethik des reinen Gefühls*, 1912); *Der Begriff der Religion im System der Philosophie*; *Religion der Vernunft aus den Quellen des Judentums*, 1919; *Jüdische Schriften*, 3 Bde; *Schriften zur Philosophie und Zeitgeschichte*, 2 Bde.

D i e   R e l i g i o n   d e r   r e i n e n   V e r n u n f t   a u s   d e n   Q u e l l e n   d e s   J u d e n t u m s : Vgl. Hermann Cohen: *Religion der Vernunft aus den Quellen des Judentums*. Leipzig: Fock, 1919.

1922

S e n t r o u l : Vgl. Charles Sentroul: *Kant und Aristoteles*. Ins Deutsche übertragen von Ludwig Heinrichs. Kempten: Kösel, 1911.

d e r   R h a p s o d e : *Der Rhapsode Jordan*, entstanden im März 1870 (vgl. Ferdinand Kürnberger: *Gesammelte Werke*, Bd. 2, S. 66–85), ist eine Kritik an dem deutschen Dichter Wilhelm Jordan (1819–1904) und dessen auf vier Bände angelegtes Epos *Die Nibelunge*. (Frankfurt a.M.: W. Jordan's Selbstverlag; Leipzig: Volckmar 1867–1874). Die ersten 2 Bände, die die „Sigfridsage" enthalten, erschienen 1867 und 1868; die letzten zwei Bände behandeln „Hildebrants Heimkehr" (1874).

S c h l o ß b e r g : Der Grazer Schloßberg ist ein wuchtiger Fels aus Dolomitgestein und bildet den Kern des historischen Altstadt von Graz, der Landeshauptstadt der Steiermark in Österreich. Neben dem Uhrturm, einem der Wahrzeichen von Graz, findet man auf dem Schloßberg auch den Glockenturm, die Schloßberg-Kasematten, den Türkenbrunnen und eine Reihe kleinerer Kunstobjekte.

W o p f i n g : Ortschaft in Niederösterreich.

K ä r n t n e r s t r a ß e : Bekannte Geschäftsstraße in Wien im 2. Bezirk, wo sich auch die Oper befindet.

D i e   i c h   r i e f   d i e   G e i s t e r   […] : Vgl. „Die ich rief, die Geister, Werd ich nun nicht los." (Aus Goethes *Zauberlehrling*).

K a n t f e i e r : Aller Wahrscheinlichkeit handelt es sich um die 200-Jahr-Feier des Geburtstags von Kant (geb. 22.4.1724; gest. 12.2.1804). Hänsel schrieb dazu einen Aufsatz: „Ein ‚Denkmal' zum Kantjubiläum". In: *Hochland* 21, Bd. 2, April 1924, S. 90–102.

G r i l l p a r z e r - G e d i c h t e : Vgl. Franz Grillparzer: *Gedichte*. Stuttgart: Cotta, 1891.

H e i m a t   u .   W e l t : Vgl. Rabindranath Tagore: *Das Heim und die Welt*. Roman. Aus dem Englischen übertragen von Helene Meyer-Franck. München: Wolff, 1920.

b r a m a r b a s i e r t : bramarbasieren (geh. abwertend): prahlen, aufschneiden.

K u r t   W o l f f : Kurt Wolff (1887–1963) war ein deutscher Verleger, der den zu seiner Zeit wichtigsten Verlag für expressionistische Literatur in Deutschland gründete. Der Kurt Wolff Verlag existierte von 1913–1940 und ging aus dem Rowohlt Verlag hervor, dessen stiller Teilnehmer Wolff war, bis 1912 Ernst Rowohlt aus dem gemeinsamen Unternehmen aufgrund persönlicher Differenzen ausstieg. 1919 zog der Kurt Wolff Verlag von Leipzig nach München um. Das Verlagsprogramm umfasste zu der Zeit sowohl Weltliteratur als auch Lyrik und Dramatik. Bei Kurt Wolff erschienen auch Werke von Georg Trakl, u.a. Gedichte in der Reihe *Der Jüngste Tag* (1913). Knapp vor Weihnachten 1914 erschien Trakls Gedichtband *Sebastian im Traum*.

„ F r a u   v o m   M e e r e " : Vgl. Henrik Ibsen: *Die Frau vom Meer* (der norwegische Originaltitel ist: *Fruen fra havet*.) Schauspiel in fünf Akten, 1888 in München geschrieben und am 28. November 1888 im Verlag Gyldendalske Boghandel (F. Hegel & Sohn) in Kopenhagen und Kristiania in einer

Auflage von 10 000 Exemplaren erschienen. Am 12. Februar 1889 wurde das Schauspiel gleichzeitig an zwei Orten uraufgeführt: am Hoftheater in Weimar und am Christiania Theater.
Ibsen schrieb zu seinen ersten Aufzeichnungen u.a.: „Die Anziehungskraft des Meeres. Die Sehnsucht nach dem Meer. Die Menschen sind verwandt mit dem Meer. Möchten dorthin zurück. Eine Fischart bildet ein Urglied in der Entwicklungsreihe. Finden sich noch Rudimente im menschlichen Gemüt? Im Gemüt einzelner Menschen? Bilder vom pulsierenden Leben im Meer und vom ‚ewig Verlorenen'. Das Meer beherrscht die Macht der Stimmungen, eine Macht, die wie ein Wille wirkt. Das Meer kann hypnotisieren. Die Natur überhaupt kann es. Das große Geheimnis ist die Abhängigkeit des menschlichen Willens vom ‚Willenlosen'. [...]"

μ ε σ ό τ η ς : griech.: In der Mitte.

s e i n   N a c h t e r l e b n i s : Dieses „Nachterlebnis", das Wittgenstein auf einem Blatt Papier in Kurrentschrift festgehalten hat, wurde 1993 im Nachlass Rudolf und Elisabeth Koder aufgefunden und ist mittlerweile publiziert.[4] Wittgenstein berichtet darin von einem Traum, den er in der Nacht vom 12.1. auf den 13.1. 1922 gehabt hatte. Nach dem Erwachen aus diesem Traum sah er sich von Gott aufgefordert, beim Beten niederzuknien. Da er diesem „Befehl" nicht nachkam, hatte er das Gefühl, dass ein Nichtbefolgen von Gottes Befehlen ihn für immer unglücklich machen würde, er sozusagen „verloren" wäre. Vgl. dazu auch Hänsels kurzen Bericht in seinem Aufsatz „Ludwig Wittgenstein" in *Begegnungen und Auseinandersetzungen mit Denkern und Dichtern der Neuzeit*, abgedruckt auch in *Hänsel*, S. 242–247.

P f a r r e r s s c h w e s t e r : Nähere Daten nicht ermittelt.

P r ä d e s t i n a t i o n : Vgl. Wittgensteins Äußerungen zur Gnadenwahl aus dem Jahre 1937:
„Gnadenwahl: So darf man nur schreiben unter den fürchterlichsten Leiden – & und dann heißt es etwas ganz anderes. Aber darum darf dies auch niemand als Wahrheit zitieren, es sei denn, er selbst sage es unter Qualen. – Es ist eben keine Theorie. – Oder auch: Ist dies Wahrheit, so ist es nicht die, die damit auf den ersten Blick ausgesprochen zu sein scheint. Eher als eine Theorie, ist es ein Seufzer, oder ein Schrei." (MS 118 117v: 24.9.1937, zit. nach VB, S. 68). Vgl. auch:
„In der Religion müßte es so sein, daß jeder Stufe der Religiosität eine Art des Ausdrucks entspräche, die auf einer niedrigeren Stufe keinen Sinn hat. Für den jetzt auf der niedrigern Stufe stehenden ist diese Lehre, die auf der höheren Bedeutung hat, null & nichtig; sie *kann* nur *falsch* verstanden werden, & daher gelten diese Worte für diesen Menschen *nicht*.
Die Lehre z.B. von der Gnadenwahl, bei Paulus, ist auf meiner Stufe Irreligiosität, ein häßlicher Unsinn. Daher gehört sie nicht für mich da ich das mir gebotene Bild nur falsch anwenden kann. Ist es ein frommes & gutes Bild, dann für eine ganz andere Stufe, auf der es gänzlich anders im Leben muß angewandt werden, als ich es anwenden könnte." (MS 120 8: 20.11.1937, zit. nach VB, 71f.)

P r ä s z i e n z : Vorherwissen Gottes, das nach den Pelagianern mit der Prädestination verbunden ist.

b e t r o p e t z t : [wohl zu mundartl. tropfezen = tröpfeln] (österr. umgangssprachlich): bestürzt, sehr überrascht, sprachlos.

H i e r o n y m u s : Sophronius Eusebius Hieronymus: Geb. um 347, Stridon (Dalmatien); gest. 30.9.419/20, Bethlehem. Lateinischer Kirchenvater- und lehrer, Heiliger und Theologe der alten Kirche. Neben Ambrosius von Mailand, Augustinus und Papst Gregor I. einer der vier spätantiken Kirchenlehrer des Abendlandes.

S c h l u c k   u .   J a u . : *Schluck und Jau*: Komödie von Gerhart Hauptmann. Prolog und 6 Vorgänge; Verse und Prosa gemischt. Berlin: S. Fischer, 1900. Entstanden 1899 (Vorstufen: *Ein flämischer Kerl*, *Im Rautenkranz*, 1897–1898). UA 3. Februar 1900, Berlin, Deutsches Theater.

C a l d e r o n : Pedro Caldéron de la Barca: Geb. 17.1.1600, Madrid; gest. 25.5.1681, ebenda. Spanischer Dichter. Nach dem Tod von Lope de Vega 1635 übernahm er dessen Stelle als Hofdramatiker. Bereits zu Lebzeiten wurde er als der beste Dramatiker seiner Zeit anerkannt:

---

4 *Ludwig Wittgenstein. Licht und Schatten.* Ein nächtliches (Traum-)Erlebnis und ein Brief-Fragment. Hg. von Ilse Somavilla. Innsbruck: Haymon, 2004.

Werke u.a.: *La Vida es sueño* (Das Leben ein Traum); *El Purgatorio de San Patricio* (Das Fege-feuer des heiligen Patricius); *La Devoción de la Cruz*; *La Dama duende* (Dame Kobold); *El principe constante*. Schopenhauer nannte *La Vida es sueño* das philosophische Schauspiel par excellence.

d e n G r u b e r v e r l o r e n : Nach einem Jahr Privatunterricht bei Wittgenstein erklärte sein Schüler Karl Gruber, dass er nicht mehr weitermachen wolle. (vgl. Kommentar zu „Gruber").

K u n s t h i s t o r . M u s e u m : Das Kunsthistorische Museum ist ein bedeutendes Kunstmu-seum in Wien an der Ringstraße, gegenüber dem äußerlich fast gleich aussehendem Naturhistori-schen Museum.

T o t e n b r i e f e : Vgl. : Hermann Hefele: *Das Gesetz der Form: Briefe an Tote*. Jena: Diede-richs, 1919.

C a e s a r : Gaius Julius Caesar (100 v. Chr.– 44 v. Chr.)

N a p o l e o n : Napoleon Bonaparte, Napoleon I. (1769–1821)

D a n t e : Dante-Alighieri (1265–1321): Hauptwerk: *Divina Commedia*.

M i c h e l a n g e l o : (1475–1564)

H u g o W o l f f : Hugo Wolff: Geb. 13.3.1860, Windischgrätz; gest. 22.2.1903, Wien. Öster-reichisch-slowenischer Komponist und Musikkritiker. Wolff vertonte zahlreiche Gedichte, u.a. von Heinrich Heine, Eduard Mörike, Joseph von Eichendorff, Johann Wolfgang von Goethe, Paul Heyse und Emanuel Geibel, Michelangelo, Lord Byron, Hebbel, Ibsen, Lenau, Rückert, Shakes-peare. Weiters komponierte er Chorwerke, Orchesterwerke, Kammermusik.

L o r . V a l l a : Lorenzo Valla, auch Laurentius Valla, Lorenzo della Valle [latinisiert: Lauren-tius Vallensis]: Geb. um 1405/1407, Rom; gest. 1.8.1457, Rom. Italienischer Humanist, der als Begründer der modernen Textkritik gilt. Philosophisch vertrat Valla den Epirukeismus und wandte sich gegen das Ordensleben und das philosophische Denken der Scholastik. Er übte scharfe Kritik an der rationalistisch deduktiven Philosophie und schuf den Alternativentwurf einer neuen Philo-sophie auf der Grundlage einer – wörtlich verstandenen – „Philologie".
Werke u.a.: *Elegantiarum Latinae linguae libri VI* (Feinheiten der lateinischen Sprache); *Collatio Novi Testamenti* (textkritische Studien zum lateinischen Neuen Testament); *De falso credita et ementita Constantini donatione* (Schrift über die Unechtheit der Konstantinischen Schenkung); *De voluptate*; *De libero arbitrio*.

E r a s m u s v o n R o t t e r d a m : Erasmus (Desiderius) von Rotterdam (nannte sich seit 1496 Erasmus Desiderius): Geb. 27.10.1465 (oder 1469), Rotterdam; gest. 12.7.1536, Basel. Nieder-ländischer Humanist und Theologe. Bedeutender Philologe, Kritiker der weltlichen und geistli-chen Mächte und der erstarrten Scholastik. Pazifist, Fortführer der antiken und der mittelalterli-chen humanistischen Tradition im beginnenden Zeitalter des Konfessionalismus. Im Haus seines Freundes Thomas Morus in London eignete er sich das philologische Erbe Lorenzo Vallas an, um den Urtext der Bibel von späteren Entstellungen zu reinigen. 1504 edierte er Vallas philologische „Bemerkungen zum N.T." (Annotationes); 1516 gab er in Basel die erste Druckausgabe des grie-chischen Neuen Testaments heraus.
Hauptwerke u.a.: *Enchiridion militis Christiani*, 1503; *De libero arbitrio diatribe sive collatio*; *Adagia*, 1510–1535; *Encomium moriae* (Lob der Torheit), 1509 oder 1510; *Julius vor der ver-schlossenen Himmelstür*, 1513; *Institutio Principis Christiani* (Die Erziehung des christlichen Fürsten), 1515; *Novum Instrumentum omne, diligenter ab Erasmo Rot. Recognitum et Emendatum = Novum Testamentum*, 1516–1535; *Querela Pacis* (Die Klage des Friedens), 1517; *Colloquia familiaria*, 1518; *De libero arbitrio* (Vom freien Willen), 1524; *Dialogus ciceronianus*, 1528; *De civilitate morum puerilium*, 1530; *Apophthegmata*, eine Sammlung erbaulicher Anekdoten, 1533; *De conscribendis epistolis*; *De sarcienda ecclesiae concordia*, 1534; *De puritate ecclesiae chris-tianae*, 1536.

A r i o s t : Ludovico Arioso. Geb. 8.9.1474, Reggio nell' Emilia; gest. 6.7.1533, Ferrara. Ita-lienischer Dichter, bedeutender Epiker. Seine Komödien schrieb Arioso nicht in Latein, sondern in Italienisch, was für die damalige Zeit revolutionär war. Sein Hauptwerk *Orlando furioso* (Der rasende Roland, 1516–32) ist ein Epos in Stanzen und erschien zuerst in 40 Gesängen, wurde 1532 um weitere 6 Gesänge erweitert. Ariosto verknüpft darin die karolingische Rolandssage mit den Fabeln des Kreises der Tafelrunde um König Artus.

Weitere Werke: Komödien: *La Cassaria*, 1508; *I suppositi*, 1509; *Il negromante*, 1520; *La Lena*, 1528. Ariosto schrieb des weiteren Sieben Satiren (*Satire*, 1517–1525) und Lyrik (Oden und Sonette).

T h . M a n n , H e r r u n d H u n d : Vgl. *Herr und Hund.* [Eine Idylle] von Thomas Mann. Berlin: Fischer, 1919.

I d y l l e v o n T h o m a s M a n n : Wohl die Idylle *Herr und Hund* gemeint. Vgl. auch Thomas Mann: *Gesang vom Kindchen.* Idylle. Berlin: Fischer, 1928. 3. Auflage.

B e t r a c h t u n g e n e i n e s U n p o l i t i s c h e n : Vgl. Thomas Mann: *Betrachtungen eines Unpolitischen.* Berlin: S. Fischer-Verlag, 1918. Thomas Mann schrieb die *Betrachtungen eines Unpolitischen* von 1915 bis 1918. Im Gegensatz zu seinem Bruder Heinrich unterstützte Thomas Mann den Ersten Weltkrieg. Das Buch diente insofern zur Rechtfertigung und Abgrenzung seiner politischen Haltung. Schon kurz nach der Drucklegung distanzierte er sich allerdings von dieser frühen Phase seines Denkens.

„Traurig wie die Töne seiner Klarinette ..."

von

Ilse Somavilla

Liest man den Briefwechsel zwischen Hänsel und Wittgenstein aus den Jahren nach der Kriegsgefangenschaft bis ca. 1926, so erhält man folgenden Eindruck: ein ungefestigter, oftmals verzweifelter Wittgenstein, voller Fragen, Selbstvorwürfe und Ängste – ihm gegenüber ein ruhiger, ausgeglichener Hänsel, der seinem Freund Halt und Stütze zu bieten schien.

Die nun vorliegenden Tagebücher Hänsels ergeben ein anderes Bild: Man entdeckt, dass Hänsel an Grübeleien, Selbstanklagen und damit verbundenen inneren Qualen Wittgenstein in keiner Weise nachstand; es scheint vielmehr, dass sich die beiden Freunde weitaus ähnlicher waren als sich aus den bisher bekannten Briefen erahnen hätte lassen.

Dies betrifft die an Augustinus erinnernde ständige Auseinandersetzung mit der eigenen Sündhaftigkeit, die Schuldgefühle ob begangener Fehler, die meist nur in Versäumnissen bestanden, die Selbstzweifel und das Streben nach steter moralischer Verbesserung. Der Hang zum Bekenntnis – zur Beichte – der sich zum Teil durch die Tagebucheintragungen bot, doch damit kein Genügen fand, setzte sich im gegenseitigen Austausch des Bekennens der eigenen Schlechtigkeit fort.

Trotz der Gemeinsamkeiten im Streben nach unbedingter „Anständigkeit" kam es auch zu gravierenden Konflikten bis zu Streitigkeiten infolge von Meinungsverschiedenheiten, was bei Wittgenstein kein Einzelfall ist, sondern aus mehreren Berichten über seine kollegialen oder freundschaftlichen Kontakte bekannt. Hänsels detaillierte Aufzeichnungen geben jedoch auch Prozesse der gegenseitigen Annäherung – das Überdenken der eigenen Ansichten und die Bereitschaft zu deren Änderung – wieder.

Die Differenzen betrafen philosophische, vor allem aber religiöse Fragen, das heißt, die Diskrepanz zwischen Wittgensteins tolstojanisch geprägter Vorstellung einer religiösen Lebensweise und Hänsels Orientierung an strengen Dogmen der katholischen Kirche sowie seinem Bedürfnis nach Erklärungs- und Begründungsversuchen verschiedener Religionsphilosophen.

Wie Hänsel selbst schreibt, tendierte er zum Paradoxen, zum „Weiterdenken ins Absurde" hinein – in ähnlicher Weise wie Kierkegaard – , den Wittgenstein zwar schätzte und dem er geistig in vieler Hinsicht nahestand, dessen weitschweifende theoretische Erörterungen er jedoch mit kritischen Augen betrachtete. Hänsel aber benötigte das „intellektuelle Gottsuchen", die Metaphysik – im Gegensatz zu Wittgenstein, der diese aus der Philosophie ausklammern, über deren Fragen sich in Schweigen hüllen wollte. Obwohl Hänsel sich im Stillen eingesteht, dass Wittgensteins Einstellung zum Glauben in seiner kompromisslosen Art und Weise ernsthafter und ehrlicher als sein Bedürfnis nach Sicherheit sei, braucht er diese „rationalen Stützen", wie er sich ausdrückt, kann er nicht nur „gefühlsmäßig" glauben, sich sozusagen ohne Denken ins Ungewisse stürzen, wie Wittgenstein es vorschwebt und

191

was gerade bei diesem, aus dem *Tractatus* als nüchtern und rational analysierender Philosoph bekannt, befremdend anmutet. Doch bei näherer Betrachtung steht Wittgensteins Appell für einen intuitiven anstelle rationalem Zugang zu Glaubensfragen gar nicht so in Widerspruch mit dem Anliegen des *Tractatus*, die Metaphysik aus der Philosophie herauszuhalten. Denn innerhalb dieser, als Darstellung des klar Sagbaren und damit wissenschaftlich Erklärbaren, gibt es keinen Raum für Fragen, die sich einer Verbalisierung entziehen. Deshalb wehrt sich Wittgenstein gegen jegliche Form von rationaler Annäherung, wenn es um ethische und religiöse Fragen geht, überzeugt davon, diese niemals sinnvoll beantworten zu können. Seine distanzierte Haltung gegenüber diesem Bereich – sein Schweigen – resultierte jedoch nicht aus einer Flucht vor diesem, oder, wie Bertrand Russell ihm einmal unterstellte, aus einer bequemen Art, dem Denken auszuweichen. Im Gegenteil, je mehr Wittgenstein versuchte, diese Fragen auf rationale Weise zu klären, desto schmerzhafter machte er die Erfahrung des Scheiterns. Im Zuge seiner sprachanalytischen Untersuchungen von sinnvollen und sinnlosen Sätzen im *Tractatus* – wobei er bereits zwischen Sagen und Zeigen unterschied – wurde ihm bei Fragen ethischer und religiöser Thematik deren „Unsinnigkeit" bewusst, die sich in Sätzen darüber offenbare. Diese Unsinnigkeit sei charakteristisch für alle ethischen und religiösen Ausdrücke, wie er im *Vortrag über Ethik* betont, gleichzeitig aber seine Achtung für jeden Menschen ausdrückt, der versuche, „gegen die Grenzen der Sprache anzurennen."

Anstelle einer Theorie über Ethik versucht Wittgenstein mit der Beschreibung von persönlichen Erfahrungen sein Verständnis von Ethik und ethischen Werten darzustellen und nennt dabei drei Beispiele: das Staunen über „die Existenz der Welt" – im Gegensatz zu einem Staunen über etwas Sensationelles, noch nie Dagewesenes –, das Gefühl der absoluten Sicherheit im Gegensatz zur relativen Sicherheit, sowie das Schuldgefühl, welches ihn, wie erörtert, mit Hänsel verband.

Mit Hänsel diskutierte er auch Werte wie „das Gute", wovon er in seinen philosophischen Schriften sich weitgehend distanzierte, da sich seiner Ansicht nach ethische Werte nicht begrifflich festlegen, philosophisch erklären ließen. Dieses Gute, so Hänsel, war Wittgenstein der „Glückszustand"; es gebe drei Gruppen der ethischen Ziele:

> 1.) Ein zu erwerbendes Gut (konsekutiver Wert) irdischer oder jenseitiger Besitz
> 2.) Ein unmittelbar gegebenes Gut. Befriedigung des Triebes oder Ekstase (und das will W., auch die Musik ist ihm Rauschmittel, Versunkenheit, Zauber und sein Gutsein <u>ist</u> ihm Musik). Die 3. Gruppe verzichtet auf die Ziele als Güter des Besitzes oder des Zustandes, will <u>Ordnung</u>, Gesetz: Philister oder Kant. Ihr parallel eine 4. Gruppe will Vollkommenheit (Würde oder Heiligkeit) Motiv (Stolz).

Verglichen mit Wittgensteins Äußerungen über das Gute in seinen persönlichen und philosophischen Schriften lässt sich seine Vorstellung von „gut" in den folgenden drei Punkten fassen: 1. dem gegenwärtigen Glückszustand, wie er ihn in den *Tagebüchern 1914–1916* beschreibt und auch Hänsel gegenüber formuliert; 2. dem Streben nach Vollkommenheit im Sinne einer ethischen Lebensweise, was der von Hänsel festgehaltenen 4. Gruppe entspricht; 3. in religiöser Hinsicht auf

Gottes Pläne bzw. dessen Willen bezogen, der ohne Hinterfragung als „gut" zu sehen und zu akzeptieren sei.

„Wenn etwas Gut ist so ist es auch Göttlich. Damit ist seltsamerweise meine Ethik zusammengefasst", notierte Wittgenstein am 10.11.1929 in verschlüsselter Schrift im MS 107. (Zit. nach VB, S. 24)

Etwa ein Jahr später, bei seinen Gesprächen mit Moritz Schlick über die Deutung des Guten in der theologischen Ethik, meint Wittgenstein: „Gut ist, was Gott befiehlt." Dies sei die tiefere Auffassung des Guten, da sie den Weg einer Erklärung „warum" es gut ist, von vornherein abschneide, während der Satz „Das Gute ist deshalb gut, weil Gott es will" (nach Schlick die tiefere Deutung) seiner Meinung nach die flachere Deutung des Guten sei, da sie nach einer rationalistischen Begründung strebe. (Vgl. WWK, S. 115)

In weiteren Gesprächen mit dem Wiener Kreis über Werte bekundet er dieselbe Haltung gegenüber jeder Form von Begründung: „Was immer man mir sagen mag, ich würde es ablehnen, und zwar nicht darum, weil die Erklärung falsch ist, sondern weil sie eine *Erklärung* ist" (WWK, S. 116). Das Ethische könne man nicht lehren. Wenn er jemandem anderen erst durch eine Theorie das Wesen des Ethischen erklären könnte, so hätte das Ethische gar keinen Wert. (Vgl. WWK, S. 117)

Abgesehen von den ohnehin spärlichen Aussagen über das Gute verhielt sich Wittgenstein in der begrifflichen Festlegung und philosophischen Erörterung von Werten insgesamt äußerst vorsichtig. Dies gilt für alle Fragen ethischer und religiöser Thematik, wobei sich vom Anfang bis zum Ende seines Philosophierens die Spannung zwischen rationaler Erkenntnis und damit nicht zu beantwortenden Fragen und Versuchen einer Annäherung beobachten lässt. Dabei zeigt sich eine unterschiedliche Befassung mit dem „Unaussprechlichen" zwischen seinen philosophischen Schriften einerseits, und seinen persönlichen, tagebuchartigen Aufzeichnungen andererseits: Das heißt, eine Annäherung aus seinem persönlichen Erleben heraus – zumeist in Code geschrieben –, und eine Distanz innerhalb des philosophischen Diskurses, weshalb man von unterschiedlichen Textsorten im Oeuvre Wittgensteins sprechen kann. Aus Hänsels Tagebüchern geht hervor, dass zwischen ihm und Wittgenstein dessen persönlicher Zugang zur „Welt außerhalb der Tatsachen" zur Sprache kam. Da dieser nicht rationaler Art war, Hänsel jedoch im Glauben nach rationaler Begründung suchte, kam es zu den vorhin erwähnten, oftmals heftigen Kontroversen zwischen den beiden. Paradoxerweise verlangte gerade Hänsel, als sozusagen überzeugter Katholik, nach Beweisen im Glauben, während Wittgenstein – ein lebenslang Suchender und Zweifelnder – sich hinsichtlich des Glaubens ohne Hinterfragung blind hineinstürzen, den „Sprung ins Ungewisse" im Sinne Kierkegaards, wagen wollte. Ein Wagnis, das er einmal folgendermaßen beschrieb:

„Der ehrliche religiöse Denker ist wie ein Seiltänzer. Er geht, dem Anscheine nach, beinahe nur auf der Luft. Sein Grund/Boden ist der schmalste, der sich denken läßt. Und doch läßt sich auf ihm wirklich gehen." (MS 137 67b, 5.7.1948)

In seinen philosophischen Aufzeichnungen blieb er hingegen sachlich-nüchtern und zog die Grenze zwischen den Möglichkeiten wissenschaftlicher und ethisch-religiöser Aussagen bereits in den frühen Tagebüchern und im *Tractatus*. Seine Haltung gegenüber dem Glauben zeigt sich zu der Zeit als eine mystisch-pantheistische, offenbar von Schopenhauer und Spinoza geprägte. Nur in den auf den linken Seiten festgehaltenen Notizen der Kriegstagebücher wird allmählich eine christlich-religiöse Annäherung sichtbar, die wiederum auf den Einfluss von Tolstois Schrift *Kurze Darlegung des Evangelium* zurückzuführen ist und Wittgensteins Beziehung zum Glauben über Jahre hinweg bestimmt hat. Deutlich wird dies auch in Hänsels Tagebüchern der Kriegsgefangenschaft, also fünf Jahre, nachdem Wittgenstein auf Tolstois Schrift gestoßen war. Und Hänsel scheint der Erste gewesen zu sein, der mit Wittgenstein ausführlich Tolstois Interpretation der Evangelien diskutierte. Gedanken, die auf den Einfluss von Tolstoi zurückzuführen sind, fließen allmählich auch in die philosophischen *Tagebücher 1914–1916* ein. Sprach Wittgenstein einerseits noch von einem allen Wesen gemeinsamen Geist, und einem „fremden Willen", den zu erfüllen ein glückliches Leben verspricht, so wird dieser Wille nun mit Gott identifiziert. Diesen sieht er als Sinn der Welt, der jedoch nicht in der Welt, sondern außer ihr liegt. (Vgl. TB, 11.6.16) Von Tolstoi her rührt auch die Betonung auf dem Geist bzw. auf dem Streben nach einem Leben in der Erkenntnis. Sinnlichkeit wird bekämpft, und, wie auch bei Hänsel, verurteilt. Weitere wesentliche Aspekte, die bei Tolstoi vorkommen und in Wittgensteins philosophischen Tagebüchern behandelt werden, sind die Rechtfertigung eines guten und glücklichen Lebens (das gemäß dem „Willen des Vaters" ein vernünftiges Leben ist) – eines Lebens im Gegenwärtigen, außerhalb der Zeit. „Nur wer nicht in der Zeit, sondern in der Gegenwart lebt, ist glücklich", notierte Wittgenstein am 8.7.1916.

Soweit aus den verschlüsselten und auch philosophischen Tagebüchern der Kriegsjahre hervorgeht, verstand Wittgenstein unter einem glücklichen Leben das gute und ethische Leben, das er im Anklang an Dostojewski als „Zweck des Daseins" (6.7.1916) sah und das sich sozusagen von selbst rechtfertige – der „Not der Welt zum Trotz" (13.8.1916). Dass Wittgenstein dieses glückliche Leben im Guten und Schönen, also im ethischen und künstlerischen Leben (ähnlich Schopenhauer) gewährleistet sah, kommt auch in Hänsels Aufzeichnungen seiner Gespräche mit Wittgenstein zum Ausdruck: Wittgenstein sprach sogar von einem „Rauschzustand", den er offenbar beim Anhören von Musik verspürte, von Augenblicken, die er als „Goldkörner im Mist" bezeichnete – Augenblicke, die laut Schopenhauer den Menschen aus dem Zustand des Leids entheben können, da sie ihn als „reines Subjekt des Erkennens" von allen persönlichen Relationen zur Umwelt bzw. von triebhaften Äußerungen des Willens befreien und die Idee im Platonischen Sinne erkennen lassen, wobei sie dem ‚An sich' der Dinge näherkommen.

Wittgensteins bekannte Gabe zur Begeisterung, seine Leidenschaftlichkeit bis zum Dionysischen, hat Hänsel, wie auch Paul Engelmann[5], bereits sehr früh erkannt.

„Er ist durchaus lyrisch, liebt Rausch und Ekstase", notierte Hänsel am 22.6.1919.

---

5   „W. war der leidenschaftlichste Mensch, den ich gekannt habe, und durch die persönliche Kenntnis dieses Menschen habe ich die Worte der Bettina von Arnim, von der ich vorher schon überzeugt war, auch erlebt: Die Leidenschaft ist ja der einzige Schlüssel zur Welt." (*Wittgenstein – Engelmann. Briefe, Begegnungen, Erinnerungen*, S. 150)

Die Bedeutung intuitiver und künstlerischer Fähigkeiten für Wittgenstein geht auch aus Bemerkungen späterer Jahre hervor, und die bereits im *Tractatus* angesprochene Kritik an rationalen Erklärungen der Wissenschaften verstärkt sich. Trotzdem spielt sein Streben nach Klarheit hinsichtlich philosophischer Erkenntnisse weiterhin eine entscheidende Rolle und er gibt zahlreiche Beispiele für seine Untersuchungen über die Sicherheit unseres Wissens und unserer Aussagen darüber, wobei er Begriffe wie „Wissen", „Glauben", „Zweifel" und „Sicherheit" einer eingehenden Analyse unterwirft. Seine Aufzeichnungen über die Problematik von Gewissheit aus philosophischer Sicht erfolgten insbesondere in den letzten anderthalb Jahren seines Lebens: dabei führen seine Überlegungen auch zur Frage von Gewissheit in religiöser Hinsicht, die Hänsel in den Tagebüchern anspricht und die zwischen den beiden offenbar zu ausgedehnten Diskussionen führte.

In *Über Gewißheit* erörtert Wittgenstein den Begriff auf zwei Ebenen – in der Bedeutung von Gewissheit im allgemeinen bzw. alltäglichen Sprachgebrauch und in der Bedeutung in der Philosophie. Es war Wittgenstein klar, dass zwischen der Feststellung „Ich weiß, dass ...", wie sie beiläufig im gewöhnlichen Leben gebraucht wird, und dieser Äußerung, wenn ein Philosoph sie macht, ein Unterschied besteht, so wie es zwischen den Sätzen der Logik und den Sätzen von der Form der Erfahrungssätze einen Unterschied zu subjektiven Äußerungen eines einzelnen Menschen gibt. Deshalb auch seine lange und ausführliche kritische Auseinandersetzung mit George Edward Moore, der – als Befürworter des sogenannten „common sense" – von der Sicherheit einer Äußerung wie zum Beispiel „Ich weiß, daß das ein Baum ist" überzeugt war.

Wittgenstein jedoch konstatiert diesbezüglich einen entscheidenden Unterschied, ob diese Äußerung im alltäglichen Sprachgebrauch oder innerhalb einer philosophischen Diskussion erfolgt, wobei er Sokrates' Auffassung vom Wissen über das Nichtwissen nahe kommt. Im ersten Fall würde Wittgenstein die Äußerung als richtig und „vernünftig" akzeptieren, im zweiten Fall würde er sie anfechten, da sie einer erkenntnistheoretischen Fragestellung nicht genügt.

Moore's These über die Sicherheit unseres Wissens hinsichtlich sogenannter Binsenweisheiten kann laut Wittgenstein nicht als Wissen bezeichnet werden, sondern vielmehr als Ausdruck von Überzeugungen subjektiver Art, die jedoch jeglichen objektiven Wahrheitsanspruch entbehren. Viele Fälle dieser Überzeugungen stützen sich auf eigene Erfahrung und auf die von Mitmenschen, sowie auf Annahmen wie zum Beispiel die Annahme, dass die Erde schon viele Jahre vor unserer Geburt existiert habe; diese „erfahrungsmäßigen Begründungen" seien die Folge davon, „daß wir zu einer Gemeinschaft gehören, die durch die Wissenschaft und Erziehung verbunden ist." (ÜG, § 298)

Im Falle Hänsels könnte man seine religiöse Überzeugung auf seine streng katholische Erziehung zurückführen, doch bekunden seine Zweifel und sein Verlangen nach Sicherheit, dass eine solche Interpretation zu einfach und im Grunde nicht haltbar ist. Hänsel stellt vielmehr das Beispiel des nach rationalen Erklärungen und Beweisen strebenden Philosophen dar, der im Gegensatz zur „beruhigten Sicherheit" des unerschütterlich Glaubenden von noch „kämpfender Sicherheit" bestimmt wird. Aufgrund fehlender Antworten auf seine Fragen versucht er, sich auf die Worte der Bibel zu stützen bzw. die Dogmen der katholischen Kirche anzunehmen, sich in sie zu flüchten. Er kehrt somit – und dies wieder durchaus als Resultat seiner Erziehung – von der „kämpfenden" zu einer Art „beruhigten" Sicherheit zurück, über die Wittgenstein in seinen Aufzeichnungen über Gewissheit philosophiert, doch die nicht wirklich auf Hänsel zutrifft, da er dafür zu sehr in Reflexion verhaftet bleibt, ihm sozusagen eine Art Naivität für einen unhinterfragten, sogenannten blinden Glauben fehlt.

In der mit den Jahren zunehmenden Betonung auf „Praxis" kehrt Wittgenstein nicht nur hervor, dass Sprache durch Praxis bzw. Handlung bestimmt ist, sondern auch, dass Religiosität eine Haltung kennzeichne, die sich in einer bestimmten Lebensweise „zeigt". Voraussetzung dafür ist eine Sicherheit jenseits allen Zweifels, die jedoch nicht auf erkenntnistheoretischer Basis beruht. Hinsichtlich der Sicherheit vom Wissen bzw. der Gewissheit alltäglicher Erfahrungen kommt er in ähnlicher Weise nach endlos scheinenden Untersuchungen zu dem Schluss, dass es so etwas wie fundamentale Dinge geben müsse, über die man derart sicher ist, dass kein Zweifel mehr besteht. Denn sonst könne nichts mehr „wahr" oder „falsch" sein. Das Sprachspiel sei eigentlich nur möglich, wenn man sich auf etwas verlässt, was aber nicht heißen soll, dass man sich auf etwas verlassen kann. Dass Gewisses *in der Tat* nicht angezweifelt wird, gehöre zur Logik unserer wissenschaftlichen Untersuchungen. (Vgl. ÜG, § 342)

Wittgenstein unterscheidet nun zwischen der „beruhigten" und der „noch kämpfenden" Sicherheit. Die erste ist die des „vernünftigen", nicht-philosophischen Menschen, der sozusagen über gesunden Hausverstand verfügt und nicht von philosophischen Fragen gepeitscht wird. Diese beruhigte Sicherheit, die sich in der Feststellung „Ich weiß …" (und die Moore auch innerhalb der philosophischen Erörterung anwandte) äußert, stellt für Wittgenstein eine Lebensform dar, die aber nicht als der „Oberflächlichkeit" verwandt anzusehen sei, sondern als etwas „Animalisches" (ÜG, § 359). Sie ist der Unerschütterlichkeit eines Gläubigen zu vergleichen, dessen Lebensform von einem Nichtgläubigen nicht verstanden werden kann, in dessen Augen vielfach geradezu als „Torheit"[6] erscheint, jedoch aus Wittgensteins Sicht keineswegs als etwas Lächerliches abzutun ist. Während die beruhigte Sicherheit ihrem Charakter nach irrational ist, sucht die noch kämpfende Sicherheit nach rationaler Begründung und beunruhigt sozusagen den Geist. Anhand von zahlreichen Beispielen bzw. unterschiedlichen Situationen, in denen wir die Ausdrücke „ich weiß …" oder „ich glaube …" verwenden, untersucht Wittgenstein den Begriff der Sicherheit, kommt letztlich aber doch zu keiner befriedigenden Antwort, wenn es um eine alles erschöpfende Begründung geht. Denn: „Es ist immer von Gnaden der Natur, wenn man etwas weiß." (ÜG, § 505)

Auch das Gefühl der Sicherheit im religiösen Glauben ist von einer Art Gnade abhängig und beginnt dort, wo rationales Denken aufhört oder zu einem Ende kommen muss, da es keine weitere Begründung gibt. Es ist das im *Vortrag über Ethik* beschriebene Gefühl der absoluten Sicherheit im Gegensatz zur relativen Sicherheit, die sich auf den Tatsachenraum beschränkt, wo sinnvolle Aussagen gemacht

---

6   Vgl. *Vorlesungen und Gespräche über Ästhetik, Psychoanalyse und religiösen Glauben*, S. 81.

werden können. Die „beruhigte" Sicherheit, die, wie erwähnt, etwas Animalisches, Irrationales an sich hat, entspricht dem, was man einen blinden, instinktiven Glauben an etwas nennen könnte – in einem Bereich, wo alle Sprach-, Erklärungs- und Begründungsversuche scheitern.

Der Zusammenhang zwischen instinktivem und religiösem Glauben hinsichtlich des Begriffs der Sicherheit ist wiederholt feststellbar, wenn auch meist nur verborgen, in Form von Anspielungen:

> ich WEISS, daß dies mein Fuß ist. Ich könnte keine Erfahrung als Beweis des Gegenteils anerkennen. – Das kann ein Ausruf sein; aber was *folgt* daraus? Jedenfalls, daß ich mit einer Sicherheit, die den Zweifel nicht kennt, meinem Glauben gemäß handeln werde. (ÜG, § 360)

Und Wittgenstein fährt fort:

> Ich könnte aber auch sagen: Es ist mir von Gott geoffenbart, daß das so ist. Gott hat mich gelehrt, daß das mein Fuß ist. Und geschähe also etwas, was dieser Erkenntnis zu widerstreiten scheint, so müßte ich *das* als Trug ansehen. (ÜG, § 361)

Die Annahme eines solchen Wissens geht mit einer „Entscheidung" einher, der Entscheidung, mit Vertrauen zu glauben oder weiterhin zu zweifeln – so wie auch der religiöse Glaube eine Frage der Entscheidung sei. Einer Entscheidung zu einer Änderung der Lebensweise.

Zwischen den Worten „Wissen" und „Glauben" trifft Wittgenstein eine wesentliche begriffliche Unterscheidung. Während wir keine Gründe anzugeben brauchen, warum wir etwas glauben, erfordert die Äußerung „Ich weiß …" eine exakte Begründung durch den objektiv feststellbaren Beweis von der Unmöglichkeit eines Irrtums. Moore's Fehler sieht Wittgenstein deshalb darin, seinen Überzeugungen mit den Worten „Ich weiß, …" anstatt mit „Ich glaube, …" Ausdruck verliehen zu haben.

Der Schwierigkeit, Begriffe wie Sicherheit, Wissen und dergl. zu definieren, ist sich Wittgenstein bereits im alltäglichen Leben bewusst. Umso schwerer findet er es, den Glauben zu begründen, da am Grunde des begründeten Glaubens der unbegründete Glaube liegt (ÜG, § 253).

Das Problem liege vor allem darin, dass der Wissenschaftler stets nach Begründung fragt, es aber in wesentlichen Fragen keine Begründung, keine Erklärung gibt, somit die Schwierigkeit darin besteht, die Grundlosigkeit unseres Glaubens einzusehen. Da es nicht einmal möglich ist, sicher zu sein, warum sollte es dann möglich sein, „einen Grund zum *Glauben* zu haben?" (ÜG, § 373)

Der Unterschied zwischen Glauben und wissenschaftlichen Beweisen kommt insbesondere in Wittgensteins Einstellung zum religiösen Glauben zum Ausdruck, wo er von vornherein jegliche rationale Begründung ablehnt und stattdessen von einer religiösen Sicherheit – ähnlich Pascals Diskurs von der *logique du coeur*, dem Wissen und Erkennen des Herzens – spricht:

Wenn ich aber WIRKLICH erlöst werden soll, – so brauche ich *Gewißheit* – nicht Weisheit, Träume, Spekulation – und diese Gewißheit ist der Glaube. Und der Glaube ist Glaube an das, was mein *Herz*, meine *Seele* braucht, nicht mein spekulierender Verstand. Denn meine Seele, mit ihren Leidenschaften, gleichsam mit ihrem Fleisch & Blut muß erlöst werden, nicht mein abstrakter Geist. Man kann vielleicht sagen: Nur die *Liebe* kann die Auferstehung glauben. Oder: Es ist die *Liebe*, was die Auferstehung glaubt. (VB, S. 74f.)

Wittgensteins Erkenntnis der Grenzen rationaler Erklärung, sein „Wissen um das Nichtwissen", – die *docta ignorantia* – worin Parallelen zu Augustinus, Bonaventura, Nikolaus von Kues und anderen zu beobachten sind, erfährt eine Antwort durch die Liebe.

Sicherheit und Gewissheit im Glauben können demnach nur mit dem Herzen, nicht durch den Verstand erfahren werden.

Das Wort „glauben" habe, so Wittgenstein, in der Religion „furchtbar viel Unheil" angerichtet. Sage man anstatt „Glaube an Christus": „Liebe zu Christus", so verschwände „das Paradox, d.i. die Reizung des <u>Verstandes.</u>" (DB, S. 238f.)

Demnach scheint das Wort „denken" in Zusammenhang mit Glauben nicht das richtige Wort; im religiösen Glauben wird Denken völlig ausgeschaltet, in der allgemeinen Bedeutung des Wortes „Glauben" erfährt Denken eine Art „Abschwächung". Während Wittgenstein zwischen Glauben, Erwarten und Hoffen eine gewisse Affinität sieht, wird Denken hingegen als etwas Anderes, Eigenes betrachtet, der Glaube als ein „Farbton der Gedanken" beschrieben. (PU, § 578) Wittgensteins Hinweis, dass seine Bemerkung „Glauben ist nicht Denken" eine grammatische Bemerkung sei, stellt den Bezug zur Religion her. Wie auch Luther geschrieben hätte, dass die Theologie die „Grammatik des Wortes Gottes", der heiligen Schrift wäre (DB, S. 203), so bedeutet bei Wittgenstein die Grammatik mehr als bloße Grammatik der Sprache: wie der Ethik und der Logik, so geht es der Grammatik um das „Wesen der Dinge". Für Luther war der Glaube eine Sache des Herzens; Wittgenstein verwies darauf:

„Ich habe mich in meinem Herzen dazu entschlossen." Und man ist dabei auch geneigt, auf die Brust zu zeigen. Diese Redeweise ist psychologisch ernst zu nehmen. Warum sollte sie weniger ernst zu nehmen sein als die Aussage, der Glaube sei ein Zustand der Seele? (Luther: „Der Glaube ist unter der linken Brustzitze.") (PU, § 589)

Bezeichnend für Wittgenstein ist der häufige Hinweis auf Farben – auf Sinnliches, Irrationales – dies vor allem hinsichtlich des religiösen Glaubens, wo er immer wieder von der Leidenschaft des Herzens spricht. Während Wissenschaft und Weisheit für ihn kalt und tot sind, beschreibt er das Leben und die Religion als „farbenreich" und sieht diese, wie Kierkegaard, als „eine *Leidenschaft*" (VB, S. 106). Im Sinne Kierkegaards erfordert der religiöse Glaube nach Wittgenstein ein leidenschaftliches Sich-Entscheiden zu einem Bezugssystem, ein „leidenschaftliches Ergreifen *dieser* Auffassung" (VB, S. 125), das immer auch ein Wagnis, ein „Sprung ins Ungewisse" ist. Farben stehen nicht nur für Leidenschaft und Glauben, sondern auch für Bewegung, die damit eng zusammenhängt. In Wittgensteins Nachlass finden sich wiederholt Stellen, an denen er die Bedeutung von Bewegung bzw. von Veränderung betont – dies in philosophischer wie in religiöser Hinsicht: „Das Christentum sagt: Du sollst hier (in dieser Welt) – sozusagen – nicht sitzen, sondern gehen. [...]", notiert er am 27.2.1937 in sein Tagebuch und stellt sich die Frage, wie er durch dieses Leben ginge. Denn seine Arbeit sei „nur ein Sitzen in der Welt", er aber solle „gehen & nicht bloss sitzen" (DB, S. 207f.). Und an anderer Stelle notiert er, dass der Glaube „eine Bewegung der Seele zur Seeligkeit" sei. (DB, S. 219f.)

In seiner „Lobrede auf den Herbst" schreibt Kierkegaard:

> Der Herbst ist die Zeit der *Farben.*
> Was ist Farbe? Das ist, was bedeutet Farbe? Farbe ist die sichtbare Bewegung und Unruhe, so wie der Ton die hörbare ist.[...] Farbe ist Gegensatz, aber Gegensatz ist Unruhe, Bewegtheit, selbst wenn zwei Gegensätze noch so still einander gegenüberstehen, dies, daß es Gegensätze sind, ist Unruhe. So der Sommer, er ist Ruhe. Aber dann kommt der Herbst und mit dem Herbst die Leidenschaften, und mit den Leidenschaften die Unruhe, und mit der Unruhe die Farbe, und mit der Unruhe der Leidenschaft das Verändern und Wechseln der Farbe.[...][7]

Wittgensteins Leidenschaftlichkeit, seine Unruhe und sein Hang zu steter Veränderung sind bekannt: Wie Friedrich Waismann berichtet, hatte er „die Gabe, die Dinge immer wieder wie zum erstenmal zu sehen", stets der „Eingebung des Augenblicks" zu folgen und das niederzureißen, was er vorher entworfen hatte. (WWK, S. 26)

Bei Einsicht in Wittgensteins philosophische Manuskripte lässt sich ein unentwegtes Ändern in der Abfassung der Texte beobachten – eine besessene Suche nach dem richtigen, dem „erlösenden" Wort, dem treffenden Ausdruck, der ihm jeden Augenblick in anderer Form zu begegnen schien. Diese Suche war Teil seines Strebens, einem unerreichbar hohen Ethos gerecht zu werden.

Nach einer Diskussion mit Wittgenstein macht sich auch Hänsel Gedanken über den Aspekt der Bewegung im Gegensatz zu Stagnation, Wiederholung, Rückläufigkeit, und er zitiert Weininger aus dessen Kapitel über das Zeitproblem in der Schrift *Über die letzten Dinge*: „Es ist unethisch, dasselbe zweimal zu sagen".[8] Die rückläufige Bewegung sei die unethische Bewegung κατ' ἐξοχήν.

Bewegung, die Wittgensteins Denken und Schreiben lebenslang bestimmte, wird insbesondere in den *Philosophischen Untersuchungen* deutlich, wo er sich mit Aspektsehen und Aspektwechsel auseinandersetzt. Diese hängen mit Staunen im

---

7 Vgl. Sören Kierkegaard, „Lobrede auf den Herbst", aus dem Dänischen von Walter Methlagl, in: *Das Fenster*. Tiroler Kulturzeitschrift, 24. Jg., Heft 47 (Innsbruck: Haymon Verlag, Frühjahr 1990), S. 4646–4647.

8 Bei Weininger heißt es allerdings: „E s   i s t   u n s i t t l i c h ,   z w e i m a l   d a s s e l b e   z u   s a g e n ".

Sinne eines aufmerksamen, wachen Zugangs auf die Objekte der Betrachtung zusammen, an denen immer wieder neue Aspekte zu entdecken sind – je nach Perspektive, von der man sie betrachtet. Diese Sichtweise bzw. die Wahrnehmung der verschiedenen Aspekte (wobei jede neue „Entdeckung" einen Aspektwechsel bedeutet) setzt eine staunende Haltung gegenüber der phänomenalen Welt voraus. Sie birgt ein ethisches Moment, und liegt im weiteren Sinne auf derselben Ebene wie das im *Vortrag über Ethik* beschriebene „Staunen über die Existenz der Welt", das Wittgenstein als sein Erlebnis *par excellence* für das Verständnis des Ethischen nennt. Diese Betrachtung der Welt als Wunder wie überhaupt die Wahrnehmung von Wundern an selbstverständlich Gewordenem zeichnet die ethische Betrachtungsweise aus. Auch mit Hänsel spricht Wittgenstein über das Wunder, wobei Gedankengut aus dem *Tractatus* wie aus dem *Vortrag über Ethik* zutage tritt: So wird über das Wunder bzw. das Mystische der Welt „*daß* sie ist" (TLP, 6.44) diskutiert, wobei Hänsel bemerkt, dass ihn zwei Gespräche darüber mit Wittgenstein „erschüttern":

> Der Gedanke vom „logischen Raum", in dem auch alle Gegenstände der Metaphysik liegen müssen, trotz ihrer Paradoxie (durch die sie halb drinnen, halb draußen sind), bringt auch diesen Gegenständen gegenüber die Verwunderung neuerdings auf, die allen Dingen im irdischen Raum gegenüber staunt: *daß* sie sind. So auch kann man wieder staunen: *daß* die causa sui sei und das „Mystische" läge wieder darüber, so sehr man es begrifflich in die causa sui hereingezogen zu haben meint. – (Vgl. Hänsels Tagebücher, S. 56f.)

In einem zweiten Gespräch über die Wunder sind sich die beiden soweit einig, dass „alles Geschehen und Bestehen Wunder sei und die Kausalität nichts erkläre, daß also ein ‚Wunder', so wie es sich in eine höhere Regelmäßigkeit füge, andererseits wie alles Wunder sei." – Aber bei Hänsels Verteidigung des Überzeugungswertes der „Wunder" wirft Wittgenstein ihm „absichtliche Unklarheit" vor. Schließlich einigen sie sich auch hier – dass ein Wunder keine Beweiskraft habe, aber aufmerksam machen, einen Anstoß geben könne.

Wunder sei nur ein Wunder, wenn es als Geste, als Ausdruck verstanden werde, so Wittgenstein in einer Tagebucheintragung vom 6.5.1931, wo er über das Wunder auf der Hochzeit zu Kana resümiert. Nicht die Verwandlung von Wasser in Wein sei das Wunder, sondern Inhalt und Bedeutung dieser Handlung – der Geist, in dem dies geschah. Um das Wunder dieses wunderbaren Geistes zu empfinden, müsse man das Ganze dann auch in dem richtigen Geiste lesen. (Vgl. DB, S. 83f.)

Ähnlich verhält es sich mit der Betrachtung der „Welt *daß* sie ist", der Wittgenstein in einer Haltung des philosophischen Staunens begegnet. In dieser Betrachtung der Welt als Wunder wird diese für ihn eine Art Brücke zur Welt außerhalb des Tatsachenraumes und damit Ausgangspunkt zu einem Weltbild, das ohne religiösen Glauben für ihn keinen Sinn hat. Somit berührt der Blick auf die sichtbaren Erscheinungen der Welt den Blick auf das Nicht-Sichtbare: Die Auseinandersetzung mit der phänomenalen Welt wird zum Sprungbrett für ein Ahnen ethischer und religiöser Fragen – für das Gefühl einer religiösen Sicherheit, die sich verbaler Erfassung und philosophischer Gewissheit entzieht.

Trotzdem hat Wittgenstein diese religiöse Sicherheit nicht erreicht – es sei denn in Momenten extremer Ausnahmezustände wie denen während des Krieges im Angesicht des Todes, oder in der Erfahrung des Staunens, der Schuld und der Geborgenheit – Erfahrungen, wobei ihm das Ethische bewusst wurde bzw. „aufleuchtete", wie er es im *Vortrag über Ethik* beschrieben hat. Trotzdem schwebte ihm ein sogenannter „blinder Glaube" als ein – wenn auch unerreichbares – Ideal vor Augen; ebenso war er überzeugt, dass der Glaube durch Vernunft nie und nimmer zu erlangen und jeder Versuch rationaler Begründung zum Scheitern verurteilt ist. Nur in der Ausübung, der Lebensweise zeige sich der Glaube:

„Eine religiöse Frage ist nur entweder Lebensfrage oder sie ist (leeres) Geschwätz. Dieses Sprachspiel – könnte man sagen – wird nur mit Lebensfragen gespielt. Ganz ähnlich, wie das Wort ‚Au-weh‘ keine Bedeutung hat – ausser als Schmerzensschrei." (DB, S. 203)

Wie aus Hänsels Aufzeichnungen hervorgeht, diskutierte er mit Wittgenstein ausführlich das Problem des Glaubens. Trotz unterschiedlicher Ansichten lässt sich die Bereitschaft zu einem gegenseitigen Verstehen im Bemühen, die eigene Meinung zu überdenken, beobachten: So neigt Hänsel – wenn auch mit inneren Kämpfen – allmählich dazu, die Glaubenssätze nicht als das Wesentliche am Christentum zu sehen, während Wittgenstein, wie Hänsel feststellt, nach einer Konsolidierung seines Glaubens strebt, so wenig er es wahr haben will.

Ein Gespräch über Frömmigkeit und Spekulation führt zu dem Schluss, dass der Glaube fromm sei, der die Dogmen impliziert, ohne sie explizieren zu müssen, der nicht von der Liebe abkomme, der nicht abstrakt werde. „Wären nur Fromme gewesen, so wäre keine Orthodoxie. Denn Rechthaberei (Eitelkeit) steckt in der Rechtgläubigkeit. – Und darum auch ‚Eitelkeit‘ in ihren Sätzen, in ihren Versuchen, das Unbestimmbare in Begriffe zu drängen." (Vgl. Hänsels Tagebücher, S. 67)

Dies erinnert wiederum an Wittgensteins Gespräche mit dem Wiener Kreis in den 1930er Jahren, als er betonte, dass das Reden für die Religion nicht wesentlich sei, und er sich eine Religion denken könne, in der es keine Lehrsätze gebe, in der also nicht gesprochen werde. Denn das Wesen der Religion könne nicht mit dem Reden darüber etwas zu tun haben, oder: wenn geredet wird, dann nur als Bestandteil der religiösen Handlung, nicht als Theorie. (WWK, S. 117)

* * * * *

So unterschiedlich sich Hänsel und Wittgenstein in ihrem Zugang zum Glauben auch waren, verstanden und akzeptierten sie doch gegenseitig des Freundes Haltung. In einem Brief vom 30. August 1920 schickte Hänsel Wittgenstein Nikolaus von Kues' *Dialogus de deo abscondito* und bemerkte in seinem beiliegenden Brief u.a.: „Den Anfang und den Schluß des Dialogs fand ich prächtig. Und auch in der Mitte ist Grund hinter den Gründen. Ich meine, er gefällt Dir auch."[9]

„Grund hinter den Gründen" – damit sprach Hänsel direkt Wittgensteins mystische Haltung an, die in dessen Schweigen über das Verborgene im *Tractatus* sichtbar wird. Die von Hänsel verfertigte Abschrift des Dialogs enthält Unterstreichungen und Markierungen durch Wellenlinien, die laut Auskunft von Hänsels Sohn Hermann mit großer Wahrscheinlichkeit von seinem Vater stammen. Diese Unterstreichungen beziehen sich auf Stellen über das „Unaussprechliche" im Sinne Wittgensteins.

Wie weit der Wunsch, sich in Glaubensfragen dem Freund mitzuteilen, gegangen ist, zeigt des weiteren, dass Wittgenstein darauf bestanden haben soll, sein Exemplar von Lessings *Nathan* nach seinem Tode Hänsel zu vermachen.[10] In diesem Buch, das die beiden vermutlich während der Kriegsgefangenschaft miteinander gelesen haben, sind Wittgensteins Ansichten zu Fragen des Glaubens und einer ethischen Lebensweise auf indirekte, aber deutliche Art und Weise enthalten. Somit wollte er faktisch über seinen Tod hinaus seinem Freund ein Andenken hinsichtlich seiner Überzeugungen – *seine* Position des nicht rationalen Glaubens, wie es im *Nathan* exemplarisch dargestellt ist – hinterlassen.

Der gegenseitige Austausch von wesentlichen, existentiellen wie religiösen und moralischen Fragen war wohl die Folge von Gemeinsamkeiten in persönlicher Hinsicht – vor allem in dem an sich selbst gestellten hohen Ethos, das sie trotz aller Unterschiede (an Erziehung, Lebenserfahrungen und religiöser Auffassung) miteinander verband und das die Basis für das große Vertrauen bildete, das sie einander entgegenbrachten. So sprach Wittgenstein Hänsel gegenüber von seinem Wunsch, Mönch zu werden, doch von seiner Befürchtung, sich der Strenge einer Klostergemeinschaft nicht unterordnen zu können, weshalb er den Gedanken erwog, Volksschullehrer zu werden, was er nach der Gefangenschaft auch in die Tat umsetzte. Während seiner Zeit als Lehrer in Trattenbach vertraute er seinem Freund ein „nächtliches Erlebnis" an, das ihm offenbar sehr naheging und ihn lange Zeit beschäftigte. Er hätte das Gefühl gehabt, von Gott gerufen worden zu sein, sei diesem Ruf aber nicht gefolgt und hätte dabei in seinen Ängsten sich an Kierkegaards Schrift *Furcht und Zittern* erinnert.[11] Woraufhin er mit Hänsel über seine Feigheit, über das Beichtengehen usw. sprach, was in Hänsel wiederum Gedanken des Versagens – ganz in Wittgensteinscher Manier – auslöste:

---

9 Vgl. *Hänsel,* S. 30.
10 Auskunft von Frau Dr. Ingrid Hänsel. Vgl. dazu Wittgensteins Testament, wo er u.a. folgendes festhielt: „I MAKE the following gifts of specific articles or chattels namely: – To Dr. Ludwig Hänsel in Austria my volume of Lessing's Religious Writings."
11 Wie mittlerweile aus einer im Nachlass von Rudolf Koder aufgefundenen Tagebuchaufzeichnung Wittgensteins vom 13.1. 1922 bekannt ist, handelt es sich um einen Traum, nach dem er die Aufforderung verspürte, sich beim Gebet aufzusetzen. Da er dies jedoch unterließ, überkam ihn das Gefühl, dass Gott von ihm alles verlangen könne und er bei Nichtbefolgen für immer verloren sein würde. (Vgl. *Licht und Schatten,* S. 20f.)

„Was bin ich gegen ihn? Er kämpft und ich – krieche. Bin ich nicht schon unfähig zu solcher Entscheidung? Wie viel müßte bei mir weg, wenn ich rein werden wollte! Außen und innen weg! – Wittg. geht mit Widerstreben den Weg zur Kirche. Plagt sich mit dem Problem der weltlichen Darstellung des Geistigen, mit der Heuchelei der Gottesdiener und des Gottesdienstes: er könnte wie ein Advokat alle Kultformen, alle Kirchenbräuche verteidigen, alles lasse sich so auslegen, daß es nur gut zu achten sei – und er wisse trotzdem, es sei Schwindel. Früher wäre er gar nicht für die Frage zu haben gewesen." (Vgl. Hänsels Tagebücher, S. 107).

In der Folge führen die beiden Gespräche über den Sinn des Gebets, über Fragen der Prädestination und Präszienz:
Über die Frage der Willensfreiheit sind sie wiederum unterschiedlicher Ansicht. Während nach Wittgenstein Wille und äußeres Geschehen völlig ohne Zusammenhang sind, alles körperliche Geschehen nicht von uns abhängen, meint Hänsel, dass das Ja- und Neinsagen doch seine Wirkungen im Geist und im Körper habe, somit Taten bewirke oder verhindere.

Trotz Kränkungen von und Kritik an Wittgenstein bekennt Hänsel, dass er durch die Freundschaft mit ihm alle Halb-Autoritäten, alles Philiströse abgestreift, an Klarheit und Hebung des Gesichtspunktes gewonnen habe; von den Besuchen bei ihm im ländlichen Niederösterreich kehrt er „mit aller Kraft von Wald und Luft" zurück, das Erlebnis geistiger Anregung und Klarheit der Gedanken scheint mit der Reinheit der nächtlichen Luft eines zu sein. Ein anderes Mal, in der Klarheit eines Wintermorgens in Salzburg, zitiert Hänsel die Worte „Reiner Himmel in den Zweigen" aus dem Gedicht „Herbstseele" von Georg Trakl. Ob Hänsel mit Wittgenstein auch über Georg Trakl gesprochen hat, bleibt dahingestellt. Fest steht die Affinität in der Aufnahme von dessen dichterischer Gabe.[12] Wie aus einem Brief Wittgensteins an Ludwig Ficker hervorgeht, hielt er den „Ton" der Gedichte Trakls als den der „wahrhaft genialen Menschen", einen Ton, der ihn beglücke. Es war die Wahrhaftigkeit in Trakls künstlerischem Schaffen, in dessen Darstellung der Realität, die Wittgenstein ansprach, sowie Trakls Gabe, das Unaussprechliche sichtbar zu machen, implizit zu zeigen. Das Dunkle, nicht Erklärbare an Trakls Dichtung erkannte auch Hänsel und wies darauf hin, wobei er weitere Erklärungsversuche als nicht nötig erachtete.[13] Womit er ganz im Sinne Wittgensteins sprach.

Abgesehen von der Achtung vor dem Unerklärbaren verband Hänsel und Wittgenstein mit Trakl auch das Grüblerische, Schwermutsvolle, nie mit sich und der

---

12 Hänsel, der mit Georg Trakl sechs Jahre lang dieselbe Klasse am Gymnasium in Salzburg besuchte, war nach dessen Tod einer der Ersten, der versuchte, das Werk des Dichters einer systematischen Analyse zu unterwerfen. (Vgl. Walter Methlagl: „Ludwig Hänsels Beziehung zum Brenner", in: *Hänsel*, S. 362–372.)

13 „Die Dunkelheit gehört mit zum Eigentümlichen dieser Dichtung. Ich meine, daß wenige mit solcher Reinheit, so sehr ohne nachträgliches gedankliches Einspinnen, das, was in ihnen aufgestiegen ist, haben schauen und sagen können, wie er. Und dieses Individuelle muß unerklärbar bleiben." (Hänsel an Ludwig von Ficker, 21.2.1923. Zit. nach Methlagl in: *Hänsel*, S. 362.)

eigenen Tätigkeit Zufriedene. Die Melancholie, von Albrecht Dürer in seinem Bild „Melencolia I"[14] eindrucksvoll dargestellt, führte zu einem qualvollen Prozess im dichterischen Schaffen Trakls und in der Abfassung der philosophischen Gedankengänge Wittgensteins.

Die Arbeit an seinen Gedichten wurde Trakl zur „unvollkommenen Sühne": „Gefühl in den Augenblicken totenähnlichen Seins: Alle Menschen sind der Liebe wert. Erwachend fühlst du die Bitternis der Welt; darin ist alle deine ungelöste Schuld; dein Gedicht eine unvollkommene Sühne."[15]

Wie Trakl, war auch Wittgenstein von einer ständig wiederkehrenden Schwermut befallen – von einem Zustand der „Trübseligkeit", der ihn zeitweise an den Rand des Wahnsinns trieb.[16]

Das Gefühl geistiger sowie moralischer Unzulänglichkeit sowie der Unfähigkeit, die an sich selbst verhassten Schwächen zu bekämpfen, erstreckte sich bei Wittgenstein nicht nur auf die Zeit des Krieges, der Kriegsgefangenschaft und der Volksschullehrerzeit: Wie aus seinen Schriften hervorgeht, konnte er sich sein Leben lang nicht von einem Hang zur Vervollkommnung und der damit einhergehenden Sehnsucht nach einer inneren Wiedergeburt befreien. Auch Hänsel strebte unermüdlich nach Besserem, Höheren, obwohl ihm die Unerreichbarkeit seiner Ziele bewusst war; diese drohten ständig zu entgleiten. Die Worte, mit denen er 1922 die hier vorliegenden Tagebücher beschließt, könnten von Wittgenstein geschrieben worden sein:

Und ich? Formlos obwohl ich Form, strengste Form anerkenne. Haltlos, obwohl ich in der Schule gegen die Haltlosigkeit wettere. Bewußtlos, dem Augenblick preisgegeben, Ordnungslos. Aber meine Ordnung – würde sie nicht ein armseliges Philistertum (wie es übrigens auch meine Unordnung ist). Sie dürfte sich nie verwirklichen – wird es auch nicht. Sie muß unerreichbar sein (sonst verfiele ich, was ich mir aber doch nicht zutraue, der Zufriedenheit). Aber näher kommen sollte ich ihr, der obersten Ordnung.

Hänsel war allen verlässlichen Quellen nach auch der Erste, dem Wittgenstein Ende 1936 seine „Beichte" ablegte, die er nachher, aber erst Anfang 1937, anderen Freunden gestand. Während diese Beichte – mit Ausnahme eines Briefes an Paul Engelmann – nur in mündlicher Form erfolgte und uns lediglich durch Berichte von Zeitzeugen wie Rush Rhees, Fania Pascal u.a. bekannt ist, existieren einzig die Briefe an

---

14 Vgl. Albrecht Dürer: Melencolia I. Kupferstich, entstanden 1514. Der Titel „Melancholie" wird vielfach auf den Tod von Dürers Mutter zurückgeführt, die in dem Jahr starb, als das Bild entstand. Doch lässt der grüblerische Ausdruck der Dargestellten (Personifikation der Melancholie) auf die melancholische Grundstimmung im Prozess des Denkens und wissenschaftlichen Arbeitens schließen. Dürer selbst bezeichnete sich als grüblerisch, melancholisch; ähnlich Wittgenstein, war er von einem hohen Pflichtgefühl geprägt und litt ständig unter dem Gefühl, den sich selbst gestellten hohen Anforderungen nicht zu genügen. (Vgl. Wilhelm Waetzoldt, *Dürer und seine Zeit* (Königsberg: Kanter-Verlag 1942), S. 111–119.)

15 Georg Trakl, *Dichtungen und Briefe*, Historisch-kritische Ausgabe, herausgegeben von Walter Killy und Hans Szklenar, Band I (Salzburg: Otto Müller Verlag 1969), S. 463.

16 Vgl. *Denkbewegungen*, S. 193.

Ludwig Hänsel, in denen Wittgenstein ihn mit seinen, ihn vorher bereits über Jahre belastenden, vermeintlichen „Vergehen" konfrontiert, als zuverlässige Dokumente. Somit war Hänsel wiederum der erste Ansprechpartner für den Schritt zu einer Richtungsänderung, den Wittgenstein in seinem Leben erwog[17] – ähnlich wie nach der Erfahrung des Weltkriegs, als er sich für den Beruf eines Volksschullehrers auf dem Land entschied. Vielleicht spürte Wittgenstein, dass Hänsel den Geist verstand, in dem er diese Entscheidungen erwog: den Geist unbedingter Wahrhaftigkeit und Liebe, ohne die seine Beichte nur ein „ethisches Kunststück" (DB, 124) bzw. eine „klingende Schelle" wäre. In dieser Anspielung auf die bekannte Bibelstelle „und hätte der Liebe nicht"[18] lässt sich die Nähe zu Hänsels Denken eruieren, der 1919 mit dem Satz „Unum est necessarium"[19] seine Aufzeichnungen in Cassino beschließt.

Der Wunsch nach einem moralisch vollkommenen, ja mönchischen Leben bestimmte auch Hänsels Lebenseinstellung. Wie Wittgenstein, erwog er in jüngeren Jahren den Gedanken, ins Kloster einzutreten. Noch Jahre später machte er sich den Vorwurf, diesem Bedürfnis nicht nachgekommen zu sein: In seinem Gedicht „Ad primum" aus den während der Gefangenschaft geschriebenen Gedichten (Quaderno di „Gefangenenlyrik 1919 (II)") schreibt er u.a.:

„Warum ward ich nicht Mönch? Die Frage lebt noch immer. [...] Lebt bei allem Glück, das gütige Lieb' mir entzündet, [...}" (31.12.18)

Aus weiteren Gedichten, die Hänsel während der Kriegsgefangenschaft verfasste, sprechen Einsamkeit, Resignation und Wehmut über die vergangenen Jugendjahre sowie Traurigkeit über den seelisch-geistigen Niedergang der Deutschen und Österreicher. Er erfährt eine „Verstummung", wie sie zu der Zeit auch von Anderen durch die Erfahrung des Krieges empfunden wurde.[20]

„Ich bin so stumm im welschen Süden. Ich bin nicht froh, ich bin nicht traurig. Ich seufze nicht, ich kann nicht beten. Ich bin so stumm."

Die immer größer werdende Verzweiflung, verbunden mit dem Gefühl der Sinnlosigkeit seines Daseins, bestimmt weitere Gedichte, in denen er den Monte Cairo beschwört, sein Haupt mit Wolken zu verhüllen, da dies besser zu seinen Nöten und Zweifeln passe. Denn: „Wo verberg' ich meinen Schmerz?" (5. Juni 1919)

---

17 Vgl. Wittgensteins Notiz im MS 154 aus dem Jahre 1931: „Eine Beichte muß ein Teil des neuen Lebens sein."

18 Vgl. den ersten Brief Paulus' an die Korinther, 13.

19 Vgl. das 10. Kapitel bei Lukas über Jesu Besuch bei den Schwestern Martha und Maria, 42: „Eins aber ist not. Maria hat das gute Teil erwählt, das soll nicht von ihr genommen werden."

20 So wollte Rainer Maria Rilke z.B. die Veröffentlichung der *Duineser Elegien* aufgrund der damals empfundenen Verstummung noch „weit hinausschieben". Doch sandte er eine Abschrift davon an Wittgenstein – den „verwandten Geist" – als Ausdruck des Dankes für die ihm zugekommene Spende, und überzeugt davon, dass seine Gedichte an ihn insofern „draußen, im Feld, ihre Stimme nicht ganz verlieren" würden. (Vgl. *Ludwig von Ficker. Briefwechsel 1914–1925.* Hg. von Ignaz Zangerle, Walter Methlagl, Franz Seyr und Anton Unterkircher. Brenner-Studien Band VIII. Innsbruck: Haymon, 1988. S. 26f.)

Die Not – ob aufgrund der Kriegsjahre und der Entbehrungen danach, oder aufgrund des Gefühls moralischen Versagens – sahen Hänsel und Wittgenstein jedoch auch als Möglichkeit, die Eitelkeit – von Wittgenstein als schlechtester Charakterzug betrachtet – zu überwinden und damit Gott näher zu kommen: So trug Hänsel am 1. Oktober 1921 in sein Tagebuch folgende Zeilen ein:

> „Ich bin wahrscheinlich – wie ich bin – Gott in der Not immer noch näher als im Glück. Die Sorglosigkeit des Lebens würde nur meine Eitelkeit mit neuen Sorgen füllen."

Am 21.2.1937, also noch Jahrzehnte später, finden sich bei Wittgenstein Reflexionen ähnlicher Art: „ […] ich hoffe, dass die jetzige Traurigkeit & Qual die Eitelkeit in mir verbrennen möchten. Aber wird sie nicht sehr bald wiederkommen wenn die Qual aufhört?"

Und am 21.2.1937 notiert er in sein Tagebuch: „Die Leiden des Geistes los werden, das heißt die Religion los werden." (DB, S. 191.)

Wie Hänsels seelisches Befinden sich später entwickelte, wissen wir nicht: zwar gibt es Berichte von seiner Familie, von Freunden und Bekannten, die ihn als einen ruhigen, duldsamen, Ausgeglichenheit vermittelnden Mann schildern, doch wie es in seinem Inneren tatsächlich aussah, ob seine Zweifel und Selbstanklagen im Laufe der Jahre schwächer wurden oder bestehen blieben, bleibt eine offene Frage.

Sein Enkel, Peter Dal-Bianco, erinnert sich an dessen mit „puritanischer Strenge gepaarte Güte", und dass er häufig das Wort „Anständigkeit" gebrauchte[21]: „Anständigkeit" – ein Wort, das sich wie das Wort „Eitelkeit" immer wieder in seinen Tagebüchern findet und sich auch durch den ganzen Nachlass Wittgensteins zieht. Daraus resultierte eine auffallende Strenge, sowohl sich selbst als auch anderen gegenüber. Im Falle Wittgensteins ist dies aus Briefen und Berichten seiner Familie und Freunde bekannt. Der Hang, Anderen den Weg zu weisen bzw. sie zu einem „rechten und anständigen Leben" zu führen, ging bei Wittgenstein bis zur Einmischung in Fragen der Erziehung und Berufswahl (wie bei seinem Schüler Gruber und bei seinem Freund Arvid Sjögren). Im Falle Hänsels scheint dessen Tochter Maria – „Mareile" – die Ideale ihres Vaters in ethisch-religiöser Hinsicht in besonderem Maße erfüllt zu haben. Nach 33 Jahren als Ehefrau und Mutter von sieben Kindern entschied sie sich nach dem Tode ihres Mannes, in die Benediktinerinnen-Abtei des Klosters Nonnberg in Salzburg einzutreten, wo sie bis zum Ende ihres Lebens blieb. Damit steht sie nicht nur mit ihrem Vater, sondern auch mit Ludwig Wittgenstein hinsichtlich der Sehnsucht nach einem abgeschiedenen, spirituellen Leben in einer Reihe.

Das Gefühl, seinem hohen ethischen Anspruch nicht gerecht zu werden, sowie die Zerrissenheit zwischen philosophischer Skepsis und Ringen um den Glauben, waren vermutlich prägend für Wittgensteins innere Unruhe und Rastlosigkeit jener Zeit, und trugen bei zu seinen Selbstvorwürfen und Phasen der Verzweiflung.

---

21 Gespräch mit der Herausgeberin am 28.2.2008.

Hänsel bedauert, dass er seinem Freund „nichts sein kann", und „ihn nicht dahin führen kann", wohin er „selbst nur mit Unsicherheit schaue." Er bedauert Wittgensteins „Unkirchlichkeit und Dogmenlosigkeit als Stolz und Verirrung, aber mit dem Bewusstsein, dass dessen „Gründe klarer und reiner" seien als die seinen. Trotz aller Anregung empfindet er die Aufenthalte bei Wittgenstein „traurig wie die Töne seiner Klarinette".

Literaturverzeichnis

Augustinus: *Bekenntnisse*. Übertragen und eingeleitet von Herman Hefele. Jena: Diederichs, 1921.

Kierkegaard, Sören: *Entweder – oder*. In: *Gesammelte Werke*. Bd. 1. Düsseldorf: Diederichs, 1911.

Kierkegaard, Sören: *Furcht und Zittern. Die Wiederholung*. In: *Gesammelte Werke*. Bd. 3. Jena: Diederichs, 1909.

Kierkegaard, Sören: „Lobrede auf den Herbst". Aus dem Dänischen von Walter Methlagl. In: *Das Fenster*. Tiroler Kulturzeitschrift, 24. Jg., Heft 47. Innsbruck: Haymon Verlag, Frühjahr 1990, S. 4646–4647.

McGuiness, Brian: *Wittgensteins frühe Jahre*. Berlin: Suhrkamp, 1972.

Pascal, Blaise: *Gedanken*. Übersetzt, hg. und eingeleitet von Ewald Wasmuth. Stuttgart: Reclam, 1956.

Platon: *Sämtliche Dialoge*. In Verbindung mit Kurt Hildebrandt, Constantin Ritter und Gustav Schneider hg. und mit Einleitungen, Literaturübersichten, Anmerkungen und Registern versehen von Otto Apelt. 7 Bände. Hamburg: Felix Meiner Verlag, 1998.

Schopenhauer, Arthur: *Werke in zehn Bänden*. Zürcher Ausgabe. Hg. von Angelika Hübscher. Diogenes, 1977.

Somavilla, Ilse: „Aspekte philosophischer und religiöser Gewißheit bei Wittgenstein." In: *Wissen und Glauben. Knowledge and Belief*. Beiträge des 26. Internat. Wittgenstein-Symposiums in Kirchberg am Wechsel. Hg. von Winfried Löffler und Paul Weingartner. Kirchberg a. Wechsel: Österr. Ludwig-Wittgenstein Gesellschaft, 2003. S. 331–333.

Spinoza, Baruch de: *Die Ethik. Schriften. Briefe*. Hg. von Friedrich Bülow. Stuttgart: Kröner Verlag, 1955.

Tolstoi, Leo N.: *Kurze Darlegung des Evangelium*. Aus dem Russischen von Paul Lauterbach. Leipzig: Reclam, 1892.

Trakl, Georg: *Dichtungen und Briefe*. Historisch-kritische Ausgabe. Hg. von Walter Killy und Hans Szklenar. Salzburg: Otto Müller Verlag, 1969.

Weininger, Otto: *Geschlecht und Charakter: eine prinzipielle Untersuchung*. Wien; Leipzig: Braumüller, 1904.

Wittgenstein, Ludwig: *Philosophische Untersuchungen*. Werkausgabe Bd. 1. Frankfurt: Suhrkamp, 1984. (= PU)

Wittgenstein, Ludwig: *Tagebücher 1914–1916*. Werkausgabe Bd. 1. Frankfurt: Suhrkamp, 1984. (= TB)

Wittgenstein, Ludwig: *Tractatus logico-philosophicus*. Werkausgabe Bd. 1. Frankfurt: Suhrkamp, 1984. (= TLP)

Wittgenstein, Ludwig: *Vermischte Bemerkungen*. Hg. von G. H. von Wright unter Mitarbeit von Heikki Nyman. Neubearbeitung des Textes durch Alois Pichler. Frankfurt: Suhrkamp, 1994. (= VB)

Wittgenstein, Ludwig: *Vorlesungen und Gespräche über Ästhetik, Psychoanalyse und religiösen Glauben*. Zusammengestellt und herausgegeben aus Notizen von Yorick Smythies, Rush Rhees und James Taylor von Cyril Barrett. Deutsche Übersetzung von Ralf Funke. Düsseldorf und Bonn: Parerga, 1996. (= VG)

Wittgenstein, Ludwig: *Vortrag über Ethik und andere kleine Schriften*. Hg. und übers. von Joachim Schulte. Frankfurt: Suhrkamp, 1989. (= VüE)

Wittgenstein und der Wiener Kreis. Gespräche aufgezeichnet von Friedrich Waismann. Werkausgabe Bd. 3. Frankfurt: Suhrkamp, 1984. (= WWK)

Wittgenstein, Ludwig: *Über Gewißheit*. Werkausgabe Bd. 8. Frankfurt: Suhrkamp, 1984. (= ÜG)

Wittgenstein's Nachlass. The Bergen Electronic Edition. Bergen, Oxford: Oxford University Press, 2000.

Briefe, Tagebücher, Erinnerungsberichte

Drury, Maurice O'Connor: „Bemerkungen zu einigen Gesprächen mit Wittgenstein." In: *Ludwig Wittgenstein. Porträts und Gespräche*. Hg. von Rush Rhees. Frankfurt: Suhrkamp, 1992.

Ludwig von Ficker. Briefwechsel 1914–1925. Hg. von Ignaz Zangerle, Walter Methlagl, Franz Seyr und Anton Unterkircher. Brenner-Studien Band VIII. Innsbruck: Haymon, 1988.

Ludwig Hänsel – Ludwig Wittgenstein. Eine Freundschaft. Briefe. Aufsätze. Kommentare. Hg. von Ilse Somavilla, Anton Unterkircher und Christian Paul Berger. Innsbruck: Haymon, 1994. (= *Hänsel*)

Ludwig Wittgenstein. Briefe an Ludwig von Ficker. Hg. von G.H. von Wright unter Mitarbeit von Walter Methlagl. Salzburg: Otto Müller Verlag, 1969.

Ludwig Wittgenstein. Denkbewegungen. Tagebücher 1930–1932/1936–1937. Hg. von Ilse Somavilla. Innsbruck: Haymon, 1997. (= DB)

Ludwig Wittgenstein. Licht und Schatten. Ein nächtliches (Traum-)Erlebnis und ein Brief-Fragment. Hg. von Ilse Somavilla. Innsbruck: Haymon, 2004.

Wittgenstein – Engelmann. Briefe, Begegnungen, Erinnerungen. Hg. von Ilse Somavilla unter Mitarbeit von Brian McGuinness. Innsbruck: Haymon, 2006.

Rhees, Rush (ed.): *Ludwig Wittgenstein: Porträts und Gespräche*. Frankfurt: Suhrkamp, 1992. (= *Rhees*)

Editorische Notiz

1988 erhielt das Brenner-Archiv von Senator Vest-Rusan eine Schenkung von ca. 250 Briefen an Ludwig Wittgenstein, die Frau Charlotte Eder zufällig entdeckt und vor ihrer Vernichtung bewahrt hatte. Unter diesen Briefen befanden sich auch 32 Briefe von Ludwig Hänsel. Weitere Briefe waren noch im Besitz von Hänsels Sohn, Univ.-Prof. Dr. Hermann Hänsel, der Kopien zur Verfügung stellte, um eine Edition des Briefwechsels Hänsel-Wittgenstein vorzubereiten. Diese erschien 1994 und erstreckt sich über den Zeitraum von 1919 bis 1951; sie enthält 49 Briefe Hänsels und 121 Briefe Wittgensteins an Hänsel, sowie eine Auswahl von Briefen der Familie Wittgenstein und Freunde an Ludwig Hänsel.

Im Zuge der Forschungen über Wittgenstein und Hänsel wurden der Herausgeberin von Univ.-Prof. Peter Dal-Bianco, einem Enkel Hänsels, Tagebücher von seinem Großvater anvertraut, von denen nun die Teile Wittgenstein betreffend hier veröffentlicht sind. Es handelt sich dabei um vier, in Kurrentschrift verfasste Hefte im Format A5 aus den Jahren 1918/19 und 1921/22, die u.a. den Beginn und Verlauf von Hänsels Freundschaft mit Wittgenstein dokumentieren. Hänsel schrieb seine notizartigen Tagebücher vorwiegend mit Bleistift oder Druckbleistift, häufig in abgekürzter Form, an manchen Stellen in Kurzschrift, vereinzelt in Gabelsberger Kurzschrift. Um die Authentizität zu bewahren, wurden die Abkürzungen wie auch orthographischen oder grammatischen Fehler dem Original getreu belassen, ebenso die für die Zeit typische Rechtschreibung (z.B. „c" anstatt „k" wie in „concentrieren" oder „Concert" oder „gleichgiltig" anstatt „gleichgültig", „Slave" anstatt „Slawe"). Schwer oder nicht lesbare Stellen sind in eckiger Klammer gesetzt, bei Unklarheit auch im Einzelstellenkommentar erörtert. Auf Wunsch der Familie wurden sehr persönliche Aufzeichnungen Hänsels weggelassen, diese Stellen sind ebenfalls mit [...] markiert.

Kommentar

Dieser bezieht sich auf alle, für den Text erklärungsbedürftigen Stellen biographischer, zeit- und kulturgeschichtlicher, geographischer und bibliographischer Art. Berühmte Denker wie Platon, Aristoteles, Kant, Goethe usw. werden nicht kommentiert; weitere, dem gehobenen Durchschnittsleser an sich bekannte Philosophen wie Descartes, Berkeley, Nietzsche, Kierkegaard usw. sowie ebenso bekannte Schriftsteller wie Hugo von Hofmannsthal, Rainer Maria Rilke, Thomas Mann usw. werden lediglich mit Kurzbiographien kommentiert, auf detaillierte Ausführungen wird verzichtet. Biographische Details von in den Tagebuchnotizen erwähnten Kriegskameraden bzw. Mitgefangenen in Cassino, sowie von Kollegen Hänsels aus der Zeit der Lehrtätigkeit in Wien werden – von einigen Ausnahmen abgesehen – nicht kommentiert.

Das *Nachwort* stellt eine vorwiegend inhaltliche Ergänzung des Kommentars zu den Tagebüchern dar, und geht dabei in erster Linie auf die Beziehung Hänsel-Wittgenstein im Hinblick auf philosophische, vor allem ethisch-religiöse Aspekte ein, die die Gespräche der beiden Freunde bestimmten.

Dank

An dieser Stelle möchte ich allen danken, die am Zustandekommen dieser Edition beteiligt waren.

An erster Stelle sei Herrn Univ.-Prof. Dr. Peter Dal-Bianco gedankt, der mir vor Jahren die Tagebücher seines Großvaters Ludwig Hänsel zur wissenschaftlichen Bearbeitung mit dem Ziel einer Publikation anvertraute, und sich stets für ein Gespräch Zeit nahm, wann immer ich in Wien war.

Ebenso danke ich Frau Dr. Ingrid Hänsel, der Schwiegertochter Ludwig Hänsels, die sich in besonderem Maße für meine Arbeit engagiert hat, mit mir die Texte durchgegangen ist und dabei kritische Anregungen gegeben hat. Darüber hinaus stellte sie Briefe, Fotos und Bilder zur Verfügung, die ich in den nun vorliegenden Band aufgenommen habe.

Besonderer Dank geht an Frau Elisabeth Usenik †, die die Kurrentschrift in lateinische Schrift übertragen hat.

Herrn Mag. Hans Prantl † danke ich für seine Hilfe bei der Kollationierung der Texte.

Für Auskünfte, den Kommentar betreffend, danke ich auch Herrn Dr. Siegfried Kamm, für die engagierte Betreuung im Haymon Verlag Frau Anna Stock.

Zuletzt sei noch Herrn Univ.-Prof. Dr. Walter Methlagl, Univ.-Prof. Dr. Allan Janik und Univ.-Prof. Dr. Johann Holzner, sowie den MitarbeiterInnen des Brenner-Archivs gedankt.

Ilse Somavilla   Innsbruck, Mai 2012

Bildnachweis

Umschlagbilder vorne	Ingrid Hänsel, Wien
Umschlagbild hinten	Peter Dal-Bianco, Wien
Seite I, alle	Sergio Saragosa, Caira
Seite II, alle	Bildarchiv Foto Marburg – Deutsches Dokumentationszentrum für Kunstgeschichte
Seite III, alle	Bildarchiv Foto Marburg – Deutsches Dokumentationszentrum für Kunstgeschichte
Seite IV, alle	Peter Dal-Bianco, Wien
Seite V, alle	Peter Dal-Bianco, Wien
Seite VI, beide oben	Peter Dal-Bianco, Wien
Seite VI, unten	Ingrid Hänsel, Wien
Seite VII, oben	Ingrid Hänsel, Wien
Seite VII, unten	Forschungsinstitut Brenner-Archiv, Innsbruck
Seite VIII, beide oben	Elisabeth Windischer, Innsbruck
Seite VIII, unten	Ingrid Hänsel, Wien
Seite IX, oben	Elisabeth Windischer, Innsbruck
Seite IX, unten	Andreas Sjögren
Seite X, alle	Österreichische Ludwig Wittgenstein Gesellschaft, Kirchberg am Wechsel
Seite XI, alle	Österreichische Ludwig Wittgenstein Gesellschaft, Kirchberg am Wechsel
Seite XII, alle	Österreichische Ludwig Wittgenstein Gesellschaft, Kirchberg am Wechsel

Namenregister

Adam: 71, 160
Akademia: 100, 184
Alighieri, Dante: 109, 189
Altenberg, Peter: 78, 164
Amalthea Verlag: 92, 105, 176
Ambrosius von Mailand: 86f., 180, 188
Andersen, Hans Christian: 27, 34, 57, 126, 152
Angermüller, Ferdinand Franz: 20, 41, 116
Annat, François (Père Annat): 71, 158, 160
Ariosto, Ludovico: 109, 189f.
Aristoteles: 59, 69, 104, 151, 174, 187
Arnauld, Antoine (Père Arnauld): 71, 158f.
Arnim, Bettina von: 28, 126, 194
Attems, Prinz von: 58, 153
Augustinus, Aurelius: 7, 42, 49ff., 53, 59f., 69, 71, 73, 94ff., 134, 143, 156, 159f., 178ff., 188, 191, 198

Bacon, Francis: 69, 156
Balzac, Honoré de: 22, 119
Bang, Hermann: 26, 33, 124
Barrès, Maurice: 27f., 125, 144
Bauch, Bruno: 92, 174f.
Baudelaire, Charles: 24f., 31, 123f., 128
Baumbach, Rudolf: 88, 172
Beda, Venerabilis: 95, 180
Beethoven, Ludwig van: 25, 30, 48, 142
Benedikt, von Nursia: 17, 36, 43, 54, 113, 132
Benediktiner: 113, 134f., 180, 182
Benediktinerinnen: 113, 206
Bergson, Henri: 92, 169, 175f.
Berkeley, George: 20, 116f., 137, 210
Bernhardt, Sarah: 61, 127, 155
Beuroner: 17, 43, 114, 135
Bierbaum, Otto Julius: 25, 123, 169
Birger, ? (Schüler): 169
Birger, ? (Vater): 88, 106
Birger, ? (Mutter): 86, 169

Boccaccio, Giovanni: 34, 130, 171
Bolzano, Bernhard: 97, 99f., 102, 182, 184
Bonaparte, Napoleon: 77, 87, 95, 109, 125, 189
Bonaventura: 198
Brenner: 86, 92, 124f., 165, 168f., 171, 175, 181, 203
Browning, Elizabeth Barrett: 28, 126
Browning, Robert: 126
Busch, Wilhelm: 50, 145f.

Caesar, Gaius Julius: 109, 189
Caldéron, de la Barca: 108, 188f.
Chamisso, Adelbert: 57, 152
Chrysostomus (Johannes von Antiochien): 71, 159f.
Claudel, Paul: 31, 125, 128f.
Cohen, Hermann: 103, 185ff.
Comte, Auguste: 59, 154
Corneille, Pierre: 52, 148

Dal-Bianco, Peter: 8, 148, 206, 210, 212
Dallago, Carl: 92, 168f., 175
Daudet, Alphonse: 21, 117
David, Hl.: 18, 33, 115
David-Néel, Alexandre: 44, 137
Dehmel, Richard: 25, 87, 97, 122f., 169, 181
Dekker, Eduard Douwes (Multatuli): 69f., 157
Demokrit: 35, 117
Denis, Saint (Dionysius von Paris): 73, 128, 160f.
Descartes, René: 20, 95, 116f., 139, 210
Dominikaner: 70, 73, 128, 143, 159, 169
Dostojewski, Fjodor: 7, 53, 77, 89ff., 93, 96, 102, 138f., 149f., 167, 172ff., 177, 194
Iwanowna, Aglaja: 91
Karamasoff, Aljoscha: 85, 90, 172

Myschkin, Fürst: 85, 89f., 93, 95
Raskolnikow: 97
Smerdjakóff, Pawel: 90, 173
Drahtbauer (Trathbauer bzw. Schratt):
    102, 186
Draht, Christine (Trathbäuerin): 90,
    173
Drobil, Michael: 50, 52f., 55, 58, 67f.,
    74, 89, 146ff., 172
Drury, Maurice O'Connor: 8, 138f.,
    147, 149, 153, 163
Dürer, Alfred: 121, 204
Duse, Eleonore: 29, 127

Ebner, Ferdinand: 9f., 87, 92, 99,
    168–171
Ebner-Eschenbach, Marie: 50, 129
Eccles, William: 10
Einstein, Albert: 104
Einundzwanziger: 21, 45, 50, 52, 117
Elisabeth, Kaiserin von Österreich: 23,
    120
Engelmann, Paul: 8, 11, 137f., 146ff.,
    164f., 169, 182, 185, 194, 204
Erasmus, von Rotterdam: 109, 177,
    189
Esser, Thomas: 86, 169
Euripides: 75, 106, 182

Fabre, Jean-Henri: 77, 163
Fackel: 77f., 124, 142, 145, 164, 168
Federer, Heinrich: 33, 130
Feuerbach, Anselm: 121
Feuerbach, Ludwig: 43, 134
Ficker, Ludwig von: 8, 120, 125, 137,
    146, 165, 168, 170f., 203
Fiedler, Konrad: 24, 121
Fioretti: 36, 132
Fischer, Wilhelm: 69, 157
Flaubert, Gustave: 22, 31, 41, 118f.,
    128
Franz, von Assisi: 49, 89, 132, 144
Frege, Gottlob: 7, 10, 44, 68, 106, 135,
    137, 140, 183
Freytag, Gustav: 21, 118

Galiläer: 18, 115
Galilei, Galileo: 73, 117, 161
Gallitzin, Amalie Fürstin von: 85, 167
Genesis: 96
Genoveva von Brabant: 30, 128, 142
Genoveva von Paris: 30, 123, 128
Gide, André: 29, 125, 127
Ginzkey, Franz: 49, 144
Gobineau, Arthur de: 49, 69, 144, 157
Goethe, Johann Wolfgang von: 9, 15,
    22, 28, 33, 36, 47f., 90, 92f., 109,
    113, 119, 126f., 129, 138, 140f.,
    147, 150, 167f., 176, 178f., 182,
    187, 189, 210
Göschen: 20, 115
Gregor der Große, Papst Gregor I.: 36,
    41, 113, 128, 188
Grillparzer, Franz: 106, 146, 151, 181,
    187
Grimm, Jakob und Wilhelm: 44, 138
Gruber, Karl: 103, 108, 186, 189, 206
Grünewald, Matthias: 12, 24

Habsburger: 78
Hadina, Emil: 42, 134
Haeckel, Ernst: 44, 136
Haecker, Theodor: 86, 88, 92, 168f.,
    171, 181
Hahn, Hans: 100, 183f.
Hahn, Olga: 183
Hamsun, Knut: 100, 127, 183
Handel-Mazetti, Enrica: 46, 141
Hänsel, Anna geb. Sandner: 9, 86, 92,
    106, 109, 114, 140, 157, 163, 166,
    168
Hänsel, Anna verh. Krenn: 85f., 89,
    95, 108, 166
Hänsel, Hermann: 85f., 89, 93, 148,
    166, 202
Hänsel, Ingrid geb. Hacker: 162, 166f.,
    202, 212
Hänsel, Johanna (Schwester): 98, 153,
    163, 182
Hänsel, Maria verh. Dal-Bianco (Toch-
    ter): 85f., 89, 101, 166f., 206

Hänsel, Maria geb. Oberwöger (Mutter): 98, 153
Hauptmann, Gerhart: 108, 152, 171, 188
Quint, Emanuel: 55, 152
Hebbel, Christian Friedrich: 48, 68, 128, 142, 189
Hefele, Herman(n): 94, 96, 109f., 178, 189
Herder, Johann Gottfried: 92, 140, 167, 176, 178
Hesse, Hermann: 33, 129, 157
Hieronymus, Sophronius Eusebius: 107, 180, 188
Hiob: 87f., 171
Hochland: 106, 125, 178, 187
Hofmannsthal, Hugo von: 24, 41, 108, 120, 133, 210
Höfler, Alois: 20, 44, 47, 60, 91, 105, 115f., 184
Hohenlohe, Prinz: 25, 33, 43, 58, 122
Holbein, Hans d. J.: 93, 177
Homer: 50, 68, 72, 95, 106, 160, 163
Holzner, Johann: 212
Huch, Ricarda: 102, 138, 169, 186
Hugo, Victor: 100, 118f., 163, 183
Hume, David: 24, 44, 46, 91, 117, 137, 179
Husserl, Edmund: 92, 105, 169, 175, 183
Huysmans, Joris-Karl: 24, 27, 31, 33, 89, 121, 130, 172

Ibsen, Henrik: 25, 29f., 58, 106, 124, 127, 153, 181, 187f.
Gynt, Peer: 58, 97, 153
Iphigenie: 97, 181f.
Isaias / Jesaja: 95, 103, 180

Jacobsen, Jens Peter: 26, 28, 124, 126
Janik, Allan: 212
Jansen, Cornelius (Jansenius): 71, 158
Jeremias: 25, 122
Jesuiten: 70f., 73, 158ff., 170
Johannes Hl.: 18, 20, 23, 28, 55f., 86f., 114, 152, 168f., 171

Johannes XXII., Papst von Avignon: 29, 127
Johnson, William Ernest: 10

Kaiser, Georg: 97, 181
Kaiserjäger: 68, 156
Kamm, Siegfried: 212
Kant, Immanuel: 17f., 19–22, 24, 33–36, 41ff., 45f., 52, 58f., 69, 74, 91–95, 97, 102, 104f., 107, 116f., 121, 131, 133, 140, 153ff., 174f., 179, 182, 187, 192, 210
Karl I., Kaiser von Österreich: 96, 181
Karl VI., König von Frankreich: 29, 127
Keller, Gottfried: 44, 50, 54, 72f., 74, 90, 138, 144, 148, 151, 160f.
Kellermann, Bernhard: 21, 118f.
Kempis, Thomas von (Hemerken, Thomas): 87, 170
Keynes, John Maynard: 10
Kierkegaard, Sören: 45, 54f., 68, 92, 96, 99f., 120, 138f., 150, 156, 168f., 171, 181, 191, 193, 198f., 202, 210
Klopstock, Friedrich Gottlieb: 44, 135
Kokoschka, Oskar: 24, 122
Kraus, Karl: 25f., 53, 59, 72, 77f., 86, 103, 124f., 137, 140, 145, 155, 164, 168
Kues, Nikolaus von: 198, 202
Kügelgen, Wilhelm von: 33, 129f.
Külpe, Oswald: 18, 36, 41, 57, 92, 114, 133, 152
Kürnberger, Ferdinand: 50, 104, 145, 187

Lagerlöf, Selma: 26, 125
Lauterbach, Alexander: 19, 53, 115
Lazarus: 54
Leibniz, Gottfried Wilhelm: 71, 77, 159, 164, 171
Leitner, Robert: 52, 57, 148
Lenz, Peter (Pater Desiderius OSB): 43, 114, 134f.
Lessing, Gotthold Ephraim: 53, 59, 70, 75f., 115, 140, 150f., 154, 158, 162, 202

Nathan: 76, 101, 162, 202
Literarisches Echo: 87f., 169
Locke, John: 20f., 23, 69, 116f., 137
Loos, Adolf: 10, 78, 122, 137, 140,
    164f., 168
Lukas, Hl.: 23, 165, 205
Luther: 20, 109, 115, 198

Mann, Thomas: 49, 69, 109f., 123f.,
    129, 143f., 190, 210
    Buddenbrook, Hanno: 26, 124
    Buddenbrook, Franz: 26
    Buddenbrook, Thomas: 33, 124
Matthäus, Hl.: 18, 35, 55, 155, 179f.
Maupassant, Guy de: 18, 21f., 35, 114,
    118, 155, 179f.
Maurras, Charles: 59, 154
Mechthild, von Magdeburg (Hl.): 30,
    128
Meinong, Alexius von: 44, 69, 91, 103,
    105, 115, 136
Messer, August: 18, 20, 114, 116
Methlagl, Walter: 125, 168, 203, 212
Meyer, Conrad Ferdinand: 49, 144, 148
Michelangelo: 109, 189
Mill, John Stuart: 46, 69, 140, 157
Molina, Luis de: 71, 159
Molinisten: 73
Moore, George Edward: 10, 135, 139,
    141, 172, 195ff.
Mörike, Eduard: 51f., 126, 146–149,
    189
Mozart, Wolfgang Amadeus: 52, 57,
    59, 68, 147f., 153, 155f.
Müller, Hans: 93, 176

Natorp, Paul Gerhard: 101, 185, 187
Nelson, Leonard: 91f., 105, 174
Neurath, Otto: 99, 183f.
Neururer, Alois: 90, 103, 107, 173
Nibelungen: 106
Nietzsche, Friedrich: 25, 29, 41, 71f.,
    74f., 102, 106, 109, 144, 160, 162,
    179f., 182, 210
Nikodemus: 18, 20, 114
Noah: 72, 160

Ohnet, Georges: 77, 164
Ovid: 24, 57, 68, 121, 127

Pannwitz, Rudolf: 96, 110, 180
Parak, Franz: 8, 53f., 116, 139, 150
Pascal, Blaise: 70f., 73, 157–160, 197
Pascal, Fania: 204
Paul, Jean: 94, 177
Paulus, Hl.: 60, 162, 179, 188, 205
Patrizius: 33
Petrus, Hl.: 36, 108
Pflanzl, Otto: 52, 149
Pfliegler, Michael: 10, 143, 171
Pharao: 72, 160
Philosophische Gesellschaft: 9, 99f.,
    115, 184
Pichler, Adolf: 49f., 144f.
Pilatus: 33
Pinsent, David: 10, 141, 172
Platen, Karl August von Platen-Haller-
    münde: 47, 141
Plato: 35, 41, 90f., 131, 133, 153, 194,
    210
Plautus, Titus Maccius: 75, 162
Prantl, Hans: 212
Puvis de Chavannes, Pierre Cécile: 25,
    123

Raabe, Wilhelm: 33, 130
Renan, Ernest: 55, 76, 151f., 162
Rhees, Rush: 146, 168, 204
Rilke, Rainer Maria: 24–28, 31, 41, ·
    120, 126, 128, 165, 210, 205
    Malte, Laurids Brigge: 24, 26f.,
    29ff., 33, 120, 128
Rosa, von Lima: 30, 128
Rousseau, Jacques: 69, 77, 92, 156, 158
Rundschau: 52, 148
Russell, Bertrand: 7, 10, 44, 60, 68f.,
    70, 74, 91, 135, 137f., 140, 155, 192

Saar, Ferdinand von: 50, 145
Savonarola, Garolamo Hieronymus: 49,
    69, 143f., 152, 157
Scheibenhauer, Johann ?: 90, 102, 173,
    186

Schell, Hermann: 44f., 71, 92, 136, 140
Schiele, Egon: 24, 121f.
Schiller, Friedrich: 58, 100, 109, 176, 178, 186
    Wallenstein: 102
Schlegel, Friedrich: 96, 180f.
Schlick, Moritz: 193
Schlögl, Nivard: 103, 186
Scholastiker: 99, 158
Schönherr, Karl: 48ff., 142f., 145
Schopenhauer, Arthur: 7, 33, 51, 91, 93, 121, 136f., 140, 147, 153f., 182, 189, 194
Scott, Sir Walter: 54, 77, 118, 151
Sentroul, Charles: 104, 187
Simmel, Georg: 36, 131
Sjögren, Arvid: 72, 88, 103, 172, 206
Spengler, Oswald: 93ff., 98f., 137, 140, 178f., 184
Spinoza, Baruch de: 45, 139, 151, 194
Spitzl, Bruno OSB: 98, 166f., 182
Staackmann: 42, 134
Stael-Holstein, Anne Louise Germaine de (Madame de Stael): 78, 165
Stendhal (Marie-Henri Beyle): 23, 119
Stelzhammer, Franz: 48, 51, 142
Stifter, Adalbert: 94, 110, 177f.
Strauß, Emil: 33, 129
Strindberg, Johan August: 27, 58, 125

Tagore, Rabindranath: 101, 106, 184f., 187
Theresa, von Avila: 30, 128
Thoma, Hans: 17, 114
Thomas Hl.: 19, 73, 115

Thomisten: 73, 159
Tolstoi, Leo: 7f., 41, 44, 51, 55f., 75–78, 100, 133, 138, 146f., 149, 151, 162f., 168, 191, 194
Trakl, Georg: 98, 168, 182, 187, 203f.
Turgenjew, Iwan S.: 48, 142

Uexküll, Jakob Johann von: 77, 163f.
Unger: 49f., 144
Urania: 91, 93, 95, 97f., 105f., 108, 123, 168, 179, 182
Usenik, Elisabeth: 212

Valla, Lorenzo: 109, 189
Verhaeren, Émile: 24, 120, 169, 199
Vischer, Friedrich Theodor von: 27, 126, 157
Vulgata: 53

Wagner, Richard: 58, 102, 144, 153
Waismann, Friedrich: 199
Waldmüller, Ferdinand Georg: 94, 177
Wedekind, Frank: 25, 123
Weininger, Otto: 7, 47, 53, 55, 57–61, 137, 142, 151, 153f., 184, 199
Wiener Kreis: 8, 183f., 185, 193, 201
Wildenbruch, Ernst von: 54, 151
Willmann, Otto: 91f., 174
Windelband, Wilhelm: 35, 41, 131, 175
Wittgenstein, Hermine: 86, 88, 171
Wittgenstein, Paul (Bruder): 167
Wittgenstein, Paul (Onkel): 11
Wolff, Hugo: 109, 189
Wolff, Kurt (Verlag): 106, 187f.
Wyplel, Ludwig: 86, 168